Thomas Kleinhenz

Die Nichtwähler

Studien zur Sozialwissenschaft

Band 156

Thomas Kleinhenz

Die Nichtwähler

Ursachen der sinkenden Wahlbeteiligung in Deutschland

Westdeutscher Verlag

CIP-Codierung angefordert

Der Westdeutsche Verlag ist ein Unternehmen der Bertelsmann Fachinformation GmbH.

Umschlaggestaltung: Christine Huth, Wiesbaden
Druck und buchbinderische Verarbeitung: Rosch-Buch, Hallstadt
Gedruckt auf säurefreiem Papier
Printed in Germany

ISBN 3-531-12711-X

Vorwort

Das vorliegende Werk wurde an der Universität Mannheim als Dissertation angenommen. Die Idee zu der Arbeit wurde im Vorfeld der Bundestagswahl 1990 geboren. Erst in den Jahren 1992 bis 1994 konnte ich mein Vorhaben in die Tat umsetzen. Zum letztlichen Gelingen der Arbeit haben einige Personen maßgeblich beigetragen, die an dieser Stelle nicht unerwähnt bleiben sollen.

Für die umfangreichen Längsschnittanalysen war eine Vielzahl von Datensätzen nötig, die zeitlich weit zurückreichen. Da in der Bundesrepublik, außer von privaten Forschungsinstituten, keine kontinuierlichen Wahlstudien zu Bundestagswahlen durchgeführt werden, ist die Beschaffung intertemporär vergleichbarer Datensätze ein sehr schwieriges Unterfangen. Es ist das Verdienst meines Doktorvaters, Prof. Dr. Max Kaase, daß die Arbeit auf ein empirisches Fundament gestellt werden konnte, das für die bundesdeutsche Nichtwählerforschung bisher einmalig ist. Ich danke vor allem auch Dr. Hans-Joachim Veen, der mir den Zugriff auf die breite Datenbasis der Konrad-Adenauer-Stiftung gestattete, sowie den Mitarbeitern der Konrad-Adenauer-Stiftung, insbesondere Claus Fischer und Carsten Zelle, die mich tatkräftig unterstützten. Des weiteren danke ich Dr. Bettina Westle für das großzügige Überlassen von Daten aus ihrer Studie zur politischen Kultur im vereinten Deutschland.

Großer Dank gebührt Dr. Ralph Ganter vom Institut für Mittelstandsforschung der Universität Mannheim, der auf vielfältige Weise die Arbeit unterstützte und damit ihre rasche Fertigstellung ermöglichte. Mein besonderer Dank geht an Helmut B. Tautelhahn, Carsten Ascheberg und Steffen Henn, die mir immer wieder mit Rat und Tat zur Seite standen. Auch allen nicht genannten Personen, die an der Endfassung des Werkes beteiligt waren, gilt mein Dankeschön.

Mannheim, den 7. Januar 1995

Thomas Kleinhenz

Inhaltsverzeichnis

Abbildungsverzeichnis

Tabellenverzeichnis

1. ABSTIMMUNG MIT DEN FÜSSEN

1.1 Problemstellung

Die Bundestagswahlen 1990 und 1994 haben eine einschneidende und bisher nicht vorstellbare Trendwende vor Augen geführt. Es war Wahl, und dennoch ging ein Großteil der Bürger nicht hin. Viele Bundesdeutsche stimmen nicht mehr mit dem Stimmzettel, sondern mit ihren Füßen ab. Etwa 13,4 Millionen Wahlberechtigte entschieden sich 1990 dafür, nicht zur Wahl zu gehen. 1994 waren es 12,7 Millionen. Die beiden Wahlen sind jedoch nur der Höhepunkt einer Entwicklung, die sich national wie international fast unbemerkt vollzogen hat. Sowohl bei Bundestags-, Landtags- als auch bei Kommunalwahlen ist seit Beginn der achtziger Jahre ein drastischer Rückgang der Wahlbeteiligung zu beobachten, der auch im internationalen Vergleich sehr hoch ausfällt. Lange Zeit wurde gerade die Bundesrepublik bezüglich der Wahlbeteiligung als Musterland angesehen. Der Wahlakt galt bei nahezu allen Bürgern als staatsbürgerliche Pflicht. Der überwiegende Teil der Bevölkerung beteiligte sich zumindest an Bundestagswahlen regelmäßig. In der bundesdeutschen Politikforschung spielten daher die Nichtwähler in der Vergangenheit kaum eine Rolle. Ihre mittlerweile große Zahl erfordert jedoch eine tiefergehende Auseinandersetzung mit dieser Thematik. Die vorliegende Arbeit hat sich zum Ziel gesetzt, diese Lücke zu schließen und die Ursachen für die nachlassende Beteiligungsbereitschaft zu erforschen. Dabei stehen zwei Fragen im Mittelpunkt des Interesses:

- Wer geht nicht mehr zur Wahl?
- Warum gehen diese Personen nicht mehr zur Wahl?

Bei den wenigen, die in der Vergangenheit nicht wählten, vermutete man, daß Krankheit oder andere persönliche Gründe ihre Teilnahme verhinderten. Abgesehen von diesen kurzfristigen Motiven, wurde die Nichtwählerproblematik bisher weitgehend auf Randgruppen und Minderheiten reduziert. Da mittlerweile jedoch jeder fünfte Bundesbürger den Wahlurnen fernbleibt, greift diese Sichtweise zu kurz. Vielmehr hat sich in großen Teilen der Bevölkerung die Einstellung zum Wahlakt verändert. Denn mehr als die prozentuale Veränderung überrascht vor allem das Tempo der Entwicklung. Noch Ende der siebziger und Anfang der achtziger Jahre - in den Hochzeiten politischer Partizipation - lag die Wahlbeteiligung im Bund bei rund 90 Prozent, auf Länderebene bei durchschnittlich etwa 80 Prozent. Innerhalb von nur zehn Jahren stiegen die Nichtwähleranteile bei Bundes- und Landtagswahlen im Durchschnitt um rund 10 Prozentpunkte. Bei der ersten gesamtdeutschen Wahl betrug die Wahlbeteiligung nur noch 77,8 Prozent, im Westteil Deutschlands 78,6 Prozent. Nur dank der massiven Wahlaufforderung der Parteien und Medien im Vorfeld der Bundestagswahl 1994 stieg die Beteiligungsrate wieder leicht auf 79,0 Prozent. Insgesamt hat sich aber der Nichtwähleranteil auf ein Niveau von über 20 Prozent eingependelt. Bei den Landtagswahlen setzte sich der Abwärtstrend fort. Die Beteiligung beträgt im Schnitt nur noch 70 Prozent. Die Nichtwählerschaft stellt, gemessen an der Zahl der Wahlberechtigten, in den meisten Bundesländern inzwischen die zweitgrößte Gruppe. Diese Entwicklung ist umso überraschender, als das politische Interesse sowie die Bereitschaft, politisch aktiv zu werden, in den letzten 15 Jahren weiter angewachsen sind.

Abbildung 1: Nichtwähleranteile bei Bundestags- und Landtagswahlen von 1949 bis 1994 (in Prozent)

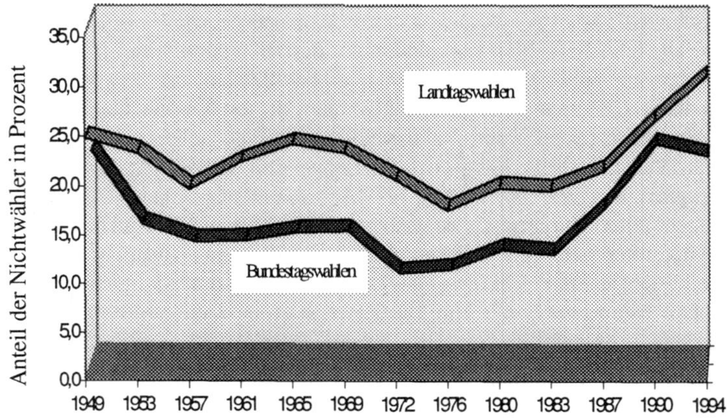

	1949	1953	1957	1961	1965	1969	1972	1976	1980	1983	1987	1990	1994
Bundestagswahlen	21,5	14,0	12,2	12,3	13,2	13,3	8,9	9,3	11,4	10,9	15,7	22,2	21,0
Landtagswahlen im 4-Jahres-Durchschnitt	24,5	23,0	19,4	22,1	23,9	23,0	20,3	17,2	19,5	19,2	21,2	26,4	30,8

Quelle: Statistisches Bundesamt

Die Motive der Nichtwähler lassen sich jedoch nicht ausschließlich anhand von Analysen zur letzten Bundestagswahl identifizieren. Der kontinuierliche Anstieg der Nichtwählerzahlen weist darauf hin, daß die Ursachen in den gesellschaftlichen Umwälzungen der vergangenen Jahre zu suchen sind. Die vorliegende Arbeit basiert daher auf einer Zeitverlaufanalyse der Jahre 1980 bis 1993. Die schwierige Datenlage sowie die kurze Zeitspanne seit 1990 lassen für Ostdeutschland noch keine Längsschnittanalysen zu. Darüber hinaus unterscheidet sich der soziale, kulturelle und politische Kontext in den neuen Ländern deutlich von der westdeutschen Situation. Die fehlende Verbundenheit mit dem politischen System der Bundesrepublik und deren Parteien läßt zudem vermuten, daß bei den ostdeutschen Nichtwählern teilweise andere Motive ausschlaggebend waren. Aus diesen Gründen liegt der Schwerpunkt der Arbeit auf Westdeutschland. Die ostdeutsche Situation wird in einem Exkurs gesondert behandelt.

1.2 Die Nichtwähler in der bundesdeutschen Politikforschung

Das Wahlverhalten der Bürger läßt sich grundsätzlich in zwei Teilentscheidungen zerlegen. Zum einen muß sich jeder Wahlberechtigte darüber klar werden, ob er teilnehmen will. Zum zweiten muß er entscheiden, wem er seine Stimme gibt. Aufgrund der im internationalen Vergleich bis weit in die siebziger Jahre hinein sehr hohen Wahlbeteiligung in der Bundesrepublik wurde die erste Teilentscheidung politikwissenschaftlich nur am Rande diskutiert. Kaack (1971: 446) bezeichnete bereits 1971 die Nichtwähler treffend als „*terra incognita der Wahlforschung*". Zwanzig Jahre später würde er zu dem gleichen Urteil gelangen. Die Ursachen für diese Vernachlässigung der Nichtwähler in den Wahlstudien liegen insbesondere darin begründet, daß in der Vergangenheit die geringe Zahl der Nichtwähler in Umfragen weiterführende Analysen nicht mehr zuließen. Deshalb konzentrierten sich die wenigen Forschungsarbeiten auf Aggregatdatenanalysen. Im Gegensatz dazu gibt es vor allem in der amerikanischen Politikwissenschaft zahlreiche Individualdatenanalysen, die sich mit der geringen Wahlbeteiligung in den USA beschäftigen. Forschungsergebnisse aus anderen Staaten sind jedoch aufgrund unterschiedlicher sozio-kultureller Bedingungen und unterschiedlicher Wahlrechtssysteme nur bedingt auf die deutschen Verhältnisse übertragbar (Dittrich/Johansen 1983; Powell 1986: 36). So spielen in den USA die Rassenzugehörigkeit und die Registrierungsgesetze eine erhebliche Rolle für die Beteiligung (Wolfinger/Rosenstone 1980: 90f.; Crewe 1981: 240f.; Leighley/Nagler 1992a: 718). Deshalb sollen ausländische Forschungsergebnisse allenfalls exemplarisch herangezogen werden.

Erste fragmentarische Untersuchungen zur Wahlbeteiligung in der deutschsprachigen Politikliteratur unternahmen Faul (1965) und Gunzert (1965). Umfangreichere Studien erschienen erst Ende der sechziger und Anfang der siebziger Jahre. Radtke (1972), der sich mit den Nichtwählern der Bundestagswahl 1965 beschäftigte, und Steiner (1969), der die Schweizer Nationalwahlen von 1963 und ebenfalls die Bundestagswahl von 1965 analysierte, nutzten erstmals das Instrument der Bevölkerungsumfrage, um die Motive der Nichtwähler zu erkunden. Eine erste Längsschnittanalyse versuchte Lavies (1973), der mittels Daten der amtlichen Statistik auf Wahlkreisebene sowie mit ausgewählten Kommunalwahlergebnissen Charakteristika der Nichtwähler in der Bundesrepublik bis zur Bundestagswahl 1969 herausarbeitete. In der Folgezeit widmeten sich lediglich Golzem und Liepelt (1976), Wernicke (1976), Marciniak (1978) sowie Schoof (1980) nochmals diesem Thema. Die drei letztgenannten Untersuchungen konzentrierten sich ausschließlich auf sozio-demographische Fragestellungen. Die Arbeiten von Golzem und Liepelt wie von Marciniak haben zudem ausschließlich die nordrhein-westfälische Situation im Visier und eignen sich daher nicht für eine repräsentative Analyse.

Mit dieser kurzen Einführung ist der wissenschaftliche Forschungsstand für die Bundesrepublik bis Ende der achtziger Jahre nahezu erschöpfend aufgearbeitet. Herauszuheben sind insbesondere die Arbeiten von Radtke (1972) sowie von Golzem und Liepelt (1976), die eine über sozio-demographische Merkmale hinausgehende Analyse der Motive und Einstellungen von Nichtwählern leisteten.

Aufgrund des hohen Beteiligungsniveaus in den siebziger Jahren, das bei Bundestagswahlen regelmäßig um die 90-Prozent-Marke lag, verschwand die Thematik weitgehend aus der bundesdeutschen Politikforschung. Studien über die Nichtwähler der Bundestagswahlen 1980 bis 1987 gibt es nicht. Erst mit der niedrigen Wahlbeteiligung bei der Bundestagswahl 1990 hat eine neue Forschungswelle eingesetzt, zu der auch diese Arbeit zählt. Parallel zu dieser Arbeit lief eine Untersuchung der Nichtwähler im Stuttgarter Raum von Michael Eilfort (1994), eine Analyse der Nichtwähler von Jürgen Falter und Siegfried Schumann im Auftrag des Bundespresseamts sowie eine Studie der Friedrich-Ebert-Stiftung und des SPD-Parteivorstandes. Es ist höchst bedauerlich, daß sowohl das Gutachten für das Bundespresseamt als auch die Studie der SPD der wissenschaftlichen Forschung nicht zur Verfügung gestellt werden. Auszüge aus der Arbeit von Falter und Schumann sind in einem Artikel 1993 sowie im 1994 erschienenen Band von Klingemann und Kaase über die Bundestagswahl 1990 veröffentlicht. Neben diesen beiden umfangreichen Nichtwählerstudien sind Mitte 1994 zwei weitere, ausführlichere Beiträge von Feist (1994) und Armingeon (1994) erschienen. Beide Arbeiten sind eher als Zusammenfassung des bisherigen Forschungsstandes zu werten. Feist verzichtet in ihrem Buch auf eigene Analysen der Nichtwählerschaft. Armingeon verwendet größtenteils die Datensätze der Forschungsgruppe Wahlen, die bereits Falter und Schumann (1993) auswerteten.

1.3 Untersuchungsdesign

Die überwiegende Zahl der angeführten Arbeiten über die Nichtwähler beschränkt sich ausschließlich auf eine statische Betrachtung. Mit anderen Worten: Es werden Erklärungen dafür geliefert, warum bei einer Wahl Teile der Wahlberechtigten nicht teilgenommen haben. Die zentrale Fragestellung dieser Arbeit beinhaltet jedoch in erster Linie eine dynamische bzw. längsschnittliche Komponente. Worin liegen die Ursachen dafür, daß die Wahlbeteiligung in den letzen zehn Jahren so drastisch gesunken ist? An einem Beispiel wird das unterschiedliche Untersuchungsdesign klar:

Bei Querschnittbetrachtungen 1980 und 1990 kommt man zu dem Ergebnis, daß vorwiegend Personen mit niedrigem Bildungsniveau nicht wählen. Wurde der allgemeine Rückgang der Wahlbeteiligung nun dadurch verursacht, daß das Bildungsniveau in den letzten zehn Jahren gesunken ist? Oder enthalten sich die weniger Gebildeten nur verstärkt der Stimme? Beide Erklärungen sind denkbar. Im ersten Fall wäre der Anteil der geringer Gebildeten in der Bevölkerung gestiegen und die Wahlbeteiligung infolgedessen gesunken. Im zweiten Fall stellt sich jedoch die Frage: Warum gehen im Jahr 1990 Menschen mit geringer Bildung plötzlich weit seltener zur Wahl? Das Bildungsniveau allein reicht als Ursache nicht mehr aus. Andere Gründe müssen für ihr Verhalten den Ausschlag gegeben haben. Die Fragestellung läßt sich mit Querschnittanalysen der letzten Bundestagswahlen nicht beantworten, statt dessen bedarf es einer Längsschnittanalyse über den Zeitraum der Veränderung hinweg. Schwerpunkt der Analysen bilden dabei insbesondere die

Nichtwählergruppen, die in den letzten zehn Jahren hinzugekommen sind. Die unterschiedliche Betrachtungsweise wird durch folgendes Gleichungssystem verdeutlicht: (Legende: wb= Wahlbeteiligung, x_i= unabhängige Merkmale, b_i= Koeffizient der Variablen, a= Konstante)

(1) $wb\,(1980) = a + \Sigma\, b_i(x_{80})_i$

(2) $wb\,(1990) = a + \Sigma\, b_i(x_{90})_i$

(3) $wb\,(1980) - wb\,(1990) = \Sigma\, b_i((x_{80})_i - (x_{90})_i)$

Die Konzeption dieser Arbeit basiert auf zwei Schritten. Zum einen müssen diejenigen Faktoren (x_i) herausgefiltert werden, die bei Querschnittanalysen einen Zusammenhang mit der Wahlbeteiligung (wb) aufweisen. Dies entspricht den Gleichungen (1) und (2). Der zweite und entscheidende Analyseschritt konzentriert sich dann auf diejenigen signifikanten Faktoren $((x_{80})_i - (x_{90})_i)$, die sich im Untersuchungszeitraum verändert haben.

Mit dem längsschnittlichen Untersuchungsdesign ist zwangsläufig eine scharfe Trennung von Mikro- und Makroprozessen verbunden. Der Gang zur Wahlurne ist als individuelle Entscheidung jedes einzelnen Bürgers zu verstehen. Der Schwerpunkt der Untersuchung liegt daher auf der Mikroebene. Gesellschaftliche Prozesse auf der Makroebene wie z.B. Änderungen des Wahlrechts, der ökonomische Wandel, die Verbreitung elektronischer Medien etc. wirken sich jedoch auf das individuelle Handeln aus. Die längsschnittliche Betrachtung ist folglich entlang zweier Dimensionen, der Mikro- und Makro-Dimension, aufgebaut. Dabei müssen auf der Makroebene die relevanten gesellschaftlichen Veränderungen identifiziert und auf der Mikroebene ihr Einfluß auf die Wahlbeteiligung aufgezeigt werden.

Die international vergleichende Forschung hebt insbesondere zwei institutionelle Faktoren der Makroebene als zentrale Ursachen der Wahlbeteiligung hervor (Powell 1980; Crewe 1981; Dittrich/ Johansen 1983; Lane/Ersson 1990; Flickinger/Studlar 1992). Zum einen hat die Ausgestaltung des Wahlrechts große Auswirkungen auf die Höhe der Beteiligung. Die beiden Änderungen des Wahlrechts in der Bundesrepublik 1985, das Wahlrecht für Auslandsdeutsche sowie der Verzicht auf das d'Hondtsche Höchstzählverfahren zugunsten des Hare-Niedermeyer-Verfahrens, dürften jedoch keine beteiligungshemmenden Effekte verursacht haben. Dieser Erklärungsfaktor scheidet daher im folgenden aus.

Als zweiter wichtiger Faktor der Makroebene wird das politische System sowie insbesondere die Ausgestaltung des Parteiensystems angeführt. Je mehr Wettbewerb zwischen den Parteien besteht, desto höher ist im allgemeinen die Wahlbeteiligung (Powell 1980: 19). Dieser Punkt kommt in der bundesdeutschen Situation ebenfalls nicht in Betracht. Mit dem Einzug der Grünen in den Bundestag 1983 hat sich das bundesdeutsche Parteiensystem von drei auf vier Parteien ausgeweitet. Diese Entwicklung hätte daher eher zu einer höheren Wahlbeteiligung führen müssen.

Ein gewisser Unsicherheitsfaktor bei der längsschnittlichen Betrachtung stellt die Deutsche Einheit dar. Für die Westdeutschen haben sich daraus jedoch keine grundlegenden Änderungen des politischen Systems und des Parteiensystems ergeben. 57 Prozent der Westdeutschen sahen die Bundestagswahl 1990 als eine historische Wahl an (Noelle-Neumann/Köcher 1993: 709). Angesichts dieser Einstellung wäre ebenfalls mit einer höheren Wahlbeteiligung als bei einer „normalen“ Wahl zu rechnen gewesen. Der drastische Rückgang der Wahlbeteiligung beschränkt sich jedoch nicht auf die spezifische Situation im Jahr 1990. Dies beweist die geringe Wahlbeteiligung bei der Bundestagswahl 1994 sowie der parallel verlaufende Rückgang der Beteiligung bei Landtagswahlen in den letzten 15 Jahren.

Im Rahmen der Arbeit wird auf die Analyse institutioneller Faktoren verzichtet, da sich in der Bundesrepublik keine grundlegenden Veränderungen des politischen Systems, des Parteiensystems und des rechtlichen Rahmens ergeben haben, die auf die Höhe der Wahlbeteiligung entscheidenden Einfluß genommen hätten. In der international vergleichenden Forschung wird als weiterer zentraler Faktor der soziale Wandel hervorgehoben. So können im Längsschnitt die gesellschaftlichen Prozesse zu einer veränderten Zusammensetzung des Elektorats geführt haben. Diesem Aspekt wird im Rahmen der Arbeit großes Gewicht beigemessen. Dabei muß vor allem untersucht werden, ob die veränderten Einstellungsmuster sowie die steigende Wahlenthaltung ein gesamtgesellschaftliches Phänomen sind oder sich nur auf bestimmte soziale Gruppen beschränken.

Bei den Analysen muß zwischen Effekten auf der individuellen Ebene und auf der aggregierten Ebene unterschieden werden. Individualeffekte untersuchen, wie sich Individuen mit bestimmten Sozialstrukturmerkmalen am Wahltag verhalten. Die Aggregateffekte beschreiben die veränderte sozialstrukturelle Zusammensetzung der Bevölkerung. Die Ursachen der sinkenden Wahlbeteiligung lassen sich nur aus dem Gesamteffekt, der Komposition von Individual- und Aggregateffekten, erklären. Dies ist vor allem dann entscheidend, wenn beide Analysen zu gegenläufigen Entwicklungen führen. Beispielsweise nimmt die Wahlbeteiligung von Personen mit geringer Bildung im Zeitverlauf ab, gleichzeitig verringert sich jedoch infolge der Bildungsexpansion ihr Anteil in der Bevölkerung. In einem solchen Fall läßt sich ohne den Kompositionseffekt keine eindeutige Aussage darüber machen, in welchem Maße die Bildungsvariable zur Erklärung der sinkenden Wahlbeteiligung in der Bundesrepublik beigetragen hat.

Darüber hinaus werden eine Reihe von Faktoren betrachtet, die in der international vergleichenden Nichtwählerforschung bisher nur eine untergeordnete Rolle spielten. Miller (1992: 1) konstatierte, daß in den USA die sinkende Wahlbeteiligung in erster Linie Ausdruck eines veränderten Beteiligungsverhaltens der jüngeren Generationen ist. Die Analysen von Rattinger (1994: 83) deuten für Westdeutschland auf ähnliche Ergebnisse hin. Neben dem sozialen Wandel soll in dieser Arbeit daher auch der Generationenwandel näher untersucht werden. Insbesondere Kohortenanalysen sollen Hinweise liefern, inwieweit der Anstieg der Nichtwählerzahlen durch Generations- oder Periodeneffekte verursacht wurde. Des weiteren muß der Einfluß der sinkenden Akzeptanz der Wahlnorm und der wachsenden politischen Entfremdung in der bundesdeutschen Bevölkerung ausführlich diskutiert werden. Auch diese Entwicklungen beruhen möglicherweise auf veränderten Einstellungsmustern der einzelnen Generationen. Aufgrund der bisher nur kurzfristig zu beobachtenden Phänomene sowie der beschränkten Datenlage bleibt die Analyse des Generationseffekte jedoch unvollständig. Diese Frage läßt sich erst in einem längeren Horizont beantworten.

Die sinkende Wahlbeteiligung wurde in jüngster Zeit oftmals mit den Thesen zur Legitimitätskrise der westlichen Demokratien in Verbindung gebracht. Die vorliegende Arbeit beschäftigt sich ausführlich damit, welchen Einfluß politische Entfremdung auf die Wahlbeteiligung der Bundesdeutschen hat. Sie liefert jedoch keinen Beitrag zu der demokratietheoretischen Diskussion, wieviel Wahlbeteiligung für die Stabilität des politischen Systems optimal sei. Bereits Almond und Verba (1963: 429) zeigten auf, daß die Höhe der Wahlbeteiligung kein ausreichender Indikator für die Stabilität eines politischen Systems ist. Sie erhoben vielmehr ein ausgewogenes Gleichgewicht von aktiven und passiven Bürgern zum Ideal einer stabilen Demokratie (Almond/Verba 1963: 474). Im internationalen Vergleich ist die bundesdeutsche Wahlbeteiligung auch 1994 noch als durchschnittlich zu bezeichnen (Flickinger/Studlar 1992). Politisch stabile Demokratien wie die USA und die Schweiz haben sogar wesentlich niedrigere Beteiligungsraten. Zudem konnten bisherige Analysen die These einer Legitimitätskrise nicht stützen (Fuchs 1987; Westle 1990). Deshalb kann aus dem kurzfristig sehr hohen Rückgang der Wahlbeteiligung nicht zwangsläufig auf eine Krise der bundesdeutschen Demokratie geschlossen werden. Im Rahmen der Arbeit wird jedoch ausführlich auf die Entwicklung der politischen Unzufriedenheit und die Folgen für die Wahlbeteiligung eingegangen.

In der Arbeit nicht berücksichtigt wird der Einfluß von Massenmedien auf die soziopolitischen Einstellungsmuster und auf das Wahlverhalten. Es ist nicht auszuschließen, daß die politische Entfremdung und das Dealignment teilweise durch die zunehmende Verbreitung elektronischer Massenmedien verursacht wurden. Die durchgeführten Analysen können jedoch weder einen Beitrag zur These der „Video malaise" von Robinson (1976) leisten, der Mitte der siebziger Jahre einen Zusammenhang zwischen Fernsehnutzung auf der einen Seite und politischer Entfremdung sowie Desinteresse auf der anderen Seite postulierte, noch kann geklärt werden, ob die bessere Verfügbarkeit politischer Informationen den Rückgang der Parteibindung beschleunigt hat. In der Bundesrepublik konnten beide Hypothesen bisher nicht bestätigt werden (Holtz-Bacha 1989; Schmitt-Beck/Schrott 1994).

1.4 Aufbau der Arbeit

Fast alle nationalen und internationalen Nichtwählerstudien haben eines gemeinsam: Sie versuchen, die Nichtwählerschaft anhand weniger zentraler Indikatoren zu charakterisieren sowie systematische Unterschiede zwischen Wählerschaft und Nichtwählerschaft aufzuzeigen. Damit setzen sie zwangsläufig voraus, daß die Mehrzahl der Nichtwähler ein homogenes, klar umreißbares Bevölkerungssegment bildet. Eine der zentralen Thesen dieser Arbeit ist, daß sich die Nichtwählerschaft aus sehr heterogenen Teilsegmenten zusammensetzt, so daß eine allgemeine Merkmalsbeschreibung der Nichtwähler nur schwer möglich ist. Dafür sind die Gründe der Wahlabstinenz zu verschiedenartig:

Die überwiegende Mehrheit der Bürger ist durch ihre Herkunft und durch den Sozialisationsprozeß auch in Zeiten abnehmender Parteibindung von politischen Grundströmungen geprägt. Auch wenig informierte Bürger sind in der Lage, die politischen Parteien ideologisch und thematisch grob einzuordnen. So besitzen 96 Prozent der Bundesbürger zum Teil konkrete, zum Teil latente Vorstellungen über die im Bundestag vertretenen Parteien (Klingemann/Wattenberg 1990: 336). Die sogenannte „Partei der Nichtwähler" ist dagegen ein weißer Fleck. Jeder, ob links oder rechts, ob katholisch oder evangelisch, ob Selbständiger oder Gewerkschaftler, kann sich ihr „anschließen", gleichgültig, welche politische Meinung er vertritt. Aus entsprechend unterschiedlichen Lagern kann sich die Nichtwählerschaft rekrutieren. Aus diesem Grund beschreibt das Schlagwort der „Partei der Nichtwähler" das Phänomen vollkommen unzutreffend, weil es die politische Aussagelosigkeit der Nichtwahl verkennt und die Vielfalt der Enthaltungsgründe verschleiert. Im Rahmen dieser Arbeit wird daher auf diesen Begriff verzichtet.

Der Heterogenitätsannahme sowie dem längsschnittlichen Untersuchungsdesign werden im Aufbau der Arbeit Rechnung getragen. *Kapitel Zwei* stellt eine theoretische Querschnittbetrachtung dar. Es werden die für die Wahlteilnahme relevanten Theorieansätze besprochen und die zentralen Faktoren herausgearbeitet, die die Wahlbeteiligung beeinflussen. In *Kapitel Drei* werden die längsschnittlichen Erklärungsansätze erörtert. Im Mittelpunkt stehen dabei der Wertewandel, das Realignment/Dealignment, die Entfremdungsthese sowie die gesellschaftlichen Differenzierungsprozesse. In beiden Theoriekapiteln werden ferner Idealtypen von Nichtwählern identifiziert, die aus den zugrundeliegenden theoretischen Modellen abgeleitet wurden. Vor dem empirischen Teil schildert das *Kapitel Vier* methodische Probleme der Nichtwählerforschung und gibt Auskünfte über das verwendete Datenmaterial. Besondere Aufmerksamkeit wird dem Problem des Overreporting gewidmet, das Analysen über die Nichtwähler erheblich behindert.

Der Hauptteil der Arbeit gliedert sich in drei Teile. Ziel ist es, die relevanten Determinanten der Wahlbeteiligung herauszuarbeiten und gleichzeitig die Heterogenitätsannahme zu belegen. In *Kapitel Fünf* geht es ausschließlich um eine sozialstrukturelle Analyse der sinkenden Wahlbeteiligung. Dabei wird wegen des Overreporting-Effekts neben Umfragedaten vor allem eine Aggregatdatenanalyse durchgeführt. *Kapitel Sechs* beschäftigt sich mit den vier zentralen sozio-politischen Erklärungsansätzen: der aus dem Wertewandel abgeleiteten Normalisierungshypothese, dem Dealignment, der Entfremdungsthese sowie der Individualisierungsthese. Ferner werden in einem abschließenden Teilkapitel die Interdependenzen dieser vier Ansätze aufgezeigt. *Kapitel Sieben* unternimmt eine Typologisierung der Nichtwählerschaft. Dabei wird insbesondere untersucht, welche der Nichtwählertypen im Längsschnitt mehrheitlich für den Rückgang der Wahlbeteiligung verantwortlich sind.

2. THEORETISCHE MODELLE DES NICHTWÄHLERVERHALTENS

Seit knapp vierzig Jahren bemüht sich die bundesdeutsche Wahlforschung zu erklären, warum bestimmte Personen bestimmte Parteien wählen. Nach jeder Wahl werden zu dieser Frage umfangreiche Analysen angefertigt. Über diejenigen, die nicht zur Wahl gegangen sind, belassen es Politiker, Politikwissenschaftler und Meinungsforschungsinstitute meist bei einer Randbemerkung. Bisherige Ergebnisse über die Nichtwähler sind mehr als zufälliges Abfallprodukt politikwissenschaftlicher Untersuchungen anzusehen. Dies liegt vor allem darin begründet, daß die Wahlbeteiligung in der Bundesrepublik bis Anfang der achtziger Jahre auch im internationalen Vergleich bemerkenswert hoch lag und sogar an den Anteil gültiger Stimmen in den europäischen Staaten mit Wahlpflicht heranreichte. Spätestens mit der Bundestagswahl 1990 hat sich in diesem Punkt jedoch eine Trendwende vollzogen. Zunächst soll im Rahmen dieses Kapitels der Frage nachgegangen werden, welche Faktoren überhaupt die Beteiligung an Wahlen beeinflussen. Die theoretische Erörterung konzentriert sich dabei auf zwei politikwissenschaftliche Forschungsrichtungen: die Wählerverhaltenstheorien und die Partizipationsforschung.

2.1 Die Nichtwähler als Objekt der Wählerverhaltenstheorien

Legt man nicht die Wähler, sondern die Wahlberechtigten als Analyseobjekt zugrunde, erscheint es naheliegend, die Problematik der Nichtwähler in die drei Theorieansätze des Wählerverhaltens zu integrieren: den soziologischen Ansatz, den sozialpsychologischen Ansatz und den Rational-Choice-Ansatz. Da in der bundesdeutschen Wahlforschung die Ansätze bisher ausschließlich zur Erklärung der Wahl bestimmter Parteien dienten, muß auf die Basisstudien von Lazarsfeld et al. aus dem Jahr 1944 sowie Campbell et al. (1960) zurückgegriffen werden, die aufgrund der geringeren Wahlbeteiligung in den USA die Nichtwähler sehr wohl in ihre Betrachtungen miteinschlossen.

2.1.1 Mikro- und makrosoziologische Ansätze

In der Wahlstudie von Lazarsfeld, Berelson und Gaudet, die anläßlich der Präsidentschaftswahl 1940 durchgeführt wurde, bestätigte sich die Vermutung, daß die Zugehörigkeit zu bestimmten sozialen Gruppen das Wahlverhalten entscheidend beeinflußt.

> „A person thinks, politically, as he is, socially. Social characteristics determine political preference." (Lazarsfeld/Berelson/Gaudet 1968: 27)

Die enge Bindung an eine Partei ist nach Lazarsfeld et al. Folge der politischen Sozialisation im Elternhaus und der Kommunikation mit Meinungsführern, sowohl in den Familien, mit Freunden, als auch bei der Arbeit. Die soziale Kontrolle, die noch durch entsprechende einseitige Mediennutzung und -wahrnehmung verstärkt wird, zementiert zusätzlich die Parteipräferenz und verhindert einen Wechsel.

Der makrosoziologische Erklärungsansatz von Lipset und Rokkan (1967) stellt die sozialstrukturell verankerten Parteipräferenzen in einen sozial- und politikgeschichtlichen Erklärungszusammenhang. Die Gestalt des Parteiensystems wird danach durch die Konfliktstrukturen der Gesellschaft bestimmt. Nicht alle gesellschaftlichen Konflikte spiegeln sich im Parteiensystem wider. Lipset und Rokkan identifizieren vier zentrale Konfliktlinien, sogenannte „Cleavages":

- Zentrum-Peripherie-Konflikt
- Kirche-Staat-Konflikt
- Stadt-Land-Konflikt
- Arbeitnehmer-Arbeitgeber-Konflikt

Die gesellschaftlichen Konfliktlinien übertragen sich auf das Parteiensystem durch die Bildung dauerhafter Koalitionen (alignment) zwischen Parteien und sozialen Gruppen mit gemeinsamen Interessen. Nach Stinchcombe (1975: 574) kommt dabei insbesondere den Parteieliten sowie den Vertretern der sozialen Gruppen eine zentrale Mittlerrolle zu. Parteieliten und Gruppenvertreter gehen Koalitionen ein, um ihre Interessen im politischen System besser durchsetzen zu können. Die Stabilität dieser Koalitionen wird vor allem durch die Möglichkeiten der gegenseitigen Einflußnahme, die Umsetzung der Gruppenforderungen in Parteipolitik und die Ausbildung gemeinsamer Ideologien gefördert. Dies mündet nach Lipset und Rokkan in ihrer berühmten „Freezing"-These:

> „The party systems of the 1960s reflect, with few but significant exceptions, the cleavage structures of the 1920s." (Lipset/Rokkan 1967: 50)

Damit postulieren sie einen engen Zusammenhang zwischen Parteiensystem und Sozialstruktur. In der Bundesrepublik hat sich nach dem zweiten Weltkrieg ein Parteiensystem entlang zweier Konfliktlinien herausgebildet, einer sozialen und einer konfessionellen. Beide Cleavages waren bereits in der Weimarer Republik prägend. Im Gegensatz zu den damaligen Verhältnissen sind in der Bundesrepublik die Gegenpole beider Konfliktlinien in den beiden großen Parteien SPD und CDU repräsentiert. Während sich CDU/CSU als interkonfessionelle christliche Parteien verstehen, beansprucht die SPD die Vertretung der Arbeiterinteressen für sich (Klingemann/Steinwede 1993: 53).

Da die soziologischen Ansätze in erster Linie auf die Wählerschaft einzelner Parteien ausgerichtet sind, stellt sich das Problem, wie die Nichtwähler in dieses Modell integriert werden können. Ähnlich wie einzelne Parteien bevorzugt von Wählern mit bestimmten sozio-demographischen Merkmalen gewählt werden, müßten sich auch für die Nichtwähler charakteristische Sozialstrukturmerkmale feststellen lassen. Bei Lazarsfeld et al. erwies sich jedoch bei den Nichtwählern der soziale Determinismus empirisch als wenig aussagekräftig. *„Sex is the only personal characteristic which affects non-voting"* (1968: 48).

Zentraler Indikator der Wahlbeteiligung bei Lazarsfeld et al. (1968: 45f.) waren daher nicht sozial-strukturelle Faktoren, sondern das Interesse am Wahlkampf. Ein höheres Bildungsniveau und ein höherer sozio-ökonomischer Status fördern jedoch, so Lazarsfeld et al. (1968: 43), die Entwicklung des politischen Interesses. Dagegen besteht bei Menschen, die in schlechteren Verhältnissen leben, aufgrund persönlicher und wirtschaftlicher Enttäuschungen die Gefahr, daß sie kein ausgeprägtes Interesse entwickeln. Lazarsfeld et al. argumentieren, daß sozio-ökonomische Faktoren folglich vor allem einen indirekten Effekt auf die Wahlbeteiligung haben. Ein hoher sozio-ökonomischer Status begünstigt über das ausgeprägtere politische Interesse die Beteiligung. Doch auch den indirekten Einfluß sozio-ökonomischer Faktoren konnten sie in ihrer Studie nicht nachweisen. „*Once the interest level is held constant, education does not affect the proportion of non-voters*" (Lazarsfeld et al. 1968: 47).

Eine besondere Stellung in den mikro- und makrosoziologischen Modellen nehmen soziale Gruppen ein, bei denen gegenläufige sozialstrukturelle Merkmale zusammentreffen, sogenannte Cross-Pressure-Groups. Bei solchen Cross-Pressure-Groups sei, so Lazarsfeld et al. (1968: 64), häufiger ein Wechsel der Parteipräferenz und im geringeren Umfang auch ein Wechsel ins Nichtwählerlager zu beobachten. Für die bundesdeutsche Wählerschaft steht exemplarisch der katholische bzw. kirchengebundene Arbeiter mit Gewerkschaftsbindung, der entlang der konfessionellen Konfliktlinie eher der CDU zuneigt, sich aber aufgrund der sozialen Konfliktlinie zur SPD hingezogen fühlt. Lazarsfeld et al. (1968: 62) folgern, daß eine nicht unerhebliche Zahl ihren Konflikt dadurch löst, daß sie das Interesse an der Wahl verliert und sich für die Wahlenthaltung entscheidet. Folglich müßten zwischen Wechsel- und Nichtwählern keine sozialstrukturellen Unterschiede bestehen, allerdings zeigen die Nichtwähler ein geringeres politisches Interesse. Die Allensbacher Analyse der Bundestagswahl 1987 kommt dagegen zu dem Schluß, daß sich im Gegensatz zu den theoretischen Annahmen in der Bundesrepublik Personen mit soziologischem Cross-Pressure keineswegs der Entscheidung entziehen, sondern sogar überdurchschnittlich an Wahlen teilnehmen (Noelle-Neumann/Reitzle 1991: 279). Auch Falter und Schumann (1994: 191) betonen, daß die Überlagerung von Bindungen zu einem Anstieg der Wahlabsicht führt, unabhängig davon, wie wenig oder wie stark diese Personen politisch interessiert sind.

Das unscharfe Bild der Nichtwählerschaft veranlaßte bereits Lazarsfeld et al., verschiedene Gruppen von Nichtwählern zu unterscheiden. Die Unterteilung ist jedoch äußerst grob und eignet sich kaum für eine differenzierte Betrachtung der heutigen Nichtwählerschaft. Drei Viertel der Nichtwähler werden als politisch nicht involvierte Bürger beschrieben, ohne näher auf deren Motive einzugehen:

> „A few people could not decide how to vote right up to the last moment. [...] On the other hand, a few people in the group of deliberate non-voters were not without interest in the election; they saw no difference between the two candidates or they felt that voting is no remedy for current social ills. [...] As a net result, three quarters of the non-voters stayed away form the polls deliberately because they were thoroughly unconcerned with the election. Only a small number of people kept from the polls by a last minute emergency." (1968: 46f.)

Die große Bedeutung der soziologischen Ansätze in der Wahlforschung führte dazu, daß in den zurückliegenden fünfzig Jahren trotz der nur schwachen Zusammenhänge bei Lazarsfeld et al. Untersuchungen vorwiegend zur Sozialstruktur der

Nichtwähler durchgeführt wurden. Die Analysen werden im nächsten Teilkapitel auszugsweise dargestellt. In der theoretischen Diskussion mündeten die sozialstrukturellen Befunde in der sogenannten „*Randständigkeitshypothese*“, gemäß der insbesondere Bürger, die keiner der großen sozialen Gruppierungen angehören und sozial ausgegrenzt sind, dazu neigen, nicht zu wählen. Darauf soll im Anschluß an die Rezeption der soziologischen Forschung eingegangen werden.

2.1.1.1 Sozialstrukturelle Merkmale der Nichtwähler

Die bundesdeutschen Untersuchungen über die Nichtwähler beschäftigten sich fast ausschließlich mit sozialstrukturellen Fragestellungen. Die ermittelten Befunde, von den frühen Arbeiten von Faul (1965) bis hin zu Analysen in den späten siebzigern und Anfang der achtziger Jahren von Wernicke (1976) und Schoof (1980), decken sich im wesentlichen mit Forschungsergebnissen aus den angelsächsischen Ländern (USA: Lipset 1960, Kim/Petorocik/Enokson 1975, Verba/Nie/Kim 1978; Wolfinger/ Rosenstone 1980, Kleppner 1982, Teixeria 1987, Leighley/Nagler 1992a; in Großbritannien: Crewe/Fox/Alt 1977; in Kanada: Irvine 1976). Über die sozio-demographischen Merkmale der Nichtwähler Anfang der neunziger Jahre geben die beiden Arbeiten von Eilfort (1994) sowie von Falter und Schumann (1994) Aufschluß. Faßt man den bisherigen Erkenntnisstand zusammen, unterscheiden sich Wähler und Nichtwähler anhand von fünf Faktoren. Wie die folgenden Darstellungen verdeutlichen, sind die Merkmale Geschlecht und Konfessionszugehörigkeit Anfang der neunziger Jahre jedoch kaum mehr von Bedeutung. Die Befunde zur sozialen Integration werden im nachfolgenden Kapitel über die Randständigkeitshypothese erörtert:

- Sozio-ökonomischer Status
- Alter
- Geschlecht
- Konfession
- Sozialer Integrationsgrad

A) Sozio-ökonomischer Status
Die Wahlbeteiligung steigt mit zunehmendem Bildungsniveau, Berufsstatus und Einkommen, wobei Interdependenzen zwischen diesen Variablen zu beachten sind. Theoretisch wird dieser Zusammenhang mit der größeren Fähigkeit der Höhergebildeten begründet, sich in komplexe und abstrakte Themen einzudenken. Nicht-Begreifen produziert dagegen Beklemmung, mit dem Ziel, die gedankliche Auseinandersetzung mit Politik zu meiden. Zudem erhöht die schulische Ausbildung den Grad politischer Informiertheit. Bezüglich des Einkommens wird darauf verwiesen, daß reichere Bürger ein tieferes Interesse an der weiteren Funktionsfähigkeit des Systems haben und die für sie richtige politische Partei an der Macht ist (Wolfinger/ Rosenstone 1980: 18-22).

In den Nichtwählerstudien der sechziger und siebziger Jahre konnte lediglich Steiner (1969: 113-120) eine positive Beziehung zwischen sozio-ökonomischem Status und Wahlbeteiligung nachweisen. Steiner hebt vor allem die Schulbildung als bedeutendsten Indikator hervor. Radtke (1972: 39) kommt indes zur Schlußfolgerung, daß die kritische Schwelle der Wahlbeteiligung durch den Abschluß einer Lehre überschritten sei. Der Besuch von weiterführenden Schulen und Hochschulen trägt seines Erachtens nicht mehr zu einer vermehrten Stimmabgabe bei Wahlen bei. Auch Faul (1965: 14) konnte den Einfluß des Bildungsgrades nur für „reifere" Altersgruppen feststellen. Studenten und Lehrlinge zeigen auch bei höherer Bildung eine eher geringe Wahlbeteiligung. In den jüngeren Untersuchungen von Falter und Schumann (1994) sowie von Eilfort (1994) hat sich jedoch bezüglich des Bildungsniveaus eine Trendwende vollzogen. Falter und Schumann (1994: 180) gelangen zu dem Ergebnis, daß vor allem Hauptschulabsolventen zur Wahlenthaltung tendieren. Ihre Aussagen beziehen sich indes nicht auf die tatsächlichen, sondern die potentiellen Nichtwähler, d.h. auch auf diejenigen, die noch nicht wußten, ob sie wählen werden. Eilfort (1994: 218) kommt ebenfalls zu dem Schluß, daß vor allem Personen mit Hauptschulabschluß unter den Nichtwählern überrepräsentiert sind. Höhergebildete gehen in beiden Untersuchungen weit überdurchschnittlich zur Wahl.

Betrachtet man Beruf und Einkommen als Indikatoren des sozio-ökonomischen Status, gelangen sowohl die älteren als auch die jüngeren Studien zu gleichlautenden Befunden. Die Wahlbeteiligung ist bei Beamten, Selbständigen und leitenden Angestellten (Lavies 1973: 91) am höchsten. Dagegen beteiligen sich Arbeiter weit unterdurchschnittlich an Wahlen (Eilfort 1994: 212; Falter/Schumann 1994: 177). Nach Ansicht von Radtke (1972: 69) besteht in erster Linie ein starker Zusammenhang zwischen der Einkommenshöhe und der Wahlbeteiligung. Wernicke (1976: 155) verwendet als Variable die Steuerkraft des Wahlkreises und stellt bei Bundestagswahlen eine positive Korrelation zur Wahlbeteiligung fest. Auch bei Falter und Schumann (1994: 176) gehen die geringer Verdienenden weniger zur Wahl, Bildung und Beruf erweisen sich jedoch als die stärkeren Indikatoren.

B) Alter

Die Bereitschaft, zur Wahl zu gehen, wächst mit steigendem Alter, nimmt aber bei Menschen über 60 Jahre wieder ab. Sowohl die Umfrageforschung als auch die Ergebnisse der repräsentativen Wahlstatistik haben diesen „Lebenszyklus der Wahlbeteiligung" in den vergangenen 40 Jahren empirisch untermauert. Die Beteiligungskurve hat bei fast allen Wahlen einen immer wiederkehrenden typischen Verlauf (Jesse 1975: 313; 1987: 236). Dieser politische Lebenszyklus spiegelt die verschiedenen Integrationsphasen des gesellschaftlichen Lebens wider. Nach einer Orientierungsphase in der Jugend, in der die Beteiligungsbereitschaft noch nicht stabil ist, erhöht sowohl die Einbindung in die Arbeitswelt und in ein Familienleben, als auch steigendes Einkommen, Erfahrung und politisches Interesse die Bereitschaft zur Stimmabgabe. Im Rentenalter nehmen soziale Integration und Einkommen wieder ab. Zudem führen Krankheiten und Gebrechen dazu, daß für alte Menschen der Aufwand der Stimmabgabe größer wird (Strate/Parrish/Elder/Ford 1989).

C) Geschlecht

Frauen gehen in etwas geringerem Maße zur Wahlurne als Männer. Während der Unterschied zwischen den Geschlechtern 1953 noch 3,3 Prozent betrug, sank er bei der Bundestagswahl 1990 auf 1,3 Prozent. Berücksichtigt man ferner die im allgemeinen höhere Briefwahlquote der Frauen, dürften die Differenzen noch geringer ausfallen. Beträchtliche Unterschiede existieren indes bei den verschiedenen Altersklassen:

> „Bei den unter 25jährigen und den über 45jährigen und älteren wählten die Männer häufiger als Frauen. Bei den 25- bis 45jährigen zeigten die Frauen hingegen eine leicht höhere Wahlneigung als die Männer. Auffallend ist der Geschlechterunterschied insbesondere bei den älteren Mitbürgern im Alter von 70 Jahren und darüber: Mit 81,3 Prozent (Männer) zu 71,3 Prozent (Frauen) klafft hier eine beachtliche Lücke." (Mayer 1991: 252)

Die höhere Wahlbeteiligung der 25-45jährigen Frauen spricht dafür, daß die Nachkriegsgeneration das klassischen Rollenverständnis über Bord geworfen hat. Bei den Wahlberechtigten unter 25 Jahren fällt allerdings die Wahlbeteiligung bei den Männern um rund 3 Prozent höher aus. Da jedoch gerade in den jüngsten Altersklassen Frauen in größerem Maße einen Wahlschein zur Briefwahl beantragt hatten, sind die tatsächlichen Unterschiede nicht so groß. Insgesamt nähern sich im langfristigen Zeithorizont die Wahlbeteiligungsraten von Männern und Frauen seit 1918 immer mehr an (Lavies 1973: 65-73). Eine vollkommene Angleichung ist zwar auch im Jahr 1990 noch nicht gelungen, aber nur infolge der beträchtlichen Beteiligungsunterschiede bei den Senioren. In den Altersgruppen bis 60 Jahren ist kein einheitliches Bild mehr zu erkennen. Molitor (1992: 185ff.) folgert, daß das Geschlecht kaum mehr als Ursache für ein unterschiedliches Wahlverhalten auszumachen sei. Dies gilt sowohl bezüglich der Wahlbeteiligung als auch der Parteipräferenz. Weniger der Geschlechterunterschied als vielmehr Bildung und politisches Interesse als vorgelagerte Faktoren beeinflussen die Wahlbeteiligung (Falter/Schumann 1990: 137; 1994: 182). Die Unterschiede in der Wahlbeteiligung sind daher vor allem auf das unterschiedliche Bildungsniveau und politische Interesse zurückzuführen. Dies erklärt auch die wesentlich geringere Wahlbeteiligung der älteren Frauen. Die Bildungsunterschiede zwischen den Geschlechtern waren in der Vorkriegsgeneration ausgeprägter als heute.

D) Konfession

Bezüglich des konfessionellen Bestimmungsfaktors hat sich in der Bundesrepublik ein Wandel vollzogen. Während noch bis in die sechziger Jahren hinein die Wahlbeteiligung um so höher gewesen ist, je größer der Katholikenanteil der Region war (Faul 1965: 13), hat der Indikator Konfessionszugehörigkeit seit Mitte der sechziger Jahre an Erklärungskraft verloren. Für die Bundestagswahl 1965 konnte Steiner (1969: 151) keine höhere Wahlbeteiligung der Katholiken feststellen. Auch Wernicke (1976: 191) identifizierte in seiner Aggregatdatenanalyse den Katholikenanteil nicht als relevanten Beteiligungsfaktor. Bei Schoof (1981: 294) ist für die Bundestagwahlen 1972 bis 1980 gar eine negative Korrelation zwischen Katholikenanteil und Wahlbeteiligung zu beobachten. Dagegen fördert nach Lavies (1973: 121) nicht der Katholikenanteil, sondern die konfessionelle Homogenität einer Gemeinde die Wahlbeteiligung, Überwiegend protestantische bzw. überwiegend katholische Gemeinden hatten eine höhere Wahlbeteiligung zu verzeichnen als konfessionelle Mischgebiete.

Die minimalen Unterschiede zwischen den Konfessionen führten dazu, daß der Indikator Konfessionszugehörigkeit in erster Linie durch die Kirchenbindung ergänzt wurde. Bereits 1956 konstatierte Reigrotzki (1956: 69), daß die Kirchgangshäufigkeit als Bestimmungsfaktor ausschlaggebender sei als das Merkmal eines hohen Katholikenanteils. So beteiligen sich Gläubige mit regelmäßigem Kirchenbesuch eher an Wahlen als Protestanten und Katholiken, die selten oder nie die Kirche besuchen. Begründet wird dies mit der tieferen sozial-ethischen Verbundenheit der aktiven Gläubigen (Faul 1965: 13). Bei Konfessionslosen oder bei Anhängern anderer Konfessionen ist eine etwas schwächere Wahlbereitschaft festzustellen, die sich jedoch kaum von der passiver Christen unterscheidet (Lavies 1973: 88). Dagegen sind gemäß Eilfort (1994: 202) die Konfessionslosen unter den Nichtwählern deutlich überrepräsentiert. Bei Falter und Schumann (1994: 179) unterscheiden sich sowohl Katholiken, Protestanen als auch Konfessionslose nicht in ihrer Wahlbeteiligung, vielmehr verzichten vor allem die Nicht-Kirchgänger stärker auf die Wahlteilnahme.

2.1.1.2 Die Randständigkeitshypothese

Bereits in den vierziger Jahren hat Key (1952: 580) die These aufgestellt, nach der die Nichtwähler in den USA ein sozial isoliertes Segment der Gesamtbevölkerung darstellen. Die als Randständigkeitshypothese in die Forschung eingegangene Behauptung wurde theoretisch nie explizit formuliert, beruht aber im Grunde auf zwei Argumentationslinien:

a) Randgruppen lassen sich nur schwer in die gesellschaftlichen Cleavages einordnen. Sie fühlen sich daher im Parteiensystem nicht repräsentiert und gehen folglich in geringerem Umfang zur Wahl.

b) Die geringere Integration in die Gesellschaft verhindert bei Randgruppen eine starke soziale Kontrolle, wie sie durch Familie und Kollegen sowie in Gesprächen mit Meinungsführern ausgeübt wird.

Aus der sozialen Isolation resultiert zumeist ein geringeres politisches Interesse und eine größere Distanz zu der bestehenden politischen Ordnung, was oftmals zu einem dauerhaften Wahlverzicht führt. Die empirische Umsetzung der Randständigkeitshypothese ist jedoch äußerst uneinheitlich. Für die Bundesrepublik bestätigten Radtke und Lavies die Randständigkeitshypothese, wenn auch die Argumentation von Lavies (1973: 162) vorwiegend auf der Analyse von Flüchtlingen, Vertriebenen und Übersiedlern aufbaut. Nach Radtke rekrutieren sich die Nichtwähler verstärkt aus den unteren Bevölkerungsschichten (Radtke 1972: 69), wobei die Einstufung nicht von den Befragten selbst, sondern vom Interviewer vorgenommen wurde. Zudem sind Nichtwähler weniger in intermediäre Gruppen wie z.B. Gewerkschaften, Kirchen etc. eingebunden:

> „Es hatte sich gezeigt, daß Nichtwähler in geringerem Umfange als Wähler den Einflüssen mediatisierter Gruppen ausgesetzt sind, so daß zu vermuten ist, daß sie kein Bild von der Stellung dieser Gruppen im politischen System besitzen und auch keine Vorstellungen haben, welcher Einfluß jeder dieser Organisationen auf die Willensbildung der Regierung zukommen soll.“ (Radtke 1972: 70)

Auch Anfang der neunziger Jahre gelangen Eilfort (1994: 247) sowie Falter und Schumann (1994: 178) zu dem Schluß, daß soziale Integration die Beteiligung an Wahlen fördert. Dagegen tendierten sozial weniger Integrierte stärker zur Wahlenthaltung. Bei der Operationalisierung greift die Forschung jedoch auf Standardindikatoren zurück: neben dem sozio-ökonomischen Status in der Regel auf den Familienstand, die Haushaltsgröße und die Mitgliedschaft in sozialen Organisationen. Angesichts der gesellschaftlichen Veränderungen in den westlichen Industriestaaten dürften diese Faktoren keine hinreichenden Bedingungen mehr für soziale Desintegration sein. Ein alleinlebender und unverheirateter Mensch ist bei dem enormen Anstieg der Ein-Personen-Haushalte, bei der sinkenden Bedeutung der Ehe u.v.m. nicht mehr per se sozial ausgegrenzt. Darüber hinaus vermittelt die undifferenzierte Gegenüberstellung von Wählern und Nichtwählern ein zu oberflächliches Bild, zumal die ermittelten Effekte nicht sehr stark sind. So ist nach Golzem und Liepelt (1976: 156) lediglich der harte Kern der Dauer-Nichtwähler sozial weniger integriert. Die Mehrzahl der Bürger, die nicht zur Wahl gingen, sind nur gelegentliche oder sporadische Nichtwähler, die keine Anzeichen sozialer Desintegration aufweisen (Golzem und Liepelt 1976: 151).

Im Rahmen dieser Arbeit wird eine ausschließlich sozialstrukturelle Definition der Randständigkeit abgelehnt. Denn sowohl hinter der Wahlenthaltung als auch dem Verzicht, sich in Vereinen oder anderen Organsationen zu betätigen, verbirgt sich möglicherweise das gleichen Motiv: eine Entfremdung gegenüber der Gesellschaft. Diese soziale Anomie würde nicht nur zur Wahlenthaltung führen, sondern der randständige Nichtwähler verzichtet aus dieser Motivlage heraus genauso auf die Teilnahme an anderen Formen des gesellschaftlichen Leben. Er geht in weit geringerem Maße zur Kirche und ist auch in der Regel nicht Mitglied einer Gewerkschaft oder anderer Organisationen. Darüber hinaus interessiert sich der randständige Nichtwähler nicht für politische oder gesellschaftliche Belange.

2.1.2 Der sozialpsychologische Ansatz der Michigan-Schule

Der bedeutendste Erklärungsansatz für das Wählerverhalten stammt von Campbell, Converse, Miller und Stokes (1960) von der University of Michigan in Ann Arbor. Der als „Michigan-“ oder auch „Ann-Arbor-Modell“ bezeichnete Erklärungsansatz ist zugleich Kritik und Erweiterung der soziologischen Wählerverhaltenstheorie. Campbell et al. lehnen insbesondere die These des sozialen Determinismus der Wahlentscheidung ab. Langfristiges, durch die Sozialstruktur bestimmtes Wählerverhalten kann kurzfristig durch andere Einflußfaktoren überlagert werden. Der individuelle Wahlentscheidungsprozeß läßt sich modellhaft in der Form eines Trichters darstellen, an dessen engster Stelle die kurzfristigen Erklärungsfaktoren liegen: die Kandidaten- und Themenorientierung. Diesen Faktoren vorgelagert sind längerfristige Determinanten der Wahlentscheidung, die durch das Zusammenwirken politisch-institutioneller, sozio-ökonomischer und psychologischer Faktoren zustandekommen. Verschiedene Faktoren, wie beispielsweise die Sozialisationserfahrung und die Gruppenzugehörigkeit, beeinflussen den Wähler in der Weise, daß er bestimmte Einstellungen zu den Parteien, Kandidaten und Themen einnimmt. Zentrale längerfristige Variable des Michigan-Modells ist die Parteiidentifikation, die eine tiefere emotionale Bindung an eine bestimmte Partei ausdrückt.

Campbell et al. (1960: 90f.) widmen sich sehr ausführlich dem Problem der Nichtwähler. Als Motiv stehen ihrer Meinung nach psychologische Faktoren im Vordergrund. Trotz dieser individualistischeren Perspektive verzichten sie ebenfalls auf eine tiefergehende Differenzierung der Nichtwählerschaft. Bei ihren quantitativen Analysen gehen sie grundsätzlich von der Gesamtheit der Nichtwähler aus. Die daraus entstandene beträchtliche Höhe an unerklärter Varianz versuchen sie exemplarisch mittels qualitativer Einzelinterviews aufzuschlüsseln, ohne jedoch die Thematik weiterzuverfolgen und einzelne Typen von Nichtwählern zu unterscheiden. Auf der Makroebene heben sie insbesondere das amerikanische Wahlrecht als Hindernis für eine höhere Wahlbeteiligung hervor.

Als einer der wichtigsten längerfristigen Faktoren der Wahlenthaltung ist die Parteiidentifikation zu nennen. Nach Campbell et al. (1960: 98) eignet sich vor allem die Stärke der Parteiidentifikation als Indikator der Wahlbeteiligung. Die Wahrscheinlichkeit, daß ein Bürger nicht wählt, ist umso größer, je schwächer seine Parteiidentifikation ausgeprägt ist (Campbell et al. 1960: 97; 1966: 21). Doch Campbell et al. konnten diesen theoretisch postulierten Zusammenhang für die Präsidentschaftswahl 1956 überraschend nicht nachweisen. Sie führten dieses Ergebnis aber auf spezifische Faktoren jener Wahl zurück. Tatsächlich stellte die amerikanische Forschung in den letzten dreißig Jahren eine sehr starke Korrelation zwischen Stärke der Parteibindung und Wahlbeteiligung fest (Shaffer 1981: 90; Kleppner 1982: 130; Teixeira 1987: 104). Ein Großteil der Nichtwähler sind parteiungebunden. Ähnlich wie Lazarsfeld et al. heben Campbell et al. vor allem das politische Interesse als zentralen Indikator der Wahlbeteiligung heraus: „*The stronger the individual's psychological involvement the more likely he is to participate in politics by voting*“ (Campbell et al. 1960: 102). Nichtwähler haben außerdem ein geringeres Pflichtbewußtsein, ihre Stimme abzugeben, und schätzen ihre politische Kompetenz („political efficacy“) geringer ein. Der von Campbell, Gurin und Miller (1954: 187) eingeführte Indikator „political efficacy“ wird durch verschiedene Einstellungsitems gemessen, die das subjektive Empfinden der Befragten bezüglich der eigenen politischen Kompetenz und des eigenen politischen Einflusses hinterfragen. Je ausgeprägter der Glaube an den persönlichen Einfluß sowie an die Veränderbarkeit der Regierungspolitik ist, desto eher ist man bereit, sich in Wahlkämpfen zu engagieren, und desto höher liegt die Wahlbeteiligung.

Eine der zentralen Aussagen der Theorie besteht darin, daß längerfristige Einstellungen durch kurzfristige Einflüsse überlagert werden können. Als kurzfristige Faktoren der Wahlbeteiligung ist auf der einen Seite die subjektiv empfundene Knappheit des Wahlausgangs zu nennen, die vor allem bei Personen mit starker Parteibindung wahlbeteiligungsfördernd wirkt. Campbell et al. führen dies vor allem auf die höhere Motivation der Parteigebundenen zurück, ihrer Partei zum Sieg zu verhelfen. „*The power of partisan choice to motivate turnout evidently is contingent on the individual feeling, at least in some diffuse way, that his vote may count*" (Campbell et al. 1960: 100). Nichtwähler zeigen folglich ein deutlich schwächeres Interesse am Wahlkampf und eine geringere Betroffenheit über den Wahlausgang. Die Bürger werden indes eher zum Wahlakt zu bewegen sein, wenn zugkräftige Politiker kandidieren oder bewegende und aufwühlende Themen anstehen (Campbell/Converse/Miller/Stokes 1966: 43). Im Zusammenhang mit der Nichtwählerproblematik müßte man diese Thesen auf den Kopf stellen: Für Wahlberechtigte, die keinen der Kandidaten und keine der Parteien bevorzugen sowie keines der Themen als wichtig erachten, gibt es keinen Grund zu wählen.

Des weiteren müßten auch Personen, die gegensätzlichen Einflüssen ausgesetzt sind, stärker zur Enthaltung tendieren. Während Lazarsfeld et al. (1968: 69) Cross-Pressure über konfliktäre soziale Gruppenzugehörigkeiten definieren, reinterpretieren Campbell et al. (1960: 80) die Cross-Pressure-Hypothese als psychologischen Einstellungskonflikt des Individuums. Sie argumentieren, daß Bürger, die sehr stark psychologischem Cross-Pressure ausgesetzt sind, ihre Entscheidung sehr spät treffen oder der Wahl ganz fern bleiben (Campbell et al. 1960: 83). Als Beispiel nennen sie einen Konflikt zwischen Parteineigung und Kandidatenorientierung. Auf die bundesdeutschen Verhältnisse übertragen stünden beispielweise SPD-Anhänger, die sich als Bundeskanzler Helmut Kohl wünschen, unter psychologischem Kreuzdruck.

Faßt man die Thesen des Michigan-Modells zusammen, müßten sich anhand folgender Indikatoren signifikante Unterschiede zwischen Wählern und Nichtwählern sowie zwischen verschiedenen Nichtwählergruppen ermitteln lassen:

- Grad des politischen Interesses
- Stärke der Parteiidentifikation
- Knappheit des Wahlausgangs
- Einstellung zur Wahlpflicht
- Einschätzung der eigenen politischen Kompetenz
- Beurteilung der Spitzenkandidaten sowie der Parteien
- Attraktivität der Wahlkampfthemen

Da sich die Mehrzahl der wenigen bundesdeutschen Nichtwählerstudien auf sozialstrukturelle Faktoren beschränkt, existieren nur wenige Arbeiten, die diese Indikatoren untersuchen. Radtke (1972) konnte die postulierten Zusammenhänge für die Bundesrepublik bestätigen. Bei der Bundestagswahl 1965 maßen die Nichtwähler der Politik eine geringere Bedeutung zu, waren weniger davon überzeugt, das politische Geschehen beeinflussen zu können, unterlagen in geringerem Maße einer Wahlnorm, und nahmen eine distanziertere Position zu den einzelnen Parteien ein. Darüber hinaus hielten sie die beiden damaligen Kanzlerkandidaten, Ludwig Erhard und Willy Brandt, für wenig geeignet, die anstehenden Probleme zu bewältigen (Radtke 1972: 12-35). Golzem und Liepelt (1976: 161) kamen dagegen bei ihrer Nichtwählerbefragung von 1969/70 zu dem Schluß, daß nur geringfügige Unterschiede in der Bewertung der Wahlbeteiligungsnorm und der eigenen Einflußmöglichkeiten bestehen. Auch die Wahrnehmung des Wahlkampfes differierte kaum.

Lediglich das persönliche Interesse am Wahlausgang war geringer als bei den Wählern. Leider existieren aus den siebziger und achtziger Jahren keine Untersuchungen, die explizit diesen Modellansatz zur Analyse der Nichtwähler zugrundegelegt haben. Erst die jüngsten Arbeiten von Falter und Schumann (1993; 1994) und von Eilfort (1994) zur Bundestagswahl 1990 verwendeten die Indikatoren des Michigan-Modells. Beide Untersuchungen kommen zu dem Schluß, daß politisch Desinteressierte sowie Parteiungebundene auch seltener zur Wahl gehen (Falter und Schumann 1993: 41; Eilfort 1994: 282ff.). Wenn ein Wahlberechtigter keinen der Spitzenkandidaten positiv bewertet und keiner der Parteien Kompetenz bescheinigt, steigt ebenfalls die Wahrscheinlichkeit des Wahlverzichts (Falter/Schumann 1994: 197; Eilfort 1994: 276). Falter und Schumann (1994: 196f.) setzten sich auch erstmals mit der Umkehrthese des Michigan-Modells auseinander. Wenn weder Parteibindung noch Kandidatenorientierung vorhanden waren, tendierten 60 Prozent der jeweiligen Befragten zur Nichtwahl. Die bisherigen Ergebnisse unterstreichen damit den großen Erklärungsbeitrag des Michigan-Modells zur Analyse der Nichtwähler.

2.1.3 Theorie des rationalen Wählerverhaltens

Die ausführlichste Diskussion über die Problematik der Wahlbeteiligung fand in der Auseinandersetzung mit dem aus der Rational-Choice-Theorie abgeleiteten Ansatz statt. Begründer der ökonomischen Politiktheorie war Downs (1957), der das Verhalten der politischen Akteure mit dem Instrumentarium der Wirtschaftswissenschaften zu erklären versucht. Ausgangspunkt der Rational-Choice-Theorie ist das Individuum als Entscheidungsträger. Der Mensch hat bestimmte Bedürfnisse bzw. Ziele, deren Verwirklichung jedoch Restriktionen unterliegt. Die Individuen richten sich nach dem Eigennutz-Prinzip und handeln rational:

> „Rational bedeutet, daß das Individuum prinzipiell in der Lage ist, entsprechend seinem relativen Vorteil zu handeln, das heißt, seinen Handlungsspielraum abzuschätzen und zu bewerten, um dann entsprechend zu handeln." (Kirchgässner 1980: 423)

Die Stimmabgabe ist als Handeln rationaler Individuen zu verstehen. Ein Wähler verhält sich dann rational, wenn er anhand folgender Kriterien seine Wahlentscheidung trifft:

- Kosten des Wahlaktes (C),
  die sich in der Bundesrepublik im wesentlichen aus dem Aufwand der Informationsbeschaffung und des Ganges zum Wahllokal zusammensetzen.
- Nutzen des Wahlaktes (B),
  der aus den Teilnahme an der Wahl resultiert. Dieser entsteht in erster Linie durch einen Sieg der präferierten Partei.
- Subjektive Wahrscheinlichkeit, daß die abgegebene Stimme entscheidet (P).

Dies ergibt die individuelle Entscheidungsgleichung: $P*B - C > 0$. Wenn ein Individuum zur Wahl geht, muß sein erwarteter, wahrscheinlicher Nutzen (P*B) größer sein als seine Kosten (C). Downs wollte erklären, warum sich der Wähler für die eine oder die andere Partei entscheidet. Die Kritik am rationalen Ansatz konzentrierte sich in den Folgejahren jedoch auf das Paradoxon, warum der Bürger bei rationaler Kosten-Nutzen-Überlegung überhaupt wählt, da sich bei einem entsprechend kleinen Wahrscheinlichkeitswert (P) die Gleichung nur unwesentlich von Null unterscheidet. Um das ökonomische Modell des Wählens zu retten, haben Tullock (1967: 111) sowie Riker und Ordeshook (1968) die strengen Rationalitätsannahmen modifiziert und intrinsische Faktoren, wie Bürgerpflicht, Patriotismus, Altruismus etc., in die ökonomische Theorie aufgenommen. Die Einführung dieser zusätzlichen, psychologischen Nutzenkomponenten geriet jedoch zunehmend in die Kritik, weil die Ergebnisse weitgehend von der unzureichenden Operationalisierung dieser „weichen" Faktoren abhingen (Mueller 1989: 355; Kirchgässner 1990: 448; Wolfinger 1994: 6). Auch neuere Ansätze konnten nicht zur Überwindung des Wahl-Paradoxons führen. So geht das „Minimax-Regret-Modell" von Ferejohn und Fiorina (1974) von der „Strategie des geringsten Bedauerns" aus. Der Bürger nimmt die geringen Kosten des Wahlaktes in Kauf, um unter allen Umständen zu verhindern, daß der für ihn größtmögliche Schaden eintrifft: der Wahlsieg der Gegenseite. Sowohl Mueller (1989: 353) als auch Kirchgässner (1990: 449) kritisieren jedoch die Annahme extremer Risikoaversion. So dürfte die Wahrscheinlichkeit eines Verkehrsunfalls auf dem Weg zum Wahllokal weitaus größer sein, als zur entscheidenden Ein-Stimmen-Mehrheit beizutragen (Kirchgässner 1990: 449). Die unklare Spezifikation des Rationalitäts- und Nutzenbegriffs brachte dem Rational-Choice-Ansatz den Vorwurf der Tautologie ein:

> „Choice behavior that 'maximizes perceived (or expected) utility' for the actor is perhaps the most familiar explication of what choice behavior is 'rational'. The vagueness of the term 'utility' is well known, but even supposing that we adopt a rough and ready set of commonsense connotations for it the definition still is next to useless, for strictly construed it can only push us into a tautolgy." (Converse 1975: 119)

Bei der empirischen Prüfung greifen die Rational-Choice-Theoretiker größtenteils auf die gleichen Indikatoren zurück wie die soziologischen und sozialpsychologischen Ansätze. Dies sind vor allem Bildung, Beruf und Einkommen (Mueller 1989: 364f.) sowie die Bewertung der Kandidaten, Issue-Kompetenzen und Issue-Positionen und die Knappheit des Wahlausgangs (Fuchs/Kühnel 1994; Pappi 1991; Kirchgässner 1990). Die Operationalisierung entspricht damit weitgehend dem Michigan-Modell. Der zentrale Unterschied zwischen beiden Ansätzen besteht in den theoretischen Annahmen über das individuelle Wählerverhalten. Während das Michigan-Modell fest auf dem Boden eines sozialpsychologischen Verständnisses individuellen Verhaltens steht, vereinfacht das Rational-Choice-Modell die zugrundeliegenden Annahmen auf die Nutzenmaximierung als Kernbedingung. Darüber hinaus wird in der sozialpsychologischen Wählerverhaltenstheorie die Einschätzung der Issue-Kompetenz der politischen Parteien primär von der Parteibindung bestimmt. Die Rational Choice-Theorie läßt die Richtung des Einflusses offen (Schmitt 1994: 171).

Die von Enelow und Hinich (1984: 54-65) entwickelten räumlichen Modelle der Parteienkonkurrenz stellen die Issue-Orientierungen der Wählerschaft in den Mittelpunkt. Anhand der zentralen politischen Themen wird die Idealposition des Wählers und die Standpunkte der verschiedenen Parteien in einem mehrdimensionalen Raum abgebildet. „*Der Wähler gibt der Partei seine Stimme, die ihm räum-*

lich am nächsten liegt, d.h. derjenigen, die seinen politischen Idealvorstellungen zu den einzelnen politischen Themen am nächsten kommt" (Eckstein/Pappi 1994: 400). In Anlehnung an Enelow und Hinich (1984: 90) gibt es zwei Gründe, auf die Teilnahme ganz zu verzichten:

1. Die Kandidaten und Parteien unterscheiden sich in ihrer Politik nicht, so daß es gleichgültig ist, wer die Wahl gewinnt.

2. Die inhaltliche bzw. thematische Entfernung zu allen Kandidaten und Parteien ist zu groß, und der einzelne ist nicht bereit, sich für die „Wahl des geringsten Übels" zu entscheiden.

Das Modell läßt sich mit den vorhandenen Daten längsschnittlich nicht untersuchen. Aber zumindest für einige ausgewählte Zeitpunkte läßt sich prüfen, ob Wähler und Nichtwähler unterschiedliche politische Positionen zu ausgewählten Themen einnehmen. Doch auch diese Operationalisierung geht in Ansätzen auf Campbell et al. (1960) zurück, die die Issue-Orientierung als einen der zentralen kurzfristigen Wahlmotive herausheben.

Trotz der Kritik sollen jedoch Kosten-Nutzen-Überlegungen beim Wahlverhalten keineswegs grundsätzlich verworfen werden. Auch die im nachfolgenden Kapitel zu behandelnde Partizipationsforschung stützt sich auf ein psychologisches Ertragskalkül, das der Wahl von politischen Handlungsoptionen zugrunde liegt (Schmidtchen 1983: 108). Ähnlich argumentieren Barnes und Kaase (1979: 39), die im Sinne der Weberschen Zweckrationalität partizipatorisches Handeln davon bestimmt sehen, politische Ziele mit möglichst geringem Aufwand zu erreichen. Einen Ausweg aus dem Dilemma zwischen Wahlparadoxon und Zweckrationalität bietet die eingeschränkte Anwendung der Rational-Choice-Theorie auf nur bestimmte Wähler- bzw. Nichtwählergruppen, sowie ihre Integration in die klassischen Wählerverhaltenstheorien. Denn in der Betonung kurzfristiger Wahlmotive enthält bereits das Michigan-Modell implizit rationale Elemente. Der Idealtyp des rationalen Nichtwählers fühlt sich nicht an eine Partei gebunden und entspricht damit dem Bild des parteiungebundenen Nichtwählers. Der rationale Nichtwähler entscheidet von Wahl zu Wahl, ob er teilnimmt und welche Partei er wählt. Er empfindet Wählen nicht als staatsbürgerliche Pflicht und ist weder Stammwähler noch Dauer-Nichtwähler. Seine Stimmabgabe hängt ausschließlich von kurzfristigen Motiven ab. Er wird sich vor allem dann der Stimme enthalten, wenn er keine der Parteien und keinen der Kandidaten für kompetent hält oder die Wahl in seinen Augen bereits entschieden ist.

2.2 Wählen als Form der politischen Partizipation

Während die Theorien des Wählerverhaltens Ursachen für die Wahl bestimmter Parteien suchen, betrachtet die Partizipationsforschung Formen und Motive der Beteiligung des Bürgers am politischen Geschehen. Die amerikanischen Politikwissenschaftler Lane (1959) und Milbrath (1977) legten den Grundstein für diese Forschungsrichtung. Über die Frage, was unter politischer Partizipation zu verstehen ist, besteht innerhalb des Forschungszweiges weitgehend Konsens. Nach Barnes und Kaase (1979: 42) umfaßt der Begriff der politischen Partizipation *„all voluntary activities by individual citizens intended to influence either directly or indirectly political choice at various levels of the political system"*.

Die Stimmabgabe ist dabei nur eine von vielen Formen politischen Handelns. Insbesondere aus zwei Gründen eignet sich die Partizipationsforschung besser als die herkömmlichen Wählerverhaltenstheorien zur Untersuchung der Nichtwähler. Im Vergleich zur Wahlforschung integriert sie viel stärker Faktoren der Makroebene in ihre Modelle. Zwar haben auch Lazarsfeld et al. sowie Campbell et al. institutionelle Arrangements wie z.B. Wahlpflicht, Registrierungsverfahren etc. in ihren Untersuchungen berücksichtigt. Die Partizipationsstudien, insbesondere die international vergleichenden Studien von Verba, Nie und Kim (1978) sowie von Barnes und Kaase (1979) ermöglichen es jedoch, die Wechselwirkungen zwischen Makro- und Mikroebene genauer zu verstehen sowie im internationalen Vergleich die Auswirkungen institutioneller Rahmenbedingungen zu erkennen. Darüber hinaus nimmt die Partizipationsforschung auch Einflüsse des Wertewandels und der politischen Entfremdung in ihre Modelle mit auf und liefert damit ein detaillierteres Bild über die affektiven und kognitiven Beweggründe, sich politisch zu beteiligen oder auch nicht zu beteiligen. Dies ermöglicht eine wesentlich differenziertere Betrachtung einzelner Bevölkerungs- bzw. Nichtwählergruppen. Der grundlegende Vorteil der Partizipationsansätze für die Nichtwählerforschung besteht darin, daß sie über den Horizont der Wählerverhaltensansätze hinausgehen, aber gleichzeitig deren wesentliche Elemente integrieren.

Kaase (1987: 137f.) korrigierte die ursprüngliche Einteilung in konventionelle und unkonventionelle Partizipationsformen durch die Unterscheidung zwischen verfaßter und nicht verfaßter Beteiligung. Verfaßte Partizipation beinhaltet alle vom politischen System institutionalisierten Beteiligungsformen. Bei den unverfaßten Partizipationsaktivitäten wird zusätzlich nach dem Legalitätsstatus differenziert. Während die Teilnahme an Bürgerinitiativen und genehmigten Demonstrationen als legale unverfaßte Partizipation aufzufassen ist, werden von den Gesetzen abweichende Aktivitäten, wie beispielweise wilde Streiks oder Hausbesetzungen, als illegale unverfaßte Partizipationsformen bezeichnet.

Die Teilnahme an Wahlen läßt sich als eine spezielle Form verfaßter politischer Beteiligung verstehen. Der Wahlakt verstößt nicht gegen geltende Norm- und Rechtsvorstellungen, sondern ist in den parlamentarischen Demokratien als zentraler Bestandteil der politischen Verfassung fest institutionalisiert (Barnes/Kaase 1979: 86). In einigen Ländern Europas, wie z.B. Belgien, besteht sogar Wahlpflicht. Bedauerlicherweise klammert die Grundlagenstudie von Barnes und Kaase aus diesen Gründen das Wählen als Partizipationsform aus. Diese Einschränkung gilt nicht für die Studie von Verba, Nie und Kim (1978) sowie für die bundesdeutsche Studie „Jugend und Staat" von Schmidtchen und Uehlinger (1983; 1988). Allerdings beschränkt sich die deutsche Untersuchung in der ersten Befragungswelle im Jahr 1980 nur auf Personen bis 35 Jahre. Im zweiten Teil 1985 hoben Schmidtchen und Uehlinger diese Restriktion auf.

2.2.1 Erklärungsfaktoren politischer Partizipation

Die theoretischen Ansätze der verschiedenen Partizipationsstudien ähneln sich sehr. Betrachtet man die unabhängigen Variablen politischer Partizipation, so läßt sich zu Recht von einem „Puzzle“ (Verba/Nie/Kim 1978: 63ff.) sprechen. Nach Verba und Nie (1972: 19f.; 1978: 82) wird die individuelle Entscheidung, politisch zu partizipieren, von den sozialen Lebensumständen sowie institutionellen Faktoren bestimmt. Als Variablen der sozialen Lebensumstände nennen Verba und Nie (1972: 21) in erster Linie den sozio-ökonomischen Status, die Position im Lebenszyklus und die Rasse. Institutionelle Faktoren umfassen die Rolle der Parteien in einer Gesellschaft sowie die Mitgliedschaft in gesellschaftlichen Organisationen wie z.B. Gewerkschaften, Kirchen etc.. Dabei setzen sie sich intensiv mit den Wechselwirkungen zwischen institutionellen und sozialen Faktoren auseinander. Je stärker die institutionellen Bindungen in einer Gesellschaft sind, desto größer ist die Wahrscheinlichkeit, daß sich die Bürger politisch beteiligen (Verba/Nie/Kim 1978: 248f.). Ein höherer sozio-ökonomischer Status bewirkt im allgemeinen ebenfalls eine höhere Partizipation. In diesem Punkt unterscheidet sich die Partizipationsforschung sowohl bezüglich des Instrumentariums als auch bezüglich des Ergebnisses nicht von der soziologischen Wahlforschung (Verba/Nie 1972: 139). Aber insbesondere beim Wahlakt können institutionelle Rahmenbedingungen eine so große Rolle spielen, daß die sozio-ökonomischen Einflüsse außer Kraft gesetzt werden (Verba/Nie/Kim 1978: 124). Infolgedessen hat auf der Makroebene der Organisationsgrad der Parteien und der verschiedenen gesellschaftlichen Gruppen einen entscheidenden Einfluß auf die Wahlbeteiligung (Verba/Nie/Kim 1978: 112). So ergab sich aufgrund der unterschiedlichen institutionellen Gegebenheiten lediglich in den USA auf der Mikroebene ein Zusammenhang zwischen sozio-ökonomischem Status und Bereitschaft zur Stimmabgabe, während in den sechs anderen Staaten aufgrund stärkerer institutioneller Faktoren keine eindeutige Beziehungsrichtung bestand (Verba/Nie/Kim 1978: 121). Für die Bundesrepublik ist daraus zu folgern, daß sozio-ökonomische Merkmale ebenfalls nur eine untergeordnete Bedeutung haben dürften, da die institutionellen Bindungen noch immer recht stark sind. Andererseits könnte gerade in der beginnenden Auflösung dieser sozio-politischen Integrationskräfte eine Ursache der sinkenden Wahlbeteiligung liegen. Darauf wird in Kapitel Drei noch ausführlich eingegangen.

Den umfassendsten theoretischen Rahmen liefern Barnes und Kaase (1979) in ihrer „Political Action“-Studie. Darin werden sowohl Faktoren der Mikro-, Meso- und Makroebene in die Betrachtung miteingeschlossen. Auf der Makroebene werden die Wahlgesetzgebung, die Wahlpflicht sowie der wachsende ökonomische Wohlstand, die Bildungsexpansion und die Verbreitung von Massenmedien als wichtige Faktoren hervorgehoben (Kaase 1989b: 25). Die Mesoebene beinhaltet den Einfluß personeller Netzwerke und Mitgliedschaften in Gruppen und Organisationen. Auf der Mikroebene werden neben den sozio-demographischen Variablen, dem politischen Interesse und der politischen Kompetenz, die bereits in den Wählerverhaltensmodellen enthalten sind, vor allem auch das Verhältnis zu Staat und Gesellschaft sowie individuelle Wertorientierungen in das Modell aufgenommen. Insbesondere die politische Zufriedenheit („political satisfaction“) sowie das Vertrauen in Regierung („government trust“) und politisches System („system trust“) haben als intervenierende Variablen großen Einfluß auf die Art und Intensität politischer Beteiligung. Eine detaillierte Darstellung der Entfremdungstheorien erfolgt in Kapitel Drei im Rahmen der Entfremdungsthese.

Abbildung 2: Theoretisches Modell der „Political Action“-Studie

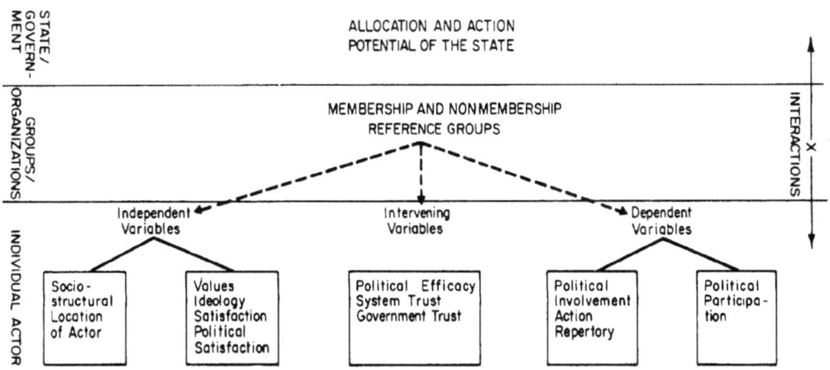

Quelle: Barnes/Kaase 1979: 43

In Anlehnung an das Erklärungsmodell der „Political Action“-Studie hängt nach Armingeon (1994: 46) die Wahlbeteiligung vor allem von den materiellen und kognitiven Ressourcen des einzelnen ab. Während die materiellen Ressourcen im wesentlichen mit dem sozio-ökonomischen Status gleichzusetzten sind, nennt er als Indikatoren kognitiver Ressourcen in erster Linie das politische Interesse und die politische Kompetenz („political efficacy“). Insbesondere Personen mit geringen Ressourcen neigen zur Wahlenthaltung. Bezüglich des Bildungsniveaus haben sowohl Barnes und Kaase als auch Schmidtchen und Uehlinger in früheren Untersuchungen die Richtigkeit dieser Annahme bestätigt. „*Während jeder vierte jüngere Bürger mit Haupt-/Volksschulabschluß keine oder höchstens eine schwache potentielle Partizipation angibt, ist es nur jeder zehnte Befragte mit Abitur*“ (Uehlinger 1988: 170). Gleichlautende Befunde ergeben sich bei den kognitiven Ressourcen. Mit steigendem Interesse nimmt auch die Bereitschaft zur politischen Aktivität zu (Uehlinger 1988: 165). Sofern sich Befragte gar nicht für Politik interessieren, sind sie, in Anlehnung an die soziologischen und sozialpsychologischen Wählerverhaltenstheorien, entweder völlig passiv oder nur in geringerem Maße zu Aktivitäten der Staatsbürgerrolle bereit:

> „Einzig etwas abweichend sind diejenigen jüngeren Bürger, die sich gar nicht um politische Belange kümmern. Nur 82 Prozent von diesen Bürgern nennen Aktivitäten der Staatsbürgerrolle als potentielle Partizipation. Bereits bei denjenigen Befragten, die ihr politisches Interesse als 'weniger' einstufen, ist der Anteil derer, die wählen oder diskutieren wollen, aber 93 Prozent.“ (Uehlinger 1988: 175)

Bei der Beurteilung der eigenen politischen Einflußmöglichkeiten ist ebenfalls festzustellen, daß bei höheren Einschätzungen der eigenen politischen Kompetenz auch die Bereitschaft zur politischen Partizipation wächst. Bei denjenigen, die sich politisch nicht beteiligen, sind Personen, die sich keine politische Kompetenz zutrauen, überproportional vertreten. Eine Ausnahme bilden indes jüngere Befragte, die zwar über eine sehr hohe Kompetenz verfügen, aber überdurchschnittlich der Wahl fern bleiben (Uehlinger 1988: 179). Dagegen verhalten sich politisch Unzufriedene ambivalent. Personen, die der bundesdeutschen Demokratie schlechte Noten geben und sich nur wenig mit der politischen Ordnung identifizieren können, partizipieren entweder in keiner Form oder aber sie neigen zu aktivistischen Formen politischer Aktivitäten (Uehlinger 1988: 193-196). Der Großteil der unzufriedenen Bürger zeigt eine hohe Bereitschaft zu gewaltlosen, unverfaßten Formen politischer Partizipation, die sich von Demonstrationen bis hin zu zivilem Ungehorsam erstrecken.

2.2.2 Typologien politisch Partizipierender

Die verschiedenartigen Beziehungsmuster zwischen den genannten Partizipationsformen lassen nach Ansicht von Uehlinger (1988: 157-163) auf insgesamt sieben Gruppen von Bürgern schließen, die sich in ihren Partizipationsmustern voneinander abgrenzen: Inaktive, Staatsbürger, Problemzentrierte, Parteiaktive, gewaltlose Aktivisten, Protestierer und Aktivisten. Die „Inaktiven“ geben keine einzige Form politischer Aktivität an, d.h. sie nehmen auch nicht an Wahlen teil. Etwa 15 Prozent lassen sich als „Staatsbürger“ charakterisieren, die ihre politischen Aktivitäten auf Diskussionen im Bekanntenkreis und/oder auf die Stimmabgabe beschränken. Diese Beteiligungsformen zeichnen sich dadurch aus, daß sie vom überwiegenden Teil der Bürger gar nicht als eigentliche Aktivität wahrgenommen werden (Uehlinger 1988: 97). Alle anderen Gruppen, von den Problemzentrierten bis hin zu den Aktivisten, befürworten über das Wählen hinausgehende aktivere Formen politischer Beteiligung und nehmen überdurchschnittlich an Wahlen teil.

Ausgehend von den bisher ausgeübten Partizipationsaktivitäten schätzt Uehlinger (1988: 159) die Inaktiven auf etwa 13 Prozent der Bevölkerung. Legt man die grundsätzliche Partizipationsbereitschaft als Basis zugrunde, betrug ihr Anteil Mitte der achtziger Jahre nur etwa 4 Prozent. Dieser harte Kern der Inaktiven, die nicht bereit sind, sich in irgendeiner Weise politisch zu beteiligen, weist im Gegensatz zu den Annahmen der Randständigkeitshypothese nur geringfügige Bildungsunterschiede auf (Uehlinger 1988: 171). Allerdings ist ihr politisches Interesse und ihre politische Kompetenz gering. Überproportional sind vor allem die jüngeren (bis 25 Jahre) sowie die ältesten (ab 66 Jahre) Altersgruppen vertreten. Es ist daher anzunehmen, daß der randständige Nichtwähler nur eine Teilgruppe der Inaktiven darstellt, zumal, gemessen an den tatsächlichen Partizipationsaktivitäten, die Inaktiven 13 Prozent der Bevölkerung ausmachen. Beide Gruppen sind zwar in hohem Maße Dauer-Nichtwähler, jedoch ist bei den Inaktiven weniger die soziale Isolation Ursache der Wahlenthaltung. Vielmehr fehlt dieser Gruppe der Bezug zur Politik, während man mit den allgemeinen Lebensverhältnissen recht zufrieden ist (Uehlinger 1988: 188-191). Diejenigen, die der Politik schlechte Noten geben, sind nur leicht überrepräsentiert. Stark ausgeprägt sind dagegen das politische Desinteresse und die eigene politische Kompetenzlosigkeit der Inaktiven.

Die Studie ermöglicht nicht nur eine Typologienbildung, sondern dank der Wiederholungsbefragung können auch Verschiebungen innerhalb der ersten Hälfte der achtziger Jahre ermittelt werden. Bei nahezu allen Beteiligungsformen ist, wie in der Tabelle ersichtlich, ein leichter Rückgang der Partizipationsbereitschaft erkennbar. Generell ist der Gang zur Wahlurne die mit Abstand am weitesten verbreitete Form politischer Betätigung (Uehlinger 1988: 140), was sich mit den Ergebnissen von Verba, Nie und Kim (1978: 58f.) aus den USA, den Niederlanden, Österreich, Japan, Nigeria und Jugoslawien deckt. Der Wahlakt wird von 87 Prozent der Bundesbürger bis 35 Jahren als Partizipationsform erwogen, wobei sich bei der zweiten Welle 1985 bereits ein Rückgang der Wahlbereitschaft auf nur 80 Prozent vollzog.

Tabelle 1: Verbreitung verschiedener Partizipationsformen bei Bürgern bis 35 Jahre

	Partizipation					
	Im Normalfall		Im Normal- oder Eskalationsfall		Bisher	
	Jahr		Jahr		Jahr	
	1980 %	1985 %	1980 %	1985 %	1980 %	1985 %
Staatsbürgerrolle						
Wählen	87	80	89	82	62	65
Meinung sagen	83	84	85	85	63	69
Problemspezifische Partizipation						
* Bürgerinitiative	51	41	68	57	10	6
* Unterschriften sammeln	51	41	66	60	21	16
* öffentliche Diskussion	54	41	62	52	27	17
* Briefe an Zeitung	38	27	59	50	11	9
* Mitbestimmungsgremium	51	36	57	45	21	13
* Genehmigte Demonstration	39	35	56	52	14	13
* Briefe an Politiker	28	21	52	44	6	5
* Gewerkschaftlicher Streik	37	27	51	34	6	7
Parteiorientierte Partizipation						
* Parteiarbeit	32	21	46	36	6	4
* Politische Gruppierung	27	19	41	30	7	5
* Wahlhelfer	29	19	38	27	5	4
* Politisches Amt	23	15	32	25	2	2
Ziviler Ungehorsam						
* Verbotene Demostration	7	8	19	19	2	2
* Konfrontation mit Polizei	6	12	16	19	2	4
* Wilder Streik	5	6	15	14	1	1
* Steuerverweigerung	5	5	15	13	x	x
* Hausbesetzung	5	6	14	14	1	1
* Mietenverweigerung	5	4	13	12	1	1
Politische Gewalt						
* Gewalt gegen Personen	4	4	10	11	1	1
* Gewalt gegen Sachen	2	3	8	9	x	x
N =	4817	668	4829	683	4603	607

Quelle: Uehlinger 1988: 136

Uehlinger thematisiert den leichten Rückgang der Wahlbereitschaft von 1980 auf 1985 in seinen Analysen nicht. Er unterläßt auch eine genauere Untersuchung möglicher Einstellungsänderungen zum Wahlakt. Da er den Anteil der Inaktiven in der Gesamtbevölkerung auf lediglich 4 Prozent schätzt, ist zu vermuten, daß sich grundsätzlich nicht nur die inaktiven Bevölkerungsgruppen der Stimme enthalten, sondern inzwischen auch andere Partizipationstypen gegenüber dem Wahlakt eine größere Distanz einnehmen. Anzumerken ist, daß die mit 65 Prozent sehr geringe Zahl der praktizierenden Wähler im Forschungsdesign der „Jugend und Staat"-Studie begründet liegt, in der ausdrücklich Jugendliche schon ab 16 Jahren miteingeschlossen wurden.

Neben der kleinen Gruppe der inaktiven Nichtwähler gibt es vermutlich weitere Nichtwählergruppen, die jedoch anhand der Typologie von Uehlinger nicht identifiziert werden können. Denn bei der empirischen Umsetzung der Partizipationsforschung wird schwerpunktartig nach der prinzipiellen Bereitschaft gefragt, sich politisch zu beteiligen. Gerade beim Wählen ist es jedoch von Interesse, ob der Befragte tatsächlich seine Stimme abgegeben hat und weniger, ob er sie im allgemeinen oder im Eskalationsfall abgeben würde. Die möglichen Ursachen der sinkenden Wahlbeteiligung müssen daher in Kapitel Drei, in dem in erster Linie die längsschnittlichen Faktoren im Mittelpunkt stehen, noch ausführlicher diskutiert werden.

3. ANSÄTZE ZUR ERKLÄRUNG DES STEIGENDEN NICHTWÄHLERANTEILS

Die bisher dargestellten Theorien beschreiben den statischen Zusammenhang zwischen der Wahlbeteiligung von Personen und deren Sozialstrukturmerkmalen und Einstellungsmustern. Dies reicht jedoch nicht aus, den Rückgang der Wahlbeteiligung in den letzten zehn bis fünfzehn Jahren zu verstehen. Ebensowenig sind diese Modelle in der Lage, der heterogenen Struktur der Nichtwählerschaft Rechnung zu tragen. Dazu werden theoretische und empirische Modelle benötigt, die über eine rein zeitpunktbezogene Betrachtung hinausgehen. Welche sozialstrukturellen Merkmale und welche Einstellungsmuster haben sich so stark verändert, daß sie die sinkende Bereitschaft zur Stimmabgabe erklären können?

In der jüngeren politikwissenschaftlichen Forschung stehen insbesondere zwei Theoriekonzepte im Mittelpunkt, die sich mit den Ursachen des veränderten Wahlverhaltens in den vergangenen zehn bis zwanzig Jahren auseinandersetzen: der Wertewandel sowie das Realignment („Restrukturierung") bzw. Dealignment („Entstrukturierung"). Beide Ansätze eignen sich grundsätzlich auch dafür, die steigenden Nichtwählerzahlen zu erklären, wobei der Dealignment-Ansatz sehr eng mit dem Michigan-Modell von Campbell et al. (1960) verbunden ist. Aus der Soziologie liefern insbesondere die Auflösungstendenzen sozialer Schichten und die damit einhergehende Differenzierung von Lebenswelten einen weiteren Ansatz zur Ursachenforschung. Als vierter Erklärungsansatz sind die in den siebziger und achtziger Jahren aufkommenden Arbeiten zur politischen Entfremdung und zur Politikverdrossenheit anzusehen, die theoretisch eng an partizipatorische Theorien angelehnt sind. Obwohl alle vier Ansätze sich in einigen Punkten überschneiden, sollen sie im folgenden getrennt behandelt werden. Zum einen weil sie aus sehr unterschiedlichen sozialwissenschaftlichen Forschungsrichtungen stammen, zum zweiten weil die Heterogenität der Nichtwähler geradezu ein theoretisch differenziertes Vorgehen erzwingt. Inwieweit die verschiedenen Ansätze in ihrem Erklärungsbeitrag miteinander konkurrieren, wird im empirischen Teil noch ausführlich erörtert.

3.1 Wertewandel

3.1.1 Die Wertewandeltheorien von Inglehart und Klages et al.

Werte dienen primär der Orientierung bei der Einstellungsbildung und bei Entscheidungen über Handlungsalternativen (Maag 1991: 23). Während Werte gesellschaftlich Wünschenswertes ausdrücken, haben Normen Verpflichtungscharakter. Streng-genommen ist daher der Wahlakt als Norm zu verstehen. Die Forschung zum Wertewandel beschränkte sich lange Zeit auf die Arbeiten Ingleharts (1971; 1977; 1979), der in Teilen der Bevölkerung ab Mitte der sechziger Jahre einen Wandel von materialistischen zu postmaterialistischen Wertorientierungen postulierte. Vor dem Hintergrund eines wachsenden Wohlstands in den westlichen Industriestaaten rücken, so Inglehart, immaterielle Ziele in den Vordergrund. Der Wunsch nach mehr Lebensqualität, Umweltschutz und Selbstentfaltung bestimmt zunehmend das politische Denken und Handeln der Bürger. Seine Theorie basiert auf zwei Grundhypothesen (Inglehart 1989: 69):

a) Knappheitsthese: Individuen messen den Wertorientierungen die größte Bedeutung bei, die relativ knapp sind.

b) Sozialisationsthese: Die Werteinstellungen werden vornehmlich durch die gesellschaftlichen Bedingungen in der Sozialisationsphase geprägt.

Postmaterialistische Werte werden überwiegend von der Nachkriegsgeneration getragen, die in einer Zeit gesicherten und wachsenden Wohlstandes aufgewachsen sind. Inglehart unterstellt eine hierarchische Anordnung von Werten und unterscheidet vier Wertetypen mit den Polen Materialist und Postmaterialist sowie zwei Mischtypen, die jeweils eher zu materialistischen bzw. postmaterialistischen Werten tendieren. Der Materialist verkörpert die „alten" Werte. Er steht für Sicherheit, Stabilität und Pflichterfüllung. Postmaterialisten streben dagegen nach Selbstverwirklichung, Engagement und Partizipation. Sie wünschen sich mehr Mitsprache am politischen und gesellschaftlichen Geschehen. Welche Folgen der Wertewandel auf das Partizipationsverhalten hat, untersuchte Inglehart im Rahmen der „Political Action"-Studie, in der der Wahlakt als Beteiligungsform jedoch ausgeklammert war. Seine Ergebnisse zeigen, daß vor allem in der Bundesrepublik Postmaterialisten stärker sowohl zu Formen verfaßter als auch unverfaßter Partizipation neigen (Inglehart 1979: 357f., 1989: 96).

Erst in jüngster Zeit setzt sich Inglehart (1989; 1990) mit den stagnierenden und teilweise sinkenden Wahlbeteiligungsraten in den westlichen Demokratien auseinander. Inglehart trennt den Wahlakt als „elite-orientierte Partizipationsform" von den neueren „elite-herausfordenden" Formen der Partizipation, die direkter und stärker inhaltlich orientiert sind. Mit diesen „neueren" Partizipationsaktivitäten, die so unterschiedliche Formen wie die Gründung einer Bürgerinitiative oder zivilen Ungehorsam umfassen, hat sich das Beteiligungsrepertoire der Bürger erweitert. Längerfristig führen das zunehmende Bildungsniveau, die stärkere Einbindung von Frauen in den politischen Entscheidungsprozeß sowie der Anstieg postmaterialistischer Werteinstellungen zu einer höheren Politisierung der Bevölkerung und zu einem größeren Potential für „elite-herausfordende" Partizipationsformen. Dagegen hat die sinkende Bedeutung etablierter Organisationsnetzwerke wie Kirchen und Gewerkschaften, die in der Vergangenheit vor allem Personen mit geringen politischen Fähigkeiten mobilisieren konnten, einen negativen Einfluß auf traditionelle Beteiligungsformen wie das Wählen (Inglehart 1990: 336; Bürklin 1992: 20). Diese entgegengesetzten Prozesse führen insgesamt zu einer Stagnation der Wahlbeteiligung.

Seine Argumentation bleibt jedoch sehr allgemein. Ob sich die beschriebenen Trends auf der Aggregatebene tatsächlich aufheben, untersucht Inglehart nicht. Er macht auch keine Aussagen darüber, wie sich die Wahlbeteiligungsrate der einzelnen Wertetypen entwickelt hat. Lediglich Borg (1993) widmet sich dieser Frage in einer international vergleichenden Untersuchung. Er kommt zu dem Schluß, daß postmaterialistische Wertorientierungen in der Bundesrepublik keinen Einfluß auf die Wahlbeteiligung bei Bundestagswahlen haben (Borg 1993: 10-13). Einerseits sprechen die höhere Bildung und die ausgeprägteren politischen Fähigkeiten der Postmaterialisten für eine höhere Wahlbeteiligung, ihr geringes Alter und ihre noch bescheidene soziale Stellung andererseits dagegen (Borg 1993: 7f.). Leitet man die Hypothesen nicht von den sozialstrukturellen Merkmalen der Wertetypen, sondern direkt von ihren Wertorientierungen her, läßt sich ebenfalls keine klare Richtung erkennen. Zwar wollen die Postmaterialisten sich stärker ins politische Geschehen einbringen, aber die Teilnahme an Wahlen gilt in instrumenteller Perspektive als ineffektiv. Postmaterialisten bevorzugen direkte und themenbezogene Partizipationsformen.

Daher müssen grundsätzlich zwei Entwicklungsstränge näher betrachtet werden. Zum einen könnten vor allem die inaktiveren Bevölkerungsgruppen verstärkt den Wahlurnen fernbleiben. Dieser Rückgang der Wahlbeteiligung würde sich jedoch im Sinne von Inglehart unabhängig von postmaterialistischen Wertorientierungen vollziehen. Zum zweiten könnte die wachsende Gruppe politisch Engagierter eine individuelle Verlagerung ihrer Aktivitäten vorgenommen haben. Mit anderen Worten: Der Wahlakt wird zum Teil ersetzt durch andere Formen politischer Beteiligung. Zwar führen beide Entwicklungen zu einem Rückgang der Wahlbeteiligung, die Motive sind jedoch verschieden.

Nach Inglehart (1989: 454) und Bürklin (1992: 23) bevorzugen vorwiegend kognitiv mobilisierte und jüngere Postmaterialisten mehr und mehr unverfaßte Formen politischer Partizipation. Dieser Teil der Bevölkerung gibt an, *„eher bereit zu sein, in einer Bürgerinitiative mitzuwirken oder sich an einer Unterschriftensammlung zu beteiligen, als zur Wahl zu gehen oder in einer Partei mitzuarbeiten*“ (Bürklin 1992: 23). In die gleiche Richtung argumentiert Feist (1994: 136). Sie vermutet, *„daß der Anspruch an die Qualität politischer Beteiligung gestiegen ist, und die Stimmabgabe als ein nur unzulängliches Instrument angesehen wird“.* Folglich müßten vor allem die Befürworter unverfaßter Partizipationsformen von der Möglichkeit des Wahlaktes weniger Gebrauch machen. Feist erhebt den „engagierten“ Nichtwähler geradezu zum Inbegriff des modernen Nichtwählertypus der sich mehr Partizipation und Mitsprache wünscht, sich aber zugleich von den institutionalisierten Formen politischer Beteiligung zurück zieht. Dabei geht er jedoch äußerst rational vor: Er benutzt die Stimmenthaltung als Druckmittel, um eine bessere Politik einzufordern und die Debatte über geeignetere Mitbestimmungsformen in der repräsentativen Demokratie in Gang zu setzen (Feist 1994: 125). Seine Motive lassen sich am besten mit dem Begriff „unorthodoxe Rationalität“ umschreiben: Er beteiligt sich nicht, um mehr Beteiligung einzuklagen. Eine solche individuelle Verlagerung der Partizipationsaktivitäten konnte Uehlinger (1988: 153) Mitte der achtziger Jahre in geringem Maße nur bei der Gruppe der Gewaltaktiven feststellen. Dagegen nehmen diejenigen, die ausschließlich gewaltfreie Formen unverfaßter Partizipation ausüben, weit überdurchschnittlich an Wahlen teil. Dennoch ist die in der Theorie weit verbreitete These, daß infolge des Wertewandels politisch Aktive eine Verlagerung ihrer Beteiligungsaktivitäten vornehmen, aufgrund der gesunkenen Wahlbeteiligung 1990 weiter zu verfolgen.

Ein zentraler Kritikpunkt an Inglehart richtet sich insbesondere gegen die Wertehierarchie und Eindimensionalität seines Konzepts. Der Wertewandelschub der sechziger und siebziger Jahre hat, so Herbert (1992: 70), vielmehr zu einer Pluralisierung und Offenheit von Bewußtseinslagen geführt. Klages erweitert die ausschließlich auf politische Wertvorstellungen eingeengte Sichtweise und charakterisiert den Wertewandel als *„Rückgang von Pflicht- und Akzeptanzwerten bei gleichzeitiger Zunahme von Selbstentfaltungswerten“* (Klages 1985: 22ff.). Empirisch läßt sich der Wertewandel eindrucksvoll an den veränderten Zielen bei der Kindererziehung ablesen:

Tabelle 2: Primäre Erziehungsziele von 1951 bis 1989 (in Prozent)

	1951	1954	1957	1964	1967	1969	1972	1974	1976	1978	1981	1983	1986	1989
Selbständigkeit / Freier Wille	28	28	32	31	37	45	45	53	51	48	52	49	54	67
Ordnungsliebe / Fleiß	41	43	48	45	48	45	37	44	41	46	38	38	39	35
Gehorsam /Unterordnung	25	28	25	25	25	19	14	17	10	12	8	9	6	8

Quelle: EMNID-Informationen

Das Umdenken hat vorwiegend in der Jugend stattgefunden, aber auch aufgeschlossene ältere Bevölkerungsgruppen lösen sich von den tradierten Wertvorstellungen. Klages et al. (1987: 23; Franz/Herbert 1987b: 61) lehnen den streng generationsbedingten und eindimensionalen Wertewandel von Inglehart ab. Menschen, die sich an Pflichtwerte wie Disziplin, Ordnung und staatsbürgerlichen Gehorsam gebunden fühlen, müssen nicht zwangsläufig nach mehr Partizipation, Emanzipation und Mitbestimmung streben. Die vielfältigen gesellschaftlichen Differenzierungsprozesse können vielmehr auch zu einem einseitigen Bedeutungsverlust traditioneller Werte führen, ohne daß die „neuen“ Werte an Bedeutung gewinnen (Maag 1991: 41). So können auf der individuellen Ebene vielerlei Mischvarianten auftreten. Ein Teil der Bevölkerung lehnt Disziplin und Pflichterfüllung ab, strebt aber auch nicht nach Selbstbestimmung und Mitsprache. Andere wünschen sich mehr Unabhängigkeit und Selbstentfaltung, halten aber Werte wie Bescheidenheit, Disziplin und Plichtbewußtsein weiterhin für wichtig. Wertverlust oder Wertsynthese, wie im zweiten Fall, können ebenfalls Ausdruck eines Wertewandels sein.

Zur Prüfung ihres Wertewandel-Konzepts unternehmen Klages et al. (1987: 28ff.), ähnlich wie Inglehart, eine Typologisierung. Sie gelangen mittels Clusteranalysen zu vier verschiedenen Wertetypen. Im Zeitverlauf verlieren ebenfalls die Typen an Bedeutung, die das traditionelle Wertesystem verkörpern. Nach jüngsten Forschungsarbeiten fügt Herbert einen fünften Wertetyp hinzu, der seit Mitte der achtziger Jahre zu beobachten ist (Franz/Herbert 1987a; Herbert 1992):

a) *Konventionalisten* lassen sich durch hohe Pflicht-, Akzeptanz- und Sicherheitswerte charakterisieren. Dieser Typus verkörpert noch das traditionelle Wertesystem.

b) *Realisten* besitzen neben Pflicht- und Akzeptanzwerten auch Selbstentfaltungs- und Engagementwerte. Sie kritisieren das zu große Wohlstandsdenken und beklagen den Mangel an durchsetzungsfähigen Politikern.

c) *Idealisten* lassen sich durch hohe Selbstentfaltungs- und Engagementwerte charakterisieren. Sie sehen einen Mangel an Partizipationsmöglichkeiten, politischem Bewußtsein und Solidarität.

d) *Resignierte* leiden unter „Wertverlust". Sie weisen kaum ein gesellschaftliches Problembewußtsein auf, sondern kümmern sich ausschließlich um private Belange.

e) Der *Hedomat* als fünfter Wertetyp zeichnet sich durch hedonistische und materialistische Wertorientierungen aus. Seine Grundhaltung ist egoistisch, nur in geringem Maße pflicht-, aber dafür sehr stark freizeitorientiert.

Trotz einiger methodischer Kritikpunkte an den Analysen (Maag 1991: 43) ist die differenzierte Klassifikation ein erster Schritt, die Eindimensionalität der Werteforschung zu überwinden. Die Definition der einzelnen Wertetypen läßt erwarten, daß in den Teilsegmenten sehr große Differenzen in der Bedeutung der Wahlnorm als auch in der Wahlbeteiligung bestehen. Für die *Konventionalisten* dürfte auch in den achtziger Jahren der Gang zur Wahlurne als gesellschaftliche Norm noch immer eine große Rolle spielen. Doch vor allem die beiden letztgenannten Wertetypen, die *Resignierten* und die *Hedomaten*, neigen gemäß der psychographischen Klassifikation überdurchschnittlich zum Wahlverzicht:

Tabelle 3: Wahlverhalten der Wertetypen von Klages et al. im Jahr 1987 (in Prozent)

	Alle	Konventionalisten	Idealisten	Realisten	Hedomat	Resignierte
Stammwähler	69,7 %	+ 4 %	+/- 0 %	+ 1%	- 11 %	+ 2%
Wechselwähler	9,3 %	- 3 %	+ 4 %	- 2%	+ 1 %	+/- 0 %
Nichtwähler	7,6 %	- 2 %	- 3 %	- 1 %	+ 7 %	+ 4 %
verweigert	13,4 %	+ 1%	- 1%	+ 1 %	+ 4 %	- 6 %

Lesehilfe: 69,7 Prozent der Befragten sind als Stammwähler zu bezeichnen. Unter den *Konventionalisten* sind es 4 Prozent mehr, also 73,7 Prozent. Bei den *Hedomaten* liegt dagegen der Anteil 11 Prozent unter dem Durchschnitt, d.h. bei insgesamt 58,7 Prozent.

Quelle: Herbert 1992: 92

Legt man die Theorie von Klages et al. zugrunde, rückt ein anderer Aspekt des Wertewandels als Ursache der sinkenden Wahlbeteiligung in den Vordergrund. Insbesondere bei Bürgern, die nicht nach mehr Mitsprache am politischen Geschehen streben, führt der Rückgang der Pflichtwerte zu einer größeren Bereitschaft, auf die Stimmabgabe zu verzichten. Die Nichtwähler sind nicht so sehr unter den *Idealisten* zu finden, deren Einstellungsmuster dem Inglehart'schen Postmaterialisten ähneln, sondern unter den *Hedomaten* und den *Resignierten.* Bei beiden Typen ist die fehlende Pflichtorientierung verbunden mit einem geringen politischen Interesse, ferner besteht kaum ein Bedürfnis nach einer größeren politischen Mitbestimmung.

3.1.2 Die perzipierte Wahlpflicht als zentraler Untersuchungsindikator des Wertewandels

Der Wertewandel hat bewirkt, daß sich durch das insgesamt nachlassende Pflichtbewußtsein die Zahl der Handlungsoptionen bei einer Wahl um die Nichtwahl erhöht hat. Die Theorien können jedoch nicht erklären, warum im „mind set" der Bundesbürger diese neue Handlungsoption an Bedeutung gewonnen hat. Üblicherweise verweist die Werteforschung bei der Ursachenanalyse auf die Sozialisationswirkungen infolge der Bildungsexpansion sowie der zunehmenden ökonomischen Prosperität und sozialen Absicherung im Wohlfahrtsstaat. Als Begründungen für eine sinkende Wahlbeteiligung erscheinen diese Entwicklungsprozesse nicht ausreichend. Schließlich mußten sie schon in den siebziger Jahren für die gegenläufige Entwicklung, die Zunahme der Partizipation, herhalten. Viel eher dürfte der „demokratische Sozialisationsprozeß" für den Wandel verantwortlich sein. Das Aufwachsen in demokratischer Freiheit hat dazu geführt, daß die gesellschaftliche Pflichterfüllung des einzelnen in den Hintergrund gedrängt wurde. Die Erziehung der Nachkriegsgenerationen zur Selbständigkeit spricht für diese Argumentation. Auch Feist (1992: 40) argumentiert, daß sich nach vierzig Jahren Demokratie ein gewisser Reifegrad entwickelt hat, in dem die Wahlentscheidung nicht mehr durch Pflicht und Tradition bestimmt wird. Mehr und mehr Bürger leben nach den Leitmotiven Unabhängigkeit, Selbstbestimmung und Individualität. Eine Wahlpflicht lehnen sie ab.

Die These, daß der Wertewandel eine der Ursachen der sinkenden Wahlbeteiligung sei, wurde in jüngster Zeit von Falter/Schumann (1993: 45), Bürklin (1992: 36f.), Eilfort (1994: 79) und Feist (1994: 130) vertreten. Längsschnittanalysen auf der Mikroebene sind sie jedoch schuldig geblieben. Aufgrund der bisher einmaligen empirischen Prüfung durch Borg (1993) wird im empirischen Teil der Beziehung zwischen postmaterialistischem Wertewandel und sinkender Wahlbeteiligung erneut nachgegangen. Aussagekräftiger als die aggregierten Wertetypen ist die Beziehung von unverfaßter Partizipation und Wahlbeteiligung. Die Untersuchung umfaßt dabei so unterschiedliche Formen der Partizipation wie ziviler Ungehorsam, Demonstrationen, Teilnahme an Bürgerinitiativen und Unterschriftensammlungen. Leider ist die Prüfung des Wertewandel-Konzeptes von Klages, Franz und Herbert mit den verwendeten Datenreihen nicht umsetzbar. Deshalb kann nur der Einfluß ausgewählter Wertorientierungen exemplarisch untersucht werden. Als zentraler Untersuchungsindikator bietet sich aber vor allem die Einstellung zur Wahlpflicht an. Damit soll jedoch keineswegs der Anspruch erhoben werden, die Brauchbarkeit des theoretischen Konzeptes von Klages et al. als Ganzes zu prüfen.

Ein großes Manko der Wertewandelforschung besteht darin, daß nur der Wandel sichtbar wird, der in Umfragen unmittelbar erhoben wurde. Wertorientierungen, nach denen nicht gefragt wurde, weil sie nicht im aktuellen Interesse der Forschung standen, können sich aber sehr wohl verändert haben. Dieses Argument trifft leider auch auf die Analyse der Wahlnorm zu. So existieren über die Wertorientierungen bezüglich der staatsbürgerlichen Wahlpflicht keine geschlossenen Längsschnittdaten. In diesem Punkt offenbaren sich am deutlichsten die Grenzen der Nichtwählerforschung. Einerseits wird dem Wertewandel ein großer Einfluß auf die nachlassende Wahlbeteiligung beigemessen. Dementgegen existieren bezüglich des wichtigen Indikators, Entwicklung des Wahlpflichtbewußtseins, große Lücken. Dennoch soll trotz dieser Schwierigkeiten nicht, wie bei Falter und Schumann (1993), auf die längsschnittliche Analyse der sinkenden Wahlnorm verzichtet werden. Vielmehr werden die wenigen vorhandenen Daten mit dem notwendigen Mut zur Lücke ausgewertet. Für einen längsschnittlichen Vergleich stehen zumindest zwei Zeiträume zur Verfügung, Ende der fünfziger und Anfang der sechziger Jahren sowie neuere Umfragen Ende der achtziger und Anfang der neunziger Jahre. Zwischen 1966 und 1986 bleibt ein weißer Fleck.

Greift man auf die bisherigen Veröffentlichungen der empirischen Wahlforschung zurück, fällt der Rückgang des Wahlpflichtbewußtseins jedoch wesentlich geringer aus, als nach den Befunden der Wertewandelforschung zu erwarten gewesen wäre. Ende der fünfziger Jahre wurde gemäß Almond und Verba (1963: 428) die Stimmabgabe zum großen Teil noch als *„staatsbürgerliche Pflichtübung“* angesehen, und auch Radtke (1972: 36) konstatiert, daß die Bevölkerung *„annähernd vollständig“* die Wahlnorm internalisiert hat. Radtke (1972: 33f.) interpretiert die Antwortkategorien „Staatbürgerliche Pflicht“, „Nur weil üblich“ sowie „Politische Entscheidung“, in der der subjektiv empfundene Einfluß des Wahlaktes auf den politischen Entscheidungsprozeß gemessen wurde, als tiefe Verankerung der Wahlnorm. Folgt man dieser Einschätzung, so hatten bei den Bundestagswahlen 1961 98 Prozent der Wähler und 58 Prozent der Nichtwähler die Wahlnorm internalisiert.

Die Akzeptanz der Wahlnorm hat sich gemäß der allerdings nicht repräsentativen Stuttgarter Nichtwählerstudie von Eilfort (1994: 83) nur wenig geändert. Anfang der neunziger Jahre bejahen - die unterschiedliche Fragestellung außer acht gelassen - rund 91 Prozent der Stuttgarter Wähler und 55 Prozent der Nichtwähler die Wahlpflicht. Anzumerken ist, daß Hartenstein und Schubert (1965: 22) mit einem anderen Frageinstrumentarium bereits Ende der fünfziger Jahre zu einer schwächeren Wahlnorm gelangten. Damals wollten sie die Akzeptanz einer Wahlpflicht in der Hamburger Bevölkerung erkunden und stellten die Frage, ob ein am Wahlausgang desinteressierter Bürger wählen sollte oder nicht. Lediglich 52 Prozent sahen dies als notwendig an, während 39 Prozent unter solchen Umständen eine Stimmabgabe als nicht erforderlich betrachteten. Aufgrund der sehr lückenhaften Befunde soll die Frage nach der Entwicklung der Wahlnorm und ihr Einfluß auf die Wahlbeteiligung im Hauptteil auf ein breiteres empirisches Fundament gestellt werden.

3.1.3 Die Normalisierungshypothese

Sowohl die Ergebnisse von Radtke (1972) als auch von Eilfort (1994) bestätigen jedoch den engen querschnittlichen Zusammenhang zwischen Wahlnorm und Wahlbeteiligung. Wer die Wahlnorm nicht befürwortet, macht von seinem Wahlrecht deutlich weniger Gebrauch. Die These, daß der Rückgang der Pflichtwerte bzw. insbesondere der Wahlpflicht eine der zentralen Ursachen der sinkenden

Wahlbeteiligungsraten ist, erscheint hochplausibel. Zwar ist nach den bisherigen Befunden das Wahlpflichtbewußtsein nur wenig zurückgegangen, dagegen ließ sich bei anderen Pflichtwerten ein umfassender Wertewandel beobachten. Entgegen der These von Feist (1994) dürften jedoch weniger die politisch anspruchsvolleren und interessierten Bürger für den Rückgang der Wahlbeteiligung verantwortlich sein. Aufgrund der engen Beziehung zwischen Wahlbeteiligung und politischem Interesse erscheint es viel naheliegender, daß in erster Linie Desinteressierte nicht mehr wählen. Wenn der gesellschaftliche Druck entfällt, gibt es für die politisch nicht Interessierten kaum noch einen Grund, ihre Stimme abzugeben.

In der Vergangenheit hat die Wahlnorm in den Köpfen der Bundesbürger auch diejenigen an die Wahlurnen geführt, die zur Politik eigentlich keinen Bezug haben. In den sechziger und siebziger Jahren waren bis zu 50 Prozent der Bundesdeutschen politisch wenig oder gar nicht interessiert (Noelle-Neumann/Köcher 1993: 617), gleichzeitig betrug die Wahlbeteiligung weit über 80 Prozent. Bezugnehmend auf die im internationalen Vergleich niedrigeren Beteiligungsraten in den USA und der Schweiz spricht Roth (1992: 61) von einer „Normalisierung“ der Wahlbeteiligung in der Bundesrepublik. Wenn der Pflichtcharakter mehr und mehr entfällt, verliert der Wahlgang seine Selbstverständlichkeit. Solange keine grundsätzlichen und wichtigen Abstimmungen anstehen, verbringt ein größer werdender Teil der Bürger seinen Sonntag lieber auf eine andere Art (Roth 1992: 66). In die gleiche Richtung argumentiert Armingeon (1994: 44). Seiner Ansicht nach ist *„die niedrige Wahlbeteiligung in erster Linie das Ergebnis geringer bzw. nachlassender sozio-politischer Integration politisch inaktiver und desinteressierter Bürger“*. Dabei bezieht er sich nicht ausschließlich auf den Wertewandel, sondern führt auch andere Indikatoren der sozio-politischen Integration als Ursachen auf - wie z.B. abnehmende Stabilität von Lebensgemeinschaften und der Mitgliederschwund in den Gewerkschaften und Parteien (Armingeon 1994: 55). Sowohl Roth als auch Armingeon bewegen sich jedoch in ihren Analysen auf einer sehr allgemeinen Ebene. Die individuellen Zusammenhänge zwischen Wertewandel und politischem Interesse untersuchen sie nicht.

In dieser Arbeit ist die sogenannte *„Normalisierungshypothese“* in erster Linie auf der Mikroebene definiert. Die empirische Prüfung ist daher in drei Schritte unterteilt. Zunächst muß ein Rückgang der Pflichtwerte und insbesondere der Wahlpflicht nachweisbar sein. Zum zweiten bleiben den Annahmen gemäß vor allem Personen, die keinen „Bezug zur Politik“ haben, mehr und mehr der Wahl fern. Die Dimension „Bezug zur Politik“ läßt sich über die Frage nach dem politischen Interesse sowie über die Frage nach der Wichtigkeit von Politik operationalisieren. Aufgrund der besseren längsschnittlichen Vergleichbarkeit wurde für die Untersuchung das politische Interesse als Indikator gewählt. Als wichtiges drittes Kriterium muß auf der individuellen Ebene geprüft werden, welchen Einfluß die Wahlnorm auf das Verhalten der politisch Desinteressierten hat. Dieser dritte Schritt wird im folgenden als Normalisierungshypothese im engeren Sinne verstanden, die sich ausschließlich auf das individuelle Verhalten der Bürger bezieht. Es ist anzunehmen, daß vor allem Bürger ohne Wahlpflichtbewußtsein und ohne Bezug zur

Politik nicht mehr zur Wahl gehen. Umgekehrt werden aber Desinteressierte, die pflichtbewußt sind, auch Anfang der neunziger Jahre noch immer ihre Stimme abgeben.

3.2 Realignment/Dealignment

3.2.1 Grundlagen

Seit Ende der siebziger Jahre ist in der Bundesrepublik ähnlich wie in anderen westlichen Demokratien ein Aufweichen der traditionellen Wähler-Partei-Bindungen zu beobachten. Der Anteil an Stammwählern, die sich bei den verschiedenen Wahlen - ob Bundestags-, Landtags-, Kommunal- oder Europawahl - immer für die gleiche Partei entscheiden, nimmt mehr und mehr ab. Die fortschreitende Lockerung der Parteibindungen geht einher mit einer zunehmenden Flexibilität und Fluktuation in der Wahlentscheidung. Während 1972 nur 19 Prozent der Wähler mindestens einmal einer anderen Partei ihre Stimme gaben, waren es 1983 schon 30 Prozent (Klingemann 1985: 239). Zu gleichlautenden Befunden gelangen Studien des Allensbacher Instituts, die in der Tabelle wiedergegeben sind. Danach wuchs die Bereitschaft, auch einmal eine andere Partei zu wählen, von 32 Prozent im Jahr 1980 auf 37 Prozent im Jahr 1990.

Tabelle 4: Anteil der Wechselwähler von 1983 bis 1990 (in Prozent)

	1983	1987	1990
Gewählt haben			
immer dieselbe Partei	60	54	55
mal eine andere Partei	32	37	37
erstmals / noch nie gewählt	7	7	6
keine Angaben	1	2	2
insgesamt	100	100	100

Quelle: Noelle-Neumann/Köcher 1993: 698

Conradt (1989: 129) und Jung (1990: 183) kommen in ihren Untersuchungen zu dem Ergebnis, daß mehr und mehr Wähler ihre Entscheidung auch bei zwei aufeinanderfolgenden Wahlen ändern. Zudem machen die Bundesbürger seit Beginn der achtziger Jahre immer häufiger von der Möglichkeit des Stimmensplittings Gebrauch (Conradt 1989: 119). Dalton und Rohrschneider (1990: 303) vermuten, daß der tatsächliche Umfang an Wählerwanderungen noch unterschätzt wird. Denn in der Umfragesituation neigen Personen dazu, die Erinnerung an die vergangene Wahlentscheidung mit ihrer gegenwärtigen Parteipräferenz in Einklang zu bringen. Als Folge des instabileren Wählerverhaltens nimmt die Bedeutung kurzfristiger Faktoren für die Wahlentscheidung zu. Dies zeigt sich auch an der zunehmenden Verlagerung des Entscheidungszeitpunktes. Immer mehr Wähler wissen bis kurz vor der Wahl nicht, wen sie wählen wollen. Ein Teil trifft möglicherweise seine endgültige Entscheidung erst in der Wahlkabine. Lag die Zahl der Unentschlossenen, die sich erst kurz vor der Wahl entscheiden, bei der Bundestagswahl 1972 noch bei 12,2 Prozent, so beträgt dieser Anteil Ende der achtziger Jahre 26 Prozent (Plasser 1989: 218). Doch während sich die Forschung bisher auf den Wechsel der Partei konzentrierte, kann das Aufweichen der Partei-Wähler-Bindungen ebenso dazu führen, daß man der Wahl einfach fernbleibt.

Tiefere Ursachen des instabileren Wählerverhaltens sind vor allem der sozio-ökonomische Wandel, der sich auch in einem wachsenden Wohlstand der Arbeiterklasse niederschlägt, und die Klassenunterschiede zwischen Arbeiterschicht und Mittelschicht verringert. Die Auflösung institutioneller Bindungen, vor allem zur Kirche und zu den Gewerkschaften, sowie das wachsende politische Bewußtsein - infolge höherer Bildung und der Informationsflut der Massenmedien - haben die Integrationsfähigkeit und politische Prägekraft der klassischen Milieustrukturen erheblich vermindert (Dalton/Flanagan/Beck 1984: 15-19). Des weiteren führen die erhöhte soziale und geographische Mobilität, der steigende Urbanisierungsgrad und das Verschwinden homogener sozialer Netzwerke dazu, daß die verschiedenen gesellschaftlichen Gruppen nicht mehr so strikt zu trennen sind (Dalton 1989: 101).

In der Politikforschung werden zwei Modelle des instabileren Wählerverhaltens diskutiert, die sich sowohl im Ansatz als auch in der Interpretation der Folgen erheblich unterscheiden. Beide Modelle, Realignment und Dealignment, sind nur in einem sehr langfristigen Kontext zu verstehen. Trotz der grundsätzlichen Unterschiede sind sie jedoch anhand ihrer kurzfristigen Auswirkungen - Auflösung der Partei-Wähler-Bindung und Bedeutungszuwachs kurzfristiger Wahlmotive - kaum voneinander zu trennen (Dalton 1989: 109). Ausgangspunkt des Realignment („Restrukturierung") ist die gemäß der Cleavage-Theorie tiefe Verwurzelung sozialer Gruppen in bestimmte Parteien. Diese Koalitionen lösen sich infolge des sozio-ökonomischen Wandels auf. Flanagan (1984: 95) unterscheidet zwischen dem „ökologischen" Realignment, wonach sich lediglich die Größe der klassischen Cleavages verändert und sich infolgedessen die Bedeutung der sozialen Gruppen verschiebt, und dem „sektoralen" Realignment, nach dem innerhalb der Konfliktgruppen eine Umorientierung der Wählerschaft zu anderen Parteien stattfindet. Die Fluktuation der Wählerschaft ist jedoch ausschließlich als Übergangsphase zu verstehen, bis sich neue gesellschaftliche Konfliktlinien im Parteiensystem bilden (Dalton/Rohrschneider 1990: 298). Demnach wäre auch die Wahlenthaltung als eine der möglichen Verhaltensoptionen im Übergangsstadium zu interpretieren.

Im Dealignment-Ansatz („Entstrukturierung") steht dagegen die psychologische Bindung der Wähler an eine Partei im Mittelpunkt. Aufgrund der gestiegenen politischen Kompetenz der Bürger verliert die Parteiidentifikation ihre frühere Funktion als Orientierungshilfe der Wahlentscheidung. Ein wachsender Teil von Wählern, insbesondere mit hoher kognitver Kompetenz, ist in der Lage, seine Wahlentscheidung unabhängig von komplexitätsreduzierenden Bindungen zu treffen. Das Dealignment geht daher von einer dauerhaften Entkoppelung der Parteiidentifikation aus (Dalton/Beck/Flanagan 1984: 11-15). Die zurückgehende Parteibindung kann jedoch nicht nur zu einem Wechsel der Wahlentscheidung, sondern auch zum Wahlverzicht führen. Denn nach Abramson (1983: 72ff.) beeinflußt die Parteiidentifikation nicht nur die Entscheidung für eine bestimmte Partei, sondern stärkt auch die Partizipationsbereitschaft. Barnes (1989: 260) sieht in der psychologischen Bindungskraft der Parteiidentifikation eine wichtige Einflußgröße, welche die Menschen zur Stimmabgabe mobilisiert. Bereits Campbell et al. (1960) verweisen, wie in Kapitel Zwei besprochen, auf die beteiligungsfördernde Funktion der Parteibindung. Wenn jedoch die Wähler-Partei-Bindung im Zeitverlauf nachläßt, kann die Fluktuation der Wahlentscheidung genauso in Wahlverzicht münden. Folge dieses Abkoppelungsprozesses wäre, daß beide Teile der Wahlentscheidung, Teilnahme an der Wahl und Stimmabgabe für eine bestimmte Partei, zunehmend von kurzfristigen Faktoren bestimmt werden.

3.2.2 Empirische Umsetzung der beiden Modelle und Zusammenfassung des Forschungsstandes

Untersuchungen zur These des Realignment in der Bundesrepublik zeigen, daß besonders in den neuen Mittelschichten und bei gewerkschafts- und konfessionsunabhängigen Arbeitern eine wachsende Bereitschaft besteht, nicht immer die gleiche Partei zu wählen (Klingemann 1985: 251). Nach Zelle (1994a: 32) sind es „*vor allem junge Wähler, gut Gebildete und solche, die im Angestellten- oder Beamtenverhältnis beschäftigt sind, die ihre Wahlentscheidung zur Disposition stellen*". Die sozialen und konfessionellen Cleavages sind aber keineswegs verschwunden. Dalton (1989), Jung (1990) sowie Klingemann und Steinwede (1993) weisen nach, daß auch Ende der achtziger und Anfang der neunziger Jahre die Parteien ihre traditionellen Kerngruppen noch immer an sich binden können. Die CDU/CSU erzielt unter den Katholiken mit Kirchenbindung wie in den sechziger Jahren Stimmenanteile zwischen 60 und 70 Prozent, demgegenüber wählen Arbeiter mit Gewerkschaftsbindung weiterhin zu 50 bis 60 Prozent SPD (Klingemann/Steinwede 1993: 58-61; Jung 1990: 182; Dalton 1989: 110). Entgegen der These des „sektoralen Realignment" wäre demnach keine Auflösung der Wähler-Partei-Bindungen innerhalb der traditionellen Milieus zu erkennen.

Demgegenüber hat die quantitative Bedeutung der alten Cleavages aufgrund des sozialen Wandels und der zunehmenden Säkularisierung deutlich abgenommen (Dalton 1989: 102). Mehr und mehr Wähler insbesondere des neuen Mittelstandes lassen sich nicht mehr in konfessionelle und soziale Konfliktlinien einordnen. Wie Klingemann (1985: 251) sowie Dittrich (1991: 138-141) belegen, wechseln diese Wählergruppen bei Wahlen häufiger die Partei. Eine solche Entwicklung würde zumindest für die Richtigkeit des „ökologischen" Realignment sprechen. Untersuchungen, ob das Realignment auch zu einer verstärkten Wahlenthaltung führt, existieren indes nicht. Im empirischen Teil wird daher ausführlich auf diese Problematik eingegangen und die Beziehung zwischen sozialem Wandel und Anstieg der Nichtwählerzahlen sowohl auf der individuellen als auch auf der aggregierten Ebene analysiert.

Indikator des Dealignment-Ansatzes ist nach amerikanischem Vorbild die Stärke der Parteiidentifikation. Sowohl die Ablehnung des sozialen Determinismus als auch die Wahl der Parteibindung als zentraler Indikator sowie die große Bedeutung kurzfristiger Wahlfaktoren verdeutlichen die enge Beziehung des Dealignment-Modells zur sozialpsychologischen Wählerverhaltenstheorie. Die Parteiidentifikation wird dabei unabhängig von der Wahlabsicht gemessen. Die Übertragung des Konzepts der Parteiidentifikation auf die Bundesrepublik ist in der Politikwissenschaft jedoch keineswegs unumstritten, wird jedoch seit Ende der siebziger Jahre zunehmend positiver beurteilt. (Kaase 1970; Falter 1977; Gluchowski 1983; Dalton/Beck/Flanagan 1984; Dalton 1989). Die Kritik richtet sich dabei einerseits auf die in der Bundesrepublik unterschiedlichen Entstehungsbedingungen für eine längerfristige Parteibindung und andererseits auf die Operationalisierungsprobleme des Instruments. Inzwischen hat sich unter veränderter und weitgehend einheitlicher Fragestellung der Indikator der Parteiidentifikation indes längst zum Standard entwickelt.

Die empirischen Befunde sprechen mehrheitlich dafür, daß sich der Rückgang der Parteibindung auch in den achtziger Jahren weiter fortgesetzt hat. Nach Analysen von Schultze (1990) stieg der Anteil der Parteiungebundenen von 13,3 Prozent im Jahr 1980 auf 25,2 Prozent im Jahr 1987. Demgegenüber kommt Zelle (1994a: 25) zu dem Schluß, daß unter langfristiger Perspektive keine Abnahme der grundsätzlichen Parteibindung festzustellen ist. Vielmehr schwankte der Anteil der Parteigebundenen im Untersuchungszeitraum von 1971 bis 1990 kräftig und fiel insbesondere in der zeitlichen Nähe von Bundestagswahlen höher aus. Daltons Befunde (1989: 117), die jeweils kurz vor oder nach der Bundestagswahl erhoben wurden, lassen dagegen auf einen leichten Rückgang schließen. Die Zahl derer, die sich sehr stark oder stark mit einer Partei identifizieren, ging von 55 Prozent 1972 auf 41 Prozent 1987 zurück, gleichzeitig stieg der Anteil der Parteiungebundenen von 20 auf 25 Prozent.

Tabelle 5: Stärke der Parteiidentifikation von 1972 bis 1987 (in Prozent)

	1972	1976	1980	1983	1987
Parteiidentifikation					
sehr stark	17	12	13	10	10
stark	38	35	33	29	31
schwach	20	35	29	35	31
keine	20	16	19	22	25
Antwort verweigert	5	3	6	4	3
insgesamt	100	100	100	100	100

Quelle: Dalton 1989: 117

In der empirischen Forschung dient der Rückgang der Parteibindung als Indiz für sehr unterschiedliche Phänome des Wählerverhaltens: den Wechselwähler, den Protestwähler, den rationalen Wähler und den Nichtwähler. Zelle (1994a) kommt zu dem Ergebnis, daß in den vergangenen zehn Jahren bei Bundestagswahlen nur ein geringfügiger Anstieg der Wechselaktivität festzustellen ist. *„Dieser Anstieg bleibt* *auf den Wechsel zwischen SPD und Grünen beschränkt. Der Wechsel zwischen Union, SPD und F.D.P. ist rückläufig*" (Zelle 1994a: 40). Eine Ausnahme bildet lediglich der Regierungswechsel 1983. Dies würde jedoch bedeuten, daß sich die zunehmende Instabilität des Wählerverhaltens nur auf Nebenwahlen beschränkt. Bei der Bundestagswahl als wichtigster Wahl fällt ein Wechsel schwerer. Es ist daher anzunehmen, daß bei einem Teil des Elektorats vor einem tatsächlichen Parteiwechsel, insbesondere zwischen dem Regierungs- und Oppositionslager, die Wahlenthaltung als die vermeintlich leichtere Option steht. Doch auch in diesem Punkt kann kaum auf empirische Analysen für die Bundesrepublik zurückgegriffen werden. Lediglich Falter und Schumann (1993: 41) bestätigen den Zusammenhang von Dealignment und sinkender Wahlbeteiligung. Danach „*enthalten sich Personen ohne Parteibindung immer mehr der Wahl*" (Falter/Schumann 1993: 41).

Eine zentrale Frage dieser Arbeit ist daher, welchen Einfluß das Dealignment auf die Wahlbeteiligung ausübt, und inwieweit sich die Nichtwähler von den anderen Wählerkategorien abgrenzen lassen. Dalton (1984: 270) unterscheidet in seiner idealtypischen Klassifikation je nach Ausmaß der Parteiidentifikation und der kognitiven Mobilisierung vier Wählertypen:

Abbildung 3: Typologie der kognitiven Mobilisierung

		Parteiidentifikation	
		schwach/ keine	stark
Kognitive Mobilisierung	hoch	apartisan (Unparteiische)	cognitive partisan (Kognitive Parteianhänger)
	gering	apolitical (Unpolitische)	ritual partisan (Rituelle Parteianhänger)

Quelle: Dalton 1984: 270

Gemäß Dalton, Flanagan und Beck (1984: 21) ist der Rückgang der Parteiidentifikation vor allem auf Gruppen mit größeren politischen Ressourcen, vorzugsweise Höhergebildete, Angehörige der neuen Mittelschicht und jüngere Menschen konzentriert. Sie werden als „Unparteiische" (apartisan) bezeichnet. Für die Bundesrepublik belegen Dalton und Rohrschneider (1990: 316) diese These mit Daten der Forschungsgruppe Wahlen. Danach war eine abnehmende Parteibindung vor allem in der kognitiv mobilisierten Befragtengruppe zu beobachten. Da sich dieser Personenkreis durch ein starkes politisches Interesse und ein höheres Bildungsniveau auszeichnet, müßte der in der Vergangenheit sehr enge Zusammenhang zwischen politischem Interesse und Wahlbeteiligung möglicherweise relativiert werden. Andererseits ist die enge Verknüpfung von Bildungsniveau und abnehmender

Parteibindung nicht unumstritten. Offe (1984) vertritt die These, daß eine abnehmende Parteiidentifikation vor allem bei Bevölkerungsgruppen festzustellen sei, die sozial nicht fest integriert sind oder nur marginale sozio-ökonomische Positionen einnehmen. Selbst Dalton und Rohrschneider (1990: 317) räumen ein, daß die Erosion der Parteibindung in geringerem Maße auch bei weniger gebildeten Bevölkerungsgruppen zu beobachten ist. Folglich umfaßt das Dealignment und der dadurch verursachte Rückgang der Wahlbeteiligung auch die „rituellen Parteianhänger“ und die „Unpolitischen“.

Da politisch interessierte Bürger bis in die jüngste Vergangenheit überdurchschnittlich an Wahlen teilgenommen haben, ist eher zu vermuten, daß sich die Parteiungebundenen je nach Grad des politischen Interesses bzw. kognitiver Mobilisierung unterschiedlich stark beteiligen. Dies führt zu folgender Hypothese: Während sich die „Unparteiischen“ eher unter den Wechselwählern finden, neigen die „Unpolitischen“ mehr zur Wahlenthaltung. Bei der letztgenannten Gruppe war die Parteiidentifikation in der Vergangenheit die entscheidende psychologische Klammer. Wenn diese Bindung nun zunehmend wegfällt, wird es schwieriger, diese Bevölkerungssegmente zur Stimmabgabe zu bewegen. Zieht man mangels bundesrepublikanischer Befunde Analysen aus den USA hinzu, bestätigt sich diese Vermutung allerdings nicht. Teixeira (1987: 64-69) gelangt zu der Überzeugung, daß die Parteiidentifikation einen wichtigen, aber von den sozio-demographischen Merkmalen und insbesondere vom Bildungsniveau unabhängigen Faktor des Nichtwählens darstellt. Übertragen auf die bundesdeutsche Situation, würde sich folglich der Anstieg der parteiungebundenen Nichtwähler in allen sozialen Gruppen gleichermaßen vollziehen. Die unzureichenden und teilweise gegensätzlichen Befunde unterstreichen den Bedarf an fundierten Analysen.

Als Konsequenz des instabilen Wählerverhaltens nimmt vor allem die Bedeutung kurzfristiger Faktoren der Wahlentscheidung zu. Da viele Nichtwähler nach bisherigen Erkenntnissen nicht grundsätzlich Wahlen fernbleiben (Gunzert 1965; Golzem/Liepelt 1976: 151), ist zu untersuchen, ob die parteiungebundenen Nichtwähler den Vorstellungen über den rationalen Nichtwähler entsprechen, der parteilos ist und ausschließlich anhand kurzfristiger Faktoren entscheidet. Danach müßten vor allem Faktoren, wie die Kandidatenpräferenz, die Themenorientierung sowie die Knappheit des Wahlausgangs eine wichtige Rolle bei der Wahlentscheidung spielen. Zu diesem Themenkomplex liegen jedoch leider kaum längsschnittliche Daten vor. Deshalb beschränken sich die Analysen im wesentlichen auf eine Querschnittbetrachtung. Im Mittelpunkt stehen dabei die bekannten Indikatoren des Michigan-Modells, die bereits in Kapitel 2.2 angesprochen wurden. Kurzfristfaktoren, wie die Knappheit des Wahlausgangs, psychologischer Cross-Pressure oder die Issue-Orientierung, können ohnehin keine systematischen Begründungen der zurückgehenden Wahlbeteiligung liefern, da sie zu spezifisch auf eine konkrete Wahl ausgerichtet sind. Die Frage nach einer grundsätzlichen Negativentwicklung bei der Beurteilung von Kandidaten- und Parteienkompetenz wird im Rahmen des folgenden Kapitels zur politischen Entfremdung erörtert.

3.3 Nichtwählen als Ausdruck wachsender politischer Entfremdung

In der repäsentativen Demokratie sind Wahlen Teil der Legitimitätsgrundlage des demokratischen Systems. Demokratie wird nicht als Herrschaft des Volkes, sondern als Herrschaft mit Zustimmung des Volkes verstanden (Jesse 1988: 20). Fragt man die Nichtwähler, warum sie der Wahl fernbleiben, begründet dies, abgesehen von den eher vorgeschobenen Gründen Krankheit, Urlaub und Beruf, jeder dritte Befragte mit Partei- bzw. Politikverdrossenheit (Falter/Schumann 1994: 192). Infolgedessen hat sich die öffentliche Diskussion über die sinkende Wahlbeteiligung auf diesen etwas nebulösen Begriff zugespitzt: Die Wahlenthaltung sei Ausdruck einer sinkenden Zustimmung und eines Legitimitätsverlustes des politischen Systems. Die große Zahl der „verdrossenen" Nichtwähler erfordert eine intensivere Auseinandersetzung mit deren Motivlage. Dalton und Rohrschneider postulierten gar einen kausalen Zusammenhang zwischen Parteienverdrossenheit und Dealignment.

> „Während die Wähler ihre Unzufriedenheit mit einer einzelnen Partei noch durch den Wechsel zu einer anderen Partei auszudrücken vermögen, könnte die Verdrossenheit mit dem gesamten Parteiensystem zu einer allgemeinen Abschwächung der Parteineigungen führen, so wie es für die achtziger Jahre beobachtet wurde." (Dalton/Rohrschneider 1990: 317)

Die Ansicht, daß der Rückgang der Parteiloyalität Resultat einer allgemeinen Parteienverdrossenheit der Wähler sei, konnten sie für den Zeitraum von 1972 bis 1987 jedoch nicht nachweisen (Dalton/Rohrschneider 1990: 320). Der Terminus der Politikverdrossenheit wurde bereits Ende der siebziger und Anfang der achtziger Jahre im Zusammenhang mit der Legitimationskrise der Wohlfahrtsdemokratien und dem Entstehen der Grünen als „Partei neuen Typus" eingeführt (Küchler 1982). Nach Küchler (1982: 40-41) bezeichnet die Parteienverdrossenheit eine Unzufriedenheit mit dem Spektrum der etablierten Parteien, Politikverdrossenheit eine Unzufriedenheit mit der konkreten Art und Weise, wie Politik gemacht wird, und Staatsverdrossenheit als weitreichendste Form eine Unzufriedenheit mit der Staatsform.

Die Arbeiten zur Politikverdrossenheit können jedoch nicht die Frage beantworten, warum die Unzufriedenheit zunimmt bzw. zugenommen hat. Neben den strukturellen Faktoren des sozialen Wandels und des Wertewandels führen Stöss (1990: 23) und Rattinger (1993: 25) die wachsende Zahl politischer Skandale als mögliche Ursache an. Dagegen verweisen die in den siebziger Jahren entstandenen kritischen Theorien des Wohlfahrtsstaates auf die gestiegenen Erwartungshaltungen der Bürger gegenüber dem Staat (Habermas 1973; Guggenberger 1981; Roller 1992).

Die wissenschaftliche Auseinandersetzung mit dem Phänomen der „Verdrossenheit" ist keineswegs neu. In Anlehnung an Faul (1964) kommt Stöss (1990: 15) zu dem Schluß, daß die Unzufriedenheit mit den politischen Parteien so alt ist wie die Parteien selbst. Die aktuellen Arbeiten zur Politikverdrossenheit stehen in engem Kontext zu den Theorien politischer Entfremdung in den sechziger und siebziger Jahren (Davies 1962; Finifter 1970; Gurr 1970; Schwartz 1973; Seeman 1991). Der Unterschied liegt im wesentlichen nur darin, daß sich in der Vergangenheit die Forschung auf Minderheiten bzw. Teile der Bevölkerung konzentriert hatte, während in der aktuellen Debatte Verdrossenheit als gesamtgesellschaftliches

Phänomen angesehen wird. Inhaltlich ähneln sich die Konzepte jedoch sehr stark. Bei der Operationalisierung wird zumeist auf die bekannten Indikatoren der allgemeinen Zufriedenheit mit der Demokratie, den Parteien und Politikern sowie vor allem auf den von Campbell et al. (1954) eingeführten Indikator der „Political efficacy" zurückgegriffen (Küchler 1982; Stöss 1990; Rattinger 1993). Als weitere Indikatoren werden die Problemlösungskompetenz der Parteien, das politische Interesse und die Höhe der Wahlbeteiligung herangezogen (Küchler 1982). Entsprechend schnell hat sich die Diskussion über die sinkende Wahlbeteiligung auf die wachsende politische Entfremdung zugespitzt, ohne jedoch über konkrete Befunde über das Wahlverhalten der Unzufriedenen auf der Individualebene zu verfügen (Stöss 1990: 23; Betz 1992: 35; Rattinger 1993: 24).

Sowohl die Umkehrthese des Michigan-Modells als auch die räumlichen Modelle des Rational-Choice-Ansatzes (Enelow/Hinich 1984) und die Partizipationsforschung (Barnes/ Kaase 1979; Uehlinger 1988) beinhalten bereits explizit Unzufriedenheit bzw. Entfremdung als Motive der Wahlabstinenz. Der Hypothese, daß die politische Entfremdung zugenommen hat und für den Rückgang der Wahlbeteiligung verantwortlich ist, im folgenden als „*Entfremdungsthese*" bezeichnet, wurde auf der Individualebene bisher nur von der eingangs erwähnten Arbeit von Falter und Schumann (1993) untersucht, die Belege für einen engen Zusammenhang zwischen Entfremdung und Wahlverzicht fanden.

Im folgenden soll die aktuelle Debatte auf ein breiteres theoretisches Fundament gestellt werden. Als konzeptioneller Rahmen dienen zum einen die Theorie der politischen Unterstützung von Easton sowie die Theorie der politischen Entfremdung von Schwartz. Eastons systemtheoretischer Ansatz leistet in erster Linie eine analytische Differenzierung der verschiedenen Ebenen des politischen Systems sowie der verschiedenen Unterstützungsarten. Dies erlaubt, die verschiedenen Objekte der Unzufriedenheit zu identifizieren. Die Begriffe „politische Entfremdung" bzw. „politische Unzufriedenheit" verwendet Easton jedoch nicht. Im Rahmen dieser Arbeit wird daher „mangelnde Unterstützung" als Unzufriedenheit verstanden.

Der Terminus der politischen Entfremdung geht jedoch über die reine Unzufriedenheit bzw. den Entzug von Unterstützung hinaus. Schwartz (1973) setzt sich in seiner Theorie der politischen Entfremdung intensiv mit dem Problem auseinander, wie Unzufriedenheit zu politischer Entfremdung führen kann. Im Unterschied zum systemtheoretischen Ansatz von Easton beschränkt sich sein Modell auf die individuellen Einstellungs- und Verhaltensmuster. Ebenso wie bei der Arbeit von Hirschman (1974), „Exit, Voice, Loyalty", bleiben Art und Richtung des Verhaltens bei politischer Entfremdung offen. Während die Übertragung der Theorie von Hirschman auf das Wählerverhalten jedoch lediglich zwei Verhaltensalternativen zuläßt, die Wahlenthaltung als „Exit" und die Protestwahl als „Voice", eignet sich die Theorie von Schwartz besser dazu, die heterogene Motivstruktur der verschiedenen entfremdeten Bevölkerungsgruppen sowie die Prädispositionen ihres Verhaltens zu verstehen.

3.3.1 Eastons Theorie der politischen Unterstützung

3.3.1.1 Grundlagen

Im systemtheoretischen Modell von Easton (1965) besteht die Hauptaufgabe des politischen Systems in der Festlegung verbindlicher Werte für die Gesellschaft. Die Zuweisung von Werten kann sich somit sowohl auf ökonomische Tatbestände als auch auf ethisch-kulturelle Vorstellungen beziehen. Easton unterscheidet drei Ebenen des politischen Systems:

- politische Gemeinschaft (political community)
- politische Ordnung (regime)
- politische Herrschaftsträger (political authorities)

Die Mitglieder (members) der Gesellschaft sind über Input- und Output-Prozesse mit den drei Ebenen des politischen Systems verbunden. Als Systeminput bezeichnet Easton die Unterstützungsleistungen (support) und Forderungen (demands) der Mitglieder, als Systemoutput die verabschiedeten Gesetze und Verordnungen (decisions) sowie die angestrebten Ziele und Wege (policies) der politischen Führung (Easton 1965). Der Bürger macht demnach seine Unterstützungsleistungen von allgemeinen Zielvorstellungen der Politik abhängig, aber auch von deren konkreten Leistungen.

Abbildung 4: Dimensionen des politischen Systems nach Easton

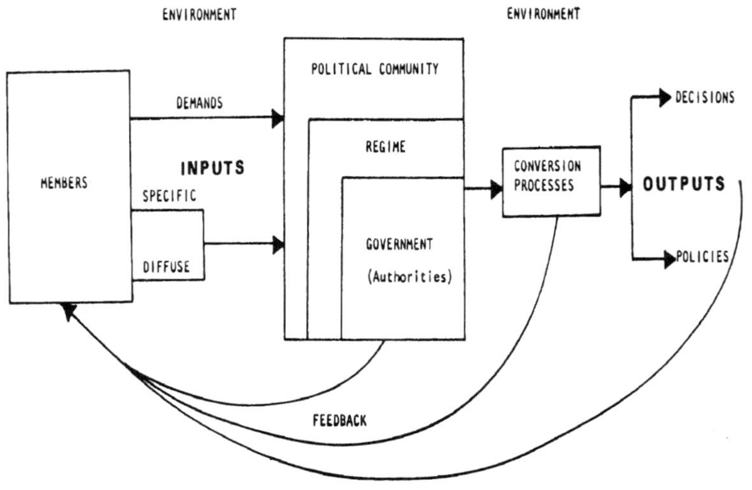

Quelle: Chaffee 1975: 94

Easton konzentriert sich in seinen Arbeiten hauptsächlich auf den Aspekt der Systemstabilität, die von dem Ausmaß an Unterstützung abhängt, das die Mitglieder dem System entgegenbringen. Zwei Arten von Unterstützung werden unterschieden: die spezifische und die diffuse Unterstützung. Die spezifische Unterstützung ist kurzfristig orientiert und bezieht sich hauptsächlich auf die Zufriedenheit mit den Leistungen der politischen Ordnung und der politischen Herrschaftsträger. Dagegen definiert Easton die diffuse Unterstützung als grundsätzliche und dauerhafte Einstellung gegenüber allen drei Komponenten des politischen Systems (Westle 1989: 90).

Als Beleg für die Richtigkeit der Entfremdungsthese müßten Teile der Bevölkerung dem politischen System ihre Unterstützung entziehen. Dies gilt zunächst für die spezifische Unterstützung, da sie kurzfristiger und objektorientierter ist, kann sich aber bei länger anhaltender Unzufriedenheit auf die diffuse Unterstützung ausweiten. Schwieriger zu beantworten ist indes die Frage, welchen Objekten des politischen Systems die Unterstützung entzogen wird. Je nach Art und Intensität des Entfremdungsprozesses können grundsätzlich alle drei Objekte, politische Gemeinschaft, politische Ordnung und politische Herrschaftsträger davon betroffen sein. Die Folge wäre ein grundsätzliches Legitmitätsdefizit und eine Krise des politischen Systems.

3.3.1.2 Erweiterung und Operationalisierung des Easton'schen Konzepts

In der Erweiterung des Easton'schen Modells betont Westle (1989: 90) die schwierige Umsetzung der theoretischen Konstrukte für die empirische Forschung. Sie spezifiziert die Unterstützungsobjekte wie folgt (1989: 77): unter dem Objekt der politischen Herrschaftsträger sind die Parteien, die Gesamtheit der Politiker sowie einzelne Politiker zu verstehen. Das Objekt der politischen Ordnung umfaßt die Demokratie als Staatsform sowie nicht-parteiliche Institutionen wie z.B. das Parlament, die Justiz, die Behörden etc.. Das Objekt der politischen Gemeinschaft beinhaltet den Staat der Bundesrepublik Deutschland sowie die Gesamtheit seiner Bürger. Diese drei Ebenen sind bei der Untersuchung von Entfremdungstendenzen strikt zu trennen. In Anlehnung an die Dimensionen der Verdrossenheit von Küchler (1982), wäre eine mangelnde diffuse Unterstützung der politischen Ordnung als Staatsverdrossenheit, der spezifische Unterstützungsentzug auf der Ebene der politischen Herrschaftsträger als Politik- und Parteienverdrossenheit zu interpretieren.

Bei den Unterstützungsarten verweist Westle auf die Schwierigkeit, in Umfragen die diffuse Unterstützung der politischen Ordnung und der politischen Herrschaftsträger zu messen. So sind die Antworten nicht ausschließlich auf die grundsätzliche Rechtmäßigkeit der politischen Ordnung gerichtet, sondern beinhalten die reale Seite, d.h. inwieweit die reale Gestalt der politischen Ordnung den Vorstellungen des Befragten entspricht (Westle 1990: 189). Folglich spielen bei den Bewertungen immer konkrete und kurzfristige Aspekte eine nicht unerhebliche Rolle. Als Paradebeispiel solcher Vermischungen ist die Frage nach der Zufriedenheit mit der Demokratie oder dem politischen System zu nennen. Hier wird einerseits die politische Ordnung beurteilt, andererseits fließen aber bei den Antworten sehr wohl aktuelle Leistungsbewertungen mit ein. Westle (1990: 255) führt daher eine weitere Unterstützungsart ein, die diffus-spezifische Unterstützung, die sowohl Elemente der spezifischen und der diffusen Unterstützung enthält. Die diffus-spezifische Unterstützung integriert grundsätzliche Wertorientierungen sowie Outputbewertungen in eine zusätzliche Dimension. Bezogen auf die politischen Herrschaftsträger, ist diese Unterstützungsart als Bewertung ihrer demokratischen Qualitäten, bezogen auf die politische Ordnung als Bewertung der demokratischen Realität operationalisiert (Westle 1990: 255). Im Rahmen dieser Arbeit wurde, der Konzeptionalisierung des Easton'schen Modells von Westle folgend, die Entfremdungsthese mit den in der Übersicht veranschaulichten Indikatoren gemessen:

Abbildung 5: Indikatoren politischer Unterstützung bzw. politischer Entfremdung

Unterstützungs-ebene	*Unterstützungsarten*		
	diffus	diffus-spezifisch	spezifisch
Politische Gemeinschaft	Nationalbewußtsein		
Politische Ordnung		System- und Demokratiezufriedenheit Vertrauen in die gesellschaftlichen Institutionen	
Politische Herrschaftsträger		Vertrauen in die Parteien und die Regierung Parteiensympathie Politikerbild	Kompetenz der Parteien, der Bundesregierung und der Politiker

Quelle: angelehnt an Westle 1989: 257

Diffuse Unterstützung wird auf der Ebene der politischen Gemeinschaft über die Frage operationalisiert: „Auf was kann man als Deutscher stolz sein". Auf der Ebene der politischen Ordnung stehen die Aussagen nach der Zufriedenheit mit dem politischen System und der Demokratie im Mittelpunkt. Als zweiter Indikator dient das Vertrauen in die politischen Institutionen zur Verfügung. Beide Indikatoren haben den Vorteil, daß sie regelmäßig in Umfragen erhoben werden. Die spezifische Unterstützung der Herrschaftsträger wird mittels Einschätzungen über die Politiker insgesamt, die Bundesregierung, die Opposition sowie die Spitzenpolitiker gemessen. Des weiteren läßt sich die spezifische Unterstützung auch über die aus dem Michigan-Modell bekannten Indikatoren, Kandidatenpräferenz und Parteienkompetenz operationalisieren.

Bei der empirischen Prüfung des erweiterten Easton'schen Konzeptes durch Westle erhielten Mitte der achtziger Jahre die Objekte der politischen Ordnung recht hohe Zufriedenheitswerte, schlechter schnitten dagegen die Parteien ab. In einer Längsschnittstudie von 1961 bis 1987 läßt sich jedoch kein genereller Negativtrend in der Bewertung der Parteien nachweisen, wenn auch während des jüngsten Zeitraums von 1983 bis 1987, mit Ausnahme der Grünen, die Bewertungen negativer ausfielen (Westle 1990: 266). Trotz der schwächeren Bewertung der politischen Herrschaftsträger kommt Westle zu der Einschätzung, „*daß Kritik an allen Parteien keineswegs mit der Ablehnung des Parteiensystems als Strukturelement der Demokratie einhergeht*“ (Westle 1990: 282). Sie verwendet in diesem Kontext für Mitte der achtziger Jahre das Schlagwort einer „*moderaten Parteienverdrossenheit*“ (Westle 1990: 263). Nach jüngeren Befunden von Rattinger (1993: 27) hat sich die Negativbewertung der Parteien bis Anfang der neunziger Jahre fortgesetzt. Das Vertrauen in die Bundesregierung und in die Parteien hat kurzfristig von 1990 bis 1992 nachgelassen. Stöss (1990: 24) spricht von einer „*Diskrepanz zwischen hoher Systemzufriedenheit und Parteienverdrossenheit*“. Insgesamt wertet er die Verdrossenheit als aktuelle, vielfach nicht konkretisierbare Unzufriedenheit mit den politischen Verhältnissen. Falter und Schumann (1993) gelangen in ihren Analysen im Zeitraum von 1980 bis 1992 zu einem negativeren Urteil:

> „Sowohl die Unzufriedenheit mit der Demokratie, den Parteien und dem politischen System als auch mit den Führungskräften und mit (gleichzeitig) der Regierung und Opposition hat in der Bundesrepublik in den vergangenen zwölf Jahren zugenommen - zum Teil sogar recht deutlich.“ (Falter/Schumann 1993: 40)

Alle Untersuchungen deuten zumindest darauf hin, daß die Haltung gegenüber den politischen Herrschaftsträgern zunehmend kritischer geworden ist. Inwieweit Entfremdungstendenzen zur Wahlenthaltung führen, wurde Ende der sechziger Jahre erstmals von Golzem und Liepelt (1976) sowie Anfang der neunziger Jahre von Falter und Schumann (1993; 1994) sowie Armingeon (1994) untersucht. Bei der Bundestagswahl 1969 bewerteten nur die Dauer-Nichtwähler die Parteien und die Politiker etwas schlechter, dagegen differierten die Einschätzungen der sporadischen Nichtwählergruppen nicht von denen der Wähler (Golzem/Liepelt 1976: 155).

Armingeon (1994: 50) findet in seiner Längsschnittstudie der achtziger Jahre ebenfalls keine Hinweise, daß sich die Wahlenthaltung mit Politikverdrossenheit erklären läßt. Der Indikator politische Unzufriedenheit differenziere nicht zwischen Wählern und Nichtwählern, so daß auch eine Zunahme des Anteils unzufriedener Bürger die rückläufige Beteiligung nicht erklärt. Nach Falter und Schumann (1993: 49) ergab sich dagegen ein anderes Bild. Sie kommen zu dem Ergebnis, daß die zunehmende Unzufriedenheit teilweise in die Wahl von Protestparteien, teilweise in Abstinenz mündet. Die Unzufriedenen neigen in erster Linie dann zur Nichtwahl, wenn das politische Interesse gering ist. Dagegen findet die Unzufriedenheit bei den politisch Interessierten ein Ventil in der Wahl oppositioneller Parteien (Falter/Schumann 1994: 195). Im nächsten Kapitel sollen daher die Bedingungen, unter welchen sich die Bürger für die eine oder die andere Alternative entscheiden, genauer betrachtet werden. Dazu müssen die individuellen Einstellungsmuster mittels der Entfremdungstheorie von Schwartz (1973) näher beleuchtet werden. Ein solches differenziertes Vorgehen ermöglicht, die verschiedenen Motivbündel zu identifizieren, die in den einzelnen Bevölkerungsgruppen zum Wahlverzicht geführt haben.

3.3.2 Die Theorie der politischen Entfremdung nach Schwartz

3.3.2.1 Grundlagen

Schwartz definiert politische Entfremdung als mangelnde Identifikation mit dem politischen System (1973: 7). Ohne sich auf Easton zu beziehen, unterscheidet Schwartz ebenfalls verschiedene Objekten der Entfremdung: kulturelle, soziale und politische Entfremdung, die sich jedoch nur in Ansätzen mit den drei Dimensionen des politischen Systems bei Easton decken. Dabei unterstellt er keineswegs, wie der Titel seines Buches vermuten läßt, daß der Bürger den Staat bewußt ablehnt. Die Verhaltenskonsequenzen einer empfundenen politischen Entfremdung sind in der Forschung sehr umstritten (Herring 1989: 136). Auch Gleichgültigkeit und Desinteresse können Formen der Entfremdung sein, denn gerade bei der Wahlabstinenz stellt sich grundsätzlich die Frage, ob das Fernbleiben als Ablehnung, Zustimmung oder Indifferenz zu werten ist.

In seinem theoretischen Ansatz hebt Schwarz besonders den prozessualen Charakter der Entfremdung hervor. Politische Entfremdung entsteht aus einem fundamentalen Konflikt zwischen den politischen Wertvorstellungen des einzelnen und dessen Wahrnehmung, wie er Werte in der politischen Gemeinschaft verwirklicht sieht (Schwartz 1973: 14). Dieser Ansatz subsummiert andere Definitionen politischer Entfremdung, die vor allem die Diskrepanz zwischen Wunsch und Wirklichkeit (Want-Get-Ratio; Davies 1962: 6) als Ausgangspunkt politischer Entfremdung ansehen.

Ähnliche Vorstellungen finden sich auch bei den Theorien relativer Deprivation (Davies 1962; Gurr 1970). Theorien der relativen und kollektiven Deprivation dienen vorwiegend zur Erklärung unverfaßter, illegaler Partizipationsformen, insbesondere extremistischer Gewalttaten. Im Kern betrachten sie den politischen Entfremdungsprozeß als Ergebnis einer individuell empfundenen Diskrepanz zwischen vorhandener Macht und Privilegien und den perzipierten Vorstellungen, wie diese Macht und Privilegien ausgestaltet sein sollten. Dies geschieht im wesentlichen durch den subjektiven Vergleich zwischen der gesellschaftlichen Gruppe, zu der man selbst gehört, und der Situation einer Referenzgruppe. Aus diesem psychologischen Soll-Ist-Vergleich kann Frustration resultieren, die dann in Aggression umschlägt. Der Ansatz von Schwartz ist jedoch allgemeiner, da der Wertekonflikt nicht ausschließlich aus unerfüllten Erwartungen resultieren muß, sondern auch andere Ursachen haben kann.

Der individuelle Wertekonflikt, so Schwartz (1973: 25), kann dazu führen, daß der einzelne Bürger dem politischen System als Ganzes oder in Teilen seine Identifikation entzieht, um diesen Konflikt zu reduzieren. Hinter dieser Argumentation verbergen sich primär psychologische Theorien der Dissonanzvermeidung wie z.B. Festingers Theorie der kognitiven Dissonanz. Zentrale Bedingungen für diesen Entfremdungsprozeß sind das Gefühl der eigenen politischen Ohnmacht („perceived personal political inefficacy") sowie die Überzeugung, daß das politische System nicht in der Lage ist, die Wünsche der Bürger zu befriedigen („perceived systemic political inefficacy"). Dem Prozeß, wie die Einstellung des Individuums sich in Verhalten ausdrückt, widmet sich Schwartz ausführlich. In welche Verhaltensweisen kann politische Entfremdung münden? Schwartz lehnt sich in seiner theoretischen Betrachtung an die Klassifikation politischer Verhaltensweisen von Merton (1968: 194) an, der

- Konformismus,
- Reformismus,
- Revolutionarismus,
- Ritualismus und
- Rückzug

unterscheidet. Während Schwartz (1973: 156) Konformismus als Verhalten politischer Entfremdung ausschließt, trennt er zwischen aktiven Verhaltensweisen (Reformismus, Revolutionarismus) und passiven Verhaltensweisen (Ritualismus, Rückzug). Er unterscheidet drei zentrale Einflußfaktoren, die zwischen Einstellungen und Verhaltensorientierungen intervenieren und das tatsächliche Verhalten bestimmen (Schwartz 1973: 25f.):

a) Soziale Faktoren,
b) Persönlichkeitsfaktoren
c) Art des individuellen Entfremdungsprozesses

Abbildung 6: Verhaltensmuster bei politischer Entfremdung nach Schwartz

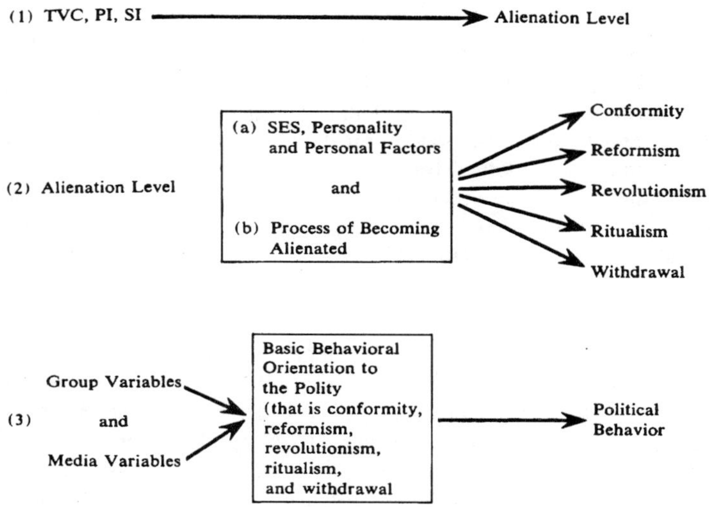

TVC = Threat from value conflict (Stärke des individuellen Wertekonflikts)
PI = Personal political inefficacy (Einschätzung der eigenen politischen Kompetenzlosigkeit)
SI = Systemic inefficacy (Einschätzung der Ineffektivität der Politik und des politischen Systems)

Quelle: Schwartz 1973: 155

Gegenüber klassischen Partizipationstheorien stellt Schwartz die Ursachenzusammenhänge teilweise auf den Kopf. Politische Entfremdung wird nicht durch die sozialstrukturelle Position beeinflußt. „*Today, at least, the acquisition of the attitude of political alienation is not very importantly affected by social class determinants*" (Schwartz 1973: 157). Soziale und persönliche Faktoren spielen jedoch als intervenierende Variablen bei der Prädisposition des Verhaltens eine wichtige Rolle. Doch welche Verhaltensweisen ergreift der einzelne nun? Wann entscheidet er sich für die Teilnahme an Protestaktionen? Wann drückt er seinen Wertekonflikt in der Wahlabstinenz aus? In Anlehnung an Schwartz (1973) werden dazu folgende Thesen aufgestellt:

a) Personen mit Wertekonflikt, die aber gleichzeitig an ihren persönlichen politischen Einfluß glauben oder der Überzeugung sind, daß eine gesellschaftlich relevante Organisation ihre Interessen (erfolgreich) vertritt, neigen zu reformistischem Verhalten. Sie nehmen im allgemeinen an Wahlen teil und engagieren sich politisch in den entsprechenden Organisationen. Gemäß ihren sozialstrukturellen und persönlichen Voraussetzungen sind Personen mit höherem sozio-ökonomischen Status sowie stärkerem Selbstbewußtsein und hoher psychischer Energie in dieser Gruppe überproportional vertreten (Schwartz 1973: 159).

b) Personen mit Wertekonflikt und der Überzeugung, daß ihre eigene subjektive Kompetenz und die Kompetenz des politischen Systems gering ist, neigen dazu, sich politisch vollkommen zurückzuziehen. Sie verlieren ihr politisches Interesse, und der Nichtwähleranteil unter ihnen ist sehr groß. In dieser Gruppe spielen jedoch sozio-ökonomische Unterschiede keine Rolle (Schwartz 1973: 77 sowie 182). Eine solche schweigende Mehrheit beinhaltet allerdings keineswegs eine Zustimmung zu den politischen Verhältnissen.

c) Wenn Personen im Fall b) jedoch aufgrund ihrer persönlichen Wertvorstellungen politischer Partizipation eine wichtige Funktion beimessen, neigen sie zu radikaleren Verhaltenstendenzen. Diese können sich durch Mitgliedschaften in gleichgesinnten Gruppen verstärken. Für das konkrete Verhalten hebt Schwartz (1973: 160f.) damit die zentrale Bedeutung der Meso-Ebene, d.h. von Gruppeneinflüssen sowie persönlichen Netzwerken, hervor. Sie geben den entscheidenden Anstoß, in welche Richtung sich das Verhalten entwickelt.

Der entfremdete Nichtwähler läßt sich demnach als Mensch charakterisieren, der von der eigenen Machtlosigkeit ebenso überzeugt ist, wie von der Ineffizienz des politischen Systems. Er glaubt nicht, daß sich durch politische Beteiligung eine Änderung des für ihn aufgrund seines inneren Wertekonfliktes unbefriedigenden Ist-Zustandes erreichen läßt. Darin unterscheidet er sich vom Protestwähler. Sein politisches Interesse ist schwach ausgeprägt, Mitgliedschaften in politischen und sozialen Organisationen bilden die Ausnahme. Politischer Rückzug und Wahlenthaltung müssen jedoch keinesfalls von Dauer sein. Allerdings führt die Entfremdung in diesem Fall zu einem entsprechend geringen politischen Interesse und einem rückläufigen Informationsverhalten, was eine Rückkehr zu aktiven Verhaltensweisen erschwert.

3.3.2.2 Operationalisierung der Theorie politischer Entfremdung nach Schwartz

Bei der Messung des Modells politischer Entfremdung von Schwartz stehen insbesondere drei Dimensionen im Mittelpunkt: der Wertekonflikt, die politische Eigenkompetenz („Political efficacy“) und die wahrgenommene Systemkompetenz („Systemic efficacy“). Im Unterschied zu den Konzeptualisierungen anderer Entfremdungstheorien beschränkt sich Schwartz damit nicht ausschließlich auf den Indikator der politischen Kompetenz („Political Efficacy“), sondern mißt die Entfremdung nur im Zusammenhang mit einem grundsätzlichen Wertekonflikt. Folglich sind Befragte, die sich zwar keine politische Kompetenz zuschreiben, gleichzeitig aber keinem Wertekonflikt unterliegen, nicht als politisch entfremdet anzusehen. Den Wertekonflikt operationalisiert Schwartz über die Frage nach der Verbundenheit mit dem politischen System. Analog der empirischen Umsetzung Eastons wird diese Dimension über die Indikatoren „Zufriedenheit mit der Demokratie“ sowie „Zufriedenheit mit dem politischen System“ gemessen.

Die beiden Dimensionen der politischen Kompetenz weisen große Parallelen zu der von Balch (1974) entwickelten Erweiterung des „Political-Efficacy“-Indikators von Campbell et al. (1954) auf. Balch (1974: 31) unterscheidet zwischen „External Political Efficacy“, die im wesentlichen das Vertrauen in das Verantwortungsbewußtsein der politischen Herrschaftsträger beinhaltet, und der „Internal Political Efficacy“, die sich auf die Bewertung der eigenen politischen Fähigkeiten bezieht. Die „External Political Efficacy“ wurde bereits im Zusammenhang mit der Operationalisierung der drei Dimensionen des politischen Systems nach Easton und Westle behandelt. Hierunter sind die bekannten Vertrauens- und Zufriedenheitsindikatoren zu fassen. Im Rahmen dieser Arbeit wird die Wahrnehmung zur politischen Eigenkompetenz („Internal Efficacy“) über Items wie z.B. „Leute wie ich haben keinen Einfluß darauf, was die Regierung tut“ oder „Denken in politischen Zusammenhängen liegt mir nicht“ operationalisiert, die inzwischen zum Standardrepertoire der empirischen Politikforschung gehören.

3.3.2.3 Erweiterung des Modellrahmens: wirtschaftliche vs. politische Unzufriedenheit

Herring (1989: 145-150) untersuchte in den USA den Zusammenhang zwischen politischer Entfremdung und nicht verfaßter und verfaßter Partizipation, wobei der Wahlakt ausdrücklich als verfaßte Partizipationsform berücksichtigt wurde. Nach diesen Befunden neigen entfremdete Personen in erster Linie zum Rückzug und nur eine kleine Minderheit zu Protestverhalten. Dieser Effekt verstärkt sich bei geringem sozio-ökonomischem Status. Herring (1989: 159) hebt jedoch vor allem auf die subjektiv empfundene Wirtschaftslage der Befragten als intervenierenden Faktor ab.

Der Einfluß sozialer und wirtschaftlicher Faktoren auf die Systemzufriedenheit wurde in der Bundesrepublik ebenfalls überwiegend mittels der subjektiv empfundenen Wirtschaftslage gemessen. Nach Rattinger und Juhász (1990: 309) spielen wirtschaftliche Einschätzungen seit den siebziger Jahren eine zunehmende Rolle bei den Angaben zur Systemzufriedenheit. Dies muß sich keineswegs auf Personen unterer Einkommensgruppen beschränken. Vielmehr scheint die subjektiv empfundene Wirtschaftslage, die sich eher an den eigenen Wunschvorstellungen oder am Vergleich mit Referenzgruppen orientiert, ausschlaggebend zu sein. Deshalb soll die Prüfung der Entfremdungsthese auch auf die wirtschaftliche Zufriedenheit ausgedehnt werden.

Der enge Zusammenhang zwischen wirtschaftlicher Outputbewertung und Systemzufriedenheit geht dabei auf die Thesen der kritischen Wohlfahrtstheorien zurück. Kernaussage der vielen Krisentheorien des Wohlfahrtsstaates ist, daß die Legitimität demokratischer Systeme gefährdet sei, sobald der Staat die zunehmenden Forderungen und Erwartungen der Bürger nicht erfüllen kann. Gleichzeitig gewinnen jedoch die Leistungen des politischen Systems als Bewertungskriterium an Bedeutung. Demokratie und Wohlfahrtsstaat tragen so zu einer Anspruchspirale bei, der der Staat, insbesondere in Zeiten unvermeidlicher ökonomischer Krisensituationen, nicht mehr gewachsen ist (Aspiration-Achievement-Gap: Crozier et al. 1975; Habermas 1973).

> „Der Staat ist nicht mehr Garant sittlicher Normen, sondern 'technischer Dienstleistungsbetrieb': In der Industriegesellschaft legitimiert sich Herrschaft vorwiegend durch die Stabilität und Funktionstüchtigkeit des Systems. Der augenfällige Nutzen, den jeder einzelne aus den wohlfahrtsstaatlichen Leistungen zieht, scheint Grund genug, Herrschaft für hinreichend gerechtfertigt zu halten." (Guggenberger 1981: 299)

Maag (1991) und Roller (1992) konnten die These, daß die Einstellungen zur Legitimität mehr und mehr von materiellen Outputbewertungen abhängen, mit Daten des Forschungsprojektes „Politisierung und Depolitisierung von Wohlfahrtsansprüchen" nicht nachweisen (Maag 1991: 186). Ebenso ließ sich *„keine globale Zunahme der Unzufriedenheit"* mit den Leistungen des Wohlfahrtsstaates feststellen (Roller 1992: 179). Allerdings haben sich die Erwartungen der Bürger bei Problemen individueller Einkommenssicherung sowie anderer staatlicher Aufgabenbereiche auf einem sehr hohen Niveau eingependelt.

Die Erhebungswellen der zitierten Wohlfahrtsstudie fanden jedoch vorwiegend Mitte der achtziger Jahre statt - zu einer Zeit, die von einem kontinuierlichen ökonomischen Wachstum geprägt war. Die Lücke zwischen Anspruch und Realität dürfte jedoch erst dann auseinanderklaffen, wenn der Bürger eine Krisensituation wahrnimmt, und der Staat die gestellten Erwartungen in seinen Augen nicht mehr befriedigen kann. In einer solchen Situation kann bei vielen Bürgern ein Wertekonflikt entstehen mit der Folge, daß in Verbindung mit den beschriebenen zusätzlichen Faktoren sich Teile des Elektorats zurückziehen und der Stimme enthalten. Bei der Prüfung geht es keineswegs darum, auf der Makroebene den Einfluß der allgemeinen Wirtschaftslage sowie der Höhe der Wohlfahrtsniveaus auf die Höhe der Wahlbeteiligung zu untersuchen, wie dies Radcliff (1992) für 29 Industriestaaten getan hat. Sondern es soll auf der Mikroebene untersucht werden, inwieweit eine subjektiv empfundene Unzufriedenheit mit den wirtschaftlichen Verhältnissen zu politischer Entfremdung und zur Wahlenthaltung führt.

3.4 Gesellschaftliche Differenzierung und Lebenswelten

3.4.1 Theoretische Grundlagen

Infolge des rapiden sozio-ökonomischen Wandels in der Nachkriegszeit wird das Hierarchiemodell sozialer Klassen mehr und mehr in Frage gestellt. In den Industrie- und Wohlfahrtsstaaten westlicher Prägung habe vielmehr eine Atomisierung der Gesellschaft eingesetzt. Seit den sechziger Jahren hat sich, so argumentiert Beck (1983: 40), ein gesellschaftlicher Individualisierungsprozeß von bislang unbekannter Reichweite und Dynamik vollzogen, den er wie folgt beschreibt:

> „Ein historisch spezifischer Individualisierungsschub, in dessen Verlauf auf dem Hintergrund eines relativ hohen materiellen Lebensstandards und weit vorangetriebener sozialer Sicherheiten durch die Erweiterung von Bildungschancen durch Mobilitätsprozesse, Ausdehnung von Konkurrenzbeziehungen, Verrechtlichung der Arbeitsbeziehungen, Verkürzung der Erwerbsarbeitszeit und vielem anderen mehr die Menschen einem historischen Kontinuitätsbruch aus traditionellen Bindungen und Versorgungsbezügen herausgelöst und auf sich selbst und ihr individuelles Schicksal mit allen Risiken, Chancen und Widersprüchen verwiesen wurden und werden." (Beck 1983: 41)

Durch die Differenzierung von Lebensformen können zwar neue sozio-kulturelle Gemeinsamkeiten entstehen, die aber nichts mit den früheren sozialen Klassen und Milieus gemein haben (Zapf et al. 1989: 10). Entsprechend verlieren auch die traditionellen Zuordnungen von sozialen Klassen und Wählerpräferenzen für bestimmte politische Parteien ihre Stabilität (Beck 1983: 57). Bis zu diesem Punkt weisen die Ansätze zur gesellschaftlichen Differenzierung, die aus der Soziologie stammen, noch sehr große Übereinstimmungen zu den Folgerungen des Wertewandel-Konzepts und des Realignment/Dealignment auf. Während jedoch diese Ansätze in erster Linie auf die zunehmende Kurzfristigkeit von Wahlmotiven abheben, stellen die Ansätze zur gesellschaftlichen Differenzierung vor allem die prägende Kraft von Alltagserfahrungen und sozialen Alltagsnetzwerken in den Vordergrund. Wenn die sozialen Schichten ihre Bindekraft verlieren, so folgert Peterson (1990), gewinnen Alltagserfahrungen eine größere Aufmerksamkeit für die Erklärung politischen Verhaltens. In der sozialwissenschaftlichen Forschung werden diese Formen der Individualisierung als eine Pluralisierung von Lebensstilen interpretiert:

> „Mit dem Konzept des Lebenstils versucht man, neue Linien in die Vielfalt der sozialen Einstellungen, Verhaltensweisen und Organisationsformen einzuziehen. Lebensstile werden als Ordnungselemente für den nach Umfang, Bedeutung und Autonomie gewachsenen Bereich des Alltags und der Privatsphäre definiert." (Zapf et al. 1989: 10)

Die geringe Prägekraft der traditionellen sozialen Milieus verringert die institutionelle Einbindung und die soziale Kontrolle. Wahlenthaltung kann nicht mehr in gleichem Maße wie früher sanktioniert werden. Individualisierungstendenzen können daher zu einer „politischen Desintegration" von Wählern führen mit der Folge, daß das Wahlverhalten instabiler wird, aber auch bestimmte Bevölkerungsgruppen möglicherweise auf die Wahlteilnahme mehr und mehr verzichten. Eine längsschnittliche Prüfung dieser „*Individualisierungsthese*" ist jedoch mit dem vorhandenen Datenmaterial nicht möglich. Die bereits im Rahmen der Randständigkeitshypothese besprochenen Faktoren der sozialen Integration Haushaltsgröße,

Familienstand, Kirchenbindung und Vereinszugehörigkeit reichen keineswegs aus. Vielmehr müßten Informationen über die nähere soziale Umgebung der Befragten zur Verfügung stehen. Da jedoch dem Ansatz auch von anderer Seite (Falter/ Schumann 1993; Armingeon 1994) eine hohe Erklärungskraft zugesprochen wird, werden im Rahmen dieser Arbeit zumindest einige Querschnittanalysen unternommen. Die Bedeutung von Alltagserfahrungen für das Wahlverhalten wird über die sozialen Netzwerke von Nichtwählern untersucht. Dabei stehen zum einen die politischen Einstellungen und Verhaltensweisen der Ehegatten sowie im Freundes- und Bekanntenkreis zur Verfügung.

Darüber hinaus ist zu klären, ob neben der politischen Entfremdung ein Teil der Wahlenthaltungen auf einer allgemeinen sozialen Anomie, d.h. einer Ausgrenzung gegenüber der Gesellschaft, beruht. Im Mittelpunkt steht dabei die Prüfung der Randständigkeitshypothese. Denn der randständige Nichtwähler läßt sich nicht über sozialstrukturelle Merkmale definieren, sondern über seine anomischen Einstellungs- und Verhaltensmuster. Ein geringerer sozio-ökonomischer Status führt keineswegs zur Randständigkeit. Entscheidend ist vielmehr, ob man sich generell von der Gesellschaft abkoppelt. Soziale Isolation kann sehr wohl mit einer hohen Bildung oder einer guten Einkommenssituation verbunden sein. Ferner soll getestet werden, inwieweit die jüngst in die Politikforschung eingeführten Lebenswelt-Ansätze zur Erklärung der Wahlbeteiligung beitragen können (Müller-Rommel/ Poguntke 1990; Gluchowski 1991).

3.4.2 Der Lebenswelt-Ansatz in der Politikwissenschaft

Die grundlegende These von im Alltagsleben gewonnenen und sichtbaren Verhaltensweisen findet sich bereits in der Theorie der Lebenswelt von Schütz aus den fünfziger Jahren (Schütz/Luckmann 1979). Schütz versteht Handeln als eine Wahl zwischen Alternativen, *„die zugleich und gleicherweise in meiner Reichweite liegen*“ (Schütz 1971; zitiert nach Esser 1991: 21). Der Grundgedanke seiner Theorie besteht darin, daß sich der Mensch in einer „Lebenswelt“ bewegt und sein Wissen und sein Handeln geprägt sind von den Erfahrungen und Wertestrukturen dieser „alltäglichen“ Umgebung. Da seine Theorie weit über den politischen Horizont hinausgeht, beschränken sich die Darstellungen auf die politischen Implikationen. In der Bundesrepublik hatten erstmals das Sinus-Institut und im Anschluß daran die Konrad-Adenauer-Stiftung in den achtziger Jahren den sogenannten „Lebenswelt-Ansatz“ in die Politikforschung eingeführt. Im Gegensatz zu dem traditionellen Milieu-Konzept der Cleavage-Theorie unterscheidet sich der Lebenswelt-Ansatz gemäß der individualistischen Theorieperspektive deutlich in seiner Betrachtungsweise:

> „Während sich das traditionelle Milieu-Konzept auf die Analyse a priori identifizierbarer, organisatorisch durchdrungener Subkulturen richtet, baut das Lebenswelt-Konzept Milieus gewissermaßen vom Individuum her auf: Ein Milieu definiert sich in erster Linie durch die Übereinstimmung von Individuen hinsichtlich ihrer politischen Wertorientierungen, ihrer Lebensentwürfe und Lebensstile, aber auch ihrer sozialstrukturellen Merkmale.“ (Müller-Rommel/Poguntke 1990: 172)

Die differenzierte Betrachtungsweise von Lebenswelten erfordert ein entsprechendes methodisches Vorgehen. Sowohl das Sinus-Institut als auch die Konrad-Adenauer-Stiftung unterscheiden neun Milieus bzw. Lebensstil-Segmente (Becker 1992; Gluchwoski 1991), die empirisch aus einer Vielzahl von Einstellungskategorien über Faktoren- und Clusteranalysen gewonnen werden. Lebenswelten werden dabei aus typischen Einstellungsstrukturen abgeleitet. Als kritisch muß die Beliebigkeit der Typenbildung angesehen werden. Guchowski (1991: 213) bemängelt ebenfalls die je nach Forschungsinteresse stark voneinander abweichenden Konstrukte von Lebensstilen.

Gemäß dem theoretischen Anspruch ist die Lebenswelt-Typologie beider Institute differenzierter als bei den vier Wertetypen von Inglehart oder von Klages et al., die nur entlang der beiden Dimensionen Pflichtwerte und Selbstentfaltungswerte trennen. Sowohl theoretisch als auch methodisch sind jedoch große Ähnlichkeiten insbesondere zu dem Wertewandel-Konzept von Klages et al. zu erkennen. Beide Ansätze verweisen auf die gleichen Ursachen mit der Folge einer zunehmenden Auflösung institutioneller Bindungen. Beide Ansätze stellen auf die „*persönliche Lebensweise bestimmenden Grundorientierungen und Verhaltensweisen in den zentralen Lebensbereichen Berufswelt, Familie und Freizeit*“ ab (Gluchowski 1987: 20). Des weiteren werden beide Ansätze über eine Typenbildung operationalisiert.

Die Frage, ob das Lebenswelt-Konzept die klassischen Ansätze des Wählerverhaltens ergänzen oder sogar ersetzen kann, läßt sich zu diesem Zeitpunkt nicht abschließend beantworten. Müller-Rommel und Poguntke (1990: 174) kommen zu dem Fazit, daß der Lebenswelt-Ansatz weniger für die Prognose von Wahlergebnissen als zur Abschätzung von Wählerpotentialen geeignet ist. Gluchowski argumentiert dagegen, daß die heterogene Wählerschaft über die Lebensstil-Typen besser zu charakterisieren sei. Nachstehend sollen die neun Typen des Konrad-Adenauer-Ansatzes, die eine wichtige Grundlage der empirischen Prüfung der Individualisierungsthese in dieser Arbeit bilden, kurz vorgestellt werden. Zu einer ausführlichen Darstellung der Lebensstile wird auf die beiden Aufsätze von Gluchowski verwiesen (1987; 1991). Die etwas unterschiedliche Milieustruktur des Sinus-Instituts findet sich bei Becker (1992). Für die Politikforschung wurde das Modell des Sinus-Instituts bisher allerdings kaum angewandt.

1. *Der aufstiegsorientierte jüngere Mensch (10 %)*
Für den aufstiegsorientierten jüngeren Menschen steht die Gestaltung eines sinnerfüllten und geordneten Lebens im Vordergrund. Er strebt nach beruflichem Erfolg und Selbstverwirklichung. Leistungsbereitschaft und Freizeitorientierung sind gleichermaßen stark ausgeprägt. Der aufstiegsorientierte jüngere Mensch verfügt über eine mittlere bis höhere Bildung, ist bereits verheiratet oder hat eine feste partnerschaftliche Bindung. Politik hat zwar keinen bedeutenden Stellenwert, aber es besteht ein großes Vertrauen in den Staat.

2. *Der postmateriell-linksalternativ eingestellte jüngere Mensch (5 %)*
Die Mehrheit der Postmateriell-Linksalternativen befindet sich noch in der Schul- oder Berufsausbildung. An erster Stelle ihrer Lebensziele stehen die Entfaltung ihrer eigenen Persönlichkeit und die Suche nach neuen Lebensformen. Politisch verkörpern sie das Ideal des Postmaterialisten nach Inglehart. Sie sind politisch interessiert und engagiert. Allerdings haben sie ein linksideologisches Weltbild, das mit großer Unzufriedenheit und einem hohen Anspruchsniveau an den Staat verbunden ist.

3. *Der linksliberale, integrierte Postmaterialist (10 %)*
In seiner Wertestruktur ähnelt der linksliberale, integrierte Postmaterialist dem vorangegangenen Typ. Durch sein höheres Alter hat er jedoch beruflich meist schon leitende Positionen inne. Im Unterschied zum Linksalternativen ist er zufriedener mit dem politischen System, weniger technikfeindlich und weniger antireligiös. Freie Meinungsäußerung und politisches Engagement haben aber ebenfalls einen hohen Stellenwert.

4. *Der unauffällige, eher passive Arbeitnehmer (13 %)*
Die Berufstätigen sind vorwiegend jüngere Arbeiter oder Angestellte mit Hauptschulabschluß. Ihre Lebensziele beschränken sich in erster Linie auf Konsum und Freizeit. Eine geregelte Arbeitszeit ist wichtiger als berufliche Karriere. Das politische Interesse ist gering, man hält sich selbst für einflußlos, ist aber der Überzeugung, daß „*der Staat schon das Richtige für die Bürger tue*" (Gluchowski 1991: 221).

5. *Der pflichtorientierte, konventionsbestimmte Arbeitnehmer (11 %)*
Sozialstrukturell weist der pflichtorientierte Arbeitnehmer Parallelen zum davor beschriebenen Typ auf. Er ist jedoch deutlich älter. Die vorrangigen Lebensziele lassen sich wie folgt zusammenfassen: in geordneten Verhältnissen leben, ein harmonisches Familienleben führen und sich bleibende materielle Werte schaffen. Die Pflichtorientierung führt zu einem großen Respekt vor dem Staat und seinen Gesetzen.

6. *Der aufgeschlossene und anpassungsfähige Normalbürger (25 %)*
Dieser Typ vereint konservativ-traditionelle Werte mit persönlichen Freiheits- und Entfaltungswerten. Beruf, Freizeit und Familie haben einen hohen Stellenwert; aufgrund der Pflichtorientierung fällt im Konfliktfalle die Entscheidung zugunsten des Berufs. Der aufgeschlossene Normalbürger bevorzugt aktive Freizeit im Kreis der Familie oder in Vereinen. Politik gilt als wichtig, aber man selbst ist nur wenig bereit, sich zu engagieren.

7. *Der gehobene Konservative (11 %)*
Hohes Bildungsniveau, verbunden mit einem hohen Durchschnittsalter, sind prägend für diesen Typ. Der gehobene Konservative kann auf großen beruflichen Erfolg und ein hohes Durchschnittseinkommen zurückgreifen. Trotz des hohen Lebensstandards spielt Freizeit aufgrund der begrenzten Zeit keine große Rolle. Übertriebene Konsum- und Modeorientierung werden abgelehnt. Großes politisches Interesse, Respekt vor der staatlichen Ordnung aber auch der Wunsch nach Bürgereinfluß charakterisieren seine politischen Vorstellungen.

8. *Der integrierte ältere Mensch (11 %)*
Ziel des integrierten älteren Menschen ist ein harmonischer Altersruhestand in Gesundheit und gutem Kontakt zu den Kindern und anderen Familienmitgliedern. Er hat eine eindeutig konservative Wertestruktur, in der Sparsamkeit und Heimatgefühl an vorderster Stelle stehen. Mit den politischen Verhältnissen ist er zufrieden, das politische Interesse ist aber eher gering.

9. *Der isolierte alte Mensch (4%)*
Hoher Frauenanteil, sehr hohes Durchschnittsalter und geringer sozio-ökonomischer Status prägen den isolierten alten Menschen. Die Wertorientierungen sind vorwiegend konservativ und fortschrittsfeindlich. Religion nimmt eine zentrale Stellung im Leben ein. Für Politik interessiert man sich nicht.

Zur Analyse der Nichtwähler wurde der Lebenswelt-Ansatz bisher noch nicht herangezogen. Insgesamt bestärkt die Darstellung der verschiedenen Lebensstile den Eindruck, daß der Ansatz weniger eigene Erklärungsbeiträge für das Wahlverhalten liefern kann, als vielmehr die bekannten Erklärungsansätze methodisch anders umsetzt. Über die Typenbildung gelingt es jedoch besser, Differenzierungsprozesse mit ihren heterogenen Strukturen sichtbar zu machen. Die folgende Tabelle auf der nächsten Seite veranschaulicht nochmals die politischen Einstellungsmuster sowie insbesondere die Wahlmotive der einzelnen Lebensstil-Gruppen:

Tabelle 6: Wahlmotive in den Lebensstil-Gruppierungen (Mehrfachnennungen möglich)

	Themen %	Programm-/ Leistungen der Partei %	Partei als Interessen-vertretung %	Wahlnorm %	Kandidaten-orientierung %	wahltaktische Überlegungen %
Insgesamt	51	39	15	13	8	8
Klassische milieu-geprägte Lebensstile						
Der gehobene Konservative	45	46	14	10		14
Der pflichtorientierte Arbeitnehmer	44	35	22	16	9	6
Der integierte ältere Mensch	34	44	16	21	7	11
Der isolierte alte Mensch	49	29	17	38	4	4
Lebensstile mit uneinheitlicher Parteibindung						
Der aufgeschlossene und anpassungsfähige Normalbürger	43	37	17	13	9	6
Der unauffällige, eher passive Arbeitnehmer	57	37	11	10	9	5
Lebensstile mit geringer Bindung an traditionelle Parteien						
Der aufstiegsorien-tierte jüngere Mensch	60	41	12	8	9	8
Der postmateriell-linksalternativ einge-stellte jüngere Mensch	72	35	8	6	1	6
Der linksliberale, inte-grierte Postmaterialist	79	38	11	6	3	10

Quelle: Gluchowski 1991: 216

Die politischen Einstellungsmuster der neun Lebensstil-Gruppierungen führen zu der Annahme, daß vor allem der unauffällige passive Arbeitnehmer, der sehr große Ähnlichkeiten mit dem Typ des Hedomaten bei Herbert (1992) aufweist, zur Wahlabstinenz tendiert. Er weist weder Pflichtbewußtsein noch politisches Interesse auf. Insbesondere dann, wenn sein hohes Vertrauen in den Staat erschüttert wurde, wäre der Rückzug eine mögliche Verhaltensoption. Der isolierte ältere Mensch gibt neben seiner Themenorientierung vor allem die Wahlnorm als Grund seiner Beteiligung an. Sofern dieses Wahlpflichtbewußtsein nachgelassen hat, wäre auch bei diesen Menschen eine geringere Wahlbeteiligung zu erwarten, da sie sich nicht für Politik interessieren und wegen ihrer sozialen Desintegration kaum Möglichkeiten der sozialen Kontrolle bestehen.

Ferner dürften die Lebensstil-Typen mit geringer Bindung an traditionelle Parteien, der aufstiegsorientierte und der linksalternative jüngere Mensch sowie der linksliberale Postmaterialist, ebenfalls dafür anfällig sein, sich der Stimme zu enthalten. Bei allen drei Gruppen spielt die Wahlnorm keine Rolle für die Teilnahme, so daß vor allem kurzfristige Motive entscheiden. Während beim aufstiegsorientierten jüngeren Menschen der Bezug zur Politik fehlt, haben in der Vergangenheit seine enge Wertverbundenheit mit dem Gesellschaftssystem, sein hohes Vertrauen in den Staat sowie seine soziale Integration die Teilnahme gefördert. Dagegen steht der Systemkritik des Postmateriell-Linksalternativen ein hohes politisches Interesse und Engagement gegenüber. Ähnlich verhält es sich mit dem linksliberalen Postmaterialisten. Beide würden aufgrund ihrer geringen psychologischen Bindungen, wie Wahlnorm und Parteiidentifikation, auf die Stimmabgabe verzichten, wenn die Oppositionsparteien, allen voran die SPD und die Grünen, keine akzeptablen Alternativen mehr darstellen würden.

Gluchowski (1991: 238) beschränkt sich in seiner Studie auf die Stimmverteilung der Parteien und, wie oben dargestellt, auf die Motive der Wahlentscheidung. Seine Befunde stützen sich jedoch nur auf eine offene Frage, in der die Befragten selbst die Gründe für ihre Wahlteilnahme angeben mußten. Die Ergebnisse sind daher im Hinblick auf die Teilnahmeentscheidung wenig hilfreich. Mit der in dieser Arbeit vorgenommenen Sekundäranalyse sollen dagegen vor allem die tatsächliche Wahlbeteiligung und die allgemeine Verbreitung der Wahlnorm in den einzelnen Lebensstil-Typen untersucht werden. Sofern die differenzierte Betrachtung von Lebensstilen die Einstellungsmuster der Bevölkerung genauer und detaillierter beschreibt, müßten sich die Nichtwähleranteile der einzelnen Lebensstil-Gruppen deutlicher voneinander unterscheiden als ein Vergleich zwischen den verschiedenen sozialen Gruppen und Klassen. Die Analyse der Lebensstil-Gruppen soll daher insbesondere Auskunft darüber geben, ob die Lebenswelt-Ansätze einen höheren Erklärungsbeitrag leisten als eine rein sozialstrukturelle Betrachtung der verschiedenen sozialen Schichten.

4. METHODISCHE PROBLEME DER NICHTWÄHLERFORSCHUNG

4.1 Das Phänomen des Overreporting

Die Wahlforschung stützt sich vorwiegend auf Bevölkerungsumfragen. Dieses Instrument eignet sich jedoch bei der Analyse der Nichtwähler nur bedingt, da sich ein beträchtlicher Teil der Nichtwähler durch Befragungen nicht ermitteln läßt. Bei einer Nachwahlbefragung der Forschungsgruppe Wahlen in Westdeutschland gaben lediglich 8 Prozent der Befragten an, nicht zur letzten Bundestagswahl 1990 gegangen zu sein, obwohl der Nichtwähleranteil tatsächlich 21,4 Prozent betrug. Ähnlich erging es Eilfort (1994) sowie Falter und Schumann (1994) bei ihren Datenerhebungen 1991 und 1992. Eilfort, der sich für den Weg der schriftlichen Befragung nach der Total-Design-Methode von Dillman entschied, erreichte im Rücklauf nur etwa 50 Prozent der tatsächlichen Nichtwählerquote der Stadt Stuttgart. Die große Differenz zwischen den Nichtwähleranteilen in den Umfragen und der offiziellen Wahlbeteiligung ist besonders problematisch, sobald sie systematische Verzerrungseffekte beinhaltet. Möglicherweise werden bestimmte Teilgruppen innerhalb der Nichtwählerschaft durch Umfragen unterschätzt oder eventuell gar nicht erfaßt. Es besteht die Gefahr, daß die Ergebnisse über die Nichtwähler teilweise nur ein Methodenartefakt sind. Dies würde den Aussagewert von Individualdatenanalysen jedoch erheblich reduzieren.

Das Phänomen des Overreporting ist in ähnlicher Weise in anderen westlichen Demokratien zu beobachten. In den USA entstand dazu eine Reihe von Forschungsarbeiten (Clausen 1968; Traugott/Katosh 1979; Katosh/Traugott 1981; Wolfinger/Rosenstone 1980; Sigelman 1982, Anderson/Silver 1986; Granberg/Holmberg 1991), die versuchen, diese „verborgenen" Nichtwähler zu identifizieren. Die intensive Diskussion über die Effekte des Overreporting in den USA verdeutlicht die große Relevanz dieser Problematik für die Befunde der Nichtwählerforschung. Dabei weitet sich die Nichtwählerforschung vor allem zu einem Methodenstreit aus. Unterschiedliche Ergebnisse sind vorwiegend auf unterschiedliche Methoden zurückzuführen (Wolfinger/Rosenstone 1980; Teixeira 1987; Cassel/Luskin 1988), was die Wichtigkeit einer methodologischen Auseinandersetzung mit diesem Thema unterstreicht. Grundsätzlich kann der deutlich höhere Nichtwähleranteil im amtlichen Endergebnis gegenüber den Umfrageresultaten jedoch mehrere Ursachen haben.

4.1.1 Die Wählerverzeichnisse als Fehlerquelle: der statistische Nichtwähler

In der Bundesrepublik errechnet sich die Wahlbeteiligung aus der Zahl der Wähler, die entweder per Briefwahl oder unmittelbar im Wahllokal ihre Entscheidung treffen, und der Gesamtzahl der Wahlberechtigten. Die Briefwähler sind in den jeweiligen Wählerlisten der Stimmbezirke bereits eingetragen. Diejenigen, die vor Ort ihre Stimme abgeben, werden namentlich von den Wahlhelfern vermerkt.

Während dieser Personenkreis also sehr genau registriert wird, meldet Lavies, ähnlich wie Clausen (1968: 590f.) in den USA, bei der korrekten Ermittlung der Wahlberechtigten Zweifel an:

> „Die Zahl der Personen, die bei einer bestimmten Wahl die Voraussetzungen der Wahlberechtigung erfüllen, muß aber nicht mit der Zahl der ins Wählerverzeichnis aufgenommen Wahlberechtigten übereinstimmen. Einmal muß nicht jeder, der die Voraussetzungen der Wahlberechtigung erfüllt, auch schon ins Wählerverzeichnis aufgenommen worden sein, zum anderen muß nicht jeder, der im Wählerverzeichnis als Wahlberechtigter geführt wird, auch tatsächlich wahlberechtigt sein." (Lavies 1973: 31)

Während die erste Gruppe quantitativ zu vernachlässigen ist, nennt Lavies in erster Linie vier Personengruppen, die fälschlicherweise als Wahlberechtigte geführt werden und den Nichtwähleranteil nach seinen Schätzungen künstlich um rund 4 Prozent bei der Bundestagswahl 1969 angehoben haben. Seine Schätzungen beruhen jedoch auf wenigen Stichproben westdeutscher Kommunen und sind daher sehr vage:

> „a) Personen, die im Wählerverzeichnis geführt werden, denen aber die Wahlbenachrichtigungskarte nicht zugestellt werden konnte und die nicht gewählt haben. Diese Gruppe wird auf etwa 2,6 Prozent der Wahlberechtigten geschätzt.
>
> b) Personen, die im Wählerverzeichnis registriert sind und deren Wahlbenachrichtigungskarte nicht ans Wahlamt zurückgekommen ist, die aber bis zum Wahltag gestorben sind. Diese Gruppe könnte etwa 0,1 Prozent der Wahlberechtigten umfassen.
>
> c) Personen, die einem Nebenwohnsitz *[bzw. Doppelwohnsitz; Anm. des Verfasser]* haben und deshalb im Wählerverzeichnis enthalten sind, die aber tatsächlich am Eintragungsort nicht mehr wohnen und auch nicht dort wählen. Diese Gruppe kann auf etwa 0,75 Prozent der Wahlberechtigten geschätzt werden.
>
> d) Personen, die im Wählerverzeichnis erscheinen und sich per Briefwahl an der Wahl beteiligt haben, deren Wahlbrief aber zu spät eingegangen oder zurückgewiesen worden ist, und Personen, die einen Wahlschein erhalten, aber nicht benutzt haben. Diese Gruppe umfaßt schätzungsweise 0,45 Prozent der Wahlberechtigten." (Lavies 1973: 49)

Besondere Beachtung verdient insbesondere die erste Personengruppe, die in erster Linie durch die fehlenden Abmeldungen bei Umzügen in andere Gemeinden entstehen. Die Gemeinden selbst haben aus Gründen der oftmals einwohnerabhängigen Landeszuschüsse wenig Interesse, eine in Einzelfällen aufwendige Nachrecherche zu betreiben. Da die Berechnung der Wahlkampfkostenerstattung bisher nicht auf den tatsächlich erhaltenen Wählerstimmen, sondern dem Anteil an den Wahlberechtigten basierte, bestand ferner bei den Parteien ebenfalls kein Interesse, die Zahl der Wahlberechtigten zu korrigieren. Infolgedessen werden die offiziellen Wahlbeteiligungsraten etwas zu niedrig, die Nichtwähleranteile etwas zu hoch angegeben. Als besonderer Typus muß deshalb der statistische Nichtwähler als Teil der Nichtwählerschaft eingeführt werden.

Zwei Argumente sprechen jedoch dafür, daß die Bedeutung der statistischen Nichtwähler nicht weiter zugenommen hat. Zum einen ist es mittlerweile ohne weiteres möglich, ohne Wahlberechtigungskarte und nur mit Personalausweis zu wählen. Zum zweiten haben die kommunalen Wahlämter in den letzten zwanzig Jahren ihre Arbeit professionalisiert: Die Einwohnerkarteien der Kommunen sind im Zuge der EDV aktueller. So dürfte die Zahl der Nichtwähler in Punkt a) gesunken sein, da diese sich vornehmlich aus Personen zusammensetzen, die weggezogen sind oder denen die Wahlbenachrichtungskarte nicht zugestellt werden kann. Vor allem bei der Bundestagswahl 1990 haben aufgrund einer Abgleichung mit den Volkszählungsdaten 1987 präzisere Wählerlisten existiert, als dies 1969 noch der Fall war. Für die Wahl 1990 wird daher von 3 Prozent statistischen Nichtwählern ausgegangen. Eilfort (1992: 3) ermittelte für die Stadt Stuttgart eine Fehlquote von 2 bis 3 Prozent. Bei den Bundestagswahlen vor der Volkszählung wird den Berechnungen von Lavies gefolgt, der die statistischen Nichtwähler auf rund 4 Prozent schätzte. Aufgrund der hohen Nichtwählerzahlen spielt dieser akribische Nachweis Anfang der neunziger Jahre ohnehin keine entscheidende Rolle. Der statistische Nichtwähler wäre in keinem Fall für den Rückgang der Wahlbeteiligung verantwortlich. Bei der Bundestagswahl 1990 sind 18,4 Prozent der westdeutschen Wahlberechtigten tatsächlich der Wahl ferngeblieben. Diesen rund neun Millionen Nichtwähler gilt das eigentliche Interesse dieser Forschungsarbeit.

4.1.2 Stichprobenfehler

Da als Ursache für die Verweigerung von Interviews des öfteren das geringe politische Interesse genannt wird, folgert Clausen (1968: 592), daß unter denjenigen, die generell nicht bereit sind, an Meinungsumfragen teilzunehmen, auch der Nichtwähleranteil überdurchschnittlich hoch sein muß. Zudem wird die Bereitschaft, seine Stimme abzugeben, durch die Teilnahme an Vorwahlbefragungen noch stimuliert. In der Interviewsituation müssen sich die Befragten intensiv mit politischen Fragen und Themen auseinandersetzen. Der Interviewte neigt infolgedessen eher dazu, die Bereitschaft zur Stimmabgabe zu bejahen, obwohl er vorher keine explizite Teilnahmeabsicht hatte. Dieser Effekt führt zusätzlich zu erhöhten Beteiligungsraten in Umfragen (Clausen 1968: 594; Kraut/McConahay 1970: 404f.; Yalch 1976; Traugott/Katosh 1979: 371).

Eine weitere Quelle der schiefen Verteilung entsteht durch die Stichprobenauswahl. In allen Ländern greifen Meinungsforschungsinstitute bei der Auswahl auf Adressen- oder Telefonverzeichnisse zurück. Personen ohne festen Wohnsitz sowie Personen, die ihren Wohnsitz häufig wechseln, sind für die Forschungsinstitute deshalb schwieriger zu erreichen (Clausen 1968: 591). Insbesondere bei Randgruppen dürften folglich die Umfragen nicht repräsentativ sein. Zum einen ist die Teilnahmebereitschaft dieser Menschen geringer, des weiteren sind sie auch schwerer zu erreichen. Dieser Verzerrungseffekt hat jedoch für die Prüfung der Randständigkeitshypothese gravierende Folgen. Es ist zu vermuten, daß aufgrund von Stichprobenfehlern der Anteil der randständigen Nichtwähler unterschätzt wird. Bei einer längsschnittlichen Betrachtung spielen diese Verzerrungen jedoch keine allzu große Rolle. Unter der Voraussetzung, daß die Verzerrungseffekte im Verlauf der achtziger Jahre nicht weiter zugenommen haben, bliebe der Anteil der nicht erreichbaren Randgruppen über die Zeit konstant. Allerdings existieren keine zuverlässigen Schätzungen darüber, welchen Umfang diese Bevölkerungsgruppen und Nichtwähler in etwa ausmachen.

4.1.3 Overreporting im engeren Sinne

Die dritte Ursache für höhere Wahlbeteiligungsangaben in Umfragen liegt darin begründet, daß bei zahlreichen Befragten die Angaben über ihre Beteiligung nicht korrekt sind. Während jedoch die Zahl der Wähler, die bei Befragungen erklären, nicht teilgenommen zu haben, verschwindend klein ist, neigt ein beträchtlicher Teil der interviewten Nichtwähler dazu, in Umfragen gegenteilige Aussagen zu machen. Im folgenden wird diese wichtige zweite Gruppe als unaufrichtige Nichtwähler bezeichnet, die erste Gruppe als unaufrichtige Wähler. Die fehlerhaften Angaben können einerseits auf Vergeßlichkeit oder einem irregeleitetem Erinnerungsvermögen beruhen, was jedoch bei Nachwahlbefragungen nur wenige Wochen später in diesem Ausmaße verwunderlich wäre. Andererseits geben viele Befragte bewußt eine falsche Antwort. Warum täuschen diese Befragten ein anderes Verhalten vor?

In der methodologischen Forschung zur Validität von Umfragen kommt dabei dem persönlichen Kontakt mit dem Interviewer eine Schlüsselrolle zu. Zum einen spielt der Bandwagon-Effekt eine nicht unerhebliche Rolle: Ein Teil der Befragten will sich in der Interviewsituation auf die Seite des „Siegers“ schlagen, obwohl sie sich anderweitig entschieden hatten (Katosh/Traugott 1981: 533). Zum zweiten spiegeln sich in den zu hohen Angaben zur Wahlbeteiligung auch Effekte sozialer Erwünschtheit wider. Da Wählen von der überwiegenden Mehrheit als Pflicht angesehen wird, neigen nicht wenige Befragte in der Interviewsituation dazu, die Unwahrheit zu sagen (Silver/Anderson/Abramson 1986). Untersuchungen zeigen, daß die Tendenz, konforme Antworten zu geben, bei Bürgern mit höherem sozioökonomischen Status ausgeprägter ist, da sie sich bewußter darüber sind, was als sozial erwünschte Aussage angesehen wird (Anderson/Silver 1986).

Für die Nichtwählerforschung ist es daher entscheidend, ob sich die Gruppe der bekennenden Nichtwähler von der Gruppe der unaufrichtigen Nichtwähler unterscheidet. Dieser Frage muß sich intensiv gewidmet werden, da möglicherweise sozialstrukturelle Merkmale der Nichtwähler nur auf einem Overreporting bestimmter sozialer Gruppen beruhen. Dies gilt in gleichem Maße für charakteristische Einstellungsmuster der Nichtwähler. Verzerrungen dieser Art haben ein viel größeres Gewicht als Differenzen von einigen Prozentpunkten in den Antwortkategorien.

Mangels deutscher Untersuchungen bedarf es eines Exkurses in die amerikanische Overreporting-Forschung, die sich mittlerweile über einen Zeitraum von 25 Jahren erstreckt. Anschließend wird auf die beiden einzigen Arbeiten im deutschsprachigen Raum eingegangen: die Schweizer Untersuchung von Steiner (1969) und die aktuelle Untersuchung in Stuttgart von Eilfort (1994). Zentrale Frage ist: Welche Bevölkerungsgruppen neigen überproportional stark dazu, ihre Wahlbeteiligung zu übertreiben? Grundsätzlich haben sich zwei unterschiedliche Forschungsmeinungen herauskristallisiert, wobei sich die Diskussion in erster Linie an der Bedeutung der Bildungsvariablen und an methodischen Problemen entzündete. Die vehemente Auseinandersetzung in den USA unterstreicht, wie elementar das Overreporting-Problem für die Nichtwählerforschung ist.

Sigelman (1982: 53) sowie Abramson und Claggett (1984) identifizierten nur die Rasse als einziges signifikantes Merkmal der Falschaussager, was für die Bundesrepublik ohne Bedeutung wäre. Traugott und Katosh (1979; Katosh/Traugott 1981) testeten sowohl sozialstrukturelle als auch psychologische Variablen. Sie sehen eine Tendenz zur Falschaussage vor allem bei jüngeren Bürgern, Personen mit niedrigem Einkommen und ebenfalls bei Personen anderer Hautfarbe. Insbesondere, wenn der Pflichtcharakter des Wahlaktes als schwach empfunden wurde, neigten die Befragten dazu, falsche Angaben über ihre Wahlbeteiligung zu machen. Dagegen spielten Bildung, Art und Stärke der Parteiidentifikation keine Rolle (Traugott/Katosh 1979: 366). Wolfinger und Rosenstone (1980: 118) kommen gleichfalls zu dem Schluß, daß *„misreporting is not strongly related to demographic characteristics, although it is a bit more common among the very young and the very poor"*.

In den achtziger Jahren wurde gegen diese Ergebnisse zunehmend Kritik laut, die sich sowohl auf methodische Mängel bezog, als auch, gestützt auf weitere Untersuchungen, abweichende Ergebnisse präsentierte (Hill/Hurley 1984; Anderson/Silver 1986; Silver/Anderson/Abramson 1986; Cassel/Luskin 1988). Silver, Anderson und Abramson (1986: 615f.) gelangten zu der Schlußfolgerung, daß insbesondere höher Gebildete ihre Wahlbeteiligung überschätzen. Ebenso positive Korrelationen stellten die drei Forscher bezüglich der Variablen politische Kompetenz, Stärke der Parteineigung, Wahlpflichtbewußtsein und politisches Interesse fest. Ihre Methode, die Nichtwähler zu identifizieren, läßt sich in der Bundesrepublik jedoch nicht durchführen. Um die unaufrichtigen Nichtwähler herauszufiltern, wurden die Namen der Antwortgebenden mit den Registrierungslisten der Wahlbezirke verglichen. Nicht registrierte Wähler konnten so als Falschaussager überführt werden. Einzig die Gruppe der Personen, die sich registrieren ließen, aber trotzdem nicht wählen gingen, läßt sich bei diesem Verfahren nicht ermitteln.

Eine Reihe von Arbeiten beschäftigt sich darüber hinaus mit dem Ausmaß des Verzerrungseffekts. Granberg und Holmberg (1991: 453) betonen, daß in Schweden, das eine ähnlich hohe Wahlbeteiligung wie die Bundesrepublik mit einem ebenso gleichläufigen Rückgang in den achtziger Jahren aufweist, ebenfalls die Wahrscheinlichkeit zur Falschaussage bei höher Gebildeten, Personen mit großem Interesse an Politik, mit einer starken Parteibindung und mit intensiverer Mediennutzung am größten ist. Darüber hinaus zeigen sie, daß mit einem Rückgang der Wahlbeteiligung auch die Validität der Umfrageergebnisse abnimmt (Granberg und Holmberg 1991: 457). Mit anderen Worten: Bei steigenden Nichtwählerzahlen nimmt das Overreporting zu. Ähnlich wie Sigelman (1982) unterscheiden sie vier Typen von Wahlberechtigten: den bekennenden Nichtwähler, den unaufrichtigen Nichtwähler, den unaufrichtigen Wähler und den bekennenden Wähler. Die unaufrichtigen Nichtwähler, die in Umfragen behaupten, sie hätten gewählt, sind gemäß ihrer politischen Charakteristika eine Mischung aus bekennendem Wähler und bekennendem Nichtwähler. Unaufrichtige Nichtwähler haben ein etwas höheres politisches Interesse, verfolgen intensiver die politische Berichterstattung als unaufrichtige Nichtwähler. Andererseits neigen sie in geringerem Maße einer Partei zu. Nur 21 Prozent der unaufrichtigen Nichtwähler haben eine Parteibindung.

Tabelle 7: Politische Charakteristika der Wählertypologie schwedischer Bürger (in Prozent)

	Bekennende Nichtwähler	Unaufrichtige Nichtwähler	Unaufrichtige Wähler	Bekennende Wähler
häufiges Lesen politischer Artikel	29	38	36	46
hohes politisches Interesse	27	31	39	53
Parteibindung vorhanden	28	21	50	61
Starke Parteibindung vorhanden	13	10	22	35

Quelle: Granberg/Holmberg 1991: 454 (ins Deutsche übersetzt)

Die Uneinheitlichkeit der amerikanischen und europäischen Ergebnisse erleichtert es nicht gerade, Implikationen für die bundesdeutsche Nichtwählerforschung abzuleiten. Für den deutschen Sprachraum existieren zu dieser Frage nur zwei, wenn auch bahnbrechende Arbeiten von Steiner (1969) aus der Schweiz sowie die Stuttgarter Nichtwählerstudie von Eilfort (1994). Das Forschungsdesign von Steiner, das er im folgenden in einigen Sätzen kurz selbst vorstellt, ist jedoch aufgrund datenrechtlicher Grenzen in der Bundesrepublik nicht durchführbar:

„Dank dem Entgegenkommen der politischen Behörden war es bei unserer Untersuchung möglich, die Stimmbeteiligung der von uns interviewten Personen präzise zu erfassen. Das Verfahren beruhte darauf, daß (mit Ausnahme von Lausanne) in den von uns untersuchten Städten jeder Bürger vor jedem Urnengang eine mit seiner Adresse versehene Ausweiskarte erhält, die er im Abstimmungslokal unmittelbar vor der Stimmabgabe in eine besondere Urne einzulegen hatte. [..] Das erlaubte uns aber, für jeden Stimmbürger unserer Stichprobe festzustellen, am welchen Abstimmungen er teilgenommen hat *[Namen waren auf den Fragenbogen der Umfragen enthalten; Anm. des Verf.]*. Fehlte seine Ausweiskarte, so hieß dies, daß er an der betreffenden Abstimmung nicht zur Urne ging.“ (Steiner 1969: 12f.)

Steiner konnte nachweisen, daß das Overreporting in einigen sozialen Gruppen besonders ausgeprägt war, und zwar:
- bei Hochschul- und Mittelschulabsolventen,
- beim gutsituierten und oberen Mittelstand,
- bei aktiven Vereinsmitglieder,
- bei häufigen Kirchgängern,
- bei Verheirateten,
- bei ältere Menschen,
- und bei Kleinstädtern.

Dagegen hatten Ledige, jüngere Menschen, Großstädter, passive Vereinsmitglieder und Vereinslose nur eine geringe Neigung, ihre Stimmbeteiligung zu übertreiben. (Steiner 1969: 19). Sollten sich in der Bundesrepublik tatsächlich diese systematischen Unterschiede zwischen bekennenden und unaufrichtigen Nichtwählern bestätigen, wären die bisherigen Ergebnisse über die Sozialstruktur der Nichtwähler zu relativieren. Dies betrifft in erster Linie die Randständigkeitshypothese. Denn vielleicht sind Angehörige sozialer Randgruppen nur ehrlicher als die anderen. Unter diesen Umständen beruht die Randständigkeitshypothese auf den Falschangaben sozial integrierter Bevölkerungsteile. Während die Stichprobenfehler die Zahl der randständigen Nichtwähler unterschätzen, führen ihre korrekteren Angaben bei

Umfragen eher zu einer Überschätzung ihrer Bedeutung. Die gegensätzlichen Effekte machen deutlich, daß vor allem quantitative Schätzungen zur Gültigkeit der Randständigkeitshypothese mit großen methodischen Problemen behaftet sind.

Eilfort (1994) geht nur am Rande auf die sozio-demographischen Verzerrungseffekte des Overreporting ein. Entgegen der Ergebnisse von Steiner sowie den jüngeren amerikanischen Untersuchungen ergaben sich keine Bildungsunterschiede zwischen bekennenden und unaufrichtigen Nichtwählern. Nur beim Alter und Geschlecht bestand ein Overreporting. *„Junge Menschen sind tendenziell 'ehrlicher' als ältere Bürger"* (Eilfort 1994: 142). Ebenso übertrieben Frauen im geringeren Maße ihre Beteiligung. Auf eine tiefergehende sozio-demographische Analyse der Overreporter verzichtete Eilfort bedauerlicherweise. Über den Rahmen der Arbeit von Steiner hinaus besteht sein Hauptverdienst darin, daß er Overreporting-Effekte auch bei sozialpsychologischen Indikatoren untersucht. Gemäß seinen Befunden bestehen Abweichungen zwischen bekennenden und unaufrichtigen Nichtwählern in erster Linie bei der Parteiidentifikation, dem politischen Interesse und der Wahlnorm. Die unaufrichtigen Nichtwählern neigen im gleichen Umfang wie die Wähler einer Partei zu. In ihrem politischen Interesse liegen sie zwischen den bekennenden Nichtwählern und den Wählern. Vor allem Personen mit starkem politischen Interesse tendieren zur Falschaussage (Eilfort 1994: 141). Bei der Akzeptanz der Wahlnorm unterscheiden sich Nichtwähler nur wenig von den Wählern (Eilfort 1994: 142). Die Ergebnisse bestätigen im wesentlichen die Aussagen von Granberg und Holmberg (1991). Unaufrichtige Nichtwähler sind eine Mischung aus Wählern und bekennenden Nichtwählern. Sie ähneln sogar mehr den Wählern als den Nichtwählern.

Die Befunde stellen die bisherigen Aussagen über die Struktur und Merkmale der westdeutschen Nichtwähler erheblich in Frage, da sie zum Teil nur Artefakte der Umfrageforschung sind. Zweifel an der Validität von Umfragedaten existieren schon seit Beginn der Umfrageforschung in den vierziger und fünfziger Jahren. Bei der Bewertung des Wählerverhaltens konnte man bisher ganz gut damit leben (Ohr/Rattinger 1993). Bei der Analyse der Nichtwähler ziehen sich jedoch die bekannten verzerrenden Effekte wie ein dicker Nebel zusammen, der den klaren Blick trübt. Entscheidend für die Nichtwählerforschung ist, welches Ausmaß das Overreporting annimmt. Für die Bundesrepublik existierten über die unaufrichtigen Nichtwähler in der Vergangenheit keine quantitativen Schätzungen. In den USA betrug ihr Anteil an den Wahlberechtigten 12,8 Prozent. Dagegen gaben 44 Prozent der Wahlberechtigten zu, daß sie nicht an der Wahl teilgenommen haben (Sigelman 1982: 49). Daraus ergibt sich, bezogen auf die Zahl der Nichtwähler, ein Anteil von 29 Prozent unaufrichtigen Nichtwählern. Der Umfang entspricht den Ergebnissen von Granberg und Holmberg (1991: 451) in Schweden und von Eilfort in Deutschland, der 27,6 Prozent der Stuttgarter Nichtwähler als unaufrichtig identifizierte. Aufgrund des in allen drei Staaten überraschenderweise gleich hohen Anteils unaufrichtiger Nichtwähler ist davon auszugehen, daß in Umfragen rund 75 Prozent der tatsächlichen Nichtwähler die Wahrheit sagen. Sollten jedoch ein Viertel der Nichtwähler ähnliche Merkmale wie die Wähler aufweisen, dann sind insbesondere den geringen Differenzen bei sozialstrukturellen und sozialpsychologischen Variablen mit großer Skepsis zu begegnen. Im folgenden werden daher aus signifikanten, aber minimalen Abweichungen zwischen Wählern und Nichtwählern nur unter Vorbehalt weiterführende Schlußfolgerungen gezogen. Leider besteht aufgrund der strengen datenrechtlichen Bestimmungen in der Bundesrepublik kaum Hoffnung, das verzerrende Schattenbild der unaufrichtigen Nichtwähler abzuschütteln.

Für die Erforschung der Nichtwähler stellt sich daher die Frage, welche methodischen Konzeptionen validere Aussagen über die Nichtwähler ermöglichen. Struktur und Umfang der unaufrichtigen Nichtwählerschaft beruht in der Bundesrepublik lediglich auf den Befunden der Stuttgarter Untersuchung, die nicht repräsentativ ist. Bei den internationalen Ergebnissen bestehen Unsicherheiten hinsichtlich ihrer Übertragbarkeit. In dieser Arbeit wird daher ein zweigleisiger Weg beschritten. Neben den Individualdaten werden Aggregatdaten analysiert. Dieses Vorgehen bietet aber nur bedingt eine Lösung des Problems, da sozialpsychologische Faktoren in den Aggregatdaten nicht enthalten sind. Doch zumindest bezüglich der sozio-demographischen Indikatoren hilft die Zweigleisigkeit, die Validität der Ergebnisse zu erhöhen.

4.2 Methodische Fragen der Aggregat- und Individualdatenanalysen

4.2.1 Der „ökologische" Fehlschluß

Der Terminus „ökologisch" besagt, daß Bevölkerungsmerkmale geographischer Gebiete, wie Gemeinden, Wahlkreise oder Stimmbezirke etc., als Analyseeinheiten zugrunde gelegt werden (Thomsen 1987: 15). Solche Daten sind letztlich eine Aggregation von Individualdaten, beispielsweise von sozialstrukturellen Merkmalen oder dem Wählerverhalten der ansässigen Bürger. Über die sozialstrukturelle Zusammensetzung der westdeutschen Bevölkerung nach Gemeinden und Wahlkreisen gibt insbesondere die letzte Volkszählung 1987 Auskunft. Die tatsächliche Wahlbeteiligung der Bundesbürger läßt sich den amtlichen Wahlergebnissen entnehmen. Beide Informationsquellen besitzen den Vorteil, daß von der Gesamtzahl der Bundesbürger bzw. Wahlberechtigten ausgegangen wird. Deshalb sind darin alle Nichtwähler enthalten - sowohl die bekennenden als auch die unaufrichtigen, aber wegen der Mängel in den Wählerlisten auch die statistischen Nichtwähler. Da jedoch die dritte Gruppe höchstens drei bis vier Prozent der Nichtwähler ausmacht und keine systematischen Effekte auf die längsschnittlichen Analyseergebnisse zu erwarten sind, kann dieser Nachteil ohne weiteres in Kauf genommen werden.

Mit einer Reihe von Beispielen warnte jedoch Robinson (1950) vor der Benutzung von Aggregatdaten, um Zusammenhänge und Verhaltensweisen auf der individuellen Ebene zu erklären. Seine Kritik mündet in dem Argument, daß keine logische Verbindung zwischen Variationen auf der individuellen Ebene und Variationen auf der aggregierten Ebene existieren müssen. Mit anderen Worten: Aus einer hohen Korrelation zwischen Arbeiteranteil und Wahlbeteiligung kann nicht geschlossen werden, daß vor allem Arbeiter nicht zur Wahl gehen. Dem Einwand Robinsons wird in der Weise Rechnung getragen, daß bei den Aggregatdatenanalysen Aussagen nur auf der Ebene von Gebietseinheiten gemacht werden. Dennoch sind Aggregatdaten in der Lage, den Einfluß sozio-geographische Merkmale auf die Wahlbeteiligung zu untersuchen.

Als statistisches Verfahren der Aggregatdatenanalyse wurde im wesentlichen auf Korrelations- und Regressionsrechnungen zurückgegriffen. Bei den Befunden wurde in der Regel der Korrelationskoeffizient von Pearson [r] angegeben. Ein nennenswerter Zusammenhang lag vor, wenn der Wert des Korrelationskoeffizienten die Grenze von 0,2 überschritt. In diesem Fall wäre das untersuchte Merkmal in der Lage, 4 Prozent der Varianz zu erklären. Von einer starken Abhängigkeit wird dann ausgegangen, wenn der Wert über der Marke 0,5 liegt. Gemäß dem Bestimmtheitsmaß [r^2] ließen sich in diesem Falle 25 Prozent der Varianz erklären.

4.2.2 Das Verfahren der logistischen Regressionsrechnung

In der empirischen Sozialforschung werden für multivariate Analysen überwiegend multiple lineare Regressionen verwendet. Aufgrund ihrer weiten Verbreitung erübrigt sich die Darstellung dieser Methode. Die zu erklärende, abhängige Variable in den nachfolgenden Individualdatenanalysen ist die Wahlteilnahme. Beispielhaft an der Fragestellung der Arbeit aufgezeigt, ist das Verfahren der linearen multiplen Regression bei einer Analyse der Nichtwähler aus einer Reihe von Gründen jedoch nicht brauchbar:

1. Die individuelle Wahlteilnahme ist eine binäre bzw. dichotome Variable mit nur zwei Ausprägungen: Wahl und Nichtwahl. Dafür eignet sich die multiple lineare Regression nicht, da eine Gerade die kategoriale, abhängige Variable nur unzureichend annähert. Im Extremfall könnten sogar unrealistische Werte von unter 0 Prozent bzw. über 100 Prozent Wahlbeteiligung prognostiziert werden. Statt dessen stehen logistischen Regressionen oder Probit-Modelle zur Verfügung. Wolfinger und Rosenstone (1980: 121-124) haben ausführlich zur Problematik multipler linearer Regressionen im Zusammenhang mit der Analyse individueller Wahlbeteiligung Stellung genommen und erstmals ein Probit-Modell verwendet. Während sich in den USA in der Folgezeit Probit- oder Logit-Modelle in der Nichtwählerforschung durchgesetzt haben, wurde dieses Verfahren in der Bundesrepublik zu diesem Zweck noch nie angewandt. Als Alternativen wären grundsätzlich auch die Diskriminanzanalyse sowie log-lineare Modelle geeignet (Aldrich/Cnudde 1975). Grundidee der Diskriminanzanalyse ist es, mit Hilfe einer Trennlinie verschiedene Gruppen, z.B. Wähler und Nichtwähler, zu unterscheiden und jeden einzelnen Fall in seine dazugehörige Klasse korrekt einzuordnen. Sie setzt jedoch eine multinomiale Normalverteilung aller unabhängigen Variablen voraus. Logit- und Probit-Modelle benötigen diese Annahme nicht. Log-lineare Modelle haben in ihren

Annahmen sehr große Ähnlichkeit mit den Logit- und Probit-Modellen. Streng genommen ist die logistische Regression ein spezielles log-lineares Modell. Ihr Vorteil ist jedoch, daß im Gegensatz zu log-linearen Analysen die einzelnen Zellen mehrdimensionaler Kreuztabellen im Extremfall Häufigkeiten von null und eins haben können (Kühnel/Jagodzinsiki/Terwey 1989: 66).

2. Multiple lineare Regressionen nehmen eine lineare Beziehung zwischen den einzelnen Parametern und der abhängigen Variablen an. Üblicherweise läßt sich ein Regressionkoeffizient von -0,2 bei der unabhängigen Variablen, bezogen auf die Fragestellung der Arbeit, folgendermaßen interpretieren: Erhöht sich die abhängige Variable, z.B. das Bildungsniveau, um eine Einheit, steigt die prognostizierte Wahlbeteiligung um 20 Prozent. Dieses Verfahren setzt voraus, daß der Einfluß einer Variablen für alle Personen auf jedem Punkt der Kurve gleich ist. Politisches Desinteresse würde beispielsweise sowohl bei alten als auch bei jungen Menschen zu einem gleichstarken Rückgang der Beteiligung führen. Diese Annahme ist jedoch unrealistisch. Logit- und Probit-Modelle unterstellen dagegen einen s-förmigen Kurvenverlauf. Die Veränderung des Effekts einer unabhängigen Variable auf die Wahlbeteiligung wird von der jeweiligen Ausgangslage der unabhängigen Variable auf der Kurve bestimmt (Wolfinger/Rosenstone 1980: 121; Teixera 1987: 42). Diese s-förmige Funktionsbildung führt zu unterschiedlichen marginalen Effekten einzelner Merkmale bei den Befragungspersonen. So hat das politische Desinteresse bei Befragten mittleren Alters einen geringeren Einfluß auf die Wahlbeteiligung als bei sehr jungen und sehr alten Menschen. Damit verknüpft, hat die logistische Funktion noch einen zweiten interessanten Vorteil. *„Da die Ausgangslage nun auch von den Werten der übrigen erklärenden Variablen mitbestimmt ist, wird bei der logistischen Regression gewissermaßen implizit ein Interaktionseffekt berücksichtigt*“ (Kühnel/Jagodzinsiki/Terwey 1989: 58).

3. Ein weiterer Vorteil ist die unproblematischere Verwendung nominalskalierter unabhängiger Variablen (Hamerle/Kemény/Zutz 1984: 213f.). Logit- und Probit-Modelle kodieren die einzelnen Variablenkategorien in Dummy-Variablen um. So lassen sich beispielsweise bei dem Merkmal Familienstand die Effekte jeder Kategorie, ob verheiratet, ledig, verwitwet oder geschieden, ermitteln. Statt der Variablen Familienstand wird jede einzelne Kategorie im Modell wie folgt berücksichtigt: verheiratet vs. nicht verheiratet, ledig vs. nicht ledig etc.. Bei der Umkodierung entstehen bei einer Variablen aus n Kategorien grundsätzlich n-1 Dummy-Variablen. Die n-te Kategorie bildet die Referenzkategorie. Aus Gründen der einfacheren Interpretation wurde jeweils diejenige mit der höchsten Wahlbeteiligung als Referenzkategorie ausgewählt. Es gilt: Je größer die ß-Koeffizienten der anderen Kategorien sind, umso größer ist der Effekt auf die Wahlteilnahme.

Unterschiede zwischen Logit- und Probit-Modellen bestehen nur in der zugrundeliegenden Verteilungsfunktion, was jedoch bei der Interpretation der Ergebnisse nicht zu verschiedenen Aussagen führt. In der amerikanischen Nichtwählerforschung haben sich seit Anfang der achtziger Jahre die Probit-Modelle als Standardverfahren durchgesetzt:

„This is not because probit has any advantages, technically speaking, over logit of this investigation. In the contrary, the results produced by either method, in substantive terms, are likely to be virtually identical (Hannushek/Jackson 1977; Mare 1983).The reason why probit is used is simply because it has been used in previous studies of turnout (Wolfinger/Rosenstone 1980; Abramson/Aldrich 1982), whereas logit has not." (Teixeira 1987: 43).

In den wenigen bundesdeutschen Analysen der Nichtwähler waren solche methodischen Fragen bislang ohne Bedeutung. Nahezu alle Arbeiten auf Individualdatenbasis beschränkten sich auf bivariate Analysen und Kreuztabellierungen (Radtke 1972, Golzem/Liepelt 1976, Eilfort 1994). Lediglich Falter und Schumann (1994) verwenden in ihrer Studie multiple lineare Regressionen sowie ein Pfadmodell, das letztlich auf einer Reihe von linearen Regressionen aufbaut. Methodisch gelten für diese Teile ihrer Arbeit jedoch die angeführten Einschränkungen.

Der entscheidende Nachteil der logistischen Regression ist die schwierigere Interpretation ihrer Resultate. Da das Verfahren noch nicht sehr verbreitet ist, wird die logistische Regression kurz erläutert:

Die Modellbildung logistischer Regressionen ist gemäß der üblichen Vorgehensweisen möglich: schrittweise Einführung von Variablen, schrittweiser Ausschluß von Variablen etc.. Da die jeweilige Ausgangslage auf der Kurve implizit mitberücksichtigt wird, lassen sich die Regressionskoeffizienten jedoch nicht einfach wie bei der linearen Regression in Anteilsveränderungen übersetzen. Allerdings geben die Regressionskoeffizienten ß, ähnlich wie bei der linearen Regression, die Richtung des direkten Effekts der abhängigen Variablen an. Lediglich die tatsächlichen Anteilsveränderungen müssen über eine logistische Funktion in Wahrscheinlichkeiten umgerechnet werden. Auf dieses Verfahren wird jedoch in dieser Arbeit in den meisten Fällen verzichtet. Zum einen interessiert in der Regel nur die Richtung des Effektes. Zum anderen besteht im folgenden das Hauptziel multivariater Verfahren darin, die Signifikanz der einzelnen Variablen sowie die Gesamterklärungskraft des Modells zu prüfen, wenn simultan verschiedene Merkmale untersucht werden.

Beide Informationen sind jedoch in Anlehnung an die Verfahren der multiplen, linearen Regressionen nachvollziehbar. Dazu stehen die Signifikanzniveaus für die einzelnen Variablen sowie das Pseudo-R^2 für die Erklärungskraft der einzelnen Variablen und des Gesamtmodells als Indikator zur Verfügung. Das Zusammenhangsmaß Pseudo-R^2 kann analog dem Bestimmtheitsmaß R^2 interpretiert werden. Bezüglich einer ausführlichen Erläuterung der Berechnungsweise wird auf Aldrich und Nelson (1984) sowie auf Kühnel, Jagodzinsiki und Terwey (1989) verwiesen. Der Wertebereich läuft von 0 bis 1. Bei einem Wert von 0 besteht kein Zusammenhang zwischen den verwendeten unabhängigen Variablen und der Wahlbeteiligung als abhängige Variable. Umgekehrt würde ein Wert von 1 bedeuten, daß die unabhängigen Variablen das Modell vollständig erklären können. Auch bei bivariaten Analysen wurde statt des Korrelationskoeffizienten oder des Cramer-V das Pseudo-R^2 als Zusammenhangsmaß verwendet. Dies hat den Vorteil, daß die partiellen Effekte einzelner Merkmale im multivariaten Modell direkt mit den bivariaten Ergebnissen verglichen werden können. Mit der Wahl des Pseudo-R^2 sowie der

Regressionskoeffizienten ß wurde versucht, in dieser Arbeit an der gewohnten Darstellung von Regressionsrechnungen festzuhalten, um die Lesbarkeit multivariater Analyseergebnisse zu erleichtern. Aus Gründen der besseren Übersichtlichkeit werden für die einzelnen Variablen die ß-Koeffizienten sowie zusätzlich das Chi-Quadrat in den jeweiligen Anhängen wiedergegeben.

4.3 Erläuterungen zur Datenbasis

4.3.1 Aggregatdatenanalyse

Die Aggregatdatenanalyse basiert auf einem Datensatz der Konrad-Adenauer-Stiftung, der die Wahlergebnisse aller westdeutschen Städte und Gemeinden sowie eine Reihe von Sozialstrukturmerkmalen enthält. Die Angaben zur Sozialstruktur basieren auf den beiden Volkszählungsergebnissen von 1970 und 1987. West-Berlin eignet sich aufgrund seines früheren Sonderstatus nicht für eine längsschnittliche Betrachtung und wurde daher nicht berücksichtigt. Für die beiden Stadtstaaten, Bremen und Hamburg, ist eine Aufteilung nach Stadtbezirken enthalten. Von den insgesamt 8.504 Gemeinden mußten sieben kleine Gemeinden ausgeschlossen werden, da nicht bei allen Bundestagswahlen eine getrennte Stimmenauszählung erfolgte. Zusammen mit den 200 Stadtbezirken von Bremen und Hamburg umfaßt die Datenbasis somit 8.697 Fälle. Bei Analysen von ökologischen Daten sind eine Reihe von Fehlerquellen zu beachten, die die Ergebnisse verzerren können:

A) Geographische Gliederung der Gebietseinheiten
Geographische Veränderungen der Städte- und Gemeindegrenzen erschweren Längsschnittstudien, da sich infolgedessen auch die sozialstrukturelle Zusammensetzung der ansässigen Bevölkerung verändert haben kann. Dieses Problem tritt vor allem in Bundesländern auf, die in der Vergangenheit Gebietsreformen vorgenommen haben. Diese waren jedoch Ende der siebziger Jahre in den betroffenen Bundesländern abgeschlossen. Da die Analysen sich lediglich auf die Bundestagswahlen ab 1983 beziehen, kann dieses Problem vernachlässigt werden. Gewisse Unsicherheiten bestehen bezüglich der Problematik von Orts- und Generationswechseln (Hoschka/Schunk 1975; Kohlsche 1991). Aufgrund des eher kurz- bis mittelfristigen Untersuchungshorizontes von 1983 bis 1990 dürften jedoch beide Effekte die Ergebnisse nicht wesentlich beeinflussen.

B) Sozialstrukturelle Veränderung der Populationen
Bei einem Untersuchungszeitraum von zehn Jahren ist es durchaus möglich, daß sich infolge des sozialen Wandels die Sozialstruktur einiger Gemeinden verändert hat. Da jedoch nur zwei Zeitpunkte zur Verfügung stehen, an denen eine Momentaufnahme sozialstruktureller Merkmale vorgenommen wurde, die Volkszählungen 1970 und 1987, fiel die Wahl auf die letztere. Diese datentechnische Vereinfachung mag zwar eine mögliche Quelle von Ungenauigkeiten sein, aber bei dem kurzen Beobachtungszeitraum von 1983 bis 1990 sowie der relativ konstanten Entwicklung

der sozio-ökonomischen Verhältnisse in den achtziger Jahren dürften die verzerrenden Effekte unbedeutend sein.

C) Größe der Gebietseinheiten
Die Gemeinden weisen zum Teil erhebliche Größenunterschiede auf. So leben in der kleinsten Gemeinde gerade 12 Bürger, während München als größte westdeutsche Stadt über 1,5 Mio. Einwohner hat. Beide stellen jedoch bei den Untersuchungen jeweils eine Analyseeinheit dar. Bei einer ungewichteten Analyse würden die Zusammenhänge in den großen und mittleren Städten weitgehend untergehen. Deshalb wurde bei den Analysen immer mit der Zahl der Wahlberechtigten einer Gemeinde gewichtet.

D) Briefwählerschätzung
Die Briefwähler werden in eigenen Briefwahlbezirken erfaßt. Wenn die Gemeinden sehr klein sind, werden mehrere Gemeinden zu einem Briefwahlbezirk zusammengefaßt. Leider ist in den Bundesländern Baden-Württemberg, Hamburg, Rheinland-Pfalz und Schleswig-Holstein eine spätere Zuordnung zu den jeweiligen Gemeinden nicht mehr möglich. Würde man zum einen die Briefwähler - bei der Bundestagswahlen 1987 und 1990 hatten jeweils rund 7,5 Millionen Bürger einen Wahlschein beantragt - einfach weglassen, wäre die Folge, daß die Beteiligungsrate als zu niedrig ausgewiesen würde. Entscheidet man sich für die zweite Variante, die Briefwähler in die Kommunalergebnisse nachträglich wieder hineinzurechnen, besteht das Problem der Gebietsabgrenzung. Eine Disaggregation auf die kleinere Gemeindeeinheit ist deshalb in den vier genannten Bundesländern nicht möglich. Bei den Querschnittanalysen der Gemeinden wurde aus diesem Grund auf die vier Bundesländer Schleswig-Holstein, Hamburg, Rheinland-Pfalz und Baden-Württemberg verzichtet. Auf der Ebene der Wahlkreise besteht dagegen dieses Problem nicht, so daß die Analysen der Wahlkreise alle Bundesländer enthalten. Da sich die sozialstrukturellen Besonderheiten der Briefwähler im Zeitraum von 1983 bis 1990 mit aller Wahrscheinlichkeit nicht verändert haben, beinhalten die Längsschnittanalysen auf Gemeindeebene alle Bundesländer.

Abschließend ist daher festzuhalten, daß bei dem eher kurzfristigen Untersuchungszeitraum von 1983 bis 1990 die grundsätzlichen Probleme, die bei Aggregatdatenanalysen bestehen, in Kauf genommen werden können und die Ergebnisse nicht wesentlich beeinflussen. Längerfristige Analysen sind jedoch aufgrund der Gebietsreformen vor 1980 sowie der Generationseffekte nicht durchführbar.

4.3.2 Individualdatenanalyse

Aggregatdaten erlauben aus den bereits genannten Gründen nur eine eng begrenzte Forschungsperspektive. Daher sollen mittels Individualdatenanalyse auch sozialpsychologische Faktoren untersucht werden. Für die längsschnittliche Betrachtung stehen zwei Zeitreihen zur Verfügung:

- die ALLBUS-Datensätze von 1980 bis 1992 sowie
- die Wahlstudien der Konrad-Adenauer-Stiftung von 1983 bis 1993 (KAS-Umfragen).

Der ALLBUS wird im Turnus von 2 Jahren durchgeführt und umfaßt jeweils rund 3.000 Befragte. Im Jahr 1991 wurde im Zuge der Deutschen Einheit eine zusätzliche Umfrage durchgeführt, die sich zum ersten Mal auch auf Ostdeutschland erstreckte. Bei den längsschnittlichen Analysen wurde ausschließlich mit den westdeutschen Teilsamples gearbeitet. Die Passagen über die ostdeutschen Nichtwähler beziehen sich auf die Daten der ALLBUS-Umfragen 1991 und 1992. West-Berlin wurde erst ab 1990 in die westdeutschen Teilanalysen mitaufgenommen, da die vom Berliner Abgeordnetenhaus bestimmten Bundestagsabgeordneten vor der Wiedervereinigung im Bundestag kein Stimmrecht hatten. Die Berliner Wahlen entsprachen daher einer Landtagswahl mit entsprechend niedriger Wahlbeteiligung. Von den Analysen wurden alle diejenigen ausgeschlossen, die über ihre Wahlberechtigung und ihre Wahlbeteiligung keine Angaben machten, in den jüngeren ALLBUS-Umfragen ab 1990 auch Befragte mit ausländischer Staatsangehörigkeit.

Von den Datensätzen der Konrad-Adenauer-Stiftung wurden in erster Linie Umfragen verwendet, die vor oder nach einer Bundestagswahl durchgeführt wurden. Im Zentrum stehen dabei die Bundestagswahlen 1983, 1987 und 1990. Darüber hinaus wurde die Frühjahrsumfrage 1993 in die Untersuchung aufgenommen. Vor- und Nachwahlbefragungen zur Bundestagswahl 1994 konnten aus Zeitgründen nicht mehr berücksichtigt werden. Aufgrund des längsschnittlichen Designs wurde bei der Umfrage 1993 nur das westdeutsche Teilsample in die Analyse eingeschlossen. Die beiden Zeitreihen wurden durch Daten für Ost- und Westdeutschland aus zwei weiteren Einzelprojekten ergänzt:

- dem Comparative National Election Project 1990 (CNEP; Primärforscher: Max Kaase, Hans-Dieter Klingemann und Franz Urban Pappi)
- der Studie „Politische Kulturen im geeinten Deutschland" (PK-Studie; Primärforscherin: Bettina Westle)

Der Schwerpunkt des Comparative National Election Project, im folgenden als CNEP bezeichnet, liegt vor allem auf der Analyse massenmedialer Politikvermittlung in Wahlkämpfen. Die als Panel angelegte Untersuchung bietet die Chance, auch kommunikative Effekte auf die Wahlbeteiligung zu untersuchen. Ferner schließt sie eine Befragung der Ehepartner und näheren Freunde mit ein und ermöglicht damit auch eine Analyse der persönlichen Netzwerke. Die deutsche Teilstudie umfaßt 3 Wellen, die erste Befragungswelle fand etwa 2 Monate vor der Wahl 1990 statt, die zweite kurz vor dem Wahltermin, die dritte Welle war eine schriftliche Nachwahlbefragung direkt nach der Bundestagswahl 1990. Die hohe Panelsterblichkeit im CNEP verhindert jedoch eine Verlaufsanalyse. In der 2.Welle nahmen im Westen nur noch 449 der 1.340 Befragten teil. Da insbesondere Teilnehmer mit geringem politischen Interesse nicht mehr weiter machten, wurde die Auswertung der Nichtwähler zusätzlich erschwert. In der Arbeit wird daher im wesentlichen nur die erste Panelwelle benutzt, an der in den alten Ländern 1.340 Personen und in den neuen Ländern 692 Personen teilnahmen. Die PK-Studie aus dem Jahr 1993 mit 1.014 Befragten im Westen und 982 Befragten im Osten wurde hinzugezogen, weil darin unter anderem Fragen nach der Wahlpflicht und der Leistungsbewertung der Parteien gestellt wurden, die in den ALLBUS-Daten leider nicht enthalten sind.

4.4 Overreporting in den verwendeten Datensätzen

4.4.1 Ausmaß des Overreporting

Als Nichtwähler gelten in allen Analysen Wahlberechtigte, die sich an der letzten Bundestagswahl nicht beteiligt haben oder an der kommenden Bundestagswahl nicht teilnehmen wollen. Die nachstehende Tabelle enthält in der ersten Zeile die prozentualen Anteile der Nichtwähler, die sich an der jeweils vorangegangenen Wahl nicht beteiligt hatten, und in der zweiten Zeile die Anteile von den Nichtwählern, die sich an der kommenden Wahl nicht teilnehmen wollen. Ohne an dieser Stelle näher darauf einzugehen, gibt es keine systematischen Unterschiede bezüglich Sozialstrukturmerkmalen und Einstellungsmustern zwischen der ersten Gruppe und der zweiten Gruppe von Nichtwählern, so daß die vorgenommene Operationalisierung des Nichtwählerbegriffs unproblematisch ist. In den ersten beiden ALLBUS-Umfragen, 1980 und 1982, wurde lediglich nach der Wahlabsicht gefragt, nicht aber nach der Beteiligung an der vergangenen Bundestagswahl. Eine gewisse Sonderstellung nimmt auch der ALLBUS 1990 ein. Die Wahlbeteiligungsfrage wurde nur in der 2. Welle gestellt. Deshalb wird bei allen längsschnittlichen Analysen nur die 2. Befragungswelle berücksichtigt, in der jedoch lediglich 5,9 Prozent angaben, bei der Bundestagswahl 1987 nicht gewählt zu haben. In der Tabelle nicht enthalten, sind die ostdeutschen Teilsamples, bei denen 1991 mit 1.539 Befragten der Nichtwähleranteil insgesamt 20,9 Prozent betrug und 1992 mit 1.132 Befragten 17,5 Prozent. Overreporting findet sich folglich auch in Ostdeutschland.

Tabelle 8: Nichtwähleranteile in den ALLBUS-Datensätzen (in Prozent)

	1980	1982	1984	1986	1988	1990	1991	1992
Vergangene BTW nicht gewählt	-	-	7,2	7,6	8,4	5,9	10,8	10,8
keine Wahlabsicht für nächste BTW	3,2	5,7	6,1	6,9	6,0	7,4	5,1	8,0
Nichtwähleranteil insgesamt	3,2	5,7	9,2	9,8	10,9	11,8	12,9	14,9
Zahl der Befragten	N=2858	N=2894	N=2864	N=2949	N=2892	N=1400	N=1475	N=2299

Lesehilfe: In der Umfrage 1992 gaben 10,8 Prozent der Befragten an, bei der letzten Bundestagswahl im Jahr 1990 nicht gewählt zu haben (erste Zeile). 8 Prozent der Befragten erklärten, daß sie an der nächsten Bundestagswahl nicht teilnehmen wollen (zweite Zeile). Eine Addition der ersten und zweiten Zeile ist nicht sinnvoll, weil eine Reihe von Befragten bei der vergangenen Bundestagswahl nicht gewählt haben und auch gleichzeitig nicht beabsichtigen, bei der kommenden Wahl die Stimme abzugeben.

Quelle: ALLBUS

Der Overreporting-Effekt in den westdeutschen Daten fiel in den Umfragen 1982, 1984 und 1986 verhältnismäßig gering aus. Geht man von einem statistischen Nichtwähleranteil von 4 Prozent aus, entsprechen die 7,2 bzw. 7,6 Prozent bekennenden Nichtwähler, die an der Bundestagswahl 1983 nicht teilgenommen haben, rein rechnerisch ungefähr der tatsächlichen Wahlbeteiligung von 89,1 Prozent. Allerdings bleibt der Nichtwählerzuwachs in den Umfragen 1988 und insbesondere seit 1990 weit hinter der tatsächlichen Entwicklung zurück. Anfang der neunziger Jahre gaben nur 10,8 Prozent der Befragten zu, bei der Bundestagswahl 1990 nicht gewählt zu haben. Das Overreporting hat folglich vor allem in den Zeiten sinkender Wahlbeteiligung kräftig zugenommen. Dies ist ein Zeichen dafür, daß eine zunehmende Zahl von Bundesbürgern, die nicht gewählt hat, ihr Verhalten als gesellschaftlich nicht tolerierbar ansieht. Ein ähnliches Antwortverhalten findet sich auch in den USA: Trotz der geringen Beteiligungsraten und der schwächeren Wahlnorm besteht auch dort ein großes Maß an Overreporting (Granberg/Holmberg 1991: 458).

In den Datensätzen der Konrad-Adenauer-Stiftung ist zu allen Zeitpunkten ein Overreporting-Effekt enthalten. Die zweite Umfrage 1983 sowie die Umfrage 1987 waren als reine Nachwahlbefragungen konzipiert; die Wahlabsichtsfrage wurde daher nicht gestellt. Mit 13,3 Prozent fiel jedoch in der Umfrage 1993 der Anteil der Befragten, die zugaben, bei der Bundestagswahl 1990 nicht gewählt zu haben, verhältnismäßig hoch aus.

Tabelle 9: Nichtwähleranteile in den Umfragen der Konrad-Adenauer-Stiftung (in Prozent)

	1983 I	1983 II	1987	1991	1993
Vergangene BTW nicht gewählt	3,6	4,1	8,1	11,5	13,3
keine Wahlabsicht für nächste BTW		-	-	6,4	8,2
Nichtwähleranteil insgesamt	3,6	4,1	8,1	14,4	17,0
Zahl der Befragten	N= 1984	N= 1978	N= 1960	N= 2659	N= 3452

Quelle: Forschungsinstitut der Konrad-Adenauer-Stiftung Archiv-Nr. 8302, 8307, 8702, 9105, 9301

In den beiden Einzeldatensätzen, PK-Studie und CNEP, liegt die Wahlbeteiligung ungefähr auf dem gleichen Niveau. In der PK-Umfrage 1993 wurde nur nach dem Wahlverhalten bei der Bundestagswahl 1990 gefragt. Der Nichtwähleranteil beträgt im Westen 13,7 Prozent und im Osten 12,6 Prozent. In der CNEP 1990 liegt der Anteil der Nichtwähler bei 11,3 Prozent bzw. 10,9 Prozent. In beiden ostdeutschen Umfragen ist ein erhebliches Overreporting vorhanden.

4.4.2 Bekennende vs. potentielle Nichtwähler

Die Besonderheit der CNEP-Umfrage von 1990 sowie der Umfrage der Konrad-Adenauer-Stiftung im Jahr 1991 besteht darin, daß bei der Frage nach der Wahlabsicht die beiden individuellen Entscheidungen, ob man teilnimmt und wen man wählt, getrennt abgefragt wurden. Bei der Frage nach der Teilnahmeabsicht stand neben „ja" und „nein" eine dritte Antwortkategorie „weiß nicht" zur Auswahl. In den übrigen Datensätzen umfassen die Befragten, die auf die Wahlabsichtsfrage mit „weiß nicht" antworten, daher nicht nur solche Unentschlossene, die sich noch nicht für eine Partei entschieden hatten, sondern auch Personen, die nicht einmal wußten, ob sie wählen würden. Eine Zweiteilung der „Sonntagsfrage" gäbe jedoch bessere Aufschlüsse über Einstellungen und Verhalten der zunehmend größeren Zahl von

„weiß nicht"-Antwortern. In der CNEP und der KAS-Umfrage 1991 waren sich 9 bzw. 7 Prozent der Befragten noch nicht darüber im klaren, ob sie an der kommenden Bundestagswahl teilnehmen würden.

Hoffman-Jaberg und Roth (1994: 151) bezeichnen diese Unentschlossenen als „heimliche" Nichtwähler. Analog zu Falter und Schumann (1994) werden statt dessen diejenigen, die bezüglich ihrer Beteiligung noch unentschlossen waren, zusammen mit den bekennenden Nichtwählern als potentielle Nichtwähler bezeichnet. Der Gesamtanteil der potentiellen Nichtwähler beträgt im CNEP insgesamt 20 Prozent, in der KAS-Umfrage 1991 21,2 Prozent und entspricht somit ungefähr den tatsächlichen Nichtwähleranteilen der Bundestagswahl 1990. Es ist außerdem zu vermuten, daß ein Großteil der Overreporter sich in der Kategorie „weiß nicht" eingeordnet hat. Ohne diese Frage endgültig klären zu können, gibt ein Vergleich der sozio-politischen Merkmale darüber recht gute Anhaltspunkte.

Bezüglich der Struktur von bekennenden und „heimlichen" Nichtwählern kommen Hoffman-Jaberg und Roth (1994: 151) in ihren Analysen zu folgendem Schluß: *„Beide Gruppen unterscheiden sich in ihrer Zusammensetzung etwas* [...]. *Bei den 'heimlichen Nichtwählern' finden wir deutlich mehr Frauen als Männer, etwas weniger jüngere Wahlberechtigte als im Durchschnitt und auch eine Überrepräsentation der älteren Wahlberechtigten"*. Die Differenzen fallen jedoch nicht sehr stark ins Gewicht. Ohne die Ergebnisse der Arbeit allzu sehr vorwegzunehmen, finden sich in den beiden untersuchten Datensätzen 1990 und 1991 ebenfalls keine großen Abweichungen. Die sozialstrukturelle und sozio-politische Zusammensetzung von bekennenden und potentiellen Nichtwählern findet sich im Anhang I. Die von Hoffman-Jaberg und Roth angeführten Geschlechterunterschiede bestätigen sich nicht. In der Umfrage 1991 sind jedoch die jüngeren Wahlberechtigten bis 24 Jahre ebenfalls unterdurchschnittlich vertreten. Dagegen bestehen in der Umfrage 1990 bezüglich des Alters keine Abweichungen zwischen bekennenden und potentiellen Nichtwählern. In beiden Umfragen sind lediglich die Nicht-Kirchgänger sowie Personen ohne Parteiidentifikation unter den potentiellen Nichtwählern deutlich unterrepräsentiert. Bei allen anderen untersuchten Merkmalen bestehen kaum nennenswerte Differenzen.

In Anlehnung an die Befunde der Overreporting-Forschung, die unter Kirchgängern sowie unter Parteigebundenen eine stärkere Tendenz zur Falschaussage nachwiesen (Steiner 1969: 19; Eilfort 1994: 141), erscheint es plausibel, daß sich mit der Verwendung der potentiellen Nichtwähler das Ausmaß des Overreporting zumindest verringern ließe. Aufgrund der sehr ähnlichen Struktur von potentiellen und bekennenden Nichtwählern ermöglicht die Zweiteilung der Wahlabsichtsfrage ferner, das Fallzahlenproblem der Nichtwählerforschung mit recht einfachen Mitteln zu beheben. Für künftige Umfragen über die Nichtwählerschaft ist daher dringend geboten, die Wahlbeteiligungsfrage von der Frage nach dem Stimmverhalten zu trennen. Aus Gründen der Vergleichbarkeit mit früheren Umfragen muß jedoch im Rahmen dieser Arbeit bei Längsschnittanalysen weitgehend auf die bekennenden Nichtwähler Bezug genommen werden.

4.4.3 Strukturelle Effekte des Overreporting

Aufgrund des ohnehin verzerrenden Overreporting wurde in allen Datensätzen auf eine sozio-demographische oder sozio-politische Gewichtung verzichtet. Da eine Trennung zwischen bekennenden und unaufrichtigen Nichtwählern nicht möglich ist, beschränkt sich die Analyse der Overreporting-Effekte auf die Merkmale Alter und Geschlecht. Als Vergleichsdaten liegen dafür die Ergebnisse der repräsentativen Wahlstatistik vor. Leider wird bei Veröffentlichungen die Wahlbeteiligung meist ohne die Wähler mit Wahlschein (Briefwähler) angegeben (Mayer 1991: 252; Falter/Schumann 1994: 172), obwohl diese Informationen sehr wohl zur Verfügung stehen. Der Verzicht auf die Briefwähler unterstellt jedoch, daß alle Altersgruppen im gleichen Umfang von diesem Recht Gebrauch machen. Dies ist aber nicht der Fall. Denn ältere Menschen sowie die 21-30jährigen nutzen die Möglichkeit der Briefwahl stärker (Mayer 1991: 251). In der nachstehenden Übersicht sind daher die Wahlberechtigten mit Wahlschein miteingerechnet. Leider bleibt auch bei dieser Vorgehensweise das Manko, daß über die tatsächliche Wahlbeteiligung der Personen, die einen Wahlschein beantragt haben, keine Informationen existieren. Dennoch nähert sich dieses Verfahren der Wahlbeteiligungsrate des amtlichen Endergebnisses weitaus besser an. Bei der Wahl 1990 lag sie nur um 0,5 Prozent, 1983 und 1987 nur um 0,6 Prozent zu hoch. Dies bedeutet, daß die überwiegende Mehrheit der Wahlscheininhaber von diesem auch Gebrauch macht. Es erscheint daher wesentlich sinnvoller, dieses Verfahren künftig für Analysen der alters- und geschlechterspezifischen Wahlbeteiligung anzuwenden.

Nachfolgend wurden der Repräsentativstatistik die ALLBUS-Daten gegenübergestellt. Das Overreporting nimmt demnach von 1983 bis 1990 von 3 Prozent auf 7 Prozent zu, was die These eines steigenden Overreporting in Zeiten sinkender Beteiligungsraten bestätigt. Außerdem ist der Effekt bei Männern viel ausgeprägter als bei Frauen.

Tabelle 10: Wahlbeteiligung nach Geschlecht und Alter - ALLBUS im Vergleich zur repräsentativen Wahlstatistik (in Prozent)

	ALLBUS			Repräsentative Wahlstatistik			Overreporting im ALLBUS		
	1982/84	1986/88	1991/92	1983	1987	1990 [1]	1983	1987	1990
Geschlecht									
männlich	94,1	91,1	89,0	90,1	85,7	79,6	+ 4,0	+ 5,4	+ 9,4
weiblich	91,2	88,4	83,1	89,1	84,0	78,3	+ 2,1	+ 4,4	+ 4,8
Alter									
18-24 Jahre	89,0	83,4	76,9	84,0	76,4	67,2	+ 5,0	+ 7,0	+ 9,7
25-34 Jahre	90,9	87,5	81,7	86,8	79,9	72,1	+ 4,1	+ 7,6	+ 9,6
35-44 Jahre	93,9	92,3	89,2	91,1	86,0	79,3	+ 2,8	+ 6,3	+ 9,9
45-59 Jahre	94,7	91,7	88,6	93,1	89,7	85,1	+ 1,6	+ 2,0	+ 3,5
60-69 Jahre	93,0	91,4	89,9	93,1	90,8	87,7	- 0,1	+ 0,6	+ 2,2
70 und älter	91,6	91,1	87,0	87,4	83,3	78,3	+ 4,2	+ 7,8	+ 8,7
insgesamt	92,6	89,7	85,9	89,6	84,8	78,9	+ 3,0	+ 5,1	+ 7,0

1) nur westliche Bundesländer ohne Berlin

Quelle: ALLBUS; amtliche Repräsentativstatistik des Statistischen Bundesamtes (1991)

Bei insgesamt geringeren Beteiligungsraten im ALLBUS existiert in erster Linie ein überproportionaler Frauenanteil unter den Nichtwählern. Dieser Effekt stellte sich insbesondere in den Umfragen ab 1990 ein. In der repräsentativen Wahlstatistik zur Bundestagswahl 1990 besteht nur ein minimaler Unterschied von rund 1,3 Prozent, im ALLBUS dagegen von rund 6 Prozent. Auch unter den Antwortverweigerern und denjenigen, die nicht mehr wußten, wen sie gewählt haben, sind die Frauen überrepräsentiert. Der signifikante Zusammenhang zwischen Geschlecht und Wahlbeteiligung im ALLBUS entspricht daher nicht den realen Verhältnissen. Im weiteren wird daher das Geschlecht als sozialstruktureller Indikator der Wahlbeteiligung nicht berücksichtigt. Geschlechterunterschiede werden in der Arbeit nur dann thematisiert, wenn sie erheblich von der bestehenden, schiefen Verteilung in den Umfragen abweichen.

Bei der Variable Alter besteht ein Overreporting insbesondere bei den Altersklassen unter 45 Jahren und ab 70 Jahre. Dagegen neigen die Befragten, die zwischen 45 und 69 Jahre alt sind, kaum zu einer Übertreibung ihrer Wahlteilnahme. Während sich die Befunde zur größeren Ehrlichkeit der Frauen mit den Aussagen von Eilfort (1994: 142) decken, fällt im ALLBUS das Overreporting nicht bei Befragten mittleren und älteren Alters stärker aus, sondern bei den jüngeren Altersgruppen bis 44 Jahre sowie bei den Befragten ab 70 Jahre. Ohne die Ergebnisse für die Datensätze der Konrad-Adenauer-Stiftung näher darzustellen, ergab sich darin ebenfalls ein höheres Overreporting bei den jüngeren Befragten. Im Rahmen der Arbeit muß daher berücksichtigt werden, daß die jüngeren Nichtwähler bis 44 Jahre und die älteren Nichtwähler unterrepräsentiert sind. Der Rückgang der Wahlbeteiligung in den jüngeren Altersgruppen wird daher in den verwendeten Umfragen unterschätzt. Folglich dürfte auch der Einfluß der Altersvariablen stärker sein, als in den weiteren Untersuchungen zu belegen ist. Im nächsten Kapitel sollen die Nichtwähleranteile für alle relevanten Sozialstrukturmerkmale untersucht werden. Leider besteht für die Mehrzahl dieser Indikatoren - dies gilt genauso für die sozialpsychologischen Merkmale - keine Auskunft über das Ausmaß und die Richtung eines möglichen Overreporting.

5. SOZIALSTRUKTUR UND RÜCKGANG DER WAHLBETEILIGUNG

Die Wählerverhaltenstheorien und die Partizipationsforschung heben die enge Beziehung zwischen sozio-ökonomischem Status, Alter, sozialem Integrationsgrad und der Wahlbeteiligung hervor. Dies wirft die Frage auf, ob sich auch unter längsschnittlicher Perspektive der Rückgang der Wahlbeteiligung an bestimmten sozialen Faktoren festmachen läßt. Im folgenden soll geprüft werden, inwieweit die soziologische Wählerverhaltenstheorie in der Lage ist, einen Beitrag zur Erklärung der steigenden Nichtwählerzahlen zu leisten. Darüber hinaus findet in diesem Kapitel eine intensive Auseinandersetzung mit dem Realignment-Modell statt. Gemäß dem Realignment-Ansatz führt der soziale Wandel in Teilen der Bevölkerung zu einer vorübergehenden Auflösung der bestehenden Wähler-Partei-Bindungen, bis sich neue Koalitionen zwischen Parteien und Wählern etablieren. Dabei kann die Wahlenthaltung Übergangsstadium sein, bis man sich für eine neue Partei entschieden hat. Im Rahmen dieses Kapitels wird daher untersucht, inwieweit die sinkende Wahlbeteiligung ein allgemeines Phänomen ist oder sich auf bestimmte soziale Gruppen konzentriert.

Des weiteren spielt der soziale Wandel auch indirekt eine wichtige Rolle. Alle vier sozialpsychologischen Erklärungsansätze, Wertewandel, Dealignment, Entfremdung und Individualisierung, verweisen mehr oder weniger deutlich auf den sozioökonomischen Wandel in den westlichen Industriegesellschaften als tiefere Ursache. Der Zusammenhang zwischen sozio-demographischen und sozialpsychologischen Faktoren wird daher in Kapitel Sechs noch eingehend diskutiert. In den nachfolgenden Analysen wird im wesentlichen nur der direkte Zusammenhang zwischen Sozialstruktur und Nichtwählerzuwachs untersucht.

Das Kapitel gliedert sich in vier Teile. Zunächst werden der gesellschaftliche Wandel und seine Auswirkungen auf die Wahlbeteiligung behandelt. Auf der aggregierten Ebene stellt sich die Frage, inwieweit allgemeine Veränderungen der Bevölkerungsstruktur die Höhe der Wahlbeteiligung beeinflußt haben. Anschließend wird aufgrund des starken Overreporting der Zusammenhang zwischen Wahlbeteiligung und Sozialstruktur mittels einer „ökologischen" Analyse auf Wahlkreis- und Gemeindeebene untersucht. Im dritten Teil wird das veränderte Wahlverhalten auf der individuellen Ebene analysiert. Dabei steht vor allem die Frage im Mittelpunkt, ob die Nichtwähler bestimmte sozialstrukturelle Charakteristika aufweisen. Individual- und Aggregateffekte können sich jedoch zum Teil gegenläufig entwickeln, was eine Interpretation der Ergebnisse erschwert. In diesem Fall können beide Analyseebenen unabhängig voneinander keinen hinreichenden Beitrag zur Erklärung der sinkenden Wahlbeteiligung leisten. Dazu müssen vor allem die Kompositionseffekte, d.h. die Synthese von Zusammenhängen auf der individuellen Ebene und sozialen Veränderungen auf der aggregierten Ebene, betrachtet werden. Diese Kompositionseffekte sind in erster Linie an der veränderten sozialstrukturellen Zusammensetzung der Nichtwählerschaft fest zu machen, die im vierten Unterkapitel dargestellt wird.

5.1 Entwicklung der sozio-demographischen Struktur Westdeutschlands

Die Dynamik der gesellschaftlichen Entwicklung hat im Verlauf der achtziger Jahre die Zusammensetzung des Elektorats weiter verändert. Zum Vergleich mit den ALLBUS-Daten finden sich im Anhang II die Sozialstatistiken des Statistischen Bundesamtes. Abgesehen von den in vielen Umfragen auftretenden Mittelschichts-Bias, d.h. der Überrepräsentation von Verheirateten, Mehr-Personen-Haushalten, Höhergebildeten, Angestellten und Beamten, ergeben sich bei längsschnittlicher Betrachtung parallele Entwicklungen, was die Validität der ALLBUS-Resultate untermauert:

Tabelle 11: Veränderung in der sozialstrukturellen Zusammensetzung der westdeutschen Bevölkerung von 1980 bis 1991/92 (in Prozent)

	1980	1984	1988	1991/92
Schulbildung				
ohne	2,1	1,8	2,3	1,8
Hauptschule	62,9	54,1	53,9	49,9
Mittlere Reife	21,6	23,6	22,6	25,1
Abitur / Fachhochschulreife	13,4	19,1	21,2	23,2
Erwerbstätige				
Selbständige (inkl. Mithelfende Fam.angehörige)	12,3	13,5	12,0	9,7
Beamte	11,1	14,1	10,1	10,5
Angestellte	42,4	43,0	51,1	52,4
Arbeiter	34,2	29,4	26,8	27,4
Altersstruktur				
18 - 24 Jahre	10,5	11,2	14,4	10,5
25 - 34 Jahre	18,6	18,8	21,0	23,1
35 - 44 Jahre	19,6	18,7	15,6	18,4
45 - 59 Jahre	24,3	23,7	22,5	22,5
60 - 69 Jahre	15,2	14,4	14,3	14,2
70 Jahre und älter	11,8	13,1	12,2	11,4
Familienstand				
verheiratet	63,4	60,2	57,2	58,8
getrennt, verwitwet, geschieden	18,9	19,3	17,5	18,3
ledig	17,7	20,5	25,3	22,9
Haushaltsgröße				
eine Person	23,1	24,5	25,0	23,5
zwei Personen	32,1	31,2	32,5	33,6
drei Personen	19,1	18,3	19,4	20,3
vier und mehr Personen	25,7	26,0	23,1	22,6
Konfession				
katholisch	43,1	43,5	47,4	42,1
protestantisch	47,0	43,4	42,3	43,8
andere Konfessionen	3,6	5,0	3,0	2,6
konfessionslos	6,3	8,1	7,3	11,5
Kirchgang				
regelmäßig	17,8	17,4	14,6	13,3
manchmal	41,0	33,3	33,2	31,5
selten	41,2	28,0	31,5	33,9
nie	[1]	21,3	20,7	21,3

1) Bei der Befragung 1980 wurden die Kategorien seltener und kein Kirchgang nicht getrennt abgefragt.

Quelle: ALLBUS

Insgesamt findet sich eine Reihe von Belegen für ein „ökologisches" Realignment. Die Größe des konfessionellen und des sozialen Milieus verrringert sich. Die Bedeutung der neuen Mittelschichten, Angestellte sowie Personen mit mittlerer und höherer Bildung, nimmt zu. Der sozio-ökonomische Wandel führt dazu, daß sich der Anteil der Arbeiter unter den Erwerbstätigen von 34,2 auf 27,4 Prozent verringerte. Weitgehend konstant blieb die Zahl der Beamten und Selbständigen, dagegen stieg der Anteil der Angestellten auf insgesamt 52,4 Prozent. Auch die konfessionellen Milieus haben an Bedeutung verloren. Während der Anteil der Konfessionslosen 1980 noch bei 6,3 Prozent lag, beträgt er 1992 11,5 Prozent. Rückläufig war ebenso der Grad der Kirchenbindung. Anfang der neunziger Jahre gingen 55,2 Prozent selten oder überhaupt nicht in die Kirche, 1980 waren es nur 41,2 Prozent. Der Anteil der Nicht-Kirchgänger blieb jedoch im Zeitverlauf unverändert.

Auffälligste Entwicklung in den achtziger Jahren war der Anstieg des Bildungsniveaus. Der Anteil der Westdeutschen mit höherem Bildungsabschluß hat sich von 13,4 Prozent auf 23,2 Prozent fast verdoppelt. Anfang der neunziger Jahre hatten nur noch die Hälfte der Westdeutschen einen Hauptschulabschluß. Bei den Integrations-Indikatoren Familienstand und Haushaltsgröße ergaben sich praktisch keine Veränderungen. Hinsichtlich des Alters haben die geburtenstarken Jahrgänge in den sechziger Jahren eine leichte Zunahme der 25 bis 35jährigen bewirkt.

Die gesellschaftlichen Veränderungen lassen im Hinblick auf die sinkende Wahlbeteiligung keine eindeutigen Schlüsse zu. Der Rückgang der konfessionellen Bindung spricht für eine Abschwächung der Wahlbereitschaft, da Personen mit geringer Kirchenbindung gemäß früherer Untersuchungen auf der Mikroebene bisher weniger von ihrem Stimmrecht Gebrauch machten. Die Bildungsexpansion hätte jedoch bei gleichbleibender Wahlbeteiligung der Bildungsgruppen sogar zu einem Anstieg der Wahlbeteiligung führen müssen, da Höhergebildete im allgemeinen eher zur Wahl gehen. Dies gilt genauso hinsichtlich der Erwerbsstruktur. Da in der Vergangenheit die Arbeiter stärker zur Enthaltung tendierten, spricht die sinkende Bedeutung der Arbeiterschaft nicht für einen Rückgang der Wahlbeteiligung. Dagegen begünstigt die Verjüngung der Altersstruktur eine Zunahme der Wahlbeteiligung. Von den anderen Indikatoren gehen auf der Aggregatebene keine strukturellen Effekte aus. Die teilweise gegenläufigen Effekte unterstreichen die Notwendigkeit differenzierter Analysen sozialer Faktoren, die in den folgenden Teilkapiteln unternommen werden.

5.2 Sozialstrukturelle Beteiligungsfaktoren auf Aggregatdatenebene

Aufgrund der verzerrenden Overreporting-Effekte sind Aggregatdaten bei der Analyse der Nichtwähler eine wichtige Informationsquelle, um ein unverfälschteres Bild über die Zusammenhänge zwischen Wahlbeteiligung und sozialstrukturellen Merkmalen zu erhalten. Die folgenden Ergebnisse stützen sich daher auf eine Analyse der westdeutschen Wahlkreise und der rund 8.500 westdeutschen

Gemeinden. Die für die Bundestagswahlen 1983 bis 1990 ermittelten Korrelationen fallen auf nationaler Ebene jedoch schwach aus. Die Mehrzahl der Variablen überschreitet den kritischen Wert des Pearson'schen Korrelationskoeffizienten von 0,2 nicht. Aus der Aggregatdatenanalyse läßt sich folglich kein nennenswerter Zusammenhang zwischen Sozialstruktur und Wahlbeteiligung ableiten. Zu diesem Schluß kam bereits Schoof (1980: 71; 1981: 294) in seinen Analysen auf Wahlkreisebene für die Bundestagwahlen 1972 bis 1980.

Tabelle 12: Korrelationskoeffizienten zwischen ausgewählten Sozialstrukturmerkmalen und Nichtwähleranteilen bei den Bundestagswahlen 1983, 1987 und 1990 auf Wahlkreis- und Gemeindeebene (Korrelationskoeffizient Pearson r) [1]

	Wahlkreise [2]			Gemeinden [3]		
	BTW 1983	BTW 1987	BTW 1990	BTW 1983	BTW 1987	BTW 1990
Sozio-ökonomische Merkmale						
Arbeiteranteil	-0.04	-0.01	0.15	-0.05	-0.02	0.14
Angestelltenanteil	0.06	0.01	-0.14	0.08	0.02	-0.12
Beamtenanteil	-0.10	-0.14	-0.20	0.00	-0.03	-0.13
Nichterwerbstätigenquote	-0.24	-0.37	-0.23	-0.08	-0.20	-0.12
Landwirtschaftssektor	-0.03	0.07	0.11	-0.12	-0.03	0.03
Produzierender Sektor	-0.12	-0.08	0.07	-0.15	-0.12	0.03
Dienstleistungssektor	0.11	0.04	-0.11	0.16	0.10	-0.05
Anteil Volksschulabgänger	-0.03	-0.01	0.17	-0.04	0.01	0.19
Anteil Abiturienten	0.13	0.07	-0.07	0.14	0.06	-0.08
Konfessionelle und demographische Merkmale						
Katholikenanteil	0.10	0.12	0.24	0.02	0.07	0.20
Konfessionslosenanteil	0.19	0.17	0.03	0.27	0.20	0.07
Bevölkerungsdichte	0.43	0.33	0.30	0.40	0.32	0.30
Einwohnerzahl	0.45	0.36	0.31	0.45	0.36	0.31
Ausländeranteil	0.37	0.33	0.24	0.40	0.35	0.27

1) Wahlkreise und Gemeinden gewichtet mit den Wahlberechtigten 2) Da einige Großstädte mehr als einen BTW-Wahlkreis haben, beziehen sich die Analysen auf nur 226 Fälle. 3) Die Gemeindeergebnisse ohne die Bundesländer Schleswig-Holstein, Hamburg, Rheinland-Pfalz und Baden-Württemberg

Quelle: Gemeindedatensatz des Forschungsinstituts der Konrad-Adenauer-Stiftung

Trotz des gleichen Datensatzes gelangen Falter und Schumann (1994: 166) in einigen Punkten zu leicht abweichenden Ergebnissen. Sie errechnen etwas höhere Korrelationen zwischen Katholikenanteil, Arbeiteranteil, Hauptschüleranteil, prozentualem Anteil der Beschäftigten in der Landwirtschaft auf der einen Seite und dem Nichtwähleranteil auf der anderen Seite. Doch bei ihren Querschnittanalysen überschreiten die Werte der Koeffizienten ebenfalls kaum die 0,2-Marke oder liegen in der überwiegenden Mehrzahl der Fälle unter 0,25. Die Abweichungen dürften auf eine etwas unterschiedliche Definition der Variablen zurückzuführen sein. Die den hiesigen Analysen zugrundeliegende Variablenkonstruktion findet sich im Anhang III. Ihrer Interpretation der niedrigen Werte kann jedoch nicht gefolgt werden. Eine Korrelation mit dem Landwirtschaftssektor von 0,11 erklärt lediglich 1 Prozent der Varianz (Bestimmtsheitsmaß r^2) dieser Variablen. Aus solchen Ergebnissen kann keineswegs auf einen nennenswerten Zusammenhang zwischen dem Nichtwähleranteil und der Größe des Landwirtschaftssektors geschlossen werden. Falter und Schumann (1994) sowie Schoof (1980) beschränken sich in ihren Analysen zudem auf die Bundestagswahlkreisebene. Die Korrelationen fallen auf der Gemeindeebene in der Regel niedriger aus als auf Wahlkreisebene. Da alle Analysen sowohl auf den amtlichen Wahlergebnissen als auch auf den Volkszählungsdaten von 1970 und 1987 basieren, sind die Unterschiede nur durch die niedrige Fallzahl der Bundestagswahlkreise zu erklären. Die hohe Aggregationsstufe verschleiert ein Großteil der Varianz. Die rund 8.500 westdeutschen Gemeinden stellen dagegen eine wesentlich breitere Analysebasis dar, die Ergebnisse sind entsprechend genauer.

Sowohl auf Wahlkreis- als auch Gemeindeebene bestehen lediglich bezüglich des Ausländeranteils, der Einwohnerzahl und der Bevölkerungsdichte durchgehend von 1983 bis 1990 Zusammenhänge mit der Wahlbeteiligung. Je höher die Bevölkerungsdichte, die Einwohnerzahl und der Ausländeranteil einer Gemeinde, umso größer ist die Wahrscheinlichkeit für eine niedrige Wahlbeteiligung. Die drei genannten Merkmale korrelieren jedoch auch stark untereinander (siehe Anhang IV). Eine große Einwohnerzahl, hohe Bevölkerungsdichte und großer Ausländeranteil sind in erster Linie Kennzeichen großstädtischer Strukturen. In den Ergebnissen spiegelt sich letztlich nur der bekannte Stadt-Land-Effekt wider. In kleineren ländlichen Gemeinden geht man im Schnitt immer noch häufiger zur Wahl als in den Städten. Die Merkmale Katholikenanteil und Anteil der Hauptschulabsolventen weisen auf Gemeindeebene zumindest bei der Bundestagswahl 1990 Korrelationskoeffizienten von 0,19 und 0,2 auf, während sie in den achtziger Jahren noch vollkommen unabhängig von der Wahlbeteiligung waren. Zwar liegen auch diese Werte nicht hoch, aber der Anstieg bei der Bundestagswahl 1990 deutet darauf hin, daß ihre Bedeutung zugenommen hat. Tendenziell liegt bei der Bundestagswahl 1990 in Gemeinden mit hohem Katholikenanteil und hohem Hauptschulanteil die Wahlbeteiligung niedriger.

Ähnlich wie bei Schoof (1980) unterscheiden sich auf Gemeindeebene die Ergebnisse in den einzelnen Bundesländern erheblich. Die Analysen der westdeutschen Bundesländer sind im Anhang V enthalten. Die in der Regel höheren Korrelationen auf Länderebene sind jedoch mit Vorsicht zu interpretieren. Neben möglichen regionalen Unterschieden führen die geringe Zahl von Gemeinden in einigen Bundesländern statistisch zu einer teilweisen Überschätzung der Ergebnisse. Dies gilt insbesondere für die beiden Stadtstaaten Bremen und Hamburg und für das Saarland. Diese kleinen Bundesländer täuschen aufgrund ihrer recht homogenen Sozialstruktur Zusammenhänge vor, die sich in anderen Bundesländern nicht bestätigen. In diesem Fall gilt die generelle Regel für Aggregatdatenanalysen: Je größer die Zahl der Untersuchungseinheiten ist, umso zuverlässiger ist das Ergebnis. Gemäß der Ländererergebnisse müssen die auf nationaler Ebene gefundenen Zusammenhänge teilweise relativiert werden. Insbesondere beim Katholikenanteil ergeben sich in den einzelnen Bundesländern extreme Abweichungen. Während der Katholikenanteil in den nördlichen, protestantischen Bundesländern Schleswig-Holstein (r= 0,37) und Hamburg (r= 0,51) stark positiv korreliert, ist der Zusammenhang im katholischen Saarland mit -0,67 umgekehrt stark negativ. Dies deutet darauf hin, daß die konfessionelle Homogenität entscheidender ist als die Art der Konfession. Neben Korrelationsanalysen wurde daher auch eine Kategorisierung der Gemeinden vorgenommen. Solche Kreuztabellierungen haben zudem den Vorteil, daß auch nichtlineare Zusammenhänge erkennbar sind. Doch die Gegenüberstellung konfessionell homogener Gemeinden mit konfessionellen Mischgebieten erbrachte keine signifikanten Resultate. Die Konfessionsstruktur einer Gemeinde sagt Anfang der neunziger Jahre nichts über die Höhe der Wahlbeteiligung aus.

Insgesamt sind die im Querschnitt schwachen Korrelationen zwischen Sozialstruktur und Wahlbeteiligung bei allen untersuchten Wahlen ein Beleg dafür, daß sozialstrukturelle Merkmale die Höhe der Wahlbeteiligung in der Bundesrepublik nicht erklären können. Die interessantere Frage ist, ob sich unter längsschnittlicher Perspektive der Rückgang der Wahlbeteiligung auf bestimmte Gemeindemerkmale konzentiert. Der Nichtwählerzuwachs wurde dabei für verschiedene Zeiträume betrachtet. In der folgenden Übersicht sind die nationalen Ergebnisse für die 8.500 Gemeinden enthalten. Eine Aufschlüsselung nach Bundesländern findet sich im Anhang VI. Auffällig ist, daß der Nichtwählerzuwachs von der Bundestagswahl 1983 auf 1987 mit Ausnahme der Nichterwerbstätigenquote mit keiner der sozialstrukturellen Variablen nennenswert korreliert. Die Effekte gehen daher allein auf die kurzfristigen Veränderungen von 1987 bis 1990 zurück.

Tabelle 13: Korrelationen zwischen ausgewählten Sozialstrukturmerkmalen und dem Nichtwählerzuwachs von 1983 bis 1990 (Korrelationskoeffizient Pearson r) [1)]

	Wahlkreise			Gemeinden		
Nichtwählerzuwachs	1983-87	1987-90	1983-90	1983-87	1987-90	1983-90
Sozio-ökonomische Merkmale						
Arbeiteranteil	0.04	0.37	0.29	0.08	0.28	0.26
Angestelltenanteil	-0.09	-0.34	-0.29	-0.08	-0.25	-0.24
Beamtenanteil	-0.18	-0.22	-0.25	-0.08	-0.12	-0.14
Primärer Sektor	0.22	0.15	0.22	0.06	0.04	0.07
Produzierender Sektor	0.01	0.29	0.22	0.01	0.19	0.15
Dienstleistungssektor	-0.11	-0.31	-0.29	-0.06	-0.19	-0.18
Nichterwerbstätigenquote	-0.49	0.10	-0.18	-0.33	0.16	-0.01
Volksschulquote	0.02	0.43	0.32	0.09	0.34	0.30
Abiturientenquote	-0.06	-0.29	-0.24	-0.10	-0.22	-0.22
Konfessionelle und allgemeine Merkmale						
Katholikenanteil	0.11	0.36	0.32	0.08	0.29	0.27
Konfessionslosenanteil	0.10	-0.23	-0.12	0.05	-0.20	-0.13
Bevölkerungsdichte	0.09	0.12	0.14	0.09	0.04	0.08
Einwohnerzahl	0.13	0.09	0.13	0.09	0.15	0.17
Ausländeranteil	0.18	-0.01	0.08	0.17	0.01	0.11
Nichtwähleranteil 1983	0.63	0.42	0.63	0.50	0.33	0.53
Nichtwähleranteil 1987	0.84	0.40	0.73	0.78	0.30	0.66

1) Wahlkreise und Gemeinden gewichtet mit den Wahlberechtigten

Quelle: Gemeindedatensatz des Forschungsinstituts der Konrad-Adenauer-Stiftung

Der Anstieg der Nichtwähleranteile hängt in erster Linie von dem Beteiligungsniveau bei vorausgegangenen Wahlen ab. Bei Querschnittanalysen ergeben sich Korrelationskoeffizienten mit der Wahlbeteiligung von rund 0,9, im Längsschnitt zwischen 0,3 und 0,7. Geringe Beteiligungsraten in einigen Teilen Deutschlands sind historisch bedingt und reichen weit in die Vergangenheit zurück (Falter/ Schumann 1994: 187). Der überdurchschnittliche Rückgang der Wahlbeteiligung in den Nichtwähler-Hochburgen kann mehrere Gründe haben. Nach Falter und Schumann (1994: 187) führt die frühere Dominanz einer Partei zu einer derartigen strukturellen Wahlenthaltung. Sollte diese Beziehung weiterhin Gültigkeit haben, müßten Nichtwähler-Hochburgen zugleich Hochburgen der SPD oder CDU sein. Für beide Parteien bestätigt sich diese Vermutung jedoch nicht.

Der Zusammenhang erscheint darüber hinaus auch auf der individuellen Ebene nicht schlüssig, wobei zwei Verhaltensvarianten zu unterscheiden sind. Auf der einen Seite könnten sich die Anhänger der Minderheitsparteien der Wahl enthalten haben, weil sie ihre Teilnahme für aussichtslos hielten. Auf der anderen Seite ist es möglicherweise der Mehrheitspartei nicht gelungen, ihr Wählerpotential angesichts des zu erwarteten klaren Sieges ausreichend zu mobilisieren. In beiden Fällen wäre das Verhalten der Wahlberechtigten unlogisch. Denn das Wahlkreisergebnis entscheidet nicht über die Zusammensetzung des Bundestages. Es gibt also keinen Grund, sich deshalb an einer Wahl nicht zu beteiligen. Eine zweite Ursache der überdurchschnittlich gesunkenen Beteiligung in den Nichtwähler-Hochburgen liegt möglicherweise im sozialen Umfeld begründet. Insbesondere in Gemeinden mit einem hohen Anteil von Nichtwählern besteht keine so starke soziale Kontrolle. Nichtwähler fühlen sich dort nicht als Außenseiter, während in kleineren Gemeinden mit sehr hoher Beteiligung der Druck auf die Minderheit größer sein könnte. Eine solche These kann jedoch mit Aggregatdaten allein nicht nachgewiesen werden. Diese Thematik wird daher noch in Kapitel 6.4 bei der Analyse der sozialen Netzwerke aufgegriffen.

Neben der engen Beziehung des Nichtwähleranstiegs zur früheren Wahlbeteiligung ergaben sich mittlere Korrelationen von über 0,25 mit dem Katholikenanteil, dem Arbeiteranteil sowie mit dem Anteil von Hauptschulabsolventen. Allerdings bestehen auch in diesen Fällen enge Beziehungen zwischen den genannten Merkmalen. Insbesondere der Arbeiteranteil und der Anteil der Hauptschulabsolventen korrelieren auf Gemeindeebene mit 0,88 sehr stark miteinander (siehe Anhang IV), so daß den beiden Variablen kaum ein eigenständiger Erklärungswert zukommt. Diese hohen Korrelationen zwischen einzelnen unabhängigen Variablen erschweren die Interpretation der Ergebnisse. Deshalb wurde eine Faktorenanalyse durchgeführt, die eine sozio-geographische Strukturierung der Gemeinden ermöglicht. Die Faktorladung der einzelnen Variablen auf den Faktoren findet sich im Anhang IV. Insgesamt ergeben sich vier Faktoren: ländliche Gebiete, Dienstleistungszentren, großstädtische Strukturen und katholische Hochburgen. Falter und Schumann (1994: 168f.) ermittelten fünf Faktoren. Ihre längsschnittlichen Ergebnisse unterscheiden sich jedoch kaum von den folgenden Befunden. Danach korreliert lediglich der Faktor katholische Hochburgen, bei Falter und Schumann als „katholische Mischgebiete" bezeichnet, positiv mit dem Rückgang der Wahlbeteiligung bzw. dem Nichtwählerzuwachs.

Tabelle 14: Zusammenhang der sozio-geographischen Faktoren mit der Wahlbeteiligung und dem Nichtwählerzuwachs (Korrelationskoeffizient Pearson r)

	Nichtwähler 1990	Anstieg der Nichtwähleranteile 1983-1990
Dienstleistungszentren	0,00	- 0,23
Großstädtische Strukturen	0,26	0,10
Ländliche Gebiete	- 0,02	0,04
Katholische Hochburgen	- 0,02	0,22

Quelle: Gemeindedatensatz des Forschungsinstituts der Konrad-Adenauer-Stiftung

Bezüglich des Nichtwählerzuwachses ergibt sich somit eine geographische Zweiteilung. Gemeinden mit stark tertiärer Erwerbsstruktur haben den Rückgang gebremst, dagegen fiel der Rückgang der Wahlbeteiligung in den katholische Hochburgen am stärksten aus. Dahinter verbirgt sich jedoch lediglich ein Regionaleffekt, der in erster Linie aus dem Beteiligungsverhalten in Bayern (r = 0,3) sowie, mit Einschränkungen in Baden-Württemberg (r = 0,16), resultiert. Abgesehen von den beiden kleineren Stadtstaaten Bremen und Hamburg, gibt es in den anderen Bundesländern keine nennenswerten positiven Korrelationen mit dem Katholikenanteil (siehe Anhang VI).

Auf Aggregatebene bestehen national keine starken Zusammenhänge zwischen Sozialstruktur und dem Rückgang der Wahlbeteiligung. Die Korrelationen zwischen Nichtwählerzuwachs und großstädtischen Strukturen sowie ländlichen Gebieten fallen sehr schwach aus. Der Stadt-Land-Effekt, der bei querschnittlicher Betrachtung durchaus Aussagekraft besitzt, spielt für den Nichtwählerzuwachs kaum eine Rolle. Eine sozio-geographische Untergliederung Westdeutschlands trägt damit wenig zum Verständnis der sinkenden Beteiligungsraten bei.

Allerdings bestehen deutliche regionale Unterschiede, wenn man sich die Zusammenhänge zwischen Wahlbeteiligung, Nichtwählerzuwachs und Sozialstrukturmerkmalen in den einzelnen Bunderslândern betrachtet (siehe Anhang V und VI). Eine getrennte Analyse nach Stadtbezirken in Bremen und Hamburg deutet zudem darauf hin, daß, je höher der Arbeiteranteil in den einzelnen Stadtbezirken war, desto geringer war die Wahlbeteiligung und desto stärker fiel der Nichtwählerzuwachs aus. Auch Stadtbezirke mit hohem Ausländeranteil hatten einen kräftigen Rückgang der Beteiligung zu verzeichnen (siehe Anhang VI). In Städten ist offenbar in sozial schwierigeren Gebieten die Wahlbeteiligung besonders gering. Es ist jedoch nicht gesichert, ob diese beiden Ergebnisse für andere Großstädte repräsentativ sind. Auf Bundesebene geben die Ergebnisse insgesamt kaum einen Hinweis auf sozialstrukturelle Determinanten der Wahlbeteiligung. Näheren Aufschluß über die Bedeutung sozialer Faktoren müssen daher Individualdatenanalysen liefern.

5.3 Analyse des Nichtwählerzuwachses auf Individualdatenebene

Aggregatdatenanalysen erlauben keine Aussagen über das Verhalten von Individuen. Dieses Defizit erfordert weitergehende Untersuchungen auf der Mikroebene. Im folgenden steht, neben Querschnittbetrachtungen, in erster Linie die Entwicklung der Nichtwähleranteile im Mittelpunkt. Die Längsschnittanalysen sollen Auskunft darüber geben, in welchen sozialen Gruppen die Wahlbeteiligung am stärksten zurückging. Die bivariaten Analysen konzentrieren sich auf die vier zentralen sozialstrukturellen Faktoren der Wahlbeteiligung: Alter, Konfession, soziale Integration und sozio-ökonomischer Status. Da jeder Bürger gleichzeitig immer mehrere soziale Merkmale verkörpert, wird im Anschluß daran eine multivariate Betrachtung unternommen. Dies ermöglicht es, die Interdependenzen zwischen den sozialen Faktoren besser zu erkennen.

5.3.1 Bivariate Zeitverlaufanalysen

5.3.1.1 Entwicklung der Nichtwähler nach Alter

Bereits im Rahmen der Overreporting-Diskussion wurde auf Altersunterschiede in der Wahlbeteiligung hingewiesen. Der Einfluß des Alters auf die Entwicklung der Nichtwähleranteile läßt sich neben der Analyse von herkömmlichen Umfragedaten vor allem mit der Wahlrepräsentativstatistik untersuchen, deren breite Basis von 3,7 Prozent der westdeutschen Bevölkerung ein zuverlässiges Bild erlaubt. Danach ging die Wahlbeteiligung insbesondere bei jungen sowie sehr alten Menschen stark zurück, die aufgrund ihrer Stellung im Lebenszyklus ohnehin eine niedrigere Teilnahmebereitschaft haben. In der Altersgruppe der 18-24jährigen sank die Beteiligungsrate von 84,0 Prozent 1983 auf 67,2 Prozent 1990, was einem Rückgang von 16,8 Prozentpunkten entspricht. Eine deutlich nachlassende Beteiligung von 14,6 Prozentpunkten war ferner unter den 25-35jährigen zu beobachten. In den mittleren Altersgruppen betrug der Rückgang dagegen nur 6 bis 8 Prozentpunkte.

Da für weiterführende Untersuchungen auf Umfragedaten zurückgegriffen werden muß, sind in der folgenden Übersicht die Analysen des ALLBUS dargestellt. Die zitierten Ergebnisse der Repräsentativstatistik sind in der bereits angeführten Tabelle 10 auf Seite 90 enthalten. Statt der Wahlbeteiligungsrate wird im Rahmen der Arbeit bei allen untersuchten Faktoren umgekehrt verfahren und die Nichtwähleranteile angegeben. Außerdem wurden im Vorgriff auf weitere Analysen die mittleren Altersgruppen von der Kategorisierung des Statistischen Bundesamtes abweichend definiert. Es sei jedoch nochmals daran erinnert, daß die jüngeren sowie die älteste Altersgruppe ihre Wahlbeteiligung höher angeben, als sie ist. Die in der Tabelle ermittelten Effekte des ALLBUS fallen eigentlich noch stärker aus. Im Zeitverlauf spiegeln sie die Altersunterschiede bei der Entwicklung der Nichtwähleranteile indes recht gut wider. Nimmt man die über 65jährigen aus, gilt die Regel: je jünger, desto stärker geht die Beteiligung zurück. Die Nichtwähleranteile stiegen bei den 18-24jährigen um 17,4 Prozentpunkte.

Tabelle 15: Nichtwähleranteile nach Altersgruppen von 1980 bis 1992 (in Prozent)

	1980	1982	1984	1986	1988	1990	1991	1992
18 - 24 Jahre	6.3	8.4	13.4	15.3	17.8	20.5	22.3	23.7
25 - 35 Jahre	3.9	6.0	11.5	14.2	10.6	15.3	17.0	18.5
36 - 45 Jahre	1.2	4.6	8.0	6.9	8.0	8.6	10.2	12.1
46 - 55 Jahre	2.9	2.7	7.8	6.9	10.1	9.3	10.6	12.2
56 - 65 Jahre	3.0	5.2	7.0	6.9	8.5	8.8	8.0	11.0
über 65 Jahre	3.1	7.8	8.3	8.5	10.6	8.3	8.9	13.5
insgesamt	3.2	5.7	9.3	9.8	10.9	11.8	12.9	14.9

Quelle: ALLBUS

Die stark rückläufige Teilnahme der jüngeren Altersgruppen deutet darauf hin, daß neben Lebenszykluseffekten möglicherweise ein Generationseffekt für die sinkende Wahlbeteiligung verantwortlich sein könnte. Die jüngeren Generationen, die in stabilen Verhältnissen der bundesdeutschen Demokratie groß geworden sind, halten es nicht mehr für unbedingt erforderlich, sich an Wahlen zu beteiligen. Gegen einen solchen ausschließlich generationsbedingten Wandel sprechen jedoch die mit rund 6 bis 8 Prozentpunkte ebenfalls wachsenden Nichtwähleranteile in den mittleren Altersgruppen und der starke Anstieg in der ältesten Altersklasse. Es erscheint daher plausibel, daß die feste Institutionalisierung des Wahlakts in allen Altersgruppen nachläßt. Die Jüngeren lösen sich nur schneller. Mit anderen Worten: Der Generationseffekt beschleunigt nur einen Prozeß, der sich letztendlich in weiten Teilen der Gesellschaft vollzieht. Dieser grundsätzlichen Frage muß im Verlauf der Arbeit mittels Kohortenanalysen ausführlicher nachgegangen werden. Die Generationsthese ist dabei vor allem auch im Kontext gestiegener Bildungsvoraussetzungen sowie abweichender sozialpsychologischer Einstellungsmuster der jüngeren Generationen zu sehen.

5.3.1.2 Entwicklung der Nichtwähler nach Konfession und Kirchenbindung

Bezüglich der Konfessionszugehörigkeit läßt sich zu allen Untersuchungszeitpunkten kein nennenswerter Zusammenhang mit der Wahlbeteiligung ausmachen. Die Unterschiede zwischen Katholiken und Protestanten sind bis zum Jahr 1990 minimal. Konfessionslose beteiligen sich etwas weniger an Wahlen. Der Unterschied zwischen Protestanten und Katholiken auf der einen Seite und Konfessionslosen auf der anderen Seite liegt aber, abgesehen von dem Jahr 1990, höchstens bei 4 Prozent. Deutlich seltener wählen nur die Angehörigen anderer christlicher sowie nicht-christlicher Religionsgemeinschaften. Ihr Anteil in der Bevölkerung beträgt jedoch lediglich zwischen 2 und 3 Prozent. Insgesamt bekräftigen die Befunde die Aussagen von Falter und Schumann (1994: 179), die ebenfalls keine Differenzen zwischen Protestanten, Katholiken und Konfessionslosen ermittelten.

In der Zeitverlaufanalyse sind die Katholiken mit knapp unter 10 Prozentpunkten in geringerem Maße am Nichtwählerzuwachs beteiligt, während bei den Protestanten, den Konfessionslosen und den Angehörigen anderer Religionsgemeinschaften ein

Zuwachs von etwa 12 bis 15 Prozentpunkten festzustellen ist. Die Befunde auf Individualebene weisen damit gegenüber den Ergebnissen der Aggregatdatenanalysen in eine entgegengesetzte Richtung. Das leicht unterdurchschnittliche Wachstum katholischer Nichtwähler in den ALLBUS-Umfragen ist jedoch aus drei Gründen zu relativieren. Erstens fällt gerade bei den Befragungszeitpunkten 1991 und 1992 der Anteil der Katholiken unter den Antwortverweigerern überdurchschnittlich hoch aus. Zweitens ist die Differenz von 3 bis 5 Prozentpunkten nicht sonderlich groß. Drittens ist zu beachten, daß die Katholiken in größerem Maße noch zur Kirche gehen. Denn die Kirchenbindung als zweiter Indikator weist eine deutlich stärkere Beziehung zur Wahlbeteiligung auf. Daher ist nicht die Konfessionszugehörigkeit, sondern ausschließlich die Kirchgangshäufigkeit für die Beteiligung an Wahlen auschlaggebend.

Tabelle 16: Nichtwähleranteile nach Konfessionszugehörigkeit und Kirchgangshäufigkeit von 1980 bis 1992 (in Prozent)

	1980	1982	1984	1986	1988	1990	1991	1992
Nichtwähleranteile (insgesamt)	3,2	5,7	9,3	9,8	10,9	11,8	12,9	14,9
nach Konfession								
katholisch	3,2	5,5	8,3	8,9	10,6	9,6	11,9	13,0
protestantisch	2,5	4,4	8,3	9,8	9,9	11,4	14,5	15,2
andere	13,0	16,7	19,0	13,2	23,3	17,1	10,5	27,1
keine	2,8	7,4	13,0	13,7	13,5	21,7	10,9	18,1
nach Kirchgangshäufigkeit								
regelmäßig	3,4	4,4	6,1	6,4	10,1	8,4	5,1	9,2
manchmal	2,2	4,1	7,8	6,9	8,4	8,0	11,9	9,8
selten	3,9	5,6	8,3	10,7	11,4	12,2	11,4	15,7
nie	-	9,0	15,2	16,7	14,8	18,2	22,0	24,1

Quelle: ALLBUS

Vor allem Personen, die nie in die Kirche gehen, wählen weitaus weniger als die regelmäßigen Kirchgänger. Auch der Rückgang der Wahlbeteiligung fiel bei den Nicht-Kirchgängern überdurchschnittlich aus. Von 1982 bis 1992 stieg der Nichtwähleranteil um 15 Prozentpunkte, bei den regelmäßigen Kirchgängern nur um 4,8 Prozentpunkte. In der Wahlforschung wurde die Konfessionsvariable als Indikator des konfessionellen Cleavage zwischen Protestanten und Katholiken mehr und mehr durch die Kirchgangshäufigkeit abgelöst, was mit einer Verschiebung der gesellschaftlichen Konfliktlinie *„zwischen eher religiös oder eher säkular orientierten Bürgern“* gleichzusetzen ist (Klingemann/Steinwede 1993: 53).

Unabhängig davon, ob man die Konfessionszugehörigkeit oder die Kirchenbindung zugrunde legt, findet sich kein Beleg dafür, daß ein „sektorales“ Realignment im konfessionellen Milieu stattfindet. Eine Auflösung der Wähler-Partei-Bindung über die Wahlenthaltung ist nicht zu beobachten. Eher das Gegenteil ist der Fall. Die Nichtwähleranteile sind bei den Katholiken geringfügig schwächer gestiegen als bei den anderen Konfessionen. Zudem nahm bei den regelmäßigen Kirchgängern die Wahlbeteiligung nur in geringem Maße ab. Wie Klingemann und Steinwede (1993: 61) nachwiesen, ist die Bindung des konfessionellen Milieus an die CDU/CSU noch immer sehr ausgeprägt. Nur 6,1 Prozent der Katholiken mit hoher Kirchgangshäufigkeit machten in den Umfragen 1991/92 nicht von ihrem Wahlrecht Gebrauch.

Die Ergebnisse lassen aber auch nicht unbedingt den umgekehrten Schluß zu, daß sich der zunehmende Wahlverzicht außerhalb des konfessionellen Milieus abspielt. Die Beteiligungsdifferenzen zwischen Konfessionslosen und Protestanten bzw. Katholiken sind gering. Die schwächere Wahlbeteiligung der Nicht-Kirchgänger kann ebenso als Indiz eines Wertewandels interpretiert werden. Demzufolge drückt sich der Rückgang des Pflichtbewußtseins auch im Verzicht auf den obligatorischen, sonntäglichen Kirchgang aus. Ferner gehen vor allem jüngere Menschen nicht oder nur noch selten in die Kirche, so daß hier wiederum Generationseffekte zu beachten sind. Die Konfessionszugehörigkeit dürfte jedenfalls als Faktor der Wahlbeteiligung endgültig der Vergangenheit angehören.

5.3.1.3 Entwicklung der Nichtwähler nach Grad der sozialen Integration

Soziale Kontrolle erwies sich in der Vergangenheit als beteiligungsfördernder Faktor. Ob bei längsschnittlicher Betrachtung die sozial weniger Intergrierten auch überdurchschnittlich auf die Stimmabgabe verzichteten, wurde bisher nicht untersucht. Im folgenden werden als Indikatoren sozialer Integration der Familienstand, die Haushaltsgröße und die Vereinszugehörigkeit untersucht. Zudem wäre grundsätzlich auch die Kirchenbindung als Indikator geeignet. Die Ergebnisse des vorangegangenen Kapitels sprechen demnach für eine beteiligungsfördernde Funktion sozialer Integration. Aus den verwendeten Indikatoren läßt sich folgern, daß im Längsschnitt eine Einbindung in das gesellschaftliche Leben zu einer geringeren Abnahme der Wahlbeteiligung führt. Insbesondere hinsichtlich des Familienstands und der Mitgliedschaft in einem Verein finden sich entsprechende Belege, wie die nachstehende Tabelle verdeutlicht.

Tabelle 17: Nichtwähleranteile nach Familienstand, Haushaltsgröße und Vereinszugehörigkeit von 1980 bis 1992 (in Prozent)

	1980	1982	1984	1986	1988	1990	1991	1992
Nichtwähleranteile (insgesamt)	3,2	5,7	9,3	9,8	10,9	11,8	12,9	14,9
nach Familienstand								
verheiratet	2,0	3,7	6,8	8,4	8,3	7,1	9,4	10,9
getrennt, verwitwet, geschieden	5,2	9,5	12,7	10,8	14,6	15,0	16,8	20,6
ledig	5,1	7,8	13,3	13,1	14,1	19,3	18,8	20,4
nach Haushaltsgröße								
eine Person	4,5	9,4	11,7	11,6	13,3	17,9	19,1	20,3
zwei Personen	1,9	5,0	10,1	8,9	8,9	10,0	10,5	12,0
drei Personen	3,4	4,7	8,0	10,7	10,5	9,9	13,3	14,7
vier Personen und mehr	3,5	3,9	6,9	8,7	11,2	8,8	10,4	13,3
nach Vereinszugehörigkeit								
ja	2,7	4,1	6,1	6,6	8,9	8,4	9,3	10,1
nein	3,6	6,9	10,5	12,7	12,1	15,3	15,8	18,8

Quelle: ALLBUS

Bei Verheirateten fällt der Anstieg der Wahlenthaltung von 1980 bis 1992 mit 8,9 Prozentpunkte unterdurchschnittlich aus. Die Nichtwähleranteile lediger, geschiedener oder verwitweter Personen steigen dagegen in etwa um 15 Prozentpunkte. Weitgehend identische Ergebnisse erhält man beim Indikator Haushaltsgröße. Die Wahlbeteiligung geht in Mehr-Personenhaushalten weniger stark zurück als in Ein-Personen-Haushalten. Unterschiede zwischen Zwei-, Drei- und Vier-Personen-Haushalten bestehen indes kaum. Insgesamt fallen die längsschnittlichen Unterschiede bezüglich der Merkmale Familienstand und Haushaltsgröße jedoch nicht dramatisch aus. Die etwas geringere Beteiligung der Ein-Personen-Haushalte sowie der Ledigen und Verwitweten spiegelt möglicherweise nur Altersunterschiede wider. Über diesen Aspekt wird in der multivariaten Analyse noch zu sprechen sein. Der stärkste Effekt ergibt sich bei der Variablen Vereinszugehörigkeit. Die Beteiligungsraten zwischen Vereinsmitgliedern und Nicht-Mitgliedern gehen im Zeitverlauf auseinander.

Sowohl die Befunde zur Kirchenbindung als auch zu den Integrationsindikatoren weisen darauf hin, daß soziale Kontrolle den Anstieg der Wahlenthaltung bremst. Andererseits sind auch in der Gruppe der sozial Integrierten, die den Großteil der Gesellschaft repräsentieren, die Nichtwähleranteile um 8 bis 10 Prozentpunkte gestiegen. Soziale Kontrolle kann daher die nachlassende Teilnahmebereitschaft nicht verhindern. Bei den wenig integrierten Bevölkerungsgruppen verläuft der Abkoppelungsprozeß nur stärker. Um den Einfluß sozialer Integrationsmechanismen zu bewerten, reichen jedoch bivariate Analysen nicht aus. Dazu müßte die Rolle sozialer Netzwerke näher beleuchtet werden, die in Kapitel 6.4 im Zusammenhang mit der Individualisierungsthese besprochen werden.

5.3.1.4 Entwicklung der Nichtwähler nach sozio-ökonomischem Status

Bei Querschnittanalysen bestätigen sich die aus früheren Untersuchungen bekannten Effekte. Wahlberechtigte mit höherem Schulabschluß, mit höherem Einkommen sowie vor allem Beamte und Selbständige gehen überdurchschnittlich zur Wahl. Im längsschnittlichen Vergleich zeigt sich jedoch, daß der sozio-ökonomische Status kaum den Anstieg der Nichtwähler erklären kann. Im folgenden sollen aus Gründen der besseren Übersichtlichkeit die Zeitverlaufanalysen der Indikatoren Bildung, Erwerbsstruktur und Einkommen getrennt dargestellt werden. Im Rahmen der Arbeit wurde auf die Bildung eines Indexes des sozio-ökonomischen Status verzichtet, weil, insbesondere in den Umfragen der achtziger Jahre, die hohen Verweigerungsraten bei der Einkommensfrage die Zahl der untersuchbaren Nichtwähler reduziert hätte.

A) Schulbildung

Sowohl in der Partizipationstheorie als auch in den Wählerverhaltenstheorien stellt das Bildungsniveau ein wichtiger Erklärungsfaktor der Beteiligung dar. Wolfinger und Rosenstone (1980) heben in ihrer amerikanischen Nichtwählerstudie die zentrale Bedeutung des Bildungsniveaus für die Wahlteilnahme heraus. Da in der

Bundesrepublik der Wahlakt jedoch fest institutionalisiert ist, bestand in der Vergangenheit keine enge Beziehung zwischen Bildungsgrad und Wahlbeteiligung, was die Annahmen von Verba, Nie und Kim (1978) über das Zusammenspiel zwischen institutionellen und sozialen Faktoren bestätigt. Wie in der Tabelle veranschaulicht, gingen bis 1984, mit Ausnahme der Bürger ohne Schulabschluß, alle Bildungsgruppen ungefähr in gleichem Umfang zur Wahl.

Tabelle 18: Nichtwähleranteile nach Schulbildung von 1980 bis 1992 (in Prozent)

	1980	1982	1984	1986	1988	1990	1991	1992
ohne Schulabschluß	6,8	11,8	20,7	21,6	33,9	29,4	20,8	37,2
Hauptschule	3,3	5,8	9,5	11,0	12,2	13,2	15,6	16,5
Mittlere Reife	3,4	5,3	8,9	8,0	10,1	11,1	11,4	14,7
Abitur/Fachhochschulreife	1,8	3,3	8,3	7,4	5,7	10,0	12,0	10,0
insgesamt	3,2	5,7	9,3	9,8	10,9	11,8	12,9	14,9

Quelle: ALLBUS

Im Zeitverlauf haben die Nichtwähleranteile der Höhergebildeten jedoch unterdurchschnittlich zugenommen. Dagegen verlief der Anstieg der Nichtwähleranteile bei Hauptschul- und Realschulabsolventen in etwa gleichmäßig. Die mit rund Dreiviertel der Wahlberechtigten stärkste Gruppe der Haupt- und Realschulabsolventen unterscheidet sich Anfang der neunziger Jahre kaum in ihrer Wahlbeteiligung. Diese Aussage widerspricht den Befunden von Falter und Schumann (1994: 176), die bei den potentiellen Nichtwählern eine um 7 Prozent höhere Wahlabstinenz der Hauptschulabsolventen ermittelten. Doch auch bei den an dieser Stelle nicht explizit angeführten Umfragen der Konrad-Adenauer-Stiftung, 1991 und 1993, ergeben sich keine Unterschiede zwischen Real- und Hauptschulabsolventen. Einigkeit besteht dagegen hinsichtlich der geringeren Nichtwähleranteile höherer Bildungsgrade, deren Anstieg um 8,2 Prozentpunkte unterdurchschnittlich verlief. Allerdings ist der Unterschied zu den Haupt- und Realschulabsolventen nicht sehr groß. Bei dynamischer Betrachtung nahm die Beteiligungsquote insbesondere unter den Wahlberechtigten, die keinen Schulabschluß haben, stark ab. Da ihr Anteil, in absoluten Zahlen gemessen, über den ganzen Zeitraum hinweg zwischen 1,8 und 2,3 Prozent schwankt, spielen sie jedoch eine nur untergeordnete Rolle. Aufgrund der starken Beteiligungsunterschiede wird im folgenden keine Zusammenfassung der Kategorien „ohne Schulbildung“ und „Volks- bzw. Hauptschule“ vorgenommen, da sonst das Teilnahmeverhalten der Hauptschulabsolventen ungerechtfertigter Weise verzerrt würde.

Der etwas schwächere Rückgang der Wahlbeteiligung bei Personen mit hoher Bildung deutet auf der einen Seite darauf hin, daß bei einem abnehmenden Institutionalisierungsgrad des Wahlaktes Bildungseffekte eine größere Bedeutung gewinnen können. Diese Vermutung bestätigt sich bisher jedoch nur in Ansätzen. Auf der anderen Seite belegt der Anstieg der Nichtwähleranteile unter den Höhergebildeten, daß die sehr enge Verbindung zwischen hohem Bildungsniveau und

Wahlteilnahme etwas an Bestimmtheit verloren hat. Im Gegensatz zum Anfang der achtziger Jahre nehmen Bürger mit höherer Schulbildung nicht mehr zwangsläufig an Bundestagswahlen. Der Nichtwähleranteil stieg von 1,8 auf 10,0 Prozent. Offenbar hat sich auch bei Bevölkerungsteilen, die lange Zeit als zuverlässige Wähler galten, ein Einstellungswandel vollzogen, der in den nächsten Kapiteln noch prägnanter herausgearbeitet werden muß.

B) Erwerbsstruktur

Über die Jahre ergibt sich bei der Erwerbsstruktur als zweite wichtige Variable des sozio-ökonomischen Status ein uneinheitliches Bild. Beamte zeigten die gewohnt größere Bereitschaft zur Stimmabgabe, sie trugen zugleich deutlich unterdurchschnittlich zum Rückgang der Wahlbeteiligung bei. Die enge berufliche Verbundenheit mit dem Staat drückt sich in einer sehr hohen Teilnahme aus. Entgegen den Befunden von Eilfort (1994: 214) sowie Falter und Schumann (1994: 176) sind jedoch sowohl querschnittlich als auch längsschnittlich kaum Differenzen zwischen Angestellten und Arbeitern festzustellen.

Tabelle19: Nichtwähleranteile nach Erwerbstätigkeit und Gewerkschaftszugehörigkeit von 1980 bis 1992 (in Prozent)

	1980	1982	1984	1986	1988	1990	1991	1992
Nichtwähleranteile (insgesamt)	3,2	5,7	9,3	9,8	10,9	11,8	12,9	14,9
nach Erwerbstätigkeit								
Selbständige	1,8	4,7	7,1	7,9	4,0	10,1	6,3	13,8
Beamte	0,7	3,6	7,3	7,2	4,7	3,7	6,7	5,0
Angestellte	3,3	4,0	7,6	9,3	9,4	13,1	12,6	14,2
Arbeiter	4,1	4,7	12,7	10,9	13,2	17,0	17,2	17,4
nicht erwerbstätig	3,3	7,0	9,5	10,3	12,1	11,1	13,4	15,7
nach Gewerkschaftszugehörigkeit								
ja	4,0	4,9	6,3	6,2	6,4	10,9	14,4	11,1
nein	3,0	5,8	9,8	10,5	11,5	11,9	12,6	15,6

Quelle: ALLBUS

Allerdings haben Falter und Schumann Beamte und Angestellte in einer Kategorie zusammengefaßt. Bei Eilfort (1994: 214) fällt mit 15,9 Prozent der Unterschied zwischen Arbeitern und Angestellten sehr deutlich aus. Dagegen lag die Wahlenthaltung der Arbeiter im ALLBUS 1992 nur um 3,2 Prozent höher. Die große Differenz ist aller Voraussicht nach auf die von Eilfort gewählte Methode der freiwilligen, schriftlichen Befragung zurückzuführen. So waren die Arbeiter im Stuttgarter Gesamtsample deutlich unterrepräsentiert.

Die höhere Wahlbeteiligung der Gewerkschaftsmitglieder entkräftet ferner die These, daß der Rückgang der Wahlbeteiligung durch ein Aufweichen der Wähler-Partei-Bindung im sozialen Milieu verursacht wurde. Von einem „sektoralen" Realignment kann auch für das soziale Cleavage nicht gesprochen werden. Wie bereits Klingemann und Steinwede (1993) nachwiesen, ist das soziale Milieu noch immer eng an die SPD gebunden. Zwar enthalten sich Arbeiter etwas häufiger der Stimme, allerdings sind die Differenzen zu den anderen Erwerbstätigen nicht groß. Zum anderen beteiligen sich gewerkschaftsgebundene Arbeiter zumindest dem Durchschnitt entsprechend, so daß die geringen Abweichungen zwischen Angestellten und Arbeitern gänzlich verschwinden. Ihr Nichtwähleranteil beträgt 1991/92 14,8 Prozent (nicht abgebildet). Eine Lösung dieser Bindung über den Weg der Wahlenthaltung ist allenfalls für diese 14,8 Prozent auszumachen. Gegenüber dem konfessionellen Milieu, das einen Nichtwähleranteil von lediglich 6,1 Prozent zu verzeichnen hatte, besteht im sozialen Milieu eher die Tendenz zur Wahlenthaltung. Für eine Teilgruppe von Nichtwählern ließe sich daher das Argument des „sektoralen“ Realignment nachvollziehen. Allerdings war bereits in der Vergangenheit die Wahlenthaltung des Arbeitermilieus bzw. des sozialen Milieus höher, so daß im Zeitverlauf keine Effekte festzustellen sind.

Differenziert man die Erwerbstätigen nach ihrer beruflichen Stellung, müssen auch die aus anderen Untersuchungen bekannten Unterschiede zwischen höher und weniger qualifizierten Erwerbstätigen relativiert werden. So nehmen Anfang der neunziger Jahre einfachere Arbeiter in gleichem Umfang wie Facharbeiter an Wahlen teil. Ebenso lassen sich keine Unterschiede mehr zwischen einfachen und höheren Beamten feststellen. Anhand der beruflichen Stellung lassen sich Nichtwähler und Wähler kaum trennen. Die leitenden Angestellten ausgenommen, haben sich in den vergangenen zehn Jahren die Beteiligungsunterschiede, die Anfang der achtziger Jahre durchaus noch bestanden, Schritt für Schritt angeglichen.

Tabelle 20: Nichtwähleranteile nach beruflicher Stellung 1982/84 bis 1991/92 (in Prozent)

	1982/84	1988	1991/92	Differenz 1991/92 - 1982/84
ungelernte/angelernte Arbeiter	12,9	25,3	18,3	+ 5,4
Fach-/Vorarbeiter	5,5	8,3	16,4	+ 10,9
einfachere Angestellte	7,1	15,6	17,8	+ 10,1
Sachbearbeiter	4,7	7,6	14,4	+ 9,7
leitende Angestellte	6,0	2,8	10,5	+ 4,5
einfachere Beamte	9,0	7,4	5,7	- 3,3
höhere Beamte	2,5	2,7	6,8	+ 4,3
insgesamt	7,5	10,9	14,1	+ 6,6

Quelle: ALLBUS

Insgesamt sind nicht nur die Wechselwähler, sondern auch die Nichtwähler mehr und mehr in der neuen Mittelschicht zu lokalisieren. Sowohl Facharbeiter als auch einfache und mittlere Angestellte (Sachbearbeiter) haben sich im Zeitverlauf überdurchschnittlich der Stimme enthalten. Die infolge des sozialen Wandels stattfindenden Tendenzen eines „ökologischen“ Realignment führen zu einer immer größer werdenden Gruppe, die nicht in die klassischen gesellschaftlichen Konfliklinien eingebunden ist. Zugleich ist diese Gruppe in den letzten zehn Jahren in überdurchschnittlichem Maße der Wahl fern geblieben und stellt Anfang der neunziger Jahre einen bedeutenden Anteil der Nichtwählerschaft. Sowohl die geringfügigen Bildungsunterschiede als auch die geringen Differenzen in der Erwerbsstruktur der Nichtwähler deuten jedoch darauf hin, daß Wahlenthaltung ein gesamtgesellschaftliches Phänomen darstellt. Abgesehen von den Beamten und dem konfessionellen Milieu, weist keine der bisher untersuchten sozialen Gruppen große Abweichungen in den Beteiligungsraten auf.

Die These eines gesamtgesellschaftlichen Nichtwähleranstiegs läßt sich auch anhand der großen Gruppe der Nichterwerbstätigen bekräftigen. Insgesamt stellen sie rund die Hälfte der Befragten und setzen sich im wesentlichen aus vier Gruppen zusammen, wobei die Größenanteile der vier Gruppen im Untersuchungszeitraum weitgehend gleich blieben. Die Hälfte sind Rentner und ein Drittel Hausfrauen. Der Rest besteht aus Studenten (12 Prozent) und Arbeitslosen (4,7 Prozent). Während die ersten drei Gruppen sich in etwa durchschnittlich der Stimme enthalten, fällt die Wahlbeteiligung bei den Arbeitslosen deutlich geringer aus. Jeder vierte Arbeitslose bleibt der Wahl fern. Bei dynamischer Betrachtung haben vorwiegend Arbeitslose und Hausfrauen mehr und mehr auf die Teilnahme verzichtet. Seitens der Hausfrauen schränkt der hohe Frauenanteil unter den Nichtwählern infolge des Overreporting die Validität der Ergebnisse ein. Sozial schlechter Gestellte, wie Arbeitslose und Personen ohne Schulabschluß, neigen dagegen verstärkt zur Wahlabstinenz. Aber bezogen auf die Gesamtzahl der Befragten, spielen die Arbeitslosen nur eine untergeordnete Rolle, zumal darunter Personen ohne Bildungsabschluß stark überrepräsentiert sind.

Tabelle 21: Nichtwähleranteile der Nicht-Erwerbstätigen 1982/84 bis 1991/92 (in Prozent)

	1982/84	1988	1991/92	Differenz 1991/92 - 1982/84
Rentner	6,8	-	11,9	+ 5,1
Hausfrauen	8,4	-	18,0	+ 9,6
Studenten	8,1	10,6	12,8	+ 4,7
Arbeitslose	15,2	23,6	26,2	+ 11,0
insgesamt	7,5	10,9	14,1	+ 6,6

Quelle: ALLBUS

C) Einkommen

Ungeachtet der immer noch großen Zahl von Antwortverweigerern lassen sich die teilweise festgestellten Nivellierungstrends zwischen Wählern und Nichtwählern bei dem Merkmal Einkommen nicht in vollem Umfang bestätigen. Die Einkommensdifferenzen haben im Zeitverlauf vielmehr leicht zugenommen. Um auf eine Inflationsbereinigung des Einkommensindikators verzichten zu können, wurde im folgenden Schaubild die durchschnittliche Einkommensentwicklung von Wählern und Nichtwählern gegenübergestellt. Dabei wurde im oberen Teil der Grafik das Haushaltseinkommen, im unteren Teil das persönliche Einkommen dargestellt. Insbesondere beim Haushaltseinkommen gehen die beiden Kurven ab 1988 auseinander.

Abbildung 7: Einkommen der Wähler und Nichtwähler im Zeitverlauf

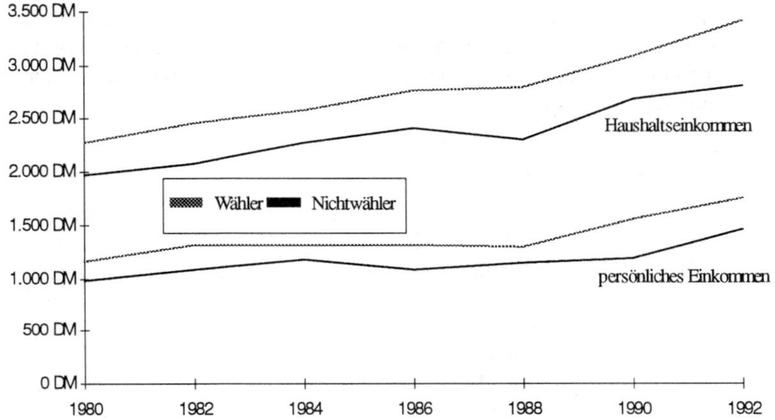

Quelle: ALLBUS

Bezüglich des Haushaltseinkommens ist jedoch zu beachten, daß hier implizit die Haushaltsgröße mitberücksichtigt wird. Aus diesem Grund wurde das Pro-Kopf-Einkommen des Haushalts als zusätzlicher Maßstab genommen. Die Differenzen zwischen Wählern und Nichtwählern fallen danach 1991/92 deutlich geringer aus. Nur bei einem Pro-Kopf-Einkommen von unter 800 DM monatlich liegt der Nichtwähleranteil mit 22,2 Prozent deutlich über dem Durchschnitt. Sofern die Befragten in einem Haushalt leben, der über ein Pro-Kopf-Einkommen von 800 DM bis zu 3.500 DM verfügt, differieren die Nichtwähleranteile nur zwischen 11,5 und 14,8 Prozent. Längsschnittlich beträgt der Anstieg der Nichtwähleranteile im Vergleich zu 1982/84 bei den Geringverdienenden rund 12 Prozentpunkte, bei den durchschnittlich und Besserverdienenden lediglich 8 Prozentpunkte.

Die Ergebnisse belegen, daß sozial schwächer Gestellte eher zur Wahlenthaltung tendieren und zudem die Nichtwähleranteile in stärkerem Maße zunehmen. Diese Aussage beschränkt sich jedoch ausschließlich auf den harten Kern der sozial Schwachen: Geringverdienende oder, wie bereits an anderer Stelle ausgeführt, Arbeitslose und Personen ohne Schulabschluß. Sie stellen jedoch eine Minderheit in der Bevölkerung dar. Nimmt man bei der allgemeinen Gegenüberstellung die sozial Schwachen heraus, ergeben sich kaum Unterschiede in der sozio-ökonomischen Situation von Wählern und der überwiegenden Mehrheit von Nichtwählern. Weit mehr als die Hälfte der Nichtwähler konnte auf ein Haushaltseinkommen von mindestens 1.500 DM sowie ein Pro-Kopf-Einkommen von über 1.200 DM zurückgreifen. Denn auch Bürger mit einem mittleren oder hohem sozio-ökonomischen Status bleiben zunehmend den Wahlurnen fern. Insgesamt bestärken die Resultate zum sozio-ökonomischen Status die These, daß der Rückgang der Wahlbeteiligung nicht auf einzelne soziale Gruppen beschränkt bleibt, sondern den Großteil der westdeutschen Wahlberechtigten erfaßt hat. Das Nachlassen der Wahlbereitschaft vollzieht sich nur in unterschiedlicher Geschwindigkeit - bei den sozial Schwächeren etwas stärker, bei anderen Sozialgruppen etwas langsamer. Die unzureichende Trennschärfe sozio-ökonomischer Merkmale unterstreicht die Notwendigkeit differenzierter Betrachtungen.

5.3.2 Soziologische Cross-Pressure-Hypothese

Unter Cross-Pressure (Kreuzdruck) stehen nach Lazarsfeld, Berelson und Gaudet (1968) Menschen mit gegenläufigen sozialen Konfliktlinien. Ihre Wahlentscheidungen sind daher schwankend. Die Folge ist eine größere Unsicherheit der Betreffenden, was zu Desinteresse und Wahlenthaltung führen kann. In der Bundesrepublik hat sich die Forschung in erster Linie auf den kirchengebundenen Arbeiter und Gewerkschaftsangehörigen konzentriert. Im folgenden soll untersucht werden, ob dieser Nichtwählertyp zum Rückgang der Wahlbeteiligung beigetragen hat. Gemäß der bisherigen Ergebnisse fördert jedoch die Mitgliedschaft in intermediären Organisationen die Wahlbeteiligung, was gegen die Gültigkeit der soziologischen Cross-Pressure-These spricht. Um der Thematik nachzugehen, wurden zwei Gruppen näher untersucht: Arbeiter mit Kirchenbindung sowie Arbeiter mit Gewerkschafts- und Kirchenbindung. Die Variable Kirchgangshäufigkeit wurde zu zwei Kategorien zusammengefaßt: Personen, die nie oder selten zur Kirche gehen, ergo keine Kirchenbindung haben, und Personen, die mindestens gelegentlich in die Kirche gehen. Aufgrund der zum Teil geringen Fallzahlen wurden jeweils zwei ALLBUS-Datensätze zusammengefaßt.

Tabelle 22: Nichtwähleranteile und soziologisches Cross-Pressure 1980/82 im Vergleich zu 1991/92 (in Prozent)

	1980/82			1991/92			Differenz 1991/92 -1980/82		
	Politisches Interesse			Politisches Interesse			Politisches Interesse		
	groß	mittel	gering	groß	mittel	gering	groß	mittel	gering
Cross-Pressure I									
Arbeiter mit hohem Kirchgang	1,1	0,5	7,6	3,9	6,2	23,5	+ 2,8	+ 5,7	+ 15,9
keine Arbeiter und hohe Kirchgangshäufigkeit	1,4	2,8	6,3	4,9	7,0	23,6	+ 3,5	+ 4,2	+ 16,3
Arbeiter, die nicht in die Kirche gehen	4,1	3,4	8,9	7,9	13,9	31,1	+ 3,8	+ 10,5	+ 22,2
Cross-Pressure II									
Gewerkschaftsmitglied mit hohem Kirchgang	0,9	2,0	6,7	0,0	6,1	11,5	- 0,9	+ 4,1	+ 4,8
kein Gewerkschaftsmitglied und hoher Kirchgang	1,4	2,0	6,8	5,4	6,9	24,5	+ 4,0	+ 4,9	- 0,1
Gewerkschaftsmitglied und kein Kirchgang	4,6	3,8	9,3	9,4	14,8	33,6	+ 4,8	+ 11,0	+ 24,3
insgesamt	2,9	2,9	8,1	8,1	10,9	28,9	+ 5,2	+ 8,0	+ 20,8

Quelle: ALLBUS 1980/82 und 1991/92

Wie die Daten belegen, findet sich kein Hinweis auf die Richtigkeit der Lazarsfeld'schen These. Unabhängig vom Grad des politischen Interesses neigen Personen mit Kreuzdruck zu einer weitaus höheren Wahlbeteiligung. Sowohl der Arbeiter mit Kirchenbindung als auch der kirchengebundene Gewerkschaftler nehmen weit überdurchschnittlich an Wahlen teil. Der zweite Indikator erweist sich im Vergleich als aussagekräftiger. Arbeiter mit Gewerkschafts- und Kirchenbindung, die sich wenig für Politik interessieren, gehen 1991/92 zu 11,5 Prozent nicht zur Wahl. Bei desinteressierten Arbeitern dagegen, die selten oder gar nicht in die Kirche gehen, beträgt der Nichtwähleranteil 33,6 Prozent. Allerdings neigen sie in Übereinstimmung mit Lazarsfeld et al. (1968) häufiger dazu, die Partei zu wechseln. Dieser Aspekt ist jedoch in der Tabelle nicht enthalten. Cross-Pressure fördert jedoch die Beteiligung. Zu gleichlautenden Befunden kamen Noelle-Neumann und Reitzle (1991: 279) sowie Falter und Schumann (1994: 191).

Auch der Rückgang der Wahlbeteiligung fiel in allen Cross-Pressure-Gruppen deutlich geringer aus als in den Vergleichsgruppen. Während der Nichtwähleranteil in den untersuchten Samples bei den Desinteressierten um 20,8 Prozentpunkte stieg, nahm er beim desinteressierten Arbeiter mit Kirchen- und Gewerkschaftsbindung lediglich um 4,8 Prozentpunkte zu. Gemäß diesen Befunden muß die soziologische Cross-Pressure-Hypothese auf den Kopf gestellt werden. Personen mit sozialkonfliktären Gruppenzugehörigkeiten enthalten sich nicht häufiger, sondern weit weniger der Stimme. Sofern sie politisch stark interessiert sind, bleibt die Enthaltung mit 0,9 bzw. 0,0 Prozent gar die Ausnahme.

5.3.3 Multivariate Modelle

Individuen können nie anhand eines einzigen Sozialstrukturmerkmals charakterisiert werden, sondern vereinen eine Vielzahl von Sozialcharakteristika. So sind Ledige überproportional unter den jüngeren Bevölkerungsgruppen vertreten. Ebenso haben überdurchschnittlich viele Arbeiter einen Hauptschulabschluß. Um den wahren Einfluß sozialstruktureller Faktoren zu ermitteln, müssen solche Interaktionseffekte in den Analysen berücksichtigt werden. Dieser Tatsache wird mit multivariaten Methoden Rechnung getragen. Die Erklärungskraft der sozialstrukturellen Indikatoren wird durch eine Gegenüberstellung verschiedener Querschnittanalysen untersucht. Dafür wurden die ALLBUS-Umfragen 1982 und 1984, 1986 und 1988 sowie 1991 und 1992 kumuliert und jeweils eine Reihe von bivariaten und multivariaten logistischen Regressionsrechnungen durchgeführt. In der Tabelle auf der folgenden Seite wurden den bivariaten Ergebnissen die Effekte der einzelnen Variablen im multivariaten Modell gegenübergestellt.

Anzumerken ist, daß der Erklärungsbeitrag der Variablen erheblich durch die Kategorisierung beeinflußt wird. So erwiesen sich vor allem binäre logistische Regressionen als wenig brauchbar. Ohne die Ergebnisse im Schaubild darzustellen, waren die Aggregationsverluste bei Kodierungen wie z.B. hohe Schulbildung vs. keine hohe Schulbildung oder konfessionell vs. konfessionslos so groß, daß die Variablen zum Teil jegliche Erklärungskraft verloren. Aus diesem Grund wurden in der Regel vier Kategorien gebildet, beim Alter sogar sechs Kategorien. Die Beurteilung der Güte einer multivariaten logistischen Regression ist nicht ganz so einsichtig, wie bei der multiplen linearen Regression. Wie bereits erläutert, dient als Indikator das Pseudo-R^2. Dieser mit dem klassischen Bestimmtheitsmaß vergleichbare Indikator ist folgendermaßen zu interpretieren: Je höher der prozentuale Wert des Pseudo-R^2, desto besser ist das Modell in der Lage, die Wahlbeteiligung zu erklären.

Tabelle 23: Multivariates sozialstrukturelles Modell (logistische Regression: Pseudo-R^2)

	1982/84		1986/88		1991/92	
	bivariates Ergebnis	partieller Effekt	bivariates Ergebnis	partieller Effekt	bivariates Ergebnis	partieller Effekt
Alter	0,7 %	n.s.	1,6 %	2,6 %	2,0 %	2,5 %
Bildung	0,2 %	n.s.	1,5 %	1,5 %	1,6 %	1,8 %
Kirchgang	1,5 %	1,1 %	1,4 %	1,2 %	3,5 %	3,5 %
Konfession	1,7 %	1,6 %	0,6 %	0,7 %	0,4 %	n.s
Familienstand	2,1 %	2,1 %	1,2 %	n.s.	2,3 %	1,3 %
Haushaltsgröße	0,9 %	n.s.	0,6 %	0,4 %	0,9 %	n.s.
Vereinszugehörigkeit	1,1 %	0,8 %	1,0 %	0,4 %	1,6 %	0,7 %
Erwerbsstruktur	0,9 %	0,7 %	1,2 %	n.s.	1,4 %	n.s.
Pro-Kopf-Einkommen	0,9 %	n.s.	0,3 %	n.s.	1,0 %	0,6 %
Gewerkschafts-mitgliedschaft	0,2 %	0,4 %	0,5 %	0,6 %	0,1 %	n.s.
-2log-Likelihood (Nullmodell)	2007,8		2978,2		2569,9	
Freiheitsgrade	15		19		18	
Fallzahlen	N= 3757		N= 4541		N=3072	
Gesamtmodell	6,7 %		7,4 %		10,5 %	

n.s. = nicht signifikant; Chi-Quadrat-Werte und ß-Koeffizienten sind in den Anhängen XIII (multivariates Modell) und VI (bivariate Modelle) wiedergegeben.

Quelle: ALLBUS 1982/84, 1986/88, 1991/92

Insgesamt haben sich im multivariaten Modell erhebliche Bedeutungsverschiebungen gegenüber der bivariaten Betrachtung ergeben. Das Pseudo-R^2 beträgt bei den Merkmalen Haushaltsgröße und Familienstand 1986/88 und 1991/92 nur 0,4 bzw. 1,3 Prozent, während bei bivariater Betrachtung der Familienstand 1991/92 beispielsweise ein Pseudo-R^2 von 2,3 Prozent hat. Der geringe Beitrag der Indikatoren sozialer Integration ist im wesentlichen auf Interaktionseffekte mit der Altersvariablen zurückzuführen. Junge und sehr alte Menschen sind bei den Ein-Personen-Haushalten stark überrepräsentiert. Ebenso verhält es sich bezüglich des Familienstands. Jüngere Menschen sind zumeist ledig. Dieser Interaktionseffekt erklärt auch, warum 1982/84 die Altersvariable nicht signifikant ist, dafür aber der Familienstand erheblich zur Erklärung des Gesamtmodells beiträgt. Dies deutet darauf hin, daß es zumindest einen gewissen „Jung und Single"-Effekt gibt. Diese Personengruppe weist eine deutlich niedrigere Beteiligungsrate auf.

Erwerbsstruktur und Pro-Kopf-Einkommen haben gegenüber der bivariaten Betrachtung ebenfalls an Erklärungskraft eingebüßt. Der Indikator Erwerbsstruktur ist in den beiden jüngeren Modellen nicht mehr signifikant, was insbesondere auf den Interaktionseffekt mit der Bildungsvariablen zurückzuführen ist. Das Pro-Kopf-Einkommen ist nur im Jahr 1991/92 signifikant. Mit 0,6 Prozent Pseudo-R^2 ist der Erklärungsbeitrag jedoch nicht sehr groß. Seitens der Konfession ist zu beachten, daß zu allen untersuchten Zeitpunkten nur die Kategorie „andere Konfessionen" signifikant ist (siehe Anhang XIV). Der Erklärungsbeitrag dieser Variablen beruht daher ausschließlich auf der hohen Wahlenthaltung von Angehörigen anderer christlicher und nicht-christlicher Religionsgemeinschaften.

Bemerkenswert ist vor allem die unterschiedliche Erklärungskraft der Bildungs- und Altersvariable im Zeitverlauf. Während 1982/84 beide Variablen im multivariaten Modell nicht signifikant sind, tragen sie ab 1986/88 entscheidend zur Verbesserung der Modellgüte bei. Ferner hat insbesondere die Kirchgangshäufigkeit als Determinate der Wahlbeteiligung an Bedeutung gewonnen. Abschließend ist daher festzustellen, daß auf der Mikroebene vorwiegend die Kirchgangshäufigkeit, das Alter und das Bildungsniveau zur Erklärung der sinkenden Wahlbeteiligung beitragen. Ihr Erklärungsbeitrag hat im Zeitverlauf deutlich zugenommen. 1986/88 sowie 1991/92 tragen diese drei Variablen mit über 70 Prozent zur Erklärung des Gesamtmodells bei. Mit Ausnahme des Pro-Kopf-Einkommens ist die Aussagekraft der anderen Sozialstrukturmerkmale hingegen im Zeitverlauf zurückgegangen.

Alle drei ausschließlich sozio-demographischen Modelle haben jedoch insgesamt nur einen bescheidenen Erklärungswert. Das Pseudo-R^2 beträgt Anfang der achtziger Jahre 6,7 Prozent, 1986/88 7,4 Prozent und Anfang der neunziger Jahre 10,5 Prozent. Sozialstrukturelle Merkmale können die sinkende Wahlbeteiligung daher kaum hinreichend erklären. Zwar hat die Erklärungskraft der soziologischen Modelle im Zeitverlauf etwas zugenommen. Dies ist jedoch zum einen auf den starken Alterseffekt zurückzuführen sowie zum zweiten auf den „weichen" Faktor der Kirchenbindung, der durchaus auch als Ausdruck eines Wertewandels interpretierbar ist. Denn die Konfession spielt als Indikator kaum eine Rolle. Beide Effekte würden auch die Generationsthese stützten, da jüngere Menschen in der Regel seltener zur Kirche gehen. Nur der steigende Erklärungsbeitrag des Bildungsniveaus und des Haushaltseinkommens stützen auf der Mikroebene den soziologischen Ansatz. In Zeiten geringerer Beteiligungsraten bzw. eines nachlassenden Institutionalisierungsgrades des Wahlaktes gewinnen demnach sozio-ökonomische Faktoren an Bedeutung. Bisher ist ihr Beitrag jedoch noch sehr bescheiden. Inwieweit das Verhalten der sozial schlechter Gestellten für den massiven Rückgang der Wahlbeteiligung verantwortlich ist, läßt sich mit Effekten auf der Mikroebene allein nicht abschließend beantworten. Im nächsten Kapitel sollen daher die Gesamt- bzw. Kompositionseffekte untersucht werden.

5.4 Synthese von Aggregat- und Individualeffekten

5.4.1 Sozialstrukturelle Charakteristika der Nichtwähler im Zeitvergleich

Neben den geringen Beteiligungsdifferenzen verschiedener sozialer Gruppen auf der Mikroebene bewirkt vor allem die gesellschaftliche Entwicklung der achtziger Jahre eine Angleichung von Wählern und Nichtwählern. Die Befunde zum sozialen Wandel in der Bundesrepublik ergaben, daß die Bedeutung der sozialen Randgruppen unverändert blieb. Sowohl Personen ohne Schulabschluß, Arbeitslose sowie Angehörige anderer christlicher und nicht-christlicher Konfessionen, die alle eine sehr hohe Wahlabstinenz aufweisen, stellen eine Minderheit in der Bevölkerung dar. Wie die Tabelle 24 auf der nächsten Seite veranschaulicht, haben die Angehörigen anderer Konfessionen unter den Nichtwählern sogar deutlich an Gewicht verloren. Personen ohne Bildungsabschluß sowie die Arbeitslosen, die nicht gesondert aufgeführt sind, stellen gerade einmal 4 Prozent der Nichtwähler. Zwar stieg die Bereitschaft zum Wahlverzicht unter den Hauptschulabsolventen leicht überdurchschnittlich, gleichzeitig sank aber ihr Anteil in der Bevölkerung. Beim Faktor Bildung sind somit gegenläufige Effekte zwischen Individual- und Aggregatebene zu beachten. Auch bei der Erwerbsstruktur besteht eine Gegenläufigkeit. Allerdings waren die Beteiligungsdifferenzen zwischen Angestellten und Arbeitern ohnehin gering. Im folgenden werden daher die Kompositionseffekte, d.h. die Synthese aus den individuellen Beteiligungsraten und dem gesellschaftlichem Wandel, betrachtet. Die sozialstrukturellen Einflüsse lassen sich am besten über die veränderte Zusammensetzung der Nichtwählerschaft beschreiben.

Die prozentuale Aufteilung täuscht jedoch darüber hinweg, daß mittlerweile jeder fünfte Bundesbürger nicht wählt. Im Gegensatz zum Anfang der achtziger Jahre beruht die Wahlenthaltung folglich auf einer wesentlich breiteren Basis der Gesellschaft. Neben der sozialstrukturellen Zusammensetzung wurde daher vor allem ein Überrepräsentationsindex (ÜR-Index) angegeben. Dieser Index beschreibt, in welchem Ausmaß die Zusammensetzung der Nichtwählerschaft von der der Gesamtbevölkerung abweicht. Er errechnet sich aus dem Anteil der Nichtwähler durch den Anteil aller Befragten. Dazu wurde die überwiegende Mehrzahl der sozialstrukturellen Faktoren als Ordinalskalen interpretiert. Beim Alter und der Haushaltgröße wurde auf Durchschnittswerte zurückgegriffen. Lediglich bei der Erwerbsstruktur, dem Familienstand und der Konfessionszugehörigkeit ist diese Methode zweifelhaft, so daß hier die Kategorien „Angestellte“ bzw. „Ledige“ sowie „Konfessionslose“ als Vergleichsmaß dienten. Je näher der Index an dem Gleichverteilungswert Eins liegt, desto weniger unterscheiden sich die Nichtwähler vom Durchschnitt der Bevölkerung. Für die Jahre 1991/92 kann die Zusammensetzung der Nichtwählerschaft zudem mit der Sozialstrukur der westdeutschen Bevölkerung verglichen werden, die in Tabelle 11 auf Seite 93 dargestellt wurde.

Insgesamt ist, abgesehen von der Altersstruktur und dem Bildungsstand, eine gewisse Tendenz der Nichtwählerschaft zum Bevölkerungsdurchschnitt zu beobachten. Der Überrepräsentationsindex hat beim Merkmal Bildung jedoch ausschließlich aufgrund der hohen Wahlenthaltung der Personen ohne Schulabschluß etwas zugenommen. Denn der Anteil der Personen mit mittleren und höheren Bildungsabschlüssen ist unter den Nichtwählern auf 39,1 Prozent gestiegen. Dagegen ging der Anteil der Hauptschulabgänger unter den Nichtwählern von 62,2 Prozent auf 56,9 Prozent zu Beginn der neunziger Jahre zurück. Bei der Altersstruktur ist eine zunehmende Verjüngung festzustellen, während Anfang der achtziger Jahre der Altersdurchschnitt der Nichtwähler noch in etwa dem der Gesamtbevölkerung entsprach. Fast die Hälfte der Nichtwähler ist Anfang der neunziger Jahre jünger als 35 Jahre, 1982/84 waren dies rund 41 Prozent. Die jungen Nichtwähler stellen ein sehr großes Segment der Nichtwählerschaft, das in den folgenden Kapiteln noch detaillierter untersucht werden muß.

Tabelle 24: Zusammensetzung der Nichtwählerschaft nach sozialstrukturellen Merkmalen 1982/84, 1986/88 sowie 1991/92 (in Prozent)

	1982/84	1986/88	1991/92
Erwerbsstruktur			
Beamte	4,4	3,2	2,3
Selbständige	4,7	3,2	3,8
Angestellte	15,4	19,9	25,4
Arbeiter	15,6	15,8	16,5
nicht berufstätig	59,9	57,9	52,1
ÜR-Index	*0,76*	*0,90*	*0,96*
Schulbildung			
ohne Schulabschluß	2,3	5,5	4,0
Hauptschule	62,2	61,3	56,9
Mittlere Reife	20,8	20,1	23,6
höherer Schulabschluß	14,7	13,1	15,5
ÜR-Index	*1,02*	*1,10*	*1,09*
Altersstruktur			
18 - 25 Jahre	16,2	21,9	17,1
26 - 35 Jahre	24,9	26,6	31,8
36 - 45 Jahre	15,7	12,6	14,3
46 - 65 Jahre	23,7	23,9	22,6
über 65 Jahre	19,5	14,9	14,3
ÜR-Index	*1,00*	*1,08*	*1,08*
Familienstand			
verheiratet	42,7	47,8	42,9
verwiwtet, geschieden	29,8	21,7	25,0
ledig	27,5	30,5	32,1
ÜR-Index	*1,44*	*1,32*	*1,40*

	1982/84	1968/88	1991/92
Konfession			
katholisch	37,0	43,5	37,4
protestantisch	40,8	40,3	46,2
andere Konfessionen	11,7	6,0	3,8
konfessionslos	10,5	10,2	12,6
ÜR-Index	*1,39*	*1,31*	*1,10*
Kirchgang			
regelmäßig	20,3	19,0	14,3
manchmal	17,7	17,9	16,6
selten	25,9	32,3	33,8
nie	35,1	30,8	35,3
ÜR-Index	*0,91*	*0,91*	*0,90*
Vereinszugehörigkeit			
nein	76,9	67,0	68,6
ja	23,1	33,0	31,4
ÜR-Index	*1,07*	*1,10*	*1,09*
Gewerkschaftsmitglied			
nein	89,0	91,5	86,5
ja	11,0	8,5	13,5
ÜR-Index	*1,02*	*1,03*	*1,01*
Haushaltsgröße			
eine Person	34,3	28,0	33,1
zwei Personen	31,0	27,0	27,3
drei Personen	16,6	20,7	20,3
vier und mehr Pers.	18,1	24,3	19,3
ÜR-Index	*1,10*	*1,02*	*1,05*

Lesehilfe: Die Erwerbsstruktur der Nichtwählerschaft umfaßte 1982/84 4,4 Prozent Beamte, 4,7 Prozent Selbständige, 15,4 Prozent Angestellte, 15,6 Prozent Arbeiter und 56,7 Prozent waren nicht berufstätig. Der Überrepräsentationsindex (ÜR-Index) betrug 0,76, was bedeutet, daß die Angestellten deutlich unterrepräsentiert waren. Bis 1991/92 stieg sich dieser Wert auf 0,96. Seitens der Konfession betrug der ÜR-Index 1982/84 noch 1,39, d.h. die Konfessionslosen waren überrepräsentiert, dieser Wert sank 1991/92 auf 1,10.

Quelle: ALLBUS

Bei allen anderen Sozialstrukturmerkmalen zeigen sich kaum Unterschiede zwischen Nichtwählern und Wählern. Seitens der Erwerbstätigen ist der Anteil der Arbeiter in Nichtwählerschaft mit 34,1 Prozent gegenüber 37,1 Prozent in den Jahren 1982/84 leicht rückläufig, während der Anteil der Angestellten von 34 Prozent auf 43,9 Prozent deutlich zunahm. Der Überrepräsentationsindex nähert sich auffällig dem Faktor Eins an. Ähnliche Entwicklungen sind bei der Konfessionszugehörigkeit, der Haushaltsgröße und der Gewerkschaftsmitgliedschaft zu beobachten. Bei den Merkmalen Vereinszugehörigkeit und Kirchgang hat sich der Wert kaum verändert, so daß die veränderte Struktur der Nichtwählerschaft in etwa den gesellschaftlichen Prozessen in den achtziger Jahren entspricht.

Die Nivellierung sozialer Unterschiede bei einem gleichzeitig höheren Niveau der Wahlenthaltung von über 20 Prozent signalisiert, daß mittlerweile ein beträchtlicher Teil der Nichtwählerschaft aus der Mittelschicht stammt. Da Anfang der neunziger Jahre die Überrepräsentationsindizes in der Regel nur unwesentlich von 1,0 abweichen, muß die Wahlabstinenz als gesamtgesellschaftliches Phänomen verstanden werden. Die Mittelschicht, die in der Vergangenheit nahezu vollständig zur Wahl ging, hat in den vergangenen zehn Jahren ihre Beteiligungsrate mehr und mehr dem Bevölkerungsdurchschnitt angeglichen. Neben Sozialschwächeren finden sich in der Gruppe der Nichtwähler eine große Zahl von Höhergebildeten als auch Bürger mit mittlerem und höherem sozio-ökonomischen Status.

5.4.2 Die Nichtwähler als „Bürger der Mitte“

Die Befunde aus den vorangegangenen Kapiteln belegen, daß sich Nichtwähler und Wähler bezüglich ihrer Sozialstruktur in vielen Punkten annähern. Diese Tendenz zum Bevölkerungsdurchschnitt spiegelt sich nicht nur in den sozialen Kerndaten, sondern vor allem auch in der gesellschaftlichen Selbsteinschätzung der Nichtwählerschaft wider. Während sich Anfang der achtziger Jahre 38,9 Prozent der Nichtwähler zu den unteren Schichten zählten - der Darstellung in der Tabelle entspricht dies den Kategorien „unten“ sowie „untere Mitte“ -, sind es zehn Jahre später nur noch 27,4 Prozent.

Tabelle 25: Gesellschaftliche Stellung[1] der Wähler- und Nichtwählerschaft (in Prozent)

	1980/82		1991/92		Differenz 1991/92 - 1980/82	
	Nichtwähler	Wähler	Nichtwähler	Wähler	Nichtwähler	Wähler
unten	9,6	2,4	5,4	2,2	- 4,2	- 0,2
untere Mitte	29,3	16,2	22,0	14,6	- 7,3	- 1,6
Mitte	42,2	51,0	48,4	51,6	+ 6,2	+ 0,6
obere Mitte	15,7	27,5	23,2	29,8	+ 7,5	+ 2,2
oben	3,2	2,9	1,0	1,9	- 2,2	- 1,0
insgesamt	100	100	100	100	0	0

1) Aufgrund geringer Fallzahlen wurde die ursprüngliche 10er-Skala der gesellschaftlichen Selbsteinstufung auf fünf Kategorien reduziert.

Quelle: ALLBUS 1980/82 und 1991/92

Noch immer sind die unteren Schichten in der Nichtwählerschaft überrepräsentiert. Bei einer weitgehend unveränderten Hierarchie-Aufteilung der Gesellschaft im Zeitverlauf, bewirkte der starke Rückgang der Wahlbeteiligung aber eine „Tendenz zu Mitte". Fast die Hälfte der Nichtwähler stufte sich Anfang der neunziger Jahre auf einer mittleren Position ein. Auch der Anteil der Nichtwähler in der oberen Mittelschicht hat von 15,7 Prozent auf 23,3 Prozent deutlich zugenommen.

Ein weiterer Beleg für diese „These der Mitte" stellt die politische Selbsteinstufung der Nichtwähler dar. Bevor wir im nächsten Kapitel ausführlich sozialpsychologische bzw. sozio-politische Einflußfaktoren untersuchen, bestätigen vorab die Resultate der Links-Rechts-Einstufung die These, daß Nichtwähler auch politisch eher der Mitte zuzuordnen sind. Nicht die politischen Randgruppen, ob auf der linken oder rechten Seite, gehen vermehrt nicht zur Wahl, sondern diejenigen, die sich auf der Links-Rechts-Skala in der Mitte plazieren. An den politischen Rändern sind die Nichtwähler unterrepräsentiert. Dagegen stufen sich 55,3 Prozent der Nichtwähler, aber nur 42,9 Prozent der Wähler auf eine der beiden mittleren Positionen der Links-Rechts-Skala ein. Die überwiegende Mehrzahl der Nichtwähler ist daher sowohl bezüglich ihrer sozialen Herkunft als auch bezüglich ihrer Links-Rechts-Position als „Bürger der Mitte" zu charakterisieren.

Tabelle 26: Zusammensetzung der Wähler- und Nichtwählerschaft nach ihrer Links-Rechts-Selbsteinschätzung 1991/92 (in Prozent)

	stark links	links	mitte	rechts	stark rechts	insgesamt
Nichtwähler	3,7	20,4	55,3	16,3	4,3	100
Wähler	4,9	24,7	42,9	21,1	6,4	100
Überrepräsentationsindex [1)]	0,74	0,85	1,24	0,80	0,71	-

1) Der Überrepräsentationsindex (ÜR-Index) wurde genauso wie in Tabelle 24 ermittelt. Die ursprüngliche 10er Links-Rechts-Skala wurde auf fünf Kategorien komprimiert.

Quelle: ALLBUS 1991/92

5.4.3 Generations- vs. Lebenszykluseffekte

Mit dem bisherigen Instrumentarium läßt sich die Nichtwählerschaft Anfang der neunziger Jahre kaum herausfiltern. Bei einer einfachen Gegenüberstellung von Wählern und Nichtwählern wurde deutlich, daß kaum soziale Differenzen existieren. Andererseits sind die Nichtwähler Anfang der neunziger Jahre deutlich jünger als der Bevölkerungsdurchschnitt. Würde man zusätzlich noch Overreporting-Effekte berücksichtigen, dürfte das Alter der weitaus stärkste Sozialindikator der Wahlbeteiligung sein. In Anlehnung an Miller (1992) wurde daher bereits an anderer Stelle argumentiert, daß die sinkende Wahlbeteiligung sowie die Nivellierung sozialer Unterschiede zwischen Wählern und Nichtwählern auf einen Generationseffekt zurückzuführen ist. Eine solche Erklärung unterstellt, daß das Teilnahmeverhalten der jüngeren Generationen sich grundsätzlich von dem der älteren

Generationen unterscheidet. Oder anders formuliert: Es wächst eine andere Generation von Nichtwählern heran, auf die die sozialstrukturellen Charakteristika, die die Nichtwählerforschung der sechziger und siebziger Jahre nachwies, nicht mehr in gleichem Umfang zutreffen. Diese These würde auch erklären, warum bei der Erwerbsstruktur kaum Differenzen zwischen Wählern und Nichtwählern bestehen, die Kirchgangshäufigkeit dagegen einen relativ hohen Erklärungsbeitrag leistet. Denn in den jüngeren Altersgruppen sind Arbeiter unterrepräsentiert, Nicht-Kirchgänger dagegen deutlich überrepräsentiert.

Zur Prüfung der Generationsthese wurde der Faktor Bildung ausgewählt, da der soziale Wandel zwischen den verschiedenen Generationen am deutlichsten an der veränderten Bildungsstruktur festzumachen ist. So beträgt bei den jüngsten Wahlberechtigten Anfang der neunziger Jahre der Anteil der Hauptschulabsolventen nur noch 25,9 Prozent, während er 1982/84 bei den 18-25jährigen noch bei 39,1 Prozent lag. Im gleichen Zeitraum von 1982/84 bis 1991/92 stieg der Anteil der Abiturienten und Fachhochschulabsolventen auf über 40 Prozent. Statt einer Aufteilung nach Altersklassen stehen jedoch bei den Analysen die verschiedenen Geburtskohorten im Mittelpunkt. Von besonderem Interesse sind die zwischen 1967 und 1974 Geborenen, die bei der Bundestagswahl 1983 noch nicht wahlberechtigt waren.

Tabelle 27: Entwicklung der Nichtwähleranteile nach Bildungsniveau[1] und Generationszugehörigkeit von 1982/84 bis 1991/92 (in Prozent)

	Nichtwähleranteile 1982/84			Nichtwähleranteile 1991/92			Differenz 1991/92 -1982/84		
	Haupt-schule	Mittlere Reife	[3] Fachhsr/ Abitur	Haupt-schule	Mittlere Reife	[3] Fachhsr/ Abitur	Haupt-schule	Mittlere Reife	[3] Fachhsr/ Abitur
Jahrgänge									
1903-1911	10,2	9,7	3,6	[2]	[2]	[2]	-	-	-
1912-1920	6,6	3,2	4,8	15,8	3,9	[2] 14,3	+ 9,2	+ 0,7	[2] + 9,5
1921-1929	5,0	8,2	5,5	13,0	2,7	5,6	+ 8,0	- 5,5	+ 0,1
1930-1938	5,0	7,6	3,0	11,1	15,9	5,6	+ 6,1	+ 8,6	+ 2,6
1939-1947	6,6	4,9	7,2	12,1	8,2	6,9	+ 5,5	+ 7,2	- 0,3
1948-1956	8,6	4,4	9,1	13,4	10,5	5,9	+ 4,8	+ 6,1	- 3,2
1957-1965	15,2	10,8	8,4	25,8	15,6	9,3	+ 10,4	+ 4,8	+ 1,1
1966-1974	-	-	-	32,3	23,9	15,0	-	-	-

Lesehilfe: Der Nichtwähleranteil bei Personen, die in den Jahren 1912 bis 1920 geboren wurden und einen Hauptschulabschluß haben, betrug 1982/84 6,6 Prozent und 1991/92 15,8 Prozent.
1) Personen ohne Schulabschluß unberücksichtigt 2) Fallzahlen unter 30 3) Fachhsr = Fachhochschulreife

Quelle: ALLBUS 1982/84 und 1991/92

Bei dynamischer Betrachtung bestehen zwischen Haupt- und Realschulabsolventen keine systematischen Unterschiede in den einzelnen Generationen. Dagegen haben sich bei den Höhergebildeten, die vor 1956 geboren sind, die Nichtwähleranteile kaum erhöht. Ausnahme bilden nur die Jahrgänge 1911 bis 1920, die jedoch, in absoluten Zahlen gemessen, keine große Bedeutung haben. Bei den mittleren und älteren Generationen ergeben sich somit deutlich stärkere Bildungseffekte, als in den bivariaten Analysen nachgewiesen wurde.

Einerseits haben sich die Beteiligungsdifferenzen zwischen den verschiedenen Bildungsgraden insgesamt in allen Generationen erhöht, in den beiden jüngeren Generationen zwischen Hauptschulabsolventen und Höhergebildeten sogar deutlich verstärkt. Andererseits neigen in der jüngsten Generation Abiturienten und Fachhochschulabsolventen mit 15 Prozent zu einer relativ hohen Enthaltungsrate. Da in diesen Jahrgängen zwischen 35 und 40 Prozent einen höheren Schulabschluß vorweisen, hat sich folglich die Zusammensetzung der Nichtwählerschaft in der jüngsten Geburtskohorte deutlich verändert. 27,6 Prozent der Nichtwähler, die in den Jahren 1966 bis 1974 geboren wurden, haben Abitur oder Fachhochschulreife. Nur noch 36,2 Prozent haben einen Hauptschulabschluß. In den jüngeren Generationen läßt sich daher die Nichtwählerproblematik nicht auf den Faktor „geringe Bildung" reduzieren.

Tabelle 28: Zusammensetzung der Nichtwählerschaft nach Bildungsniveau[1] und Generationszugehörigkeit von 1982/84 bis 1991/92 (in Prozent)

	Bildungsgrad der Nichtwählerschaft [1] 1982/84			Bildungsgrad der Nichtwählerschaft [1] 1991/92		
	Hauptschule	Mittlere Reife	[3] Fachhsr / Abitur	Hauptschule	Mittlere Reife	[3] Fachhsr / Abitur
Jahrgänge						
1903-1911	82,6	15,2	2,2	[2]	[2]	[2]
1912-1920	85,4	7,3	7,3	84,9	6,1	[2] 9,0
1921-1929	66,0	23,4	10,6	87,5	4,2	8,3
1930-1938	66,7	26,2	7,1	67,9	26,4	5,7
1939-1947	62,3	19,7	18,0	64,7	21,6	13,7
1948-1956	57,3	14,7	28,0	64,2	22,4	13,4
1957-1965	47,9	31,9	20,2	52,3	30,0	17,7
1966-1974	-	-	-	36,2	36,2	27,6

Lesehilfe: Unter den Nichtwählern, die in den Jahren 1912 bis 1920 geboren wurden, hatten 1982/84 85,4 Prozent einen Hauptschulabschluß; 1991/92 waren es 84,9 Prozent.
1) Personen ohne Schulabschluß unberücksichtigt 2) Fallzahlen unter 30 3) Fachhsr = Fachhochschulreife

Quelle: ALLBUS 1982/84 und 1991/92

Abschließend ist daher festzustellen: Das gestiegene Bildungsniveau führte nicht dazu, daß sich die Wahlbeteiligung erhöhte, sondern vielmehr dazu, daß sich in der jüngsten Generation verstärkt auch Höhergebildete unter den Nichtwählern befinden. Die Bildungsstruktur der Jahrgänge 1966 bis 1974 unterscheidet sich deutlich von der anderer Geburtskohorten. Der soziale Wandel trifft mit einem veränderten Beteiligungsverhalten auf der Mikroebene zusammen. Die Generationsthese kann den Rückgang der Wahlbeteiligung dennoch nicht ausreichend erklären. Vielmehr sind unterschiedliche Entwicklungen in den Bevölkerungsgruppen zu berücksichtigen: In den mittleren und älteren Generationen sind vorwiegend Personen mit Real- und Hauptschulabschluß für die sinkende Wahlbeteiligung verantwortlich. Entgegen der Generationsthese bestehen jedoch zwischen den mittleren und älteren Generationen keine Unterschiede in der Beteiligung. Dagegen finden sich in den jüngeren Generationen zwar ebenfalls ausgeprägte Beteiligungsdifferenzen zwischen den verschiedenen Bildungsgraden, aufgrund der Bildungsexpansion ist jedoch der Anteil der Nichtwähler mit hoher Schulbildung deutlich gestiegen. Dies spricht für einen Generationseffekt. Die Uneindeutigkeit der Befunde läßt am ehesten den Schluß zu, daß die tieferen Ursachen des unterschiedlichen Verhaltens weniger bei sozialen Faktoren als vielmehr in den veränderten Einstellungsmuster in Teilen der Bevölkerung zu suchen sind. Die weiteren Analysen konzentrieren sich daher auf sozialpsychologische Erklärungen.

5.5 Zusammenfassung

1. Zwischen Sozialstruktur und Wahlbeteiligung besteht bei Querschnittanalysen sowohl auf Aggregat- als auch auf Individualebene insgesamt nur ein recht schwacher Zusammenhang, der sich bei der Aggregatdatenanalyse im wesentlichen auf einen Stadt-Land-Effekt reduziert. In Städten ist die Wahlbeteiligung in der Regel geringer als auf dem Land. Bei der Individualdatenanalyse neigen jüngere Menschen, sozial Schwächere, und Personen, die selten oder nie in die Kirche gehen, tendenziell eher dazu, nicht zu wählen. Die Beteiligungsunterschiede zu den anderen Bevölkerungsgruppen sind jedoch nicht groß.

2. Bezüglich des Nichtwählerzuwachses erbringen Aggregat- und Individualdatenanalysen ebenfalls nur wenige Erkenntnisse über die Ursachen der sinkenden Wahlbeteiligung. Herauszuheben sind insbesondere die Faktoren Alter, Bildung und Kirchgang. Bei Bürgern mittleren Alters, regelmäßigen Kirchgängern sowie Höhergebildeten ist ein schwächerer Anstieg der Nichtwähleranteile zu verzeichnen. Beim Faktor Bildung geht die Wahlbeteiligung insbesondere bei Personen ohne Schulabschluß weit überdurchschnittlich zurück. Seitens der Haupt- und Realschulabsolventen entsprach der Nichtwählerzuwachs dem Durchschnitt. Dagegen ergaben die Aggregatdatenanalysen, daß die Wahlbeteiligung vor allem in Gebieten mit einem hohen Anteil an Hauptschulabsolventen sank. Ebenso fiel der Zusammenhang bezüglich der Erwerbsstruktur bei der Aggregatdatenanalyse deutlich stärker aus als bei der Analyse der Individualdaten, was jedoch in erster Linie auf die enge Korrelation zwischen Arbeiteranteil und Bildungsniveau auf Gemeindeebene zurückzuführen ist. Auf der Individualdatenebene differieren Arbeiter und Angestellte in ihrer Wahlbeteiligung kaum. Lediglich Beamte haben sich im Zeitverlauf unterdurchschnittlich der Stimme enthalten.

3. Der hohe Zuwachs an Nichtwählern in den vergangenen zehn Jahren kann sozialstrukturell nicht erklärt werden. Den schwachen Effekten auf der Mikroebene stehen zum Teil gegenläufige Entwicklungen auf der Aggregatebene entgegen. So hätte das gestiegene Bildungsniveau und der Rückgang des Arbeiteranteils die Beteiligung eher fördern müssen. Betrachtet man den Kompositionseffekt, Individual- und Aggregatentwicklung zusammengenommen, nähert sich die Zusammensetzung der Nichtwählerschaft mehr und mehr der Gesamtbevölkerung an. Der Anteil der neuen Mittelschicht, der Angestellten und der Mittel- bis Höhergebildeten unter den Nichtwählern ist größer geworden.

4. Eine Sonderstellung nimmt der Faktor Alter ein. Im Gegensatz zum Anfang der achtziger Jahre zeigen die jüngeren Generationen eine deutlich geringere Wahlbeteiligung. Anfang der neunziger Jahre ist knapp die Hälfte aller Nichtwähler jünger als 36 Jahre. Dennoch läßt sich die nachlassende Wahlbeteiligung nur bedingt auf Generationseffekte reduzieren. Aufgrund des sozialen Wandels und der Bildungsexpansion müssen vielmehr zwei Entwicklungen unterschieden werden. In den mittleren und älteren Generationen sind vorwiegend Personen mit Real- und Hauptschulabschluß für die sinkende Wahlbeteiligung verantwortlich. Dagegen ist in den jüngeren Generationen der Anteil der Nichtwähler mit Hauptschulabschluß deutlich gesunken. Statt dessen haben in der jüngsten Nichtwählergeneration, die nach 1966 geboren wurde, 27,6 Prozent Abitur oder Fachhochschulreife.

5. Die soziologische Wählerverhaltenstheorie ist nicht in der Lage, die Ursachen der nachlassenden Wahlbeteiligung zu erklären. Selbst bei statischer Betrachtung bestehen deutliche Unterschiede im Beteiligungsverhalten lediglich in einigen sozialen Randgruppen, wie den Mitgliedern anderer Konfessionen, Personen ohne Schulabschluß und Arbeitslosen. Der Rückgang der Wahlbeteiligung vollzieht sich jedoch in unterschiedlicher Geschwindigkeit. Bei den sozial Schwächeren sowie bei Randgruppen nahmen die Nichtwähleranteile im Längsschnitt um 3 bis 5 Prozentpunkte stärker zu als in anderen Bevölkerungsgruppen, die jedoch ebenfalls einen Rückgang der Wahlbeteiligung von rund 8 Prozentpunkten zu verzeichnen hatten.

6. Der Realignment-Ansatz bestätigt sich ebenfalls nur bedingt. Das soziale und das konfessionelle Cleavage verlieren weiter an Bedeutung. Anderseits hat sich in den Bevölkerungsgruppen, die nicht mehr in die klassischen gesellschaftlichen Konfliktlinien eingebunden sind, ein Loslösungsprozeß vollzogen, der sich zu einem nicht unwesentlichen Teil zunächst in der Wahlenthaltung ausdrückt. Die neue Mittelschicht verzichtet bei dynamischer Betrachtung verstärkt auf ihr Wahlrecht. Beide Entwicklungen sprechen für die These eines „ökologischen" Realignment. Innerhalb der klassischen Cleavages kann nicht von einer Auflösung der Wähler-Partei-Bindungen über den Weg der Enthaltung gesprochen werden. Das konfessionelle Milieu geht auch Anfang der neunziger Jahre in weit überdurchschnittlichem Maße zur Wahl. Im Arbeiter- bzw. sozialen Milieu entspricht der Anstieg des Nichtwähleranteils in etwa dem Durchschnitt. Bei der überwiegenden Mehrheit ist die Wahlabstinenz als Übergangsstadium eines „sektoralen" Realignment nicht festzustellen.

6. SOZIALPSYCHOLOGISCHE FAKTOREN DER STEIGENDEN WAHLENTHALTUNG

Die rein sozialstrukturelle Betrachtung konnte den Anstieg der Nichtwähler kaum erklären. Lediglich das Alter, die Kirchgangshäufigkeit und, mit Abstrichen, das Bildungsniveau kommen bei dynamischer Betrachtung als Erklärungsfaktoren der sinkenden Wahlbeteiligung in Betracht. Die beiden ersten Indikatoren können jedoch zugleich Ausdruck veränderter Einstellungsmuster in den jüngeren Bevölkerungsgruppen sein. In diesem Kapitel werden daher die Analysen auf sozialpsychologische Faktoren ausgedehnt. Dem Aufbau im theoretischen Teil folgend, sollen die vier verschiedenen Erklärungsansätze, Wertewandel, Dealignment, Entfremdung und Individualisierung zunächst getrennt voneinander untersucht werden. Diese Vorgehensweise gestattet es besser, die verschiedenen Hypothesen über die Ursachen des Wahlbeteiligungsrückgangs und die damit verbundenen Nichtwählertypen zu identifizieren. Die inhaltlichen Überschneidungen der vier Erklärungsansätze erfordern jedoch eine simultane Analyse, die in Kapitel 6.5 unternommen wird.

6.1 Wertewandel und Normalisierungshypothese

Gemeinsame Aussage der beiden Wertewandel-Ansätze von Inglehart sowie von Klages et al. ist der Rückgang der Pflichtwerte zugunsten von Selbstentfaltungswerten. Bei Inglehart (1979) vollzieht sich dieser Prozeß eindimensional: Der Postmaterialist fühlt sich weniger an traditionelle Pflichten gebunden, sondern strebt vor allem nach mehr Selbstentfaltung und Mitsprache. Klages et al. (1987) trennen beide Entwicklungen. Der Wertewandel kann in seinen politischen Implikationen dazu führen, daß Teile der Bevölkerung weder eine ausgeprägte Pflichtorientierung haben, noch ein gestiegenes Bedürfnis nach Partizipation und Mitbestimmung zeigen. Im folgenden werden beide Wertewandelkonzepte getrennt behandelt. Das erste Teilkapitel widmet sich der Frage, welchen Einfluß der postmaterialistische Wertewandel auf die Beteiligung an Wahlen hat. In den nachfolgenden Teilen wird der Rückgang der Pflichtwerte isoliert betrachtet. Im Mittelpunkt steht dabei die Normalisierungshypothese. Sie besagt, daß aufgrund des Wertewandels vor allem die Bürger, die sich für Politik nicht interessieren, mehr und mehr der Wahl fernbleiben. Die empirische Prüfung erfolgt in drei Schritten. Zuerst wird die Beziehung zwischen Wahlnorm und Wahlbeteiligung erörtert, im zweiten Schritt der Zusammenhang zwischen politischem Interesse und der Wahlbeteiligung. In der dritten Stufe geht es darum, den Einfluß des Wahlpflichtbewußtseins auf das Verhalten der Desinteressierten zu analysieren.

6.1.1 Postmaterialistische Wertorientierungen, Partizipationsverhalten und ihr Einfluß auf die Wahlbeteiligung

Inglehart machte keine eindeutigen Aussagen darüber, welche Auswirkungen der Wertewandel auf die Wahlbeteiligung hat. Zwar engagieren sich Postmaterialisten politisch stärker, aber die Beteiligung an Wahlen gilt als ineffektives Mittel zur Durchsetzung politischer Ziele. Andere Partizipationsformen werden bevorzugt, die problemorientierter und direkter sind. Der vielfach von Inglehart (1989; 1990) nachgewiesene Zuwachs postmaterialistischer Wertvorstellungen in der Bundesrepublik läßt sich auch mittels der untersuchten ALLBUS-Daten belegen. Während 1980 nur 13,3 Prozent der Bevölkerung als Postmaterialisten zu bezeichnen waren, stieg ihr Anteil bis Anfang der neunziger Jahre auf 25,9 Prozent. Auch die Zahl des postmaterialistischen Mischtyps hat sich in diesem Zeitraum etwa verdoppelt. Der allgemeine Bedeutungszuwachs postmaterialistischer Werte ist jedoch für die Analyse der Nichtwähler nur ein erster Schritt. Entscheidend bleibt, wie sich die individuelle Wahlbeteiligung der einzelnen Wertetypen entwickelt:

Tabelle 29: Nichtwähleranteile nach Wertetypen von 1980 bis 1992 (in Prozent)

	1980	1982	1984	1986	1988	1990	1991	1992
Postmaterialisten	2,1	7,3	9,4	8,8	8,7	6,4	11,2	10,6
postmat. Mischtyp	1,9	5,5	10,2	10,8	10,0	9,4	13,9	14,6
material. Mischtyp	3,8	4,7	8,4	9,8	9,9	6,1	13,8	14,5
Materialisten	3,4	5,9	8,8	9,8	15,6	11,9	13,2	19,9
insgesamt	3,2	5,7	9,3	9,8	10,9	11,8	12,9	14,9

Quelle: ALLBUS

Die Analysen der ALLBUS-Daten belegen, daß in der Zeit von 1980 bis 1986 sowohl im Querschnitt als auch im Längsschnitt kaum Differenzen in der Wahlbeteiligung von Postmaterialisten, Mischtypen sowie Materialisten bestanden. Ab Ende der achtziger sowie Anfang der neunziger Jahre neigen - mit Ausnahme der Umfrage 1991 - die Postmaterialisten gegenüber den Materialisten jedoch zu einer um 7 bis 9 Prozent höheren Beteiligung. Da mit den Grünen ab 1983 eine Partei in den Bundestag eingezogen ist, die die Inhalte der „neuen Politik" repräsentiert, konnte die wachsende Zahl der Postmaterialisten zum großen Teil in das politische System integriert werden. Je wahrscheinlicher es wird, daß die Grünen auch Regierungsverantwortung übernehmen können, umso weniger trifft das theoretische Argument zu, daß die Teilnahme an Wahlen ein ineffektives Mittel zur Durchsetzung politischer Ziele sei. Insgesamt sind jedoch die Beteiligungsunterschiede zwischen den Wertetypen zu keinem Zeitpunkt allzu groß. Die bivariaten logistischen Regressionen haben nie einen höheren Erklärungswert als 0,6 Prozent, was im Vergleich zu anderen Indikatoren vernachlässigt werden kann (siehe Anhang VIII). Die Resultate bekräftigen eher die Befunde von Borg (1993), der mit den Eurobarometerdaten keinen Zusammenhang zwischen Wahlbeteiligung und Postmaterialismus feststellen konnte.

Die hohe Aggregation über nur vier Wertetypen verschleiert jedoch die vielfältigen Einstellungs- und Verhaltensmuster in der westdeutschen Bevölkerung. Anfang der neunziger Jahre stellen die beiden postmaterialistischen Typen mehr als die Hälfte der Befragten im Gesamtsample. Gemessen an der Zahl von Bürgern, die sich tatsächlich politisch engagieren, fällt die Diskrepanz groß aus. Um sich den theoretischen Vorstellungen des Postmaterialisten von Inglehart zu nähern, sollen im folgenden nicht der Wertetyp, sondern das Partizipationsverhalten als Indikator herangezogen werden. Im Zentrum stehen dabei unverfaßte Aktivitäten. Welche Beziehung besteht zwischen der Teilnahmebereitschaft an unverfaßten Partizipationsformen und der Beteiligung an Wahlen?

Auf der Aggregatebene haben unverfaßte Partizipationsformen weiter an Bedeutung gewonnen. Die Bundesbürger beteiligen sich zunehmend häufiger an Bürgerinitiativen, Demonstrationen, Unterschriftensammlungen und Boykotten. So waren 1988 13 Prozent der Befragten bereits in einer Bürgerinitiative aktiv gewesen, 1992 waren es 17 Prozent. Bereitschaft zur Mitgliedschaft signalisierten 1988 30 Prozent und 1992 38 Prozent. Auf der Mikroebene ist daher zu fragen, in welchem Umfang diese engagierteren Bürger auch an Wahlen teilnehmen.

Bürklin (1992) sowie insbesondere Feist (1994) vertreten die These, daß vor allem politisch aktivere Bürger ihr Wahlrecht nicht mehr ausüben. Die Wahlenthaltung diene dabei als Mittel, um mehr politische Mitbestimmung einzuklagen. Die schwache Wahlbeteiligung soll den Politiker dazu zwingen, den Legitimitätsverfall durch neue und aktivere Formen der staatsbürgerlichen Mitsprache aufzuhalten. Dieser sogenannte „unorthodoxen Rationalität“ der engagierten Bürger soll im folgenden nachgegangen werden. Als politisch Aktivere werden diejenigen verstanden, die sich an unverfaßten Partizipationsformen bereits beteiligt haben, sowie diejenigen, die für eine wichtige Sache bereit sind, solche Aktivitäten auszuüben. Die übrigen gelten als politisch Passive. Aus Gründen der Übersichtlichkeit beschränkt sich die folgende Übersicht auf die beiden erstgenannten Partizipationsformen, Teilnahme an Bürgerinitiativen und Teilnahme an Demonstrationen. Die Befunde zu den beiden anderen untersuchten Formen politischer Partizipation, Unterschriftensammlung und Boykotte, weisen die gleichen Tendenzen auf.

Tabelle 30: Unverfaßte Partizipation vs. Wahlbeteiligung (Nichtwähleranteile in Prozent)

	1988	1990	1991	1992	Differenz 1992-1988
Bürgerinitiative					
Politisch Aktivere	6,7	10,0	11,1	12,7	+ 6,2
Politisch Passive	12,3	14,6	14,4	16,5	+ 4,2
Demonstration					
Politisch Aktivere	6,7	8,7	8,4	10,9	+ 4,2
Politisch Passive	12,3	14,3	14,6	16,5	+ 4,2

Bei der Frage nach den Partizipationsaktivitäten standen vier Antwortkategorien zur Verfügung. 1= „Habe bereits einmal an einer solchen Aktion teilgenommen“; 2= „Würde mich an einer solchen Aktion beteiligen, wenn es um eine wichtige Sache geht“; 3= „Würde mich nur in einer ganz außergewöhnlichen Situation an einer solchen Aktion beteiligen; 4= „Würde mich unter keinen Umständen an einer solchen Aktion beteiligen“.

Quelle: ALLBUS 1988-1992

Bereits in der „Political Action"-Studie wurde entgegen der These von Feist eine positive Korrelation zwischen verfaßter und unverfaßter Partizipation festgestellt (Kaase 1989b: 28), wenn auch die Wahlteilnahme nicht explizit untersucht wurde. Bei den durchgeführten Querschnittanalysen ergab sich dieser positive Zusammenhang auch bezüglich der Wahlbeteiligung. Politisch aktivere Bürger gehen häufiger zur Wahl. Bezüglich des Indikators Demonstrationsteilnahme sind 1992 lediglich 10,9 Prozent der politisch Aktiveren als Nichtwähler zu kennzeichnen. Bei denjenigen, die an einer Demonstration bereits teilgenommen haben, beträgt der Nichtwähleranteil sogar unter 10 Prozent (nicht abgebildet). Bei dem Indikator Bürgerinitiative stieg zwar der Nichtwähleranteil unter den politisch Aktiveren etwas stärker. Jedoch stützt dieser leicht überproportionale Zuwachs der Nichtwähleranteile keineswegs die Thesen von Bürklin (1992) und Feist (1994). Erstens ist der Anteil der politisch Aktiveren in der Bevölkerung noch immer gering. 1992 haben lediglich 15 Prozent aller Befragten jemals an einer Demonstration teilgenommen, 18 Prozent würden bei einer wichtigen Sache daran teilnehmen.

Zwei Drittel der westdeutschen Bevölkerung sind hingegen unter dem Gesichtspunkt unverfaßter Partizipation als politisch Passive zu bezeichnen. Sie lehnen solche Beteiligungsformen generell ab oder halten es nur im äußersten Notfall für möglich, sich auf diese Weise zu engagieren. Zweitens ist die Wahlbeteiligung der politisch Aktiveren auch Anfang der neunziger Jahre noch immer etwas überdurchschnittlich. Die politisch Passiven sind unter den Nichtwählern dagegen überrepräsentiert. Drittens kann von einer Verlagerung politischer Aktivitäten nicht gesprochen werden. Analog zu den Ergebnissen von Uehlinger (1988) Mitte der achtziger Jahre wird die Wahlbeteiligung nicht durch unverfaßte Formen politischer Beteiligung ersetzt. Nur eine Minderheit von 4,5 Prozent lehnt die Teilnahme an Wahlen prinzipiell ab. Lediglich 1,4 Prozent der Mitglieder von Bürgerinitiativen haben weder bei der Bundestagswahl 1990 gewählt, noch beabsichtigen sie, an der kommenden Wahl teilzunehmen.

Der Zuwachs der Nichtwähleranteile, der bei den politisch Aktiveren geringfügig stärker ausfiel als bei den politisch Passiven, ist vielmehr ein Zeichen dafür, daß auch im Partizipationsverhalten eine Annäherung der Nichtwähler an den Bevölkerungsdurchschnitt zu beobachten ist. Die Partizipationsaktivitäten der jüngeren Generation verlagern sich nicht, sondern die Teilnahme an Wahlen wird wie andere Partizipationsformen nicht mehr obligatorisch, sondern optional wahrgenommen. Sofern man es für richtig hält, nimmt man teil, wenn nicht, verzichtet man darauf. Der aktive Nichtwähler hat kaum zum Rückgang der Wahlbeteiligung beigetragen. Sein Anteil unter der Nichtwählerschaft schwankt im Zeitverlauf zwischen 10 und 17 Prozent. Dennoch soll dieses Segment nicht vollkommen aus den Augen verloren werden. Es belegt, daß auch hinsichtlich des Partizipationsverhaltens große Differenzen in der Nichtwählerschaft bestehen, die durch einen allgemeinen Vergleich zwischen Wählern und Nichtwählern verwischt werden. Wie im Rahmen der Typologisierung der Nichtwählerschaft in Kapitel Sieben noch deutlich werden wird, unterscheidet sich der aktive Nichtwähler in seinen politischen Einstellungen deutlich von den anderen Nichtwählergruppen.

Die überwiegende Mehrheit sind aber inaktive bzw. passive Nichtwähler. Folglich ist zu bezweifeln, daß eine Ausweitung der politischen Mitbestimmung die Wahlbereitschaft wieder steigern könnte. Die große Zahl der inaktiven Nichtwähler dürfte erweiterte Mitspracherechte nicht interessieren. Die geringen Beteiligungsraten bei Nebenwahlen sowie in erster Linie bei kommunalen Bürgerentscheiden in Baden-Württemberg und Bayern sprechen eindeutig dagegen, obwohl solche Abstimmungen die Anforderungen an eine direkte und problemorientierte Beteiligungsform erfüllen. Insgesamt besteht nur ein schwacher Zusammenhang zwischen der Teilnahmebereitschaft an unverfaßten Partizipationsaktivitäten und der Wahlbeteiligung. Gleichgültig ob die Wertetypen oder die Partizipationsbereitschaft zugrunde gelegt wird, kann der Wertewandel-Ansatz von Inglehart weder bei statischer noch dynamischer Betrachtung die sinkende Wahlteilnahme erklären.

6.1.2 Wahlnorm und Wahlbeteiligung

6.1.2.1 Entwicklung des Wahlpflichtbewußtseins

In der Vergangenheit war die Wahlnorm tief in den Köpfen der Bundesbürger verankert. Die Frage, inwieweit der allgemeine Rückgang der Pflichtwerte auch die Wahlnorm erfaßt hat, ließ sich aufgrund fehlender Vergleichsdaten bisher nicht beantworten. Zu diesem Zweck wurde die Nachwahlbefragung der Konrad-Adenauer-Stiftung zur Bundestagswahl 1987 nochmals analysiert, da die Aussagen zur Wahlpflicht aufgrund anderer Forschungsschwerpunkte für eine Analyse der Nichtwähler nur unzureichend ausgewertet waren (Graf 1991). Des weiteren wurde die Frage mit gleicher Formulierung noch in jüngeren Umfragen 1991 und 1993 gestellt, die bisher nicht veröffentlicht sind. Zur besseren längsschnittlichen Vergleichbarkeit wurden die bereits zitierten Befunde von Radtke zu den Bundestagswahl 1961 und 1965 in die Tabelle aufgenommen.

Tabelle 31: Entwicklung des Wahlpflichtbewußtseins (in Prozent)

Wahlpflicht	1961	1965	1987	1991	1993	Differenz 1993-1987
vorhanden	93	93	80	74	71	- 9
nach Altersgruppen						
18 - 24 Jahre	-	-	70	67	64	- 6
25 - 35 Jahre	-	-	75	69	65	- 10
36 - 45 Jahre	-	-	83	71	71	- 12
46 - 55 Jahre	-	-	84	81	76	- 8
56 - 65 Jahre	-	-	84	76	77	- 7
über 65 Jahre	-	-	85	77	75	- 10

Item: Wer nicht zur Wahl geht, nimmt seine Staatsbürgerpflicht nicht wahr. Die vier Antwortkategorien wurden dichotomisiert. „Stimme voll und ganz zu“ und „Stimme überwiegend zu“ wurden zur Kategorie „Wahlpflicht vorhanden“ und die beiden Antwortvorgaben „Stimme eher nicht zu“ und „Stimme überhaupt nicht zu“ zur Kategorie „keine Wahlpflicht“ zusammengefaßt.

Quelle: Radtke 1972: 33; Forschungsinstitut der Konrad-Adenauer-Stiftung, Archiv-Nr. 8702, 9105, 9301

Im Vergleich zu den sechziger Jahren nimmt zwar der Pflichtcharakter ab, von einem umfassenden Wertewandel kann jedoch keine Rede sein. 1987 empfinden rund 80 Prozent, 1991 rund 74 Prozent und 1993 rund 71 Prozent der Befragten Wählen als eine Bürgerpflicht. Ähnliche Ergebnisse finden sich in der Studie zur politischen Kultur in Deutschland (PK-Studie), die jedoch aufgrund unterschiedlicher Fragestellung und Kategorisierung nicht direkt vergleichbar ist. Danach ist die Wahlpflicht für 75 Prozent der Befragten wichtig. 13 Prozent halten die Wahlnorm für nicht wichtig, 12 Prozent ordnen sich der mittleren Kategorie zu. Faßt man die beiden letzten Kategorien zusammen, entsprechen die Werte in etwa den in der Tabelle dargestellten Resultaten.

Die Aufteilung nach Altersklassen macht deutlich, daß jüngere Menschen im allgemeinen weniger pflichtbewußt sind. Bei den jüngeren Altersgruppen beträgt der Anteil der Pflichtbewußten Anfang der neunziger Jahre unter 70 Prozent. In der PK-Studie 1993 befürworteten nur 62 Prozent der 18-24jährigen die Wahlnorm, in der 1993er-Umfrage der Konrad-Adenauer-Stiftung 64 Prozent. Dennoch kann daraus nicht auf einen allgemeinen Verfall der Wahlnorm in den jüngeren Generationen geschlossen werden. Zum einen sank das Wahlpflichtbewußtsein in dem kurzen Zeitraum von 1987 bis 1993 in allen Altersgruppen in etwa gleich stark. Zum zweiten spielen bei der Wahlpflicht möglicherweise Lebenszykluseffekte eine entscheidene Rolle, die jedoch mangels längerer Datenreihen nicht untersucht werden können. Schon Ende der fünfziger Jahre ließ sich ein geringeres Wahlpflichtbewußtsein bei jüngeren Altersgruppen beobachten (Hartenstein/Schubert 1965: 23-25). Leider hat Radtke keine Aufschlüsselung der Wahlnorm nach Altersgruppen vorgenommen. Ohne sich speziell mit der Wahlpflicht auseinanderzusetzen, gewinnen nach Franz und Herbert (1987: 69) mit zunehmendem Lebensalter konventionalistische Werte - dazu gehört auch die Wahlnorm - wieder an Bedeutung. Es wäre daher zu erwarten, daß das Wahlpflichtbewußtsein der Jüngeren im Laufe des Lebens zunimmt. Zum dritten fiel entgegen den Annahmen und Befunden der Wertewandelforschung, die von einer Verbreitung von Selbstentfaltungswerten insbesondere bei Personen mit höheren Bildungsabschlüssen ausgeht (Franz/Herbert 1987: 71), der Rückgang des Wahlpflichtbewußtseins in dieser Gruppe unterdurchschnittlich aus. Abgesehen vom Bildungsniveau, ging die Akzeptanz der Wahlnorm vielmehr in allen sozialen Gruppen gleichermaßen zurück (siehe Anhang X). Dies läßt den Schluß zu, daß Periodeneffekte als Ursache der nachlassenden Wahlnorm eine große Rolle spielen. Insbesondere seit Mitte der achtziger Jahre hat sich in Teilen der bundesdeutschen Bevölkerung ein Einstellungswandel vollzogen, dessen weitere Entwicklung Mitte der neunziger Jahre noch nicht abschätzbar ist.

6.1.2.2 Wahlbeteiligung nach Stärke der perzipierten Wahlpflicht

Insgesamt stützen die bisherigen Befunde den ersten Teil der Normalisierungshypothese. Das Wahlpflichtbewußtsein ist, wenn auch nur leicht, rückläufig. Vor allem der kurzfristige Rückgang von 1987 bis 1993 fällt recht hoch aus. Wie verhalten sich die sogenannten „Pflichtlosen“, die keiner Wahlnorm unterliegen?

Im Querschnitt ergeben sich die bekannten Zusammenhänge zur Wahlbeteiligung. Mit Erklärungswerten von bis zu 13,5 Prozent Pseudo-R^2 in den bivariaten logistischen Regressionen erweist sich die Wahlpflicht als einer der stärksten Indikatoren (siehe Anhang IX). Diejenigen, die die Stimmmabgabe überhaupt nicht als Pflicht ansehen, enthielten sich 1987 zu 40 Prozent und 1993 in etwa zur Hälfte der Stimme. In den sechziger Jahren lag der Nichtwähleranteil von Personen ohne Wahlnorm sogar bei 67 Prozent. Die Bürger, die die Wahlpflicht voll und ganz bejahen, nahmen dagegen fast vollständig an der Wahl teil (Radtke 1972: 33). 1987 betrug ihr Nichtwähleranteil nur 2,7 Prozent, stieg aber 1993 auf 7,0 Prozent.

Tabelle 32: Nichtwähleranteile nach Stärke der Wahlpflicht und Alter (in Prozent)

	1987	1991	1993	Differenz 1993- 1987
Wahlpflicht				
voll und ganz	2,7	7,5	7,0	+ 4,3
überwiegend	6,8	12,2	13,5	+ 6,7
eher nicht	18,6	22,5	30,3	+ 11,7
überhaupt nicht	40,7	38,5	46,0	+ 5,3
- 18-35jährige				
voll und ganz	3,4	12,3	9,3	+ 5,9
überwiegend	7,1	19,0	18,4	+ 11,3
eher nicht	16,8	25,4	31,3	+ 14,5
überhaupt nicht	25,0	37,5	47,3	+ 22,3
- 36-95jährige				
voll und ganz	2,5	5,7	6,0	+ 3,5
überwiegend	6,6	8,9	11,0	+ 4,4
eher nicht	19,9	20,9	29,6	+ 9,7
überhaupt nicht	50,9	39,1	45,0	- 5,9
insgesamt	8,1	14,4	17,0	+ 8,9

Quelle: Forschungsinstitut der Konrad-Adenauer-Stiftung, Archiv-Nr. 8702, 9105, 9301

Der Anstieg der Nichtwähleranteile beschränkt sich keineswegs auf die Pflichtlosen. Insbesondere in den beiden indifferenteren, mittleren Kategorien nahmen die Nichtwähleranteile zu. Aber auch der harte Kern der Pflichtbewußten verzeichnete mit 4,3 Prozentpunkte einen Zuwachs, der kaum geringer ausfiel als bei den Befragten, die die Wahlnorm überhaupt nicht akzeptierten. 1991 gingen 12,3 Prozent der 18-35jährigen trotz starkem Wahlpflichtbewußtsein nicht wählen. Auch 1993 zeigt der Vergleich der Altersgruppen, daß bei jüngeren Menschen die Wahlnorm nicht in dem Maße verhaltensbestimmend ist. In den älteren Altersgruppen sicherte zumindest ein sehr ausgeprägtes Pflichtbewußtsein eine hohe Teilnahme. Die wachsende Wahlenthaltung pflichtbewußter Bürger bedeutet, daß die Wahlnorm als Indikator der Wahlbeteiligung an Trennschärfe verliert. Der Wert des Cramer-V als Zusammenhangsmaß verringerte sich von 0,32 auf 0,23. Nach Angaben von Radtke (1972: 33) betrug er bei der Wahl 1961 noch über 0,5. Faßt man die beiden ersten Antwortkategorien wiederum als Zustimmung zur Wahlnorm auf, wählt mittlerweile trotz Pflichtbewußtseins ein großer Teil der Bürger nicht. In den Umfragen 1987 befürworteten 46 Prozent, 1991 gar 52 Prozent und 1993 42 Prozent der Nichtwähler die staatsbürgerliche Pflicht des Wählens.

Abbildung 8: Zusammensetzung der Nichtwählerschaft nach Wahlpflichtbewußtsein

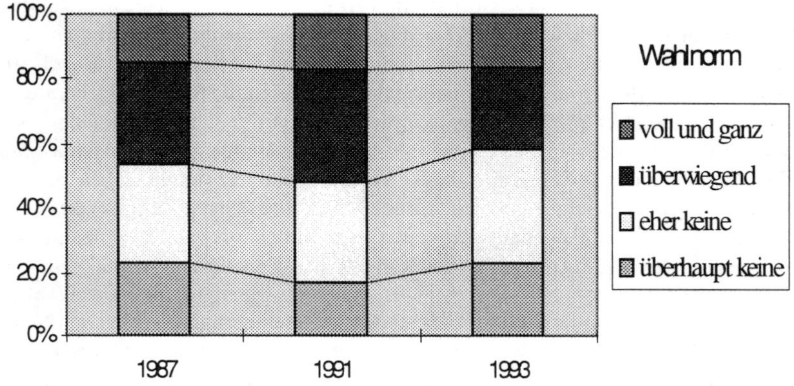

Quelle: Forschungsinstitut der Konrad-Adenauer-Stiftung, Archiv-Nr. 8702, 9105, 9301

Bei der Stuttgarter Untersuchung von Eilfort (1994: 142) beträgt die Zahl der pflichtbewußten, bekennenden Nichtwähler sogar 55 Prozent. Bedauerlicherweise verzichtet Eilfort an diesem Punkt auf tiefere Analysen. Aber gerade der pflichtbewußte Nichtwähler ist zum Verständnis der sinkenden Wahlbeteiligung von genauso großem Interesse wie der Nichtwähler, der keine Wahlpflicht empfindet. Bereits in den sechziger Jahren war *„die Zahl derer, die das Wählen als Pflicht empfinden, größer als die der tatsächlichen Wähler“* (Radtke 1972: 29). Damals war die absolute Zahl der pflichtbewußten Nichtwähler vernachlässigbar. Anfang der neunziger Jahre ist es indes mehr als die Hälfte der Nichtwähler und damit rund 10 Prozent der Wahlberechtigten. Da gemäß Eilfort vor allem die Pflichtbewußten zum Overreporting neigen, dürfte der Anteil der Wahlnormbefürworter unter den Nichtwählern sogar noch höher sein, als in den oben angeführten Analysen ermittelt. In Stuttgart stimmten 63,6 Prozent aller Nichtwähler, bekennende und unaufrichtige, der Wahlnorm zu (Eilfort 1994: 323).

Wenn ähnliche Overreporting-Effekte auch in den verwendeten Umfragen auftreten, könnte die fehlende Akzeptanz der Wahlnorm nur ein Drittel der Nichtwählerschaft erklären. Diese hohe Zahl pflichtbewußter Nichtwähler belegt, daß sich die Nichtwählerschaft zum großen Teil aus Bevölkerungsgruppen rekrutiert, die fest in das politische System eingebunden sind, aber dennoch nicht wählen. Im Gegensatz zu anderen gesellschaftlichen Werten und Normen wird ein Verstoß gegen die Wahlnorm als nicht allzu gravierend angesehen. Dafür spricht der starke Rückgang der Wahlbeteiligung bei den Bürgern, die der Wahlpflicht nur eingeschränkt bzw. überwiegend zustimmten. Bemerkenswert ist außerdem der hohe kurzfristige Rückgang der Wahlnorm von 1987 bis 1993, der in allen Altersgruppen gleich stark ausfiel. Diese Entwicklung spricht am ehesten für einen Periodeneffekt.

Der Rückgang des Wahlpflichtbewußtseins in der bundesdeutschen Bevölkerung dürfte viel ausgeprägter sein als die aggregierten Anteile der Wahlnormbefürworter vermuten lassen. Möglicherweise hat ein Teil der Bürger ihre Normvorstellungen erst nach einem Verstoß revidiert. Das abweichende Verhalten hätte folglich erst im nachhinein eine grundsätzliche Einstellungsänderung bewirkt. Erwiese sich diese Annahme als korrekt, wäre die Prognosefähigkeit des Indikators Wahlpflicht erheblich eingeschränkt. Trotz dieser Bedenken bestätigen die Resultate auf der Individual- und Aggregatebene im Längsschnitt die große Bedeutung des nachlassenden Pflichtbewußtseins als Erklärung der sinkenden Wahlbeteiligung. Doch nicht nur das nachlassende Pflichtbewußtsein, sondern vor allem die nachlassende Verhaltensbindung bei vorhandener Wahlnorm verdeutlichen, daß der Institutionalisierungsgrad des Wahlaktes in der bundesdeutschen Bevölkerung zurückgeht. Trotz Wahlpflichtbewußtseins hält man es nicht unbedingt für nötig, an jeder Wahl oder an jeder Bundestagswahl teilzunehmen. Es ist anzunehmen, daß vor allem dann auf die Teilnahme verzichtet wird, wenn weitere beteiligungshemmende Faktoren hinzukommen. In Anlehnung an die Normalisierungshypothese richtet sich der Blick in erster Linie auf das politische Interesse. Doch auch anderen Gründe wie z.B. die Stärke der Parteiidentifikation oder der Grad der Entfremdung kommen als Motive in Frage. Darauf wird an späterer Stelle noch Bezug genommen.

6.1.3 Wahlbeteiligung und politisches Interesse

6.1.3.1 Wahlverhalten nach dem Grad des politischen Interesses

Sowohl die Wählerverhaltenstheorien als auch die Partizipationsforschung identifizierten das politische Interesse als einen der zentralen Indikatoren der Wahlbeteiligung. Querschnittanalysen belegen, daß Personen mit geringem politischen Interesse sich weitaus seltener an Wahlen beteiligen. Das Pseudo-R^2 der bivariaten logistischen Regressionen beträgt Anfang der neunziger Jahre 7,0 Prozent (siehe Anhang VIII). Bei längsschnittlicher Betrachtung gehen die Wahlbeteiligungsraten zwischen politisch Interessierten und Desinteressierten sogar noch weiter auseinander. Während die politisch sehr Interessierten noch immer in großem Maße ihre Stimme abgeben, wenden sich die Desinteressierten mehr und mehr ab:

Tabelle 33: Nichtwähleranteile nach politischem Interesse (in Prozent)

	1980	1982	1984	1986	1988	1990	1991	1992
politisches Interesse								
sehr stark	2,2	5,2	6,3	3,3	3,4	5,5	6,3	8,8
stark	1,2	3,4	5,1	6,2	5,4	6,7	6,5	9,4
mittel	1,5	4,3	6,1	7,7	9,5	10,3	10,0	11,3
wenig	3,6	7,2	12,5	14,1	15,3	16,4	22,1	25,0
überhaupt nicht	12,7	16,1	24,5	29,6	35,6	43,0	39,6	47,6
insgesamt	3,2	5,7	9,3	9,8	10,9	11,9	12,9	14,9

Quelle: ALLBUS

Der Nichtwähleranteil unter den politisch Desinteressierten beträgt Anfang der neunziger Jahre 47,6 Prozent und stieg damit in einem Zeitraum von zwölf Jahren um rund 35 Prozentpunkte. Anfang der neunziger Jahre bleibt damit jeder zweite Bundesbürger ohne politisches Interesse der Wahl fern. Bei den wenig Interessierten ist mit 21,4 Prozentpunkte ebenfalls ein weit überproportionaler Anstieg der Wahlenthaltung festzustellen. Befragte mit sehr starkem politischen Interesse blieben mit einem Rückgang von 6,6 Prozentpunkte deutlich unter dem Durchschnitt. Dieses Resultat ist ein weiteres Argument gegen die These der „unorthodoxen Rationalität" engagierter Bürger. Da politisch Aktive in der Regel stärker interessiert sind, wäre in dieser Gruppe ein höherer Anstieg zu erwarten gewesen.

Der drastische Rückgang der Wahlbeteiligung unter den Befragten mit wenig oder keinem politischen Interesse bestätigt vielmehr den zweiten Teil der Normalisierungshypothese: Politisch desinteressierte Bevölkerungsgruppen nehmen Ende der achtziger und Anfang der neunziger Jahre in großen Teilen nicht mehr an der Bundestagswahl teil. Wenn Desinteressierte nicht mehr wählen, ist dieses Verhalten streng genommen eine logische Konsequenz ihrer Einstellung. Die Wahlabstinenz wäre eher als der „Normalfall" zu charakterisieren. Folglich ist nicht der starke Rückgang der Wahlbeteiligung zu erklären, sondern, warum in der Vergangenheit politisch Desinteressierte in einem so hohen Maße zur Wahl gegangen sind. Gemäß der Normalisierungshypothese lag die hohe Wahlbeteiligung der Desinteressierten in erster Linie in der allgemein anerkannten Wahlnorm begründet.

6.1.3.2 Politisches Interesse und Wahlpflicht: Die Normalisierungshypothese i.e.S.

Die Normalisierungshypothese betont im engeren Sinne die starke Beziehung zwischen Desinteresse, nachlassendem Pflichtbewußtsein und Wahlteilnahme. Die breite Akzeptanz der Wahlnorm hat in der Vergangenheit verhindert, daß desinteressierte Bevölkerungsgruppen den Wahlurnen fernblieben. Wenn jedoch die beteiligungsfördernde Funktion der Wahlnorm entfällt, verzichten diese Bürger zunehmend auf die Stimmabgabe. Unterziehen wir diese Aussage auf der Individualebene einer eingehenden Prüfung. Die Argumentation impliziert folgende Zusammenhänge: Zum einen müßten politisch Desinteressierte, die die Wahlnorm internalisiert haben, auch weiterhin in großem Maße zu Wahl gehen. Für diese Gruppe dürfte die Wahlnorm nichts an ihrer Bindungskraft verloren haben. Zum anderen müßten aber vor allem diejenigen auf die Stimmabgabe verzichten, die sowohl Desinteresse als auch fehlendes Wahlpflichtbewußtsein auf sich vereinen. Die dazu notwendigen längerfristigen Analysen sind aufgrund des beschränkten Datenmaterials nicht möglich. Im folgenden muß daher auf die Umfragen aus den Jahren 1987 bis 1993 zurückgegriffen werden. Eine simultane Betrachtung beider Faktoren in Verbindung mit der Wahlbeteiligung führt insbesondere bei den älteren Umfragen mit einer geringen Zahl von Pflichtlosen zu nicht mehr vertretbaren Fallzahlen. Aus diesem Grund stützen sich die Aussagen beim politischen Interesse auf die bereits verwendete Dreiteilung - geringes, mittleres und großes politisches Interesse - sowie bei der Wahlnorm auf die bekannten zwei Kategorien.

Tabelle 34: Nichtwähleranteile nach dem Grad des politischen Interesses und des Wahlpflichtbewußtseins von 1987 bis 1993 (in Prozent)

	Nichtwähleranteile insgesamt	Nichtwähleranteile nach politischem Interesse		
		groß	mittel	gering
Wahlnorm				
1987				
vorhanden	4,6	1,6	4,6	20,1
nicht vorhanden	24,4	10,4	21,0	46,5
1991				
vorhanden	10,1	6,7	8,7	17,0
nicht vorhanden	26,4	10,4	23,4	39,8
1993				
vorhanden	10,0	7,1	10,0	14,8
nicht vorhanden	35,9	24,9	30,8	50,0
Differenz 1993-1987				
vorhanden	+ 5,4	+ 5,5	+ 5,4	- 5,3
nicht vorhanden	+ 11,5	+ 14,5	+ 9,8	+ 3,5

Quelle: Forschungsinstitut der Konrad-Adenauer-Stiftung, Archiv-Nr. 8702, 9105, 9301

Auch der dritte Teil der Normalisierungshypothese erweist sich als zutreffend. Die Wahlnorm besitzt noch immer eine wichtige Bindungsfunktion, indem sie politisch wenig Interessierte zur Stimmabgabe bewegt. Der Nichtwähleranteil unter den politisch Desinteressierten betrug bei vorhandener Wahlnorm 1993 nur 14,8 Prozent. Wenn dagegen geringes politisches Interesse und fehlende Wahlnorm zusammenkommen, neigen die Betreffenden zu einer sehr hohen Wahlenthaltung. 1987 und 1993 ging rund die Hälfte dieser Personen nicht zur Wahl. Nimmt man die extremen Kategorien „politisch überhaupt nicht interessiert" sowie „lehne Wahlnorm voll und ganz ab" als Grundlage, gingen 1993 sogar nur noch 30 Prozent der Befragten zur Wahl. Doch das eigentlich überraschende Ergebnis ergibt sich aus der Differenz der Beteiligungsquoten. Danach stieg die Wahlenthaltung vor allem bei den politisch Interessierten an, die kein Wahlpflichtbewußtsein besitzen. Diese Entwicklung ist jedoch keineswegs als „Normalisierung" zu interpretieren, zumal unter den Pflichtbewußten die Wahlbeteiligung ebenfalls abnahm. Über diesen Teil der Nichtwählerschaft wird daher in den folgenden Teilkapiteln noch zu sprechen sein.

6.1.3.3 Entwicklung des politischen Interesses im Zeitverlauf

Der starke Rückgang der Wahlbeteiligung bei den politisch Desinteressierten trägt jedoch nur wenig bei, das Ausmaß des Nichtwähleranstiegs zu erklären. Denn ähnlich, wie bei dem Faktor Bildung, hat das politische Interesse in den vergangenen zehn Jahren sogar leicht zugenommen und hätte daher eher wahlbeteiligungsfördernd sein müssen. Wie die Abbildung auf der nächsten Seite veranschaulicht, hat sich die Gruppe der politisch Desinteressierten im Zeitraum von 1980 bis 1990 halbiert, der Anteil der stark und sehr stark Interessierten indes von 26,0 Prozent auf 37,5 Prozent erhöht.

Abbildung 9: Entwicklung des politischen Interesses von 1980 bis 1992

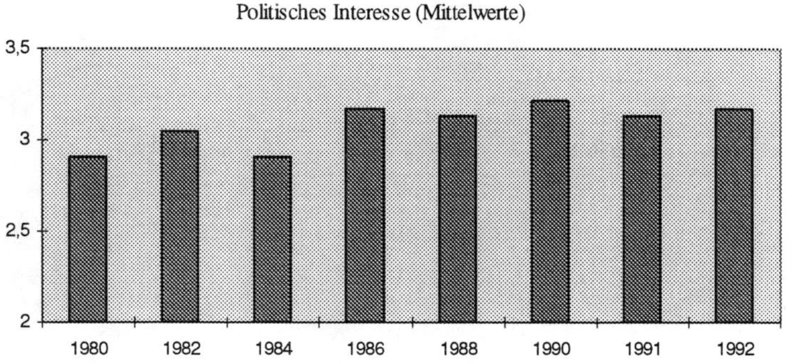

sehr stark	8,0	5,9	7,8	10,6	12,5	13,3	10,6	11,4
stark	18,0	17,8	17,6	18,4	22,8	24,2	22,2	21,8
mittel	41,2	46,4	43,0	44,1	35,8	41,5	42,7	44,0
wenig	22,2	21,7	21,0	20,1	23,4	15,7	18,0	17,1
überhaupt nicht	10,6	8,2	10,6	6,9	6,5	5,3	6,4	5,7

Quelle: ALLBUS

Der geringfügige Rückgang des politischen Interesses in den Jahren 1991 und 1992 darf aufgrund des Sonderfaktors Deutsche Einheit nicht überbewertet werden. Die historische Situation des Jahres 1990, verbunden mit einer noch nie dagewesenen Intensität der politischen Berichterstattung in den Medien, bewirkte, daß das politische Interesse der Bevölkerung in diesem Jahr sein bisher höchstes Niveau erreichte. Der minimale Rückgang in den beiden Folgejahren spricht für eine stabil hohe Zahl politisch Interessierter in den westlichen Bundesländern. Dennoch bleibt es verwunderlich, daß gerade in dem Jahr höchster politischer Mobilisierung die Wahlbeteiligung am Ende so schwach ausfiel. Ursache dafür ist, wie die Befunde auf der Mikroebene beweisen, daß im Gegensatz zum Anfang der achtziger Jahre auch für politisch Interessierte die Teilnahme keine Selbstverständlichkeit mehr ist.

Die hohen Nichtwähleranteile unter den politisch Desinteressierten verschleiern, daß der Anteil derjenigen, die sich überhaupt nicht für Politik interessieren, in der Bevölkerung Anfang der neunziger Jahre nur noch zwischen 5,3 und 6,4 Prozent liegt. Bei einem Nichtwähleranteil von rund 21,4 Prozent (abzüglich der statistischen Nichtwähler) kann daher das mangelnde politische Interesse allein keine hinreichende Begründung sein. Die wachsende Zahl der politisch Interessierten konnte die massive Wahlabstinenz der Desinteressierten deshalb nicht kompensieren, weil auch in der großen Gruppe der politisch Interessierten die Wahlbeteiligung zurückging. Würde man zusätzlich einen Overreporting-Effekt berücksichtigen, wäre der Rückgang aller Wahrscheinlichkeit nach auch in der zweiten Kategorie der politisch stark Interessierten größer. Da die überwiegende Mehrheit der Wahlberechtigten ein starkes oder mittleres Interesse zeigt, hat sich - auch ohne Overreporting-Effekt - die Zusammensetzung der Nichtwählerschaft verschoben.

Abbildung 10: Aufteilung der Nichtwähler nach politischem Interesse (in Prozent)

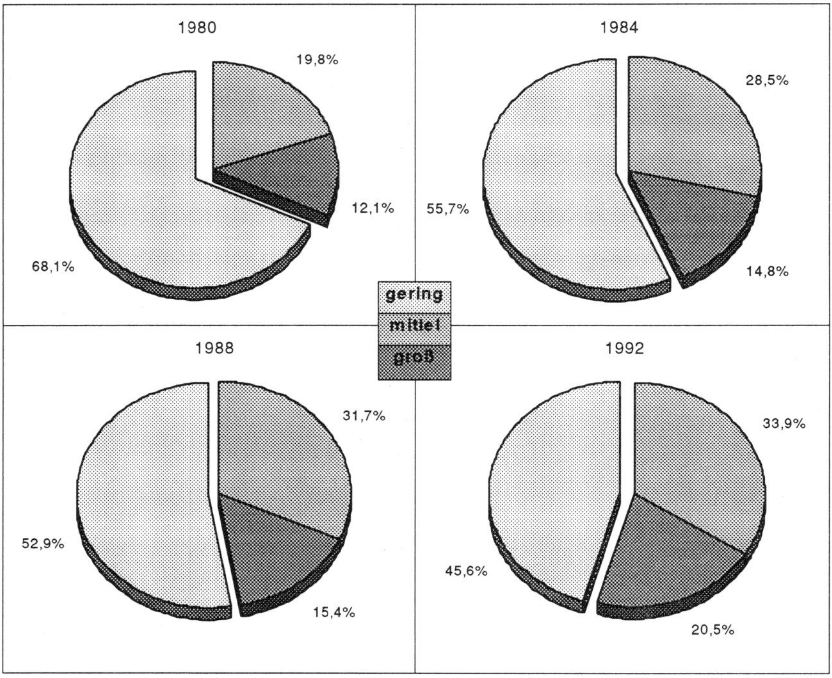

Zur besseren Übersichtlichkeit wurden die Kategorien „sehr starkes“ und „starkes“ politisches Interesse zur Kategorie „Politisches Interesse: groß“ und die Kategorien „wenig“ und „überhaupt nicht“ zur Kategorie „Politisches Interesse: gering“ zusammengefaßt.

Quelle: ALLBUS 1980, 1984, 1988, 1992

Der Anteil der politisch Interessierten hat unter den Nichtwählern stark zugenommen. Die Mehrheit der Nichtwähler Anfang der neunziger Jahre läßt sich nicht mehr als politisch desinteressierter Teil der Bevölkerung charakterisieren. Während 1980 68,1 Prozent der Nichtwähler ein geringes politisches Interesse hatten, waren es 1992 nur noch 45,6 Prozent. Die Zunahme der interessierten Nichtwähler stellt jedoch die Ergebnisse von Armingeon (1994) erheblich in Frage. Seiner Ansicht nach ist die niedrige Wahlbeteiligung vorwiegend auf inaktive und desinteressierte Bevölkerungsgruppen zurückzuführen. Der hohe Anteil der politisch Uninteressierten unter den Nichtwählern gehe nur geringfügig von 93,5 Prozent 1980 auf 84 Prozent 1990 zurück (Armingeon 1994: 53). Wie die Ergebnisse zum Partizipationsverhalten zeigten, ist ihm in Bezug auf das großteils inaktive Verhalten der Nichtwähler recht zu geben. Dagegen bestehen beim politischen Interesse große Diskrepanzen in den Schlußfolgerungen. Die unterschiedlichen Befunde erklären sich jedoch einzig aus der Kategorisierung des politischen Interesses. Zählt man bei der Ordinalskala die mittlere der fünf Kategorien, die über 40 Prozent der Befragten umfaßt, zu den Desinteressierten hinzu, nähern sich die Ergebnisse in etwa an. Diese Vereinfachung von Armingeon (1994: 60) ist jedoch sehr willkürlich. Denn wer sind die Personen, die ihr politisches Interesse als durchschnittlich im Sinne der theoretischen Mitte der Skala einstufen?

Dazu wurden einige dem politischen Interesse eng verwandte Variablen näher betrachtet: die subjektive Wichtigkeit von Politik (ALLBUS) und die Aufmerksamkeit politischer Berichterstattung in den Medien (CNEP). Danach sind Bürger mit mittlerem politischem Interesse keineswegs gleichzusetzen mit Desinteressierten. Über die Hälfte hält Politik für wichtig, unter den überhaupt nicht Interessierten ist es nicht einmal jeder Fünfte. 70 Prozent lesen regelmäßig eine Tageszeitung, 85 bis 90 Prozent verfolgen die politische Berichterstattung in den Zeitungen oder im Fernsehen aufmerksam oder sehr aufmerksam, bei den Uninteressierten sind es dagegen nur knapp über 30 Prozent. Nichtwähler mit mittlerem politischem Interesse entsprechen eher dem Bild des „Normalbürgers“. Das politische Geschehen wird passiv über die Medien wahrgenommen. Darüber hinausgehende Aktivitäten sind wie beim Großteil der Bevölkerung die Ausnahme. Diese Nichtwähler haben jedoch wenig mit dem Typus des desinteressierten, unpolitischen Nichtwählers gemein, der der Politik im allgemeinen keine Bedeutung beimißt. Im Rahmen dieser Arbeit wird der willkürlichen Einstufung der Befragten mit durchschnittlichem Interesse als Desinteressierte nicht gefolgt und an der Unterteilung in drei bzw. fünf Stufen des politischen Interesses festgehalten, zumal bei einer Dichotomisierung auch rund zwei Drittel der Wähler als desinteressiert bezeichnet werden müßten. Eine solch undifferenzierte Betrachtungsweise trägt nicht zum besseren Verständnis der sinkenden Wahlbeteiligung bei.

Ohne Berücksichtigung der noch immer hohen Wahlnorm halten sich desinteressierte und interessierte Nichtwählergruppen Anfang der neunziger Jahre in etwa die Waage. Eine ähnliche Zweiteilung der Nichtwählerschaft ergibt sich, wenn man die Wahrnehmung politischer Berichterstattung in den Medien betrachtet. 55 Prozent der Nichtwähler verfolgen politische Berichte im Fernsehen aufmerksam bzw. sehr aufmerksam. Rund 10 Prozent nehmen Politik im Fernsehen kaum wahr, weitere 35 Prozent nur wenig. Sowohl die Desintegrationsthese von Armingeon als auch die enger gefaßte Normalisierungshypothese sind aber durchaus geeignet, einen Teil der sinkenden Wahlbeteiligung zu erklären. Insgesamt weist knapp über ein Viertel der Nichtwählerschaft weder politisches Interesse noch Wahlpflichtbewußtsein auf. Dieser pflichtlose und unpolitische Nichtwählertyp verkörpert einen nicht unwesentlichen Teil der Nichtwählerschaft, der mit für den kräftigen Anstieg der Wahlenthaltung verantwortlich ist. Denn die Wahlbeteiligung der Desinteressierten liegt bei vorhandener Wahlnorm noch immer recht hoch.

Die wachsende Zahl politisch interessierter Nichtwähler schränkt den Erklärungswert jedoch ein. Des weiteren ist auch der Aussagewert der Randständigkeitshypothese zu relativieren. Denn vorhandenes politisches Interesse ist Ausdruck gesellschaftlicher Integration. Anhand der dargestellten Befunde interessiert sich ein Großteil der Nichtwähler für die Belange der Gesellschaft. Zwar sind Anfang der neunziger Jahre die politisch Desinteressierten unter den Nichtwählern noch immer überrepräsentiert, aber sie sind nur zum Teil für den Anstieg der Nichtwählerzahlen verantwortlich. Für die interessierteren Nichtwähler müssen andere Enthaltungsgründe ausschlaggebend gewesen sein. Ähnlich wie bereits die Ergebnisse der Sozialstrukturanalysen ergaben, läßt sich das Phänomen der Wahlenthaltung nicht mehr auf bestimmte Randgruppen reduzieren. Nichtwähler unterscheiden sich sowohl bezüglich ihrer Sozialstrukturmerkmale als auch hinsichtlich ihres politischen Interesses Anfang der neunziger Jahre viel weniger vom Durchschnitt der Bevölkerung als noch zehn Jahre zuvor.

6.1.3.4 Politisches Interesse und Sozialstruktur

Die Entwicklung des Bildungsniveaus sowie des politischen Interesses ließen eigentlich erwarten, daß der soziale Wandel und die höheren kognitiven Ressourcen - insbesondere in den jüngeren, bessergebildeten Bevölkerungsgruppen - zu einer politisch aufgeschlosseneren Haltung führen würden. Eine längere Schulbildung schafft die Voraussetzungen für ein besseres Verständnis der politischen Abläufe. Die Wahlteilnahme müßte weniger aus Tradition und Pflichtbewußtsein heraus erfolgen als vielmehr aufgrund eines besseren Einblicks in das politische Geschehen. Betrachten wir daher das politische Interesse, unterteilt nach sozio-ökonomischem Status und Alter, und seine Auswirkungen auf die Wahlteilnahme.

Tabelle 35: Nichtwähleranteile nach Schulabschluß[1] und Stärke des politischen Interesses 1982/84 im Vergleich zu 1992/92 (in Prozent)

	Grad des politischen Interesses 1982/84			Grad des politischen Interesses 1991/92			Differenz 1991/92 - 1982/84		
	stark	mittel	gering	stark	mittel	gering	stark	mittel	gering
Bildungsabschluß									
Hauptschule	3,0	4,5	13,9	12,5	10,8	28,6	+ 9,5	+ 6,3	+ 14,7
Realschule	4,8	6,5	11,7	4,5	12,2	31,5	- 0,3	+ 5,7	+ 19,8
Fachhochschulreife/Abitur	6,8	6,2	11,0	6,3	9,0	27,0	- 0,5	+ 2,8	+ 16,0
insgesamt	4,7	5,2	13,4	8,2	10,8	29,0	+ 3,5	+ 5,6	+ 15,6

1) Personen ohne Schulabschluß nicht enthalten

Quelle: ALLBUS 1982/84 und 1991/92

Die Befunde der sozialstrukturellen Analysen bescheinigten den Höhergebildeten eine leicht überdurchschnittliche Wahlbeteiligung. Da Höhergebildete im allgemeinen ein größeres politisches Interesse haben, müßte zumindest ein indirekter Bildungseffekt bestehen. Hält man das politische Interesse jedoch konstant, verschwinden selbst die geringen Bildungseffekte, wie sie in Kapitel Fünf nachgewiesen wurden. Höhergebildete verhalten sich je nach Grad des politischen Interesses genauso wie andere Bildungsgruppen. Diese den Annahmen widersprechenden Ergebnisse decken sich weitgehend mit den Befunden von Lazarsfeld et al. (1968). Nicht das Bildungsniveau, sondern das politische Interesse ist der relevante Indikator der Wahlbeteiligung.

Eine Ausnahme bilden nur die Hauptschulabgänger Anfang der neunziger Jahre. Ihr starkes politisches Interesse bietet noch keine Gewähr für eine hohe Wahlbeteiligung. Gleichlautende Resultate erhält man bei der Erwerbsstruktur der Nichtwähler (nicht abgebildet). Mit Ausnahme der Beamten nivellieren sich die ohnehin geringen Beteiligungsunterschiede zwischen Selbständigen, Arbeitern und Angestellten, wenn nach der Stärke des politischen Interesses unterteilt wird. Da jedoch die Zahl der Arbeiter in den letzten zehn Jahren gesunken ist, im Gegenzug das Bildungsniveau gestiegen ist, hat sich die Sozialstruktur der desinteressierten Nichtwähler verlagert. Eine Wahlenthaltung aus Desinteresse ist nicht mehr zwangsläufig mit einem geringen sozio-ökonomischen Status verbunden. Im Durchschnitt hat das politische Interesse der Höhergebildeten sogar etwas abgenommen, das der Hauptschulabsolventen und Arbeiter hingegen zugenommen. Allerdings führt ein starkes politisches Interesse vor allem bei Personen mit Hauptschulabschluß sowie bei Arbeitern nicht mehr zwangsläufig zur Wahlteilnahme.

Da 1990 vor allem jüngere Wahlberechtigte der Wahl fernblieben, liegt es nahe, die Ursachen der sinkenden Wahlbeteiligung in einer politischen Demobilisierung der Jugend zu suchen. Auch Falter und Schumann (1993: 49) konstatieren, daß ein Teil des Nichtwähleranstiegs auf das sinkende politische Interesse der jüngsten Wahlberechtigten zurückzuführen ist. Die Ergebnisse des ALLBUS stützen diese Behauptungen nicht. Sowohl die These eines Rückgangs des politischen Interesses bei jungen Leuten, als auch die These, daß der Nichtwähleranstieg auf die jüngeren, politisch wenig interessierten Bevölkerungsgruppen zurückzuführen ist, müssen anhand der folgenden Ergebnisse relativiert werden:

Tabelle 36: Entwicklung des politischen Interesses nach Generationszugehörigkeit von 1982/84 bis 1991/92 (Mittelwerte)

	Politisches Interesse 1982/84	Politisches Interesse 1991/92	Differenz 1991/92 - 1982/84
Jahrgänge			
1903-1911	2,65	2,85	+ 0,20
1912-1920	2,86	3,13	+ 0,27
1921-1929	2,99	3,29	+ 0,30
1930-1938	3,00	3,17	+ 0,17
1939-1947	3,12	3,35	+ 0,23
1948-1956	3,16	3,17	+ 0,01
1957-1965	2,94	3,05	+ 0,09
1966-1974		3,01	-

Lesehilfe: Skala des politischen Interesses: 1= gar nicht interessiert bis 5= sehr stark interessiert. Die positiven Differenzwerte drücken aus, daß das politische Interesse in allen Geburtskohorten gestiegen ist.

Quelle: ALLBUS 1982/84 und 1991/92

Das politische Interesse der jüngeren Generationen ist demnach nicht zurückgegangen. In den Generationen, die vor 1947 geboren sind und Anfang der neunziger Jahre über 40 Jahre alt waren, hat es jedoch deutlich stärker zugenommen. Das politische Interesse der jüngeren Generation bleibt weitgehend konstant bzw. erhöht sich nur leicht. Von einem nachlassenden Politikinteresse kann allerdings keine Rede sein. Die jüngste Generation der Jahre 1966 bis 1974, die Anfang der neunziger Jahre zwischen 18 und 26 Jahre alt war, zeigt in ihren jungen Jahren kein geringeres Interesse als ihre Vorgänger. Der Mittelwert fällt mit 3,01 sogar leicht höher aus als bei den 18-26jährigen der Jahre 1982/84. Die Entwicklung der Wahlbeteiligung in den einzelnen Geburtskohorten bietet ebenfalls keine ausreichenden Anhaltspunkte, daß die steigenden Nichtwählerzahlen vornehmlich auf jüngere, desinteressierte Wahlberechtigte zurückzuführen ist. Wie der Tabelle zu entnehmen ist, stiegen die Nichtwähleranteile in allen Generationen kräftig an.

Tabelle 37: Nichtwähleranteile nach dem Grad des politischen Interesses in den einzelnen Geburtskohorten 1982/84 und 1991/92 (in Prozent)

	Grad des politischen Interesses 1982/84			Grad des politischen Interesses 1991/92			Differenz 1991/92 - 1982/84		
	groß	mittel	gering	groß	mittel	gering	groß	mittel	gering
Jahrgänge									
1903-1911	4,2	4,7	16,4	0,0	6,7	31,0	- 4,2	+ 2,0	+ 14,6
1912-1920	2,9	4,9	9,9	6,5	10,3	26,4	+ 3,6	+ 5,4	+ 16,5
1921-1929	4,2	2,5	11,2	7,5	5,9	25,0	+ 3,3	+ 3,4	+ 13,8
1930-1938	3,5	3,6	10,2	8,3	9,6	20,8	+ 4,3	+ 6,0	+ 10,6
1939-1947	4,6	5,6	9,8	8,5	6,5	23,6	+ 3,9	+ 1,1	+ 14,8
1948-1956	4,7	5,6	16,4	6,7	9,1	22,4	+ 2,0	+ 3,5	+ 6,0
1957-1965	7,5	9,0	19,8	9,8	13,3	33,5	+ 2,3	+ 4,3	+ 14,7
1966-1974	-	-	-	9,5	19,4	40,8	-	-	-

Quelle: ALLBUS 1982/84 und 1991/92

Nur in einem Punkt bestätigen sich die Aussagen von Falter und Schumann (1993). Junge Menschen mit geringem politischem Interesse gehen Anfang der neunziger Jahre in hohem Maße nicht zur Wahl. Ihr Nichtwähleranteil beträgt 40,8 Prozent. Zwar bestehen gemäß den Befunden aus Kapitel 4.4.2 in den jüngeren Altersgruppen beträchtliche Overreporting-Effekte, d.h. die Nichtwähleranteile der jüngsten Generation von 1966 bis 1974 fallen zu niedrig aus. Es ist jedoch keineswegs gesichert, daß vor allem die desinteressierte Jugend stärker zur Falschaussage neigt. Nach den bisherigen Erkenntnissen ist eher zu vermuten, daß politisch Interessierte unkorrekte Angaben über ihr Beteiligungsverhalten machen.

Das starke Absinken der Wahlteilnahme bei den politisch Desinteressierten erfolgt laut den obigen Befunden weitgehend unabhängig von Alter und Generationszugehörigkeit. Wie die rechte Spalte der Tabelle zeigt, steigen die Nichtwähleranteile in allen untersuchten Geburtskohorten kräftig an. Der Generationseffekt fällt beim politischen Interesse somit geringer aus als bei der Analyse des Bildungsfaktors in Kapitel 5.4. In den jüngeren Generationen waren allerdings die Nichtwähleranteile mit 19,4 Prozent bzw. 13,3 Prozent auch bei mittlerem Politikinteresse relativ hoch. Dieses Ergebnis deutet darauf hin, daß politisches Interesse allein nicht ausreicht, um jüngere Wahlberechtigte zur Stimmabgabe zu bewegen. Insbesondere, wenn andere beteiligungshemmende Faktoren hinzukommen, wird auf den Wahlakt verzichtet. Einer dieser Faktoren ist das niedrigere Wahlpflichtbewußtsein. So wählen Anfang der neunziger Jahre 22,1 Prozent der jüngeren Wahlberechtigten im Alter bis 33 Jahre trotz starkem politischem Interesse nicht, wenn sie die Wahlnorm nicht befürworten. Eine weitere Ursache für dieses veränderte Verhalten ist, wie im nächsten Kapitel dargestellt wird, möglicherweise die fehlende Parteibindung. Die jüngeren Generationen sind nicht politisch demobilisiert, ihr Verhalten ist jedoch vielfältiger geworden, was für einen Verhaltenswandel der jüngsten Generation spricht. Eine endgültiger Nachweis eines Generationseffekts ist jedoch in diesem frühen Stadium nicht möglich. Dazu müßten die Beteiligungsraten der heute jungen Nichtwähler in den weiteren Lebenszyklusphasen beobachtet werden. Auffällig ist jedoch, daß im Unterschied zum Anfang der achtziger Jahre in der jüngsten Alterskohorte politisches Interesse nicht mehr zwangsläufig zur Wahlteilnahme führt.

6.1.4 Zusammenfassung

1. Ein Teil der sinkenden Wahlbeteiligung ist auf den allgemeinen Rückgang der Pflichtwerte, insbesondere auf die abnehmende Akzeptanz der Wahlnorm, zurückzuführen. Diese Entwicklung bleibt keineswegs auf die jüngeren Generationen beschränkt. Der Rückgang des Wahlpflichtbewußtseins von 1987 bis 1993 erstreckt sich auf alle Altersgruppen und ist weitgehend unabhängig von sozio-ökonomischen Charakteristika. Damit ist auch das nachlassende Wahlpflichtbewußtsein ein gesamtgesellschaftliches Phänomen.

2. Darüber hinaus beschränkt sich der Anstieg der Nichtwähleranteile nicht nur auf die Personen ohne Wahlpflichtbewußtsein. Die Hälfte der Nichtwähler - unter Berücksichtigung des Overreporting-Effektes wahrscheinlich bis zu zwei Drittel der Nichtwähler - befürworten die Wahlnorm mehr oder weniger stark. Nur diejenigen, die die Wahlnorm uneingeschränkt bejahen, gehen auch Anfang der neunziger Jahre in großem Umfang zur Wahl. Die Wahlbeteiligung nahm jedoch in allen anderen Kategorien gleich stark ab. In den jüngeren Altersgruppen bietet auch eine hohe Akzeptanz der Wahlnorm keine Gewähr für die Teilnahme. Sowohl die geringere Befürwortung der Wahlnorm als auch die nachlassende Verhaltenskonsequenz bei vorhandener Wahlnorm verdeutlichen, daß der Institutionalisierungsgrad des Wahlaktes insgesamt zurückgeht.

3. Die Inglehart'sche Wertewandeltheorie eignet sich nicht zur Erklärung der sinkenden Wahlbeteiligung. Die Nichtwähleranteile der vier Wertetypen unterscheiden sich im Quer- wie Längsschnitt nur minimal. Der Zusammenhang zwischen Wahlteilnahme und unverfaßten Partizipationsformen ist sehr schwach. Entgegen den theoretischen Annahmen neigen diejenigen, die an unverfaßten Partizipationsaktivitäten bereits teilgenommen haben, zu einer etwas überdurchschnittlichen Wahlbeteiligung. Die weiterhin hohe Wahlbeteiligung der politisch stark Interessierten spricht ebenfalls gegen die These, daß sich die politischen Aktivitäten ausschließlich auf neuere Partizipationsformen verlagert haben. Allerdings setzt der politisch aktivere Teil der Bevölkerung sein Wahlrecht optional ein. Eine Notwendigkeit der Stimmabgabe existiert nicht mehr. Neben der überwiegenden Zahl passiver Nichtwähler existiert ein quantitativ nicht zu vernachlässigender Anteil politisch aktiver Nichtwähler.

4. Politisch desinteressierte Bürger ziehen Anfang der neunziger Jahre zu einem beträchtlichen Teil die Konsequenz aus ihrem Desinteresse und bleiben der Wahlurne fern. In der Gruppe der politisch überhaupt nicht Interessierten geht 1992 nur noch jeder Zweite zur Wahl. In der Gruppe der wenig Interessierten ist einer von vier Befragten ein Nichtwähler. Insgesamt hat das politische Interesse in der Bundesrepublik in den achtziger Jahren jedoch weiter zugenommen und erreichte im Wahljahr 1990 seinen Höhepunkt. Damit scheidet es als Ursache der sinkenden Wahlbeteiligung weitgehend aus.

5. Aufgrund der gegenläufigen Effekte auf der Individual- und Aggregatebene konnte der starke Rückgang der Wahlbeteiligung unter den Desinteressierten teilweise durch die wachsende Zahl politisch Interessierter kompensiert werden. Da aber auch in dieser Gruppe die Wahlbeteiligung zurückging, ist das Ausmaß des Nichtwähleranstiegs vor allem auf die politisch Interessierten zurückzuführen. Ganz anders als 1980 bezeichnen sich heute mehr als die Hälfte der Nichtwähler als politisch interessiert. Eine sehr große Rolle spielen dabei die Nichtwähler mit mittlerem politischem Interesse. Bürger mit großem politischem Interesse sind - allerdings ohne Berücksichtigung von Overreporting-Effekten - auch Anfang der neunziger Jahre noch immer unterrepräsentiert.

6. Die wachsende Bedeutung der politisch interessierten Nichtwähler ist ein weiterer Beleg dafür, daß das Bild des Nichtwählers immer weniger mit Randständigkeit oder Desintegration gleichzusetzen ist. Die Nichtwähler der neunziger Jahre weisen zwar tendenziell ein geringeres politisches Interesse auf, nähern sich jedoch auch in diesem Punkt dem Bevölkerungsdurchschnitt an. Berücksichtigt man ferner den Verzerrungseffekt des Overreporting, dürften die Unterschiede zwischen Wählern und Nichtwählern noch undeutlicher ausfallen. Die Nichtwählerschaft rekrutiert sich zunehmend aus den Teilen der Bevölkerung, die in der Vergangenheit als zuverlässige Wähler galten.

7. Die Normalisierungshypothese erweist sich für einen Teil der Nichtwählerschaft als richtig. Fehlendes Wahlpflichtbewußtsein sowie fehlendes politisches Interesse sind mit hoher Wahlenthaltung verbunden. Während in der Vergangenheit die weit verbreitete Akzeptanz der Wahlnorm auch die politisch Desinteressierten an die Wahlurnen brachte, nehmen Anfang der neunziger Jahre Personen, die weder Wahlpflichtbewußtsein noch politisches Interesse besitzen, nur in geringem Maße an Wahlen teil. Allerdings weist insgesamt nur ein Viertel der Nichtwählerschaft weder politisches Interesse noch Wahlpflichtbewußtsein auf. Die Normalisierungshypothese kann nicht erklären, warum auch unter den politisch Interessierten sowie unter den Pflichtbewußten die Wahlbeteiligung zurückgegangen ist. Dazu sind die Gründe der Wahlenthaltung zu verschiedenartig.

6.2 Dealignment

6.2.1 Wahlbeteiligung nach Stärke der Parteibindung

Der Dealignment-Ansatz liefert in seinem Kern vor allem eine Erklärung der abnehmenden Konstanz im Wählerverhalten. Die Zahl der Stammwähler nimmt ab, so daß die Wahlentscheidung bei einem großen Teil der Bevölkerung nicht mehr fest determiniert ist. Herausragender Indikator des Dealignment-Prozesses ist die abnehmende Parteiidentifikation. Die bisherige Forschung konzentrierte sich vor allem auf den Wechsel der Parteiwahl, nicht jedoch auf die Wahlenthaltung als zweite Alternative. Sollte das Dealignment für die sinkende Wahlbeteiligung verantwortlich sein, müßten gemäß den theoretischen Annahmen vor allem diejenigen, die sich an keine Partei gebunden fühlen, verstärkt auf die Stimmabgabe verzichten.

Bei rein bivariater Betrachtung erweist sich die Parteiidentifikation zusammen mit der Wahlnorm als der aussagekräftigste Indikator. Die Pseudo-R^2-Werte des bivariaten logistischen Modells betragen zwischen 7,7 und 10,9 Prozent (siehe Anhang VIII und IX). Die querschnittlichen Ergebnisse unterstreichen die hohe Aussagekraft des Michigan-Modells zur Erklärung der Wahlenthaltung. Betrachtet man den engen Zusammenhang zwischen Parteibindung und Wahlbeteiligung im Zeitverlauf, haben sich die Unterschiede zwischen den parteigebundenen und parteiungebundenen Wahlberechtigten noch erheblich vergrößert. Personen, die sich mit einer Partei identifizieren, gehen mit hoher Wahrscheinlichkeit auch zu Beginn der neunziger Jahre zur Wahl. Die Nichtwähleranteile haben indes bei den Ungebundenen und bei den Antwortverweigerern kräftig zugenommen.

Abbildung 11: Nichtwähleranteile nach Parteiidentifikation von 1980 bis 1990 (in Prozent)

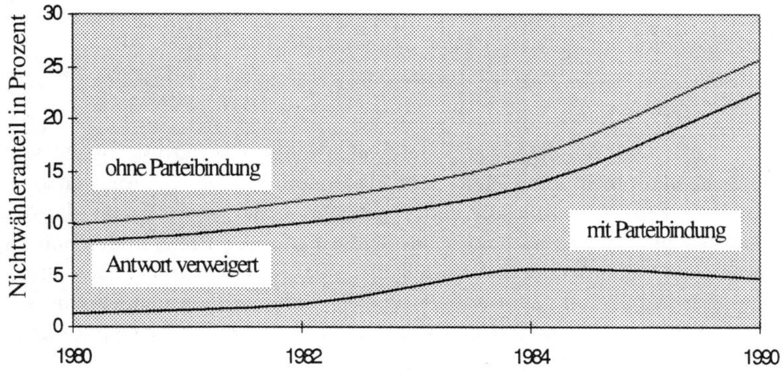

Quelle: ALLBUS

Anfang der neunziger Jahre waren rund drei Viertel aller Nichtwähler ohne Parteibindung. So gaben beispielsweise nur 26,1 Prozent der Nichtwähler in der ALLBUS-Umfrage 1990 an, eine Präferenz für eine bestimmte Partei zu haben. Demgegenüber neigten 71,1 Prozent der Wähler einer Partei zu. Der überwiegende

Teil der Nichtwählerschaft sind parteiungebundene Nichtwähler. Die Parteiidentifikation erfüllt damit die ihr zugeschriebene Integrationsleistung, indem sie die überwiegende Mehrheit der Bürger mit Parteibindung zur Stimmabgabe motiviert. Dieses Ergebnis wird jedoch durch die nicht einbeziehbaren Overreporting-Effekte geschmälert. Treffen die amerikanischen Ergebnisse sowie die Stuttgarter Befunde von Eilfort (1994) auch für die gesamte Bundesrepublik zu, muß auch unter den Parteigebundenen von einer höheren Wahlenthaltung ausgegangen werden. Welche Partei präferiert wird, spielt keine Rolle. CDU/CSU-, SPD- und FDP-Anhänger enthielten sich in gleichem Umfang der Stimme. Da die überwiegende Mehrheit jedoch parteiungebundene Nichtwähler sind, sagt dieses Resultat nichts darüber aus, welche Parteien stärker von der sinkenden Wahlbeteiligung betroffen waren. Nur unter den Anhängern der Grünen sank die Wahlbeteiligung etwas stärker. Der Zuwachs der Nichtwähler bewegte sich im zehnjährigen Vergleichszeitraum bei den „etablierten Parteien" zwischen 3 und 5 Prozentpunkten, bei den Grünen je nach Umfrage zwischen 8 und 12 Prozentpunkten. Entscheidender als die Art der Parteibindung ist vielmehr die Intensität bzw. Stärke der Parteibindung:

Tabelle 38: Nichtwähleranteile nach Stärke der Parteibindung 1983 bis 1993 (in Prozent)

	1983	1987	1990	1991	1993
Parteibindung					
stark	2,6	3,7	4,6	4,3	4,4
mäßig	1,9	3,5	6,2	7,4	7,7
schwach	7,2	10,1	17,2	10,6	13,8
keine Parteibindung	8,4	16,9	22,3	31,9	33,3
Antwort verweigert	7,1	15,5	19,9	26,6	19,0
insgesamt	3,6	8,2	11,6	14,4	17,0

Frage: Viele Leute neigen längere Zeit einer bestimmten Partei zu, obwohl sie ab und zu auch eine andere Partei wählen. Wie ist das bei Ihnen: Neigen Sie - ganz allgemein gespochen - einer bestimmten Partei zu? Wie stark oder schwach neigen Sie - alles zusammengenommen - dieser Partei zu?

Quelle: Forschungsinstitut der Konrad-Adenauer-Stiftung, Archiv-Nr. 8302, 8702, 9105, 9301; CNEP 1990

Je intensiver man sich mit einer Partei verbunden fühlt, desto größer ist die Wahrscheinlichkeit, daß man zur Wahl geht. Personen, die keine Anzeichen von Dealignment zeigen und stark einer Partei zuneigen, gehen auch Anfang der neunziger Jahre in sehr hohem Maße zur Wahl. Ist die Parteiidentifikation des Befragten nur schwach ausgeprägt, fällt der Anstieg der Nichtwähleranteile höher aus; der Rückgang der Wahlbeteiligung ist dennoch unterdurchschnittlich. Wenn keine Parteibindung besteht, gehen 1991 und 1993 rund ein Drittel der Befragten nicht zur Wahl. Die Entwicklung spiegelt wiederum die unterschiedlichen Geschwindigkeiten der sinkenden Wahlbeteiligung wider, wie sie bereits bei den Befunden zur Sozialstruktur und zur Normalisierungshypothese festzustellen waren. Bürger, die keine Bindung an eine der Parteien haben, neigen im Zeitverlauf zu einer weit überdurchschnittlichen Wahlenthaltung. Sofern schwache oder mäßige Parteibindungen bestehen, sinken die Beteiligungsraten in geringerem Maße. Die Integrationsleistung der

Parteiidentifikation wird noch offensichtlicher, wenn man das politische Interesse kontrolliert:

Ähnlich wie die perzepierte Wahlnorm erfüllt die Parteiidentifikation insbesondere die Funktion, politisch Desinteressierte zur Stimmabgabe zu bewegen. Auch Anfang der neunziger Jahre nehmen Personen mit Parteibindung und nur geringem politischem Interesse mit einem Nichtwähleranteil von nur 11,1 Prozent überdurchschnittlich an Bundestagswahlen teil. Die Teilnahmebereitschaft ist 1982 und 1991 sogar höher als unter den politisch stark interessierten Bürgern ohne Parteineigung.

Tabelle 39: Nichtwähleranteile nach Parteibindung und politischem Interesse von 1982 bis 1991 (in Prozent)

	Nichtwähleranteile insgesamt	nach politischem Interesse groß	mittel	gering
1982				
Parteibindung	2,1	1,8	1,7	3,5
ohne Parteibindung	12,1	9,9	8,9	17,5
1987				
Parteibindung	4,1	1,8	5,9	13,4
ohne Parteibindung	16,3	6,0	11,6	36,5
1991				
Parteibindung	7,0	4,5	6,9	11,1
ohne Parteibindung	31,9	20,9	26,4	43,6
Differenz 1991 - 1982				
Parteibindung	+ 4,9	+ 2,7	+ 5,2	+ 7,6
ohne Parteibindung	+ 29,8	+ 11,0	+ 17,5	+ 26,1

Quelle: ALLBUS 1982; Forschungsinstitut der Konrad-Adenauer-Stiftung, Archiv-Nr. 8702, 9105

Wer keiner Partei zuneigt und sich für Politik wenig interessiert, verzichtet dagegen mit hoher Wahrscheinlichkeit auf die Stimmabgabe. Der Nichtwähleranteil beträgt in dieser Gruppe im Jahr 1991 43,6 Prozent. Die in der Tabelle nicht enthaltene Gruppe der politisch überhaupt nicht Interessierten geht bei fehlender Parteibindung sogar zu 60 Prozent nicht wählen. Sowohl Wahlnorm als auch Parteibindung sind als wichtige längerfristige psychologische Integrationskräfte zu verstehen, die eine aktivere Verbundenheit mit dem politischen System gewährleisten. Falls diese Bindungen nicht mehr bestehen, nimmt die Bereitschaft zur Teilnahme deutlich ab.

6.2.2 Entwicklung des Dealigment bis Anfang der neunziger Jahre

Sowohl Dalton (1989) als auch Jung (1990) belegen bis Mitte der achtziger Jahre eine zunehmende Auflösung der Parteibindungen. Die Frage nach einer Fortsetzung des Dealignment Ende der achtziger bzw. Anfang der neunziger Jahre läßt sich indes nicht eindeutig beantworten. Die Befunde des ALLBUS sprechen eher für einen Stillstand des Dealigment. Der Anteil der Parteiungebundenen 1990 nahm im Vergleich zu 1982 von 30,7 Prozent auf 29,1 Prozent sogar minimal ab. Damit besteht jedoch auf der Aggregatebene eine Diskrepanz gegenüber den Aussagen von Falter und Schumann (1993: 49), die von einer unverminderten Fortsetzung des

Dealigment ausgehen. Bei genauer Betrachtung ist jedoch auch in ihren Zeitreihen ein leichter Zuwachs der Parteigebundenen Anfang der neunziger Jahre festzustellen. Kaase und Klingemann (1994: 390) bestätigen in ihrer längsschnittlichen Betrachtung von 1977 bis 1992 mit den Politbarometerdaten der Forschungsgruppe Wahlen, daß die Parteiidentifikation nur bis 1984 nachgelassen hat. Danach pendelte sich der Anteil der Parteigebundenen auf etwa 70 Prozent ein. Es ist daher davon auszugehen, daß seit Mitte der achtziger Jahre der Rückgang der Parteibindung vorläufig gebremst wurde. Ob diese Entwicklung eine generelle Trendwende oder nur eine Zwischenphase darstellt, läßt sich zum gegenwärtigen Zeitpunkt nicht beantworten. Auch in den Datensätzen der Konrad-Adenauer-Stiftung sowie der CNEP deutet sich eine Verlangsamung des Dealigment-Prozesses in den achtziger Jahren an. Der Anteil der Parteiungebundenen stieg von 1983 bis 1987 von 13,1 auf 21,8 Prozent, lag aber sowohl 1991 und 1987 als auch in der Panelumfrage 1990 (nicht abgebildet) konstant bei 22 Prozent. Erst in der Umfrage 1993 hat sich mit 33,5 Prozent Parteilosen das Dealignment wieder beschleunigt. Da jedoch gemäß Zelle (1994a: 25) die Parteibindung vor allem zwischen zwei Bundestagswahlen besonders gering ist, wurde in der Darstellung auf die Ergebnisse von 1993 verzichtet. Sollte sich jedoch die deutlich nachlassende Parteineigung aus der Umfrage 1993 in den folgenden Jahren bestätigen, müßte von einer weiteren Welle aufweichender Partei-Wähler-Bindungen ausgegangen werden.

Tabelle 40: Stärke der Parteiidentifikation von 1983 bis 1991 (in Prozent)

	1983	1987	1991
Parteiidentifikation			
stark	45,7	28,8	18,7
mäßig	31,9	34,2	40,2
schwach	4,2	5,0	9,4
keine Parteiidentifikation	13,1	21,8	22,1
Antwort verweigert	4,9	9,2	9,2
insgesamt	100	100	100

Quelle: Forschungsinstitut der Konrad-Adenauer-Stiftung, Archiv-Nr. 8302, 8702, 9105

Zwar erhöhte sich der Anteil der Parteiungebundenen seit Mitte der achtziger Jahre nicht weiter, doch die Stärke der Parteibindung hat sich weiter abgeschwächt. Nur noch 18,7 Prozent der Befragten bezeichnen ihre Parteipräferenz als stark, 1987 betrug ihr Anteil noch 28,8 Prozent. Es kann daher zumindest von einem „schleichenden“ Dealignment gesprochen werden. Immer weniger Bundesbürger haben eine enge psychologische Bindung an Parteien. Insbesondere unter den jüngeren Wahlberechtigten besteht eine geringere Parteiidentifikation. In der Altersgruppe bis 25 Jahre identifizierten sich Ende der achtziger und Anfang der neunziger Jahre nur 44 Prozent mit einer Partei. Obwohl Gabriel (1988: 167) und Zelle (1994a: 36f.) kaum Anhaltspunkte für einen Generationseffekt im langfristigen Horizont finden und die These eines Nachwachsens parteiungebundener Jugendlicher anzweifeln, so besteht doch eine erhebliche Spanne zwischen Jung und Alt (siehe Anhang XI). Es bleibt abzuwarten, ob die zunehmend geringere Parteineigung der jüngeren Generationen durch Lebenszykluseffekte ausgeglichen werden kann.

Sowohl die zunehmende Auflösung der Parteibindung bis Anfang der achtziger Jahre als auch das „schleichende" Dealignment seit Mitte der achtziger Jahre unterstreichen die große Bedeutung des Erklärungsansatzes für den Zuwachs der Nichtwählerzahlen. Für die nachlassende Wahlbeteiligung sind zum großen Teil die parteiungebundenen Nichtwähler verantwortlich. Da die Entwicklungen auf der Individual- und Aggregatebene nicht entgegengesetzt verlaufen, trägt auch bei einer zwischenzeitlichen Verlangsamung des Dealignment der Ansatz entscheidend zur Erklärung der sinkenden Wahlbeteiligung bei. Denn das Fehlen einer Parteipräferenz muß nicht unmittelbar zum Wahlverzicht führen. Die Nichtwähler rekrutieren sich vorwiegend aus Wahlberechtigten, die in der Vergangenheit schon einmal die Partei gewechselt haben und so bereits einen Loslösungsprozeß vollzogen haben.

Tabelle 41: Früheres Wahlverhalten[1] und Wahlbeteiligung 1983 bis 1993 (in Prozent)

	Nichtwähleranteile				Zusammensetzung der Nichtwählerschaft			
	1983	1987	1991	1993	1983	1987	1991	1993
immer dieselbe Partei gewählt	2,5	4,2	5,3	8,3	34,6	35,8	22,2	21,9
mal eine andere Partei gewählt	4,1	6,2	14,3	17,3	38,5	34,2	52,0	53,6
noch nie gewählt	74,1	[2]	96,8	99,1	25,6	20,0	20,9	20,0
erst einmal gewählt	2,2	12,4	22,7	27,7	1,3	10,0	5,1	4,5
insgesamt	4,1	7,2	14,3	17,5	100	100	100	100

1) Antwortverweigerer wurden ausgeschlossen. 2) aufgrund eines Vorfilters nicht befragt
Lesehilfe: Bei denjenigen, die 1993 angaben, bei Wahlen bisher immer dieselbe Partei gewählt zu haben, betrug der Nichtwähleranteil 8,3 Prozent. Diese Gruppe stellt 1993 21,9 Prozent der Nichtwählerschaft.

Quelle: Forschungsinstitut der Konrad-Adenauer-Stiftung, Archiv-Nr. 8307,8702, 9105, 9301

Die beiden ersten Kategorien, „immer dieselbe Partei gewählt" sowie „mal eine andere Partei gewählt", stellen konstant etwa 90 Prozent aller Befragten sowie drei Viertel der Nichtwähler. Ein weiteres Fünftel der Nichtwähler sind eigentlich als Stammwähler zu bezeichnen. Trotz ihrer bisherigen Bindung an eine Partei machen sie von ihrem Wahlrecht keinen Gebrauch. Für sie kommt aber ein Wechsel zu einer anderen Partei nicht in Frage. Offensichtlich ist es den Parteien nicht gelungen, einen Teil ihrer potentiellen Wähler zu mobilisieren. Neben den parteiungebundenen Nichtwählern müssen daher die „nichtwählenden Stammwähler" als wichtiges Segment der Nichtwählerschaft unterschieden werden. Diese Gruppe verdeutlicht, daß auch ohne Berücksichtigung eines Overreporting das Dealignment als Erklärungsansatz die Nichtwählerproblematik nur unzureichend erfaßt. Ferner treffen auch bei den rund 20 Prozent Dauer-Nichtwählern die Voraussetzungen des Dealignment nicht zu.

Dennoch lag das Schwergewicht der sinkenden Wahlbeteiligung bei den konjunkturellen und in ihrem Wahlverhalten instabileren Nichtwählern. Mehr als die Hälfte der Nichtwähler in den Umfragen 1991 und 1993 gaben an, auch einmal einer anderen Partei ihre Stimme gegeben zu haben. Die mittlerweile hohe Zahl konjunktureller Nichtwähler beweist, daß der Wahlverzicht für viele als weitere Verhaltensoption hinzugekommen ist. Statt irgendeine Partei zu wählen, von der man nicht absolut überzeugt ist, nimmt man lieber erst gar nicht teil. Wechselbereitschaft und Wahlenthaltung sind folglich eng miteinander verbunden. Dies wirft die Frage auf, welche zusätzlichen Faktoren den Wechsel zu einer anderen Partei begünstigen, oder welche Faktoren die Wahlenthaltung fördern. Oder anders formuliert: Wie unterscheidet sich der Wechselwähler vom Nichtwähler?

6.2.3 Nichtwähler vs. Wechselwähler

Wie in Kapitel 6.2.1 gezeigt wurde, hat die Stärke des politischen Interesses großen Einfluß auf die Wahlbeteiligung. So gehen Personen ohne Parteibindung, aber mit großem politischen Interesse, weiterhin überdurchschnittlich zur Wahl. Der Typologie von Dalton (1984) folgend, dürften sich unter diesen sogenannten „Unparteiischen" vor allem Wechselwähler befinden. Dagegen müßten die „Unpolitischen", die keine Parteibindung und eine geringe kognitive Mobilisierung haben, stärker zur Wahlenthaltung neigen. In der nachfolgenden Übersicht wurde nach Stammwählern, Wechselwählern, Nichtwählern und Unentschlossenen getrennt. Wechselwähler sind alle diejenigen, die bei der „Sonntagsfrage" eine andere Partei nannten, als sie bei der vorangegangenen Bundestagswahl gewählt haben. Die Definition der Wechselwähler ist wesentlich enger gefaßt als die generelle Bereitschaft, einmal einer anderen Partei die Stimme zu geben. Damit soll erreicht werden, die Wechselwähler, die bei Nebenwahlen ihr Wahlverhalten ändern, von dem harten Kern der Wechselwähler zu trennen, die sich bei Bundestagswahlen mitunter für verschiedene Parteien entscheiden.

Tabelle 42: Prozentualer Anteil der Wählertypen nach Parteiidentifikation und kognitiver Mobilisierung 1993 (HS= Hauptschule)

	PARTEIIDENTIFIKATION VORHANDEN				OHNE PARTEIIDENTIFIKATION			
	Politisches Interesse				*Politisches Interesse*			
	gering	mittel		groß	gering	mittel		groß
Stammwähler	72,3	72,2		72,7	20,5	26,2		23,8
Wechselwähler	7,7	9,4		14,3	8,5	16,6		24,2
Nichtwähler	10,4	9,6		5,5	50,3	32,9		30,8
Unentschlossene	9,6	8,8		7,7	20,7	24,5		21,2
insgesamt	100	100		100	100	100		100
	HS ohne Lehre	HS mit Lehre	Mittlere Reife	Abitur	HS ohne Lehre	HS mit Lehre	Mittlere Reife	Abitur
Stammwähler	68,4	77,9	68,5	69,8	20,9	25,9	23,9	21,1
Wechselwähler	8,0	9,4	11,7	14,3	6,8	17,9	15,4	18,9
Nichtwähler	12,2	6,6	10,7	6,0	57,6	37,2	36,3	26,8
Unentschlossene	11,4	6,2	9,1	9,9	14,7	19,0	24,3	33,2
insgesamt	100	100	100	100	100	100	100	100

Lesehilfe: Unter den Befragten mit Parteibindung und großem politischen Interesse sind 72,7 Prozent als Stamm-, 14,3 Prozent als Wechsel- und 5,5 Prozent als Nichtwähler zu bezeichnen. 7,7 Prozent waren unentschlossen.

Quelle: Forschungsinstitut der Konrad-Adenauer-Stiftung, Archiv-Nr. 9305

Die Ergebnisse zeigen, daß gemäß der Annahme von Dalton unter den „Unparteiischen“ die Wechselwähler überproportional vertreten sind. Wer sich dagegen politisch nur wenig interessiert und keiner Partei verbunden ist, neigt in großem Maße zur Wahlenthaltung. Ebenso beträgt der Anteil der Nichtwähler bei Befragten mit geringer Ausbildung und fehlender Parteibindung über 50 Prozent. In diesen Fällen ist der Wechselwähler die Ausnahme, es ist eher noch eine gewisse Treue zur zuletzt gewählten Partei zu erwarten. Insgesamt bestätigen sich die theoretischen Annahmen, daß sich die Verhaltensrichtung der Parteilosen je nach kognitiver Mobilisierung unterscheidet. „Unpolitische“ sind zum großen Teil Nichtwähler. Während der direkte Bildungseffekt auf die Wahlbeteiligung gemäß den Befunden in Kapitel Fünf schwach ausfiel, differenziert das Bildungsniveau unter den Befragten ohne Parteibindung deutlich, obwohl - analog zu den Befunden von Zelle (1994a: 35) - die Existenz einer Parteiidentifikation weitgehend unabhängig von sozialstrukturellen Merkmalen ist (siehe Anhang XI). Wechselwähler haben demgegenüber ein weitaus höheres Bildungsniveau und ein größeres politisches Interesse. Aber der Umkehrschluß, daß eine hohe kognitive Mobilisierung in erster Linie zum Parteiwechsel führt, ist nicht richtig. Denn gerade bei den „Unparteiischen“, die sich zwar mit keiner Partei identifizieren, aber politisch interessiert sind, ist das Wahlverhalten völlig offen. Das hat drei Gründe:

1. Entgegen den Befunden von Dalton und Rohrschneider (1990: 316) geht die Parteibindung nicht bei den kognitiv mobilisierten Bevölkerungsgruppen zurück. Der leichte Rückgang der Parteiidentifikation in den achtziger Jahren beschränkt sich vielmehr ausschließlich auf die politisch Desinteressierten und Personen ohne höheren Schulabschluß (siehe Anhang XI). Bei denjenigen, die sich überhaupt nicht für Politik interessieren, sank der Anteil der Parteigebundenen im Zeitraum von 1982 bis 1990 von 51 auf 41 Prozent. Vorwiegend die Desinteressierten lösen sich demnach von psychologischen Parteibindungen. Der ohnehin starke Zusammenhang zwischen fehlender Parteineigung und politischem Desinteresse hat sich im Zeitverlauf weiter verstärkt. Der von Dalton beschriebene Idealtyp des interessierten „Unparteiischen“ stellt Anfang der neunziger Jahre gerade mal 19 Prozent der Befragten ohne Parteibindung. Nur wenn man die große Zahl von Parteiungebundenen mit mittlerem Interesse hinzunimmt, steigt ihr Anteil auf rund 62 Prozent.

2. Doch selbst bei hoher kognitiver Mobilisierung neigen die Befragten ohne Parteibindung eher zur Wahlenthaltung als zum Parteiwechsel. Bei großem politischem Interesse betrug der Nichtwähleranteil unter den Parteilosen 31,1 Prozent und der Anteil der Wechselwähler nur 24,4 Prozent. Bei den parteiungebundenen Nichtwählern müssen daher zwei sehr verschiedene Typen unterschieden werden: der „unparteiische“ Nichtwähler sowie der „unpolitische Nichtwähler“. Beide Gruppen sind etwa gleich stark vertreten, verkörpern jedoch unterschiedliche Dimensionen der Wahlenthaltung. Angesichts der wachsenden Zahl politisch interessierter Nichtwähler kommt dem „unparteiischen“ Nichtwähler eine wichtige Bedeutung zu, die sinkende Wahlbeteiligung zu erklären. Während der unpolitische Nichtwähler nur wenig Motiviation zur Beteiligung zeigt und sich darunter ein nicht unwesentlicher Anteil von Dauer-Nichtwählern findet, ist beim interessierteren,

unparteiischen Nichtwähler eine hohe Teilnahmebereitschaft vorauszusetzen. Kurzfristige Gründe haben den Ausschlag für den Wahlverzicht gegeben. Dieser Typus entspricht damit dem aus der Theorie abgeleiteten Bild des rationalen Nichtwählers, der von Wahl zu Wahl entscheidet, ob er teilnimmt und welcher Partei er die Stimme gibt.

3. Schwieriger zu beurteilen, ist das Wahlverhalten der Unentschlossenen als viertem Wählertyp. Die Unentschlossenen können nicht eindeutig als Wechselwähler verstanden werden. Dahinter können sich ebenso Nichtwähler verbergen, die sich am Ende - aufgrund ihrer Unsicherheit - der Stimme enthalten. Hinweise auf das Wahlverhalten der Unentschlossenen gibt die Paneluntersuchung (CNEP). Bei allerdings äußerst kritischen Fallzahlen in der 2. Welle blieben 96 Prozent der Wähler bei ihrer Entscheidung, wählen zu gehen. Dagegen wußten 18,2 Prozent der Unentschlossenen auch in der 2. Welle, zwei Wochen vor der Wahl, noch nicht, wie wie sich verhalten würden. 22,7 Prozent beabsichtigten, doch nicht zur Wahl zu gehen, während 59,1 Prozent angaben, teilnehmen zu wollen. Der Unentschlossene ist daher eher eine Mischung aus Wähler und Nichtwähler, der von Wahl zu Wahl nicht nur über sein Stimmverhalten, sondern auch über seine Teilnahme entscheidet.

Abschließend läßt sich daher feststellen, daß die hohe Wahlenthaltung seit Anfang der neunziger Jahre die Diskussion zum Dealignment in ein verändertes Licht rückt. Im Gegensatz zu den bisherigen theoretischen Folgerungen führt bei einer grundsätzlichen Wechselbereitschaft das Fehlen einer Parteibindung in erster Linie zur Wahlenthaltung. Nur an zweiter Stelle steht der Parteiwechsel. Zum einen nahm der harte Kern der Wechselwähler, die bei Bundestagswahlen die Partei wechseln, gemäß der ALLBUS-Daten im Aggregat nur von 6,1 Prozent 1984 auf 10,1 Prozent 1992 zu. Diese überraschende Aussage deckt sich mit Befunden von Zelle (1994a: 10f.), der bei Bundestagswahlen nur einen *„bescheidenen Anstieg der Wechselaktivität“* feststellte, der sich zudem auf den lagerinternen Wechsel zwischen SPD und Grünen beschränkt. Zum anderen haben Wechselwähler im Gegensatz zu Nichtwählern eine viel ausgeprägtere Parteiidentifikation. Sowohl der harte Kern der Wechselwähler als auch der begrifflich weiter gefaßte Wechselwähler, der gelegentlich einer anderen Partei die Stimme gibt, neigen Anfang der neunziger Jahre noch immer zu mehr als der Hälfte einer Partei zu. Bei den Nichtwählern ist es nur jeder Vierte. Sofern die Parteiungebundenen nur ein geringes politisches Interesse zeigen, bleibt der Parteiwechsel die Ausnahme, dagegen geht mehr als die Hälfte nicht zur Wahl. Bei hoher kognitiver Mobilisierung ist das Wahlverhalten offen. Parteiwechsel oder Nichtwahl sind gleichberechtigte Alternativen.

Die eigentliche Kernaussage des Dealignment-Modells hat nichts an Gültigkeit eingebüßt. Das Wählerverhalten wird zunehmend instabiler, indem eine weitere Verhaltensoption gleichberechtigt hinzugekommen ist: die Wahlenthaltung. Dabei sind jedoch zwei sehr unterschiedliche Typen von parteiungebundenen Nichtwählern näher zu betrachten: der unpolitische Nichtwähler und der rationale, unparteiische Nichtwähler. Beide Gruppen haben sich aus teilweise unterschiedlichen Motiven heraus für den Wahlverzicht entschieden.

6.2.4 Der Einfluß kurzfristiger Faktoren auf die Wahlentscheidung

Wachsende Wechselbereitschaft, sinkende Akzeptanz der Wahlnorm sowie die im mittelfristigen Horizont rückläufige Parteibindung sind Anzeichen dafür, daß kurzfristige Motive mehr und mehr die Teilnahmeentscheidung beeinflussen. Der rationale, unparteiische Nichtwähler wurde als ein Mensch definiert, der keine langfristigen psychologischen Bindungen hat und in erster Linie anhand kurzfristiger Faktoren entscheidet. Rund ein Drittel der Nichtwählerschaft verkörpert Anfang der neunziger Jahre prinzipiell diesen Typus des rationalen Nichtwählers. Des weiteren sind sowohl Teile der unpolitischen Nichtwähler als auch vor allem die mit über 20 Prozent recht große Gruppe der „nichtwählenden Stammwähler" zu beachten, die sich zwar mit einer Partei identifizieren, aber dennoch nicht bei jeder Bundestagswahl teilnehmen. Auch bei ihnen dürften vorwiegend kurzfristige Gründe entscheidend gewesen sein. Im folgenden soll daher untersucht werden, welche Motive diese Nichtwähler bewogen haben, keiner Partei die Stimme zu geben. Das Michigan-Modell sowie der Rational-Choice-Ansatz betonen als Kurzfristfaktoren des Wählerverhaltens die Kandidatenpräferenz, die Bewertung der Parteien, die Issue-Orientierung, den psychologischen Cross-Pressure sowie die Knappheit des Wahlausgangs. Die Auswirkungen der Kandidaten- und Parteienkompetenz werden im Zusammenhang mit der Entfremdungsthese untersucht. Zunächst stehen daher die drei letztgenannten Faktoren im Mittelpunkt.

6.2.4.1 Knappheit des Wahlausgangs

Die Bundestagswahlen 1990 und 1987 waren nach Meinung vieler Bürger bereits im Vorfeld entschieden. Eine Teilnahme erschiene daher aus rationaler Sicht nicht unbedingt nötig. Im folgenden soll daher untersucht werden, inwieweit ein im Vorfeld sicher geglaubter Wahlausgang die Wahlbeteiligung beeinflußt. Da für eine Längsschnittanalyse auf der Individualdatenebene nicht ausreichend viele Datensätze vorhanden sind, soll die Frage zunächst mit Hilfe einer Aggregatdatenanalyse erörtert werden. Auf Wahlkreisebene, die zumindest für die Erststimme von entscheidender Bedeutung ist, ergibt sich ein enger Zusammenhang zwischen der Knappheit des Wahlausgangs und der Wahlbeteiligung. In politisch umkämpften Wahlkreisen lag die Wahlbeteiligung höher, der Anstieg der Wahlenthaltung fiel geringer aus. Die Wahlbeteiligung korreliert mit 0,45, der Rückgang mit 0,6. Da Falter und Schumann (1994: 166) die gleichen Analysen durchgeführt haben, müssen die Ergebnisse hierzu nicht en detail repliziert werden.

Es wurde bereits darauf hingewiesen, daß auf Wahlkreisebene die Korrelationskoeffizienten aufgrund der geringen Zahl der Fälle künstlich in die Höhe getrieben werden. Zusätzlich zur Analyse der Wahlkreisebene wurde daher die Frage für die 8.500 Gemeinden untersucht. Dahinter steckt folgende Überlegung: Während in vielen Städten die Wahlkreis- und Gemeindegrenzen oftmals gleich verlaufen, in dreizehn Großstädten sogar mehr als ein Wahlkreis existiert, ist in den vielen kleineren Gemeinden der Wahlkreis nur ein abstraktes Gebilde. Das Kopf-an-Kopf-Rennen in der eigenen Gemeinde wird dagegen vom Bürger viel intensiver wahrgenommen. Als Maß der Knappheit bzw. der Umstrittenheit wurde die Differenz der Stimmenanteile zwischen den beiden großen Parteien in den Gemeinden verwendet, da für einen Sieg im Wahlkreis mögliche Koalitionsbildungen mit kleineren Parteien keine Rolle spielen.

Tabelle 43: Knappheit des Wahlausgangs und ihr Einfluß auf die Wahlbeteiligung (Korrelationskoeffizient Pearson r)

	Nichtwähleranteile [1]			Nichtwählerzuwachs		
	1983	1987	1990	1983-87	1987-90	1983-90
Umstrittenheit bei der vorangegangenen Wahl	0,08	- 0,01	- 0,21	- 0,16	- 0,26	- 0,30
Umstrittenheit bei der aktuellen Wahl	0,10	- 0,04	- 0,15	- 0,16	- 0,20	- 0,23
CDU/CSU-Hochburgen bei der vorangegangenen Wahl	- 0,09	0,04	0,12	0,17	0,08	0,18
SPD-Hochburgen bei der vorangegangenen Wahl	0,05	- 0,07	- 0,12	- 0,17	- 0,08	- 0,07
Höhe der CDU/CSU-Verluste	-	- 0,18	0,22	- 0,07	0,16	0,22
Höhe der SPD-Verluste	-	0,35	0,29	0,18	0,22	0,11

1) Querschnittanalysen ohne Schleswig-Holstein, Hamburg, Rheinland-Pfalz und Baden-Württemberg
Lesehilfe: Je umstrittener ein Wahlkreis, um so geringer der Nichtwähleranteil (negative Korrelation), aber desto niedriger der Rückgang der Wahlbeteiligung (negative Korrelation); je höher die Stimmenanteile der CDU/CSU in einer Gemeinde desto größer war der Nichtwähleranteil 1990 (positive Korrelation), je höher die Stimmenverluste der CDU/CSU und SPD, desto größer der Anstieg der Nichtwähleranteile von 1983 bis 1990 (positive Korrelation).

Quelle: Gemeindedatensatz des Forschungsinstituts der Konrad-Adenauer-Stiftung

Die Ergebnisse bestätigen auch auf Gemeindeebene den positiven Zusammenhang zwischen der Knappheit des Wahlausgangs und der Wahlbeteiligung. Die Korrelationskoeffizienten sind jedoch erwartungsgemäß geringer als auf Wahlkreisebene. Politisch wenig umstrittene Gemeinden hatten einen höheren Rückgang der Wahlbeteiligung zu verzeichnen. Dieser Zusammenhang ist angesichts eines Korrelationskoeffizienten von 0,3 als relativ stark zu bewerten.

Betrachtet man den Zusammenhang zwischen Stimmenverlusten und der Wahlbeteiligung, ergeben sich wenig Unterschiede zwischen den Parteien. Dort, wo die Verluste der beiden großen Parteien besonders groß waren, fiel auch der Rückgang der Wahlbeteiligung höher aus. Die Korrelationskoeffizienten fallen jedoch nicht allzu hoch aus. Allerdings traf der Rückgang der Wahlbeteiligung 1990 mehr die CDU-Hochburgen. In den SPD-Hochburgen stiegen die Nichtwähleranteile im Durchschnitt nicht so stark. Die Zusammenhänge mit den CDU/CSU-Stimmenanteilen sind jedoch im Querschnitt mit maximal 0,12 eher schwach, zumal der CDU/CSU-Stimmenanteil sehr hoch mit dem Katholikenanteil korreliert (r= 0,67), was, wie bereits in Kapitel 5.2 diskutiert, vorwiegend Folge eines regionalen Sondereffekts in Bayern ist. Die Dominanz einer Partei führt daher auf nationaler Ebene kaum dazu, daß die Wahlberechtigten in Partei-Hochburgen verstärkt auf die Stimmabgabe verzichten.

Wie bereits Matsusaka und Palda (1993) für Kanada feststellten, ist im Gegensatz dazu auf der Individualebene keine Beziehung zwischen einem knappen Wahlausgang und der Wahlbeteiligung zu beobachten. Die Individualdatenanalysen in der Bundesrepublik widersprechen den Befunden der Aggegatdatenanalyse. Möglicherweise unterliegen die meist auf Aggregatdaten basierenden Resultate zur Knappheit des Wahlausgangs dem Problem des ökologischen Fehlschlusses. Da über die Sitzverteilung des Bundestags nicht das Ergebnis des Wahlkreises, sondern das Gesamtstimmenergebnis entscheidet, erscheint es unlogisch und irrational, die Wahlbeteiligung von der Umstrittenheit des eigenen Wahlkreises abhängig zu machen, zumal nur jeder zweite Bundesbürger die richtige Bedeutung der Erst- und Zweitstimme kennt.

Bei der Untersuchung von Eilfort (1994: 310) waren 80 Prozent der Stuttgarter Befragten der Meinung, daß die Wahl schon entschieden sei. Entgegen den Annahmen der rationalen Theorie lag der Nichtwähleranteil sogar unter denjenigen etwas höher, die den Wahlausgang noch für offen hielten. In der CNEP-Vorwahlumfrage wurde nach dem Sieger der Bundestagswahl 1990 gefragt. 17 Prozent konnten wenige Wochen vor der Wahl keinen eindeutigen Sieger nennen. Drei von vier Befragten gaben die christlich-liberale Koalition an. Die Nichtwähler waren jedoch in dieser Gruppe unterrepräsentiert. Dies galt überraschenderweise nicht nur für die bekennenden Nichtwähler, sondern vor allem für die potentiellen Nichtwähler. Da sie noch unentschlossen waren, ob sie teilnehmen wollten, wäre zu erwarten gewesen, daß ein ihres Erachtens unsicherer Wahlausgang die Bereitschaft zur Teilnahme erhöhen würde. Aber das Gegenteil erwies sich als richtig. Obwohl sie sich über den Wahlsieger nicht im klaren waren, konnten sie nicht definitiv sagen, ob sie teilnehmen werden.

Tabelle 44: Der Einfluß der subjektiven Knappheit des Wahlausgangs auf die Wahlbeteiligung am Beispiel der Bundestagswahl 1990 (Nichtwähleranteile in Prozent)

	Bekennende Nichtwähler				Potentielle Nichtwähler			
	insgesamt	nach politischem Interesse groß	mittel	gering	insgesamt	nach politischem Interesse groß	mittel	gering
Wahlsieger								
CDU geführte Koalition	9,4	8,0	7,6	13,5	14,5	9,8	13,6	20,6
SPD geführte Koalition	11,0	3,7	10,5	16,3	16,5	7,4	14,0	25,6
weiß nicht	22,2	6,3	7,8	33,6	46,6	15,6	34,4	60,8
insgesamt	11,7	7,5	8,0	19,3	20,1	10,2	16,1	32,2

Die Fragestellung lautete: „Von heute ausgesehen - wer glauben Sie, wird die kommende Bundestagswahl gewinnnen?“

Quelle: CNEP 1990

Das gemäß dem Rationalitätskriterium unorthodoxe Verhalten beschränkte sich keineswegs auf die Desinteressierten. Auch unter den politisch stark Interessierten lag mit 15,6 Prozent der Anteil potentieller Nichtwähler deutlich über dem Durchschnitt. Sofern man von dem Wahlsieg der CDU/CSU oder SPD überzeugt war, gingen indes lediglich 9,8 Prozent bzw. 7,4 Prozent nicht zur Wahl. Hinter dem mit 60,8 Prozent sehr hohen Nichtwähleranteil unter den Desinteressierten, die auch keine Angaben über den voraussichtlichen Wahlsieger machen konnten, verbergen sich in erster Linie unpolitische Nichtwähler. Ihr Fernbleiben erfolgt nicht aus rationalen Überlegungen, sondern weil sie keinerlei Bezug zur Politik und zum Wahlkampf haben.

Gegen die allgemeine Gegenüberstellung von Nichtwählern und Wählern mag man einwenden, daß in erster Linie die Anhänger der Verliererpartei demotiviert sein müßten. Wenn sie vom Sieg der Konkurrenzparteien eindeutig überzeugt sind, gibt es keinen ausreichenden Grund, die Mühe des Wahlgangs auf sich zu nehmen. Unterziehen wir dieses Argument einer tiefergehenden Prüfung. Die Zahl der CDU-Parteigänger, die an einen Wahlsieg der SPD glaubten, war verschwindend klein. Die Analysen konzentrierten sich daher auf Befragte mit SPD-Parteibindung, die von einem erneuten Wahlsieg der christlich-liberalen Regierung überzeugt waren. Sie verhielten sich jedoch ebenfalls im Sinne der theoretischen Annahmen „irrational". Nur ein einziger von 232 Befragten beabsichtigte, nicht zu wählen. Die Aussichtslosigkeit der eigenen Partei hatte ebenfalls keinen beteiligungshemmenden Effekt. Auf der individuellen Ebene sind insgesamt keine Tendenzen rationalen Wahlverzichts festzustellen, die aus dem vorweggenommenen Wahlausgang resultieren.

6.2.4.2 Issue-Orientierung der Nichtwähler

Als weitere Ursache für den Wahlverzicht, wird von dem Rational-Choice-Ansatz die Unterschiedslosigkeit der Parteien angeführt (Downs 1957; Enelow/Hinich 1984). Keine der Parteien biete einen besonderen Vorteil, so daß es gleichgültig sei, wer die Wahl gewinnt. Bürger, die keine inhaltlichen Differenzen zwischen den von ihnen ins Auge gefaßten Parteioptionen sehen, machen folglich von ihrem Wahlrecht weniger Gebrauch. Mit den vorhandenen Daten können die räumlichen Modelle der Parteienkonkurrenz (Enelow/Hinich 1984; Pappi 1989 und 1991) nicht geprüft werden. Im Querschnitt weist der statt dessen verwendete Indikator „Unterschiedslosigkeit der Parteien" darauf hin, daß ein Großteil der Nichtwähler diese Auffassung teilt. 7 Prozent der Wähler, aber 22 Prozent der Nichtwähler sind der Meinung, daß es überhaupt keine Unterschiede zwischen den Parteien gibt. Weitere 35 Prozent der Nichtwähler sehen nur geringe Unterschiede. Vor allem unpolitische Nichtwähler sind dieser Meinung.

Wie die Tabelle auf der nächsten Seite veranschaulicht, beträgt der Nichtwähleranteil unter den Befragten, die politisch desinteressiert sind und zugleich die Parteien für austauschbar halten, rund 57 Prozent. Doch auch bei Personen mit großem politischem Interesse besteht mit 37 Prozent ebenfalls eine hohe Bereitschaft zum Wahlverzicht, wenn sie zwischen den Parteien keine eigenständigen Profile ausmachen können. Für diesen Teil der Nichtwählerschaft treffen die Annahmen des rationalen Nichtwählers zu: Im gegenwärtigen Parteiensystem existieren ihrer Meinung nach keine Alternativen, so daß man auf die Teilnahme lieber ganz verzichtet. Schließt man die Personen mit mittlerem Interesse ein, stellt diese Gruppe Anfang der neunziger Jahre etwa 12 Prozent der Nichtwählerschaft. Aufgrund der wachsenden Zahl politisch interessierter Nichtwähler (siehe Kapitel 6.1.3) dürfte ihre Bedeutung in den letzten zehn Jahren zugenommen haben. Leider existieren zu dieser Thematik keine längsschnittlichen Daten.

Tabelle 45: Nichtwähleranteile und subjektive Parteiwahrnehmung (in Prozent)

	Nichtwähleranteile	nach Grad des politischen Interesses		
	insgesamt	groß	mittel	gering
Item: Die Parteien unterscheiden sich nicht voneinander.				
lehne ab	8,1	4,9	10,1	11,6
stimme eher nicht zu	13,8	7,7	14,2	20,4
stimme überwiegend zu	22,2	17,5	17,9	32,1
stimme voll und ganz zu	38,8	37,0	25,4	56,8
insgesamt	17,0	10,5	15,5	26,9

Quelle: Forschungsinstitut der Konrad-Adenauer-Stiftung, Archiv-Nr. 9301

Das Ergebnis darf jedoch nicht darüber hinwegtäuschen, daß das Item äußerst suggestiv formuliert wurde. Der mit 34 Prozent hohe Anteil politisch Desinteressierter, die der Aussage der Unterschiedslosigkeit zustimmten, mag ein Zeichen dafür sein, daß die Befragten teilweise nur in oberflächlicher Weise weitverbreiteten Vorurteilen folgen. Campbell et al. (1960: 264) konstatierten, daß vor allem Personen, die die Parteien politisch nicht einordnen konnten, in großem Maße nicht wählen. Abweichend von den amerikanischen Verhältnissen spielt diese Gruppe in der Bundesrepublik keine Rolle. Mitte der achtziger Jahre hatten 96 Prozent der Bundesbürger konkrete Vorstellungen über die politischen Profile der großen Parteien (Klingemann/Wattenberg 1990: 336). Die hohe Zustimmung zu dem Item muß viel eher im Kontext einer zunehmenden Politik- bzw. Parteienverdrossenheit gesehen werden, worauf in Kapitel 6.3 ausführlich eingegangen wird.

In der CNEP waren mit 99 Prozent nahezu alle Befragten, ob Wähler oder Nichtwähler, in der Lage, das politische Profil der CDU/CSU, SPD, F.D.P. und der Grünen zu verschiedenen Wahlkampfthemen anzugeben. Ferner konnten die Nichtwähler deutlich zwischen den Inhalten der Parteien differenzieren, wie die linke Hälfte der nachstehenden Tabelle veranschaulicht. Den Aussagen lagen die Themen wirtschaftspolitische Maßnahmen zum Aufschwung im Osten, Asylrecht und Abtreibungsregelung zugrunde. Zwar sehen die Nichtwähler beim Thema Wirtschaftspolitik in Ostdeutschland kaum Unterschiede zwischen den Parteien. Dies gilt jedoch gleichermaßen für die Wähler. In dieser Thematik gibt es Ende 1990 einen breiten Konsens in der bundesdeutschen Bevölkerung, nur die F.D.P.-Wähler wünschten sich eine etwas liberalere Politik. Bei den Themen Asylrecht und Abtreibung schätzen die Nichtwähler die Parteien sehr differenziert ein. Von einer Austauschbarkeit oder Profillosigkeit der Parteien kann gemessen an den konkreten Positions-Issues keine Rede sein.

Tabelle 46: Positions-Issues der Nichtwähler und der verschiedenen Wählergruppen vor der Bundestagswahl 1990 (Mittelwerte)

	Wahrgenommene Positionen der Parteien durch die Nichtwähler				Positionen der verschiedenen Wähler und der Nichtwähler				
	CDU/ CSU	SPD	F.D.P.	Grüne	CDU/ CSU	SPD-Wähler	F.D.P.-Wähler	Grüne-Wähler	Nicht-wähler
Staatlicher Eingriff für Ost-Aufschwung	4,7	4,8	4,4	4,5	5,0	4,9	4,5	4,8	4,8
Starke Einschränkung des Asylrechts	4,4	3,7	4,0	2,9	5,6	4,7	4,6	3,2	5,2
Abtreibung bleibt der Frau überlassen	2,8	5,1	3,9	6,3	4,5	5,6	4,8	6,2	4,7

Die Befragten mußten die Position der Parteien (linker Teil der Tabelle) sowie ihre eigene Position (rechter Teil der Tabelle) zu den angegeben Themen auf einer Skala von 1=keine Zustimmung bis 7= volle Zustimmung einordnen.

Quelle: Forschungsinstitut der Konrad-Adenauer-Stiftung, Archiv-Nr. 8702; CNEP 1990

Die wahrgenommenen Parteipositionen zu einzelnen politischen Themen stützen die These eines durch Indifferenz verursachten Wahlverzichts nicht. Im zweiten Schritt stellt sich daher die Frage, ob sich - in Anlehnung an die räumlichen Modelle der Rational-Choice-Theorie - die inhaltlichen Standpunkte der Nichtwähler so weit von den Parteien entfernt haben, daß sie sich politisch nicht für eine der Parteien entscheiden konnten. Bezüglich der ideologischen Einstufung entlang der Links-Rechts-Skala ergab sich bereits in Kapitel 5.4 eine stärkere Mitte-Orientierung der Nichtwähler. Wie der rechte Teil der Tabelle zeigt, liegen bei einzelnen Themen die Positionen ebenfalls nahe der SPD und der CDU/CSU. Zwar ist die Bandbreite politischer Meinungen in allen Wählergruppen groß, was eine reine Mittelwertbetrachtung verdeckt. Ebenso besteht sowohl bei Nichtwählern wie Wählern keine völlige Übereinstimmung zwischen den eigenen Positionen und den Parteiprofilen. Die überwiegende Mehrheit der Nichtwähler unterscheidet sich aber in ihren inhaltlichen Vorstellungen kaum von den etablierten Parteien und ihren Wählern. Die Mehrzahl der Nichtwähler sind auch bezüglich ihrer politischen Einstellungen „Bürger der Mitte".

Ähnlich wie bei der Thematik über die Knappheit des Wahlausgangs ergeben sich auch in diesem Fall bei den verwendeten Indikatoren gegensätzliche Befunde. Bei einem methodisch feineren Instrumentariums läßt sich jedoch die Aussage, daß die Profillosigkeit der Parteien Ursache für die Wahlabstinenz sei, nicht aufrecht erhalten. Insgesamt widersprechen sowohl die Befunde zur Themenorientierung als auch zur Knappheit des Wahlausgangs den theoretischen Annahmen des rationalen Nichtwählers. Damit soll jedoch nicht grundsätzlich die empirische Evidenz des Rational-Choice-Ansatzes in Abrede gestellt werden. Pappi (1991: 19) verweist bei der Operationalisierung der räumlichen Modelle der Parteienkonkurrenz darauf, daß nicht nur die inhaltlichen Politikpräferenzen, sondern vor allem die Kompetenzeinschätzungen einen zentralen Entscheidungsfaktor für den rationalen Bürger darstellen. Der Einfluß der Parteien- und Kandidatenkompetenz auf das Teilnahmeverhalten wird im nachfolgenden Kapitel erörtert, das sich mit der Entfremdungsthese auseinandersetzt. Nach den bisherigen Resultaten sind aber weder inhaltliche Profillosigkeit noch ein im Vorfeld sicherer Wahlausgang auf der individuellen Ebene Motive für eine verstärkte Wahlenthaltung. Der scheinbar rationale Nichtwähler zeigt teilweise deutliche Züge von „irrationalem“ Verhalten. Darüber hinaus sind sowohl das Fernbleiben bei unsicherem Wahlausgang als auch die Aussagen zur Unterschiedslosigkeit in erster Linie auf die unpolitischen Nichtwähler zurückzuführen, die nicht aus rationalen Überlegungen handeln, sondern sich für Politik nicht interessieren und deshalb zu differenzierten Aussagen nicht in der Lage sind.

Sofern man die Rationalität nur über die Loslösung von psychologischen Bindungen definiert, bestätigen sich die Annahmen einer höheren Wahlenthaltung. Sowohl bezüglich der Parteibindung als auch bezüglich der Wahlnorm findet sich eine große Zahl ungebundener bzw. unabhängiger Nichtwähler. In diesem Fall bestehen jedoch keinerlei Unterschiede zum Michigan-Modell sowie zum Dealignment-Ansatz. Der Terminus der Unabhängigkeit beschreibt daher die Einstellungen dieser Nichtwähler besser als der Begriff Rationalität. Anderseits fühlen sich rund 20 Prozent der Nichtwähler an eine Partei gebunden und befürworten zugleich die Wahlnorm. Weitere 30 Prozent haben entweder eine Parteiidentifikation oder Wahlpflichtbewußtsein. Damit offenbart sich erneut, daß ein allgemeiner Vergleich zwischen Wählern und Nichtwählern die Motive der Enthaltung nur unzureichend abbildet. Würde man zudem Overreporting-Effekte berücksichtigen, dürfte die Gruppe der unabhängigen Nichtwähler sogar noch etwas kleiner sein. In den folgenden Kapiteln muß daher noch detaillierter geklärt werden, wer sich hinter denjenigen Nichtwählern verbirgt, die weiterhin eine enge Bindung an das Parteiensystem haben.

6.2.4.3 Psychologische Cross-Pressure-Hypothese

Jeder fünfte Nichtwähler bezeichnet sich als Stammwähler. Statt der Chancenlosigkeit der eigenen Partei können andere Gründe für die Enthaltung relevant gewesen sein, die der eigentlichen Parteibindung entgegenstehen. Psychologischer Cross-Pressure äußert sich darin, daß längerfristige Parteibindungen durch gegensätzliche kurzfristige Einflüsse überlagert werden. Die Analysen konzentrieren sich dabei auf Personen mit Parteibindung, die den eigenen Kandidaten ablehnen. Eine solche Konstellation könnte erklären, warum auch Parteigebundene nicht an jeder Wahl teilnehmen.

Wie die folgende Tabelle beweist, lösen - im Gegensatz zu der Situation bei soziologischem Cross-Pressure - Befragte mit psychologischem Kreuzdruck ihren Konflikt eher über die Wahlenthaltung. Sowohl im rot-grünen als auch im christlich-liberalen Lager waren die Nichtwähleranteile mit 13,0 bzw. 20,6 Prozent höher als bei den Parteianhängern ohne psychologischem Cross-Pressure. Bei den Bundestagswahl 1987 und 1990 war ein solcher Einstellungskonflikt jedoch unter den CDU/CSU und F.D.P.-Anhängern nicht weit verbreitet. Dagegen waren bei beiden Wahlen 27 Prozent der SPD und Grünen-Anhänger nicht von dem aufgestellten SPD-Kanzlerkandidaten überzeugt.

Tabelle 47: Wahlbeteiligung bei psychologischem Cross-Pressure (absolute Zahlen und davon Nichtwähleranteile in Prozent)

	Rot-/Grüne-Parteibindung		CDU/FDP- Parteibindung	
	gegen SPD-Kandidat	pro SPD-Kandidat	gegen Helmut Kohl	pro Helmut Kohl
Nichtwähler-anteil 1987	9,6 (187)	2,5 (490)	7,4 (81)	3,6 (586)
Nichtwähler-anteil 1990	13,0 (146)	9,8 (392)	20,6 (34)	10,7 (365)

Bei der Nachwahlbefragung 1987 wurden die bekennenden Nichtwähler zugrunde gelegt, bei der Vorwahlbefragung 1990 die potentiellen Nichtwähler. In Klammer wurde die Gesamtzahl der untersuchten Personen angegeben. 1987 sprachen sich 81 Anhänger des christlich-liberalen Lagers gegen, 586 indes für Helmut Kohl aus. Von diesen 81 Personen, die unter Kreuzdruck standen, wählten 7,4 Prozent nicht.

Quelle: Forschungsinstitut der Konrad-Adenauer-Stiftung, Archiv-Nr. 8702; CNEP 1990

Das Aufweichen der Wähler-Partei-Bindung weitete sich daher auch auf die parteigebundenen Bevölkerungsgruppen aus. Man ist nicht mehr unter allen Umständen bereit, der eigentlich präferierten Partei die Stimme zu geben, insbesondere wenn kurzfristige Faktoren gegen die normalerweise bevorzugte Alternative sprechen. Bevor man jedoch eine andere Partei wählt, nutzen viele die Möglichkeit der Enthaltung. Psychologischer Kreuzdruck ist eine der zentralen Ursachen, warum diese Menschen der Wahl fernbleiben. Bei den untersuchten Wahlen 1987 und 1990 ging dies vor allem zu Lasten des SPD und Grünen. In solchen Situationen ist die Nichtwahl Ausdruck von Kritik, die sich jedoch nicht gegen die Parteien insgesamt, sondern in erster Linie gegen die eigene Partei richtet. Im nächsten Kapitel wird im Rahmen der Entfremdungsthese über den Einfluß der allgemeinen Kompetenzbeurteilung der Parteien als weiteres kurzfristiges Wahlmotiv zu sprechen sein.

6.2.5 Zusammenfassung

1. Nichtwähler neigen zum großen Teil keiner Partei zu. Nur jeder vierte Nichtwähler hat eine längerfristige Parteibindung. Obwohl sich der Rückgang der Parteiidentifikation ab Mitte der achtziger Jahre verlangsamt hat, trägt das Dealignment entscheidend zur Erklärung der sinkenden Wahlbeteiligung bei. Denn der Anstieg der Nichtwählerzahlen konzentriert sich in erster Linie auf Personen ohne Parteibindung und Personen, die ihre Antwort auf die Frage nach der Parteipräferenz verweigern. Ein wachsender Teil der Nichtwählerschaft sind konjunkturelle Nichtwähler, die von Wahl zu Wahl über Teilnahme und Enthaltung neu entscheiden. Insgesamt hat sich somit die Instabilität des Wählerverhaltens weiter erhöht. Dealignment führt jedoch Anfang der neunziger Jahre nicht in erster Linie zum Parteiwechsel, sondern zur Wahlenthaltung.

2. Die Parteiidentifikation erfüllt analog zur Wahlnorm eine zunehmend wichtige Integrationsfunktion. Insbesondere bei starker Parteineigung geht man auch Anfang der neunziger Jahre in der Regel zur Wahl. Besteht eine Bindung zu einer Partei,

gelingt es, auch politisch wenig interessierte Bürger an die Wahlurnen zu führen. Gemessen an den Beteiligungsraten in den Umfragen machen sie weiterhin überdurchschnittlich von ihrem Wahlrecht Gebrauch. Entfallen jedoch die psychologischen Bindungskräfte, ist insbesondere unter den politisch Desinteressierten ein massiver Rückgang der Wahlbeteiligung festzustellen.

3. Fehlende Parteibindung führt vor allem in Verbindung mit einem geringen politischen Interesse sowie einem geringeren Bildungsabschluß zu einer hohen Wahlenthaltung. Mehr als die Hälfte dieser Personen sind Nichtwähler. Wenn auch gemäß Kapitel Fünf kein starker Zusammenhang zwischen Bildungsniveau und Wahlbeteiligung bestand, differenziert das Merkmal Bildung bei fehlender Parteibindung deutlich. Wechselwähler unterscheiden sich von den unpolitischen Nichtwählern durch ihr wesentlich höheres Bildungsniveau und ihr größeres politisches Interesse, aber auch durch ihre stärkere Parteibindung. Dennoch bietet umgekehrt eine hohe kognitive Mobilisierung der Bürger Anfang der neunziger Jahre keine Gewähr für eine Wahlteilnahme. Neben dem unpolitischen Nichtwähler ist insbesondere der ungebundene bzw. unparteiische Nichtwähler zu unterscheiden, der über eine hohe kognitive Mobilisierung verfügt, aber dennoch nicht bei jeder Wahl seine Stimme abgibt.

4. Der sogenannte „rationale“ Nichtwähler verhält sich gemäß der bisherigen Befunde zum Teil äußerst „irrational“. Auf der Aggregatebene war die Wahlbeteiligung zwar vorwiegend in den Wahlkreisen und Gemeinden hoch, die politisch umstritten waren. Auf der Individualebene hatte dagegen die subjektive Sicherheit des Wahlausgangs bei der Bundestagswahl 1990 eher einen beteiligungsfördernden Effekt. Parteianhänger, die sich bereits im Vorfeld über die Niederlage ihrer Partei im klaren waren, verzichteten keineswegs verstärkt auf die Stimmabgabe. Dagegen enthielten sich Wahlberechtigte, die über den Wahlausgang keine eindeutigen Aussagen machen konnten, weit überproportional der Stimme.

5. Neben dem unpolitischen Nichtwähler und dem ungebundenen Nichtwähler existiert eine dritte große Gruppe von Nichtwählern, die sich weiterhin mit einer Partei identifiziert. Diese „nichtwählenden“ Stammwähler stellen rund ein Fünftel der Nichtwählerschaft. Einer der Gründe, warum sie nicht an jeder Bundestagswahl teilnehmen, sind individuelle Einstellungskonflikte zwischen ihrer Parteibindung und Kandidatenpräferenz. Insbesondere unter den SPD- und Grünen-Anhängern mündete 1987 und 1990 die weit geringere Akzeptanz des SPD-Kanzlerkandidaten in eine höhere Wahlenthaltung. Auch im christlich-liberalen Lager wirkte der psychologische Kreuzdruck beteiligungshemmend, ihr Gesamtanteil unter den CDU/CSU- und FDP-Anhängern war jedoch gering. Sowohl hinsichtlich des Einflusses der Parteibindung als auch hinsichtlich des psychologischen Cross-Pressure erwies sich das Michigan-Modell als brauchbare Theorie, um das Teilnahmeverhalten bei Wahlen zu erklären.

6.3 Politische Entfremdung

Die öffentliche Diskussion reduzierte sich in erster Linie auf die politische Entfremdung bzw. Politikverdrossenheit als zentraler Ursache der sinkenden Wahlbeteiligung. Die wachsende politische Unzufriedenheit erzeuge, so die Befürworter der Entfremdungsthese, Frust mit der Folge, daß immer weniger Wahlberechtigte unter den Parteien eine wählbare Alternative finden. Sie bleiben daher lieber zu Hause. Statt lautstarkem Protest gewinnt bei mehr und mehr Bürgern der stille Rückzug an Attraktivität. Die analytische Darstellung lehnt sich an das theoretische Modell von Easton an, der drei Ebenen des politischen Systems unterscheidet: die politische Gemeinschaft, die politische Ordnung und die politischen Herrschaftsträger. Die Wahlenthaltung kann danach entweder Anzeichen eines allgemeinen Legitimitätsverlusts der politischen Ordnung sein oder als Protest gegen die politischen Akteure verstanden werden. Dieses Kapitel schildert, welche Rolle dem unzufriedenen bzw. verdrossenen Nichtwähler zukommt, den Rückgang der Wahlbeteiligung zu erklären. Bereits in Kapitel Drei wurde auf die Probleme bei der Operationalisierung politischer Entfremdung eingegangen. Wie im folgenden gezeigt wird, hängt die Erklärungskraft der Entfremdungsthese wesentlich von den zugrundeliegenden Indikatoren ab.

6.3.1 Entfremdung gegenüber der politischen Gemeinschaft und der politischen Ordnung

6.3.1.1 Nationalbewußtsein

Als einziger Indikator diffuser Unterstützung der politischen Gemeinschaft stehen im Zeitverlauf die Aussagen zum Nationalbewußtsein der Deutschen zur Verfügung. Die Aussagen wurden im ALLBUS über die Frage: „Auf welche Dinge kann man als Deutscher stolz sein?“ ermittelt. Angesichts des wachsenden Rechtsextremismus Anfang der neunziger Jahre ist diese Frageformulierung nicht unkritisch. Vorab war daher zu prüfen, ob vor allem politisch links stehende Befragte Negativantworten gaben. Diese Vermutung war indes zu allen Untersuchungszeitpunkten unbegründet, so daß der Indikator dem abgeleiteten theoretischen Anspruch entsprach.

Tabelle 48: Nationalbewußtsein der Nichtwähler 1988 im Vergleich zu 1991/92 (in Prozent)

	Nichtwähleranteile nach Nationalbewußtsein		Anteil an der gesamten Nichtwählerschaft	
	1988	1991/92	1988	1991/92
Bereich genannt	9,2	12,9	68,2	81,8
auf gar nichts stolz	17,8	23,6	31,8	18,2
insgesamt	10,9	14,1	100	100

Quelle: ALLBUS 1988 und 1991/92

„Stolz“ war die überwiegende Mehrzahl der Befragten, ob Wähler oder Nichtwähler, vor allem auf das Grundgesetz, die wirtschaftlichen und die sozialstaatlichen Errungenschaften. In dem kurzfristigen Untersuchungszeitraum von 1988 bis 1992 hat sich die Bindung an den Staat Bundesrepublik Deutschland nachdrücklich erhöht. Darin dürfte sich in erster Linie ein Wiedervereinigungseffekt widerspiegeln. Die Deutsche Einheit hat zumindest kurzfristig eine stärkere Verbundenheit der Bürger mit der Nation bewirkt. Für eine wachsende Entfremdung gegenüber der politischer Gemeinschaft gibt es keinerlei Anzeichen. Während 1988 rund 80 Prozent der Westdeutschen auf einzelne Leistungen der Bundesrepublik stolz waren, stieg ihr Anteil Anfang der neunziger Jahre auf knapp 90 Prozent. Unter den Nichtwählern waren es 82 Prozent.

Diejenigen, die im Sinne der Fragestellung kein Nationalbewußtsein empfinden, gingen weniger zur Wahl. 1988 wählten 17,8 Prozent nicht, 1991/92 waren es 23,6 Prozent. Allerdings ist weder ein stark überproportionaler Anstieg der Wahlenthaltung festzustellen, noch stellen diese Nichtwähler einen wachsenden Teil der Nichtwählerschaft. Vielmehr schrumpfte aufgrund der mittlerweile hohen Zahl von Wahlabstinenten der Anteil dieser entfremdeten Nichtwähler auf 18,2 Prozent. Ihre Sozialstruktur und ihre Einstellungsmuster deuten ferner auf eine hohe Zahl von randständigen Nichtwählern hin: Drei von vier verfügen über keinen Schulabschluß oder einen Hauptschulabschluß, 25 bis 30 Prozent fühlen sich dem unteren Drittel der Gesellschaft angehörig. 60 Prozent interessieren sich nur wenig für Politik. Die Hälfte ist mit den politischen Verhältnissen unzufrieden und zeigt auch eine sehr hohe soziale Anomie. Jeder Fünfte lehnt das politische System völlig ab. Als Ursache der sinkenden Wahlbeteiligung kommen diese Nichtwähler kaum in Betracht. Ihr Anteil unter der Nichtwählerschaft ist statt dessen zurückgegangen. Darüber hinaus finden sich keine Hinweise auf Entfremdungstendenzen. Das Nationalbewußtsein ist insgesamt gewachsen, so daß eine zunehmende Entfremdung gegenüber der politischen Gemeinschaft bzw. dem Staat weder in der Bevölkerung noch unter den Nichtwählern auszumachen ist.

6.3.1.2 Zufriedenheit mit der Demokratie und dem politischen System

Als Indikatoren diffus-spezifischer Unterstützung auf der Ebene der politischer Ordnung werden neben dem Vertrauen in die gesellschaftlichen Institutionen zunächst die Zufriedenheit mit der Demokratie und dem politischen System diskutiert. Danach hat die Unzufriedenheit in der Bundesrepublik im zehnjährigen Vergleichszeitraum etwas zugenommen. Von einer grundsätzliche Entfremdung kann indes nicht ausgegangen werden. 1993 äußern sich noch immer 74 Prozent der Befragten mit der Demokratie zufrieden. Bei ursprünglich sechs Kategorien, wie in den ALLBUS-Umfragen sowie in der CNEP, war die Mehrzahl der Bürger nur „etwas unzufrieden“ mit der Demokratie oder dem politischen System. Die extreme Kategorie „sehr unzufrieden“ nannten auch in den Umfragen nach 1990 nicht einmal 3 Prozent der Befragten. Die Gruppe der fundamentalen Systemgegner ist daher in der Bevölkerung, wie bereits beim vorangegangenen Indikator, sehr klein.

Abbildung 12: Entwicklung der Demokratiezufriedenheit von 1983 bis 1993

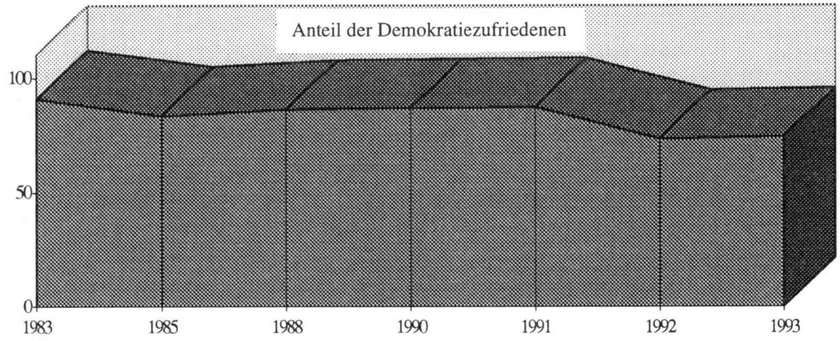

Im Wortlaut wurde gefragt: „Wie zufrieden oder unzufrieden sind Sie - alles in allem - mit der Demokratie, wie sie in Deutschland besteht? Antwortvorgaben reichten von 1 = sehr zufrieden bis 6= sehr unzufrieden. Der Indikator der Demokratiezufriedenheit wurde zu diesem Zweck in zwei Gruppen, die ersten drei Kategorien zu den „Zufriedenen" und die letzten drei Kategorien zu den „Unzufriedenen" zusammengefaßt. Bei den Umfragen der Konrad-Adenauer-Stiftung standen nur drei Antwortkategorien zur Auswahl 1= sehr zufrieden, 2= einigermaßen zufrieden und 3= nicht zufrieden. In diesem Fall wurden die beiden ersten Antwortkategorien zu den „Zufriedenen" zusammengefaßt.

Quelle: ALLBUS 1988, 1991, 1992; CNEP 1990; Forschungsinstitut der Konrad-Adenauer-Stiftung, Archiv-Nr. 8302, 8702, 9103, 9301; Wert für das Jahr 1985 aus Westle 1989: 278

Bezüglich der Systemzufriedenheit ergibt sich eine parallele Entwicklung. 84 Prozent der Befragten 1988, 85 Prozent 1991 und nur noch 68 Prozent 1992 sind mit dem politischen System zufrieden. Obwohl beide Indikatoren auf der Ebene der politischen Ordnung angesiedelt sind, eignen sie sich sehr gut dafür, kurz- bis mittelfristige Stimmungsschwankungen zu erfassen. Die längsschnittliche Betrachtung der Demokratie- und Systemzufriedenheit wirft jedoch Zweifel auf, inwieweit sich die politische Entfremdung als Erklärungsfaktor der sinkenden Wahlbeteiligung eignet. Die Zufriedenheitswerte sind bis 1990 und 1991 nicht zurückgegangen. Erst 1992 läßt sich eine wachsende Unzufriedenheit beobachten. Bezüglich der geringen Wahlbeteiligung 1990 besteht ein zeitliche Lücke („Time-lag") von zwei Jahren. Es kann daher allenfalls von einer nachträglichen bzw. einer „Ex-Post-Unzufriedenheit" gesprochen werden.

Zudem sind Unzufriedenheitsphasen in der Bundesrepublik nichts Einmaliges. Bereits von 1980 bis 1982 gab es eine vergleichbar hohe Zahl von Unzufriedenen. Beide Phasen, Anfang der achtziger Jahre und Anfang der neunziger Jahre, stimmen dabei mit den Rezessionsphasen der deutschen Wirtschaft überein. Bereits Fuchs (1987: 366), Rattinger/Juhász (1990) sowie Hoffmann-Jaberg/Roth (1994) ermittelten mit Daten der Forschungsgruppe Wahlen auf der Aggregatdatenebene einen engen Zusammenhang zwischen wirtschaftlichen Einschätzungen und der Demokratiezufriedenheit. Der im Verhältnis zur rückläufigen Wahlbeteiligung erst nachträgliche Anstieg der Unzufriedenheit spricht für diese Vermischung von wirtschaftlichen und politischen Bewertungen. Würde die Demokratiezufriedenheit tatsächlich nicht die politische Entfremdung messen, sondern in erster Linie den wirtschaftlichen bzw. wohlfahrtsstaatlichen Output, wäre der Indikator als Maß politischer Entfremdung nur bedingt geeignet. Auf diese Problematik wird zu einem späteren Zeitpunkt nochmals eingegangen.

Auf der Mikroebene belegen die Befunde, daß Unzufriedene tendenziell weniger von ihrem Wahlrecht Gebrauch machen. Der Erklärungsbeitrag politischer Entfremdung ist aber bescheiden. Das Pseudo-R^2 der logistischen Regression fällt 1991/92 mit 2,5 Prozent bei der Demokratiezufriedenheit und 2,2 Prozent bei der Zufriedenheit mit dem politischen System wesentlich geringer aus als bei den zuvor analysierten Indikatoren des politischen Interesses, der Parteiidentifikation und der Wahlnorm (siehe Anhang VIII und XI). Da die Zufriedenheit mit dem politischen System erst ab 1988 erhoben wurde und sich zudem keine substantiellen Erklärungsunterschiede zwischen beiden Indikatoren ergeben haben, beschränken sich die folgenden Ausführungen auf die Demokratiezufriedenheit. Bei längsschnittlicher Betrachtung gibt es bis einschließlich 1991 keinen Hinweis, daß die Unzufriedenheit Ursache der sinkenden Wahlbeteiligung ist. Bei den Zufriedenen wie Unzufriedenen steigen die Nichtwähleranteile in gleichem Umfang. Erst ab 1992 geht die Schere auseinander, die Wahlenthaltung der Unzufriedenen steigt überproportional an.

Tabelle 49: Nichtwähleranteile nach Demokratiezufriedenheit 1983 bis 1993 (in Prozent)

	1983	1988	1990	1991	1992	1993
Demokratiezufrieden						
ja	2,5	9,7	10,2	12,3	11,8	13,0
nein	8,0	16,5	15,3	17,8	20,2	26,6
insgesamt	3,6	10,6	10,8	14,4	14,5	16,4

Quelle: ALLBUS 1988, 1992; CNEP 1990; Forschungsinstitut der Konrad-Adenauer-Stiftung, Archiv-Nr. 8302, 9105, 9301

Legt man die Befunde der Jahre 1992 und 1993 zugrunde, besteht durchaus ein Zusammenhang zwischen politischer Entfremdung und der höheren Neigung zur Wahlenthaltung. Ebenso ließ sich ab 1992 auf der Aggregatebene eine wachsende Unzufriedenheit feststellen. Beide Entwicklungen sprechen für die Richtigkeit der Entfremdungsthese. Es fällt jedoch schwer, sich der eindeutigen Argumentation von Falter und Schumann (1993: 49) anzuschließen, die die Entfremdung als eine der zentralen Ursachen der sinkenden Wahlbeteiligung hervorheben:

1. Zum einen hat die Unzufriedenheit in den achtziger Jahren nicht zugenommen. Auch die Daten von Falter und Schumann (1993: 41) lassen diesen Schluß nicht ohne weiteres zu. Vielmehr spiegeln die Ergebnisse die zyklische Entwicklung der Unzufriedenheit wider - mit ihren beiden Hochphasen zu Beginn der achtziger und zu Beginn der neunziger Jahre. Die Unzufriedenheit Anfang der neunziger Jahre ist bisher ein kurzfristiges Phänomen. Bei der Beurteilung der Entfremdungsthese müssen daher zwei Phasen unterschieden werden: In der ersten Phase bis etwa 1991 ist kein Anstieg der Entfremdung zu beobachten. Die zweite Phase, die etwa Ende 1991 bzw. Anfang 1992 beginnt, zeichnet sich durch eine wachsende Unzufrieden-

heit sowie eine zunehmende Wahlabstinenz der Unzufriedenen aus. Nur die zweite Phase kann daher als Beleg für die Entfremdungsthese herangezogen werden. Inwieweit sich tatsächlich eine Trendwende in Richtung einer wachsenden Entfremdung vollzogen hat, läßt sich zum gegenwärtigen Zeitpunkt nicht abschließend beantworten. Es ist nicht ausgeschlossen, daß sich im Verlauf der neunziger Jahre der Entfremdungsprozeß fortsetzt. Andererseits besteht die Möglichkeit, daß mit einer Beruhigung der politischen und wirtschaftlichen Lage auch die Demokratiezufriedenheit wieder zunimmt.

2. Zum zweiten ist der Anteil der Unzufriedenen sowohl unter den Wählern als auch unter den Nichtwählern kräftig gestiegen. Nimmt man den Zeitraum von 1983 bis 1993 als Maßstab, hat der Anteil der Unzufriedenen sowohl unter den Wählern als auch unter den Nichtwählern etwa gleich stark zugenommen. Die Folgerungen von Hoffmann-Jaberg und Roth (1994: 154), daß die „*Nichtwähler eklatant unzufriedener*“ sind, lassen sich nicht in vollem Umfang bestätigen. Zwar umfaßt die Gruppe der unzufriedenen bzw. verdrossenen Nichtwähler 1993 rund 40 Prozent der Nichtwählerschaft, aber der Indikator differenziert bei dynamischer Betrachtung zwischen Wählern und Nichtwählern nur ungenügend. Nur die Ergebnisse des Jahres 1993, die von einer wirtschaftlich und politisch pessimistischen Stimmung geprägt waren, dokumentieren einen wachsenden Zusammenhang zwischen Entfremdung und Wahlbeteiligung. Der Überrepräsentationsindex liegt 1993 dennoch niedriger als 1988. Auch der Wert des Pseudo-R^2 bei der logistischen Regression beträgt 1993 nur 3,3 Prozent (siehe Anhang IX), was auf einen nicht allzu starken Zusammenhang zwischen Unzufriedenheit und Wahlabstinenz schließen läßt.

Tabelle 50: Unzufriedenheit bei Wählern und Nichtwählern 1983 bis 1993 (in Prozent)

	1983	1988	1990	1991	1992	1993
Demokratieunzufriedene						
Nichtwähler	24,6	21,3	18,6	17,4	36,6	41,4
Wähler	8,5	12,8	12,5	12,0	24,9	22,5
Überrepräsentationsindex	2,68	1,67	1,41	1,37	1,39	1,61

Lesehilfe: 1983 waren 8,5 Prozent aller Wähler mit der Demokratie unzufrieden; 1992 waren es 24,9 Prozent aller Wähler; 24,6 Prozent der Nichtwähler waren 1983 unzufrieden, 1992 betrug ihr Anteil unter den Nichtwählern 36,6 Prozent. Überrepräsentationsindex: Anteil der unzufriedenen Nichtwähler durch Anteil der Unzufriedenen insgesamt.

Quelle: ALLBUS 1988, 1991, 1992; CNEP 1990, Forschungsinstitut der Konrad-Adenauer-Stiftung, Archiv-Nr. 8302, 9105, 9301

Die im Rahmen dieser Arbeit ermittelten Befunde beschränken sich allerdings auf Westdeutschland. Bei der Entfremdungsthese muß jedoch deutlich zwischen ostdeutscher und westdeutscher Situation unterschieden werden. Die ostdeutschen Befragten sind erheblich unzufriedener mit den wirtschaftlichen und politischen Verhältnissen. Etwas mehr als die Hälfte der Ostdeutschen sind mit der Demokratie und dem politischen System unzufrieden. Der Anteil der Politikverdrossenen innerhalb der Nichtwählerschaft beträgt im Gegensatz zu Westdeutschland im Jahr 1992 nicht 36,6 Prozent, sondern 61,4 Prozent. Daher erhält bei einer gesamtdeutschen Betrachtung die Entfremdungsthese ein größeres Gewicht. Allerdings kann in Ostdeutschland weder bezüglich der Unzufriedenheit noch bezüglich der Wahlbeteiligung auf Zeitverlaufanalysen zurückgegriffen werden. Das große Ausmaß politischer Entfremdung in Ostdeutschland wurde durch die nicht erfüllten Ansprüche und Erwartungen an die Wiedervereinigung verursacht. Dieses Motiv kann auf die westdeutschen Verhältnisse nicht ohne weiteres übertragen werden. Die Besonderheiten der ostdeutschen Nichtwähler werden in Kapitel 7.4 dargestellt.

6.3.1.3 Vertrauen in die gesellschaftlichen Institutionen

Der Zusammenhang zwischen Demokratiezufriedenheit und wirtschaftlichen Einschätzungen legt den Verdacht nahe, daß mit dem Indikator vor allem die materiellen Outputs des Staates bewertet werden. Deshalb sollen andere Indikatoren herangezogen werden, die diesen Ökonomie-Bias voraussichtlich nicht enthalten. Im Mittelpunkt steht dabei das Vertrauen in die gesellschaftlichen Institutionen der Bundesrepublik. Das Bielefelder EMNID-Institut stellt diese Frage seit 1979 in regelmäßigen Abständen. Wie nachfolgend zu sehen ist, bleibt bei diesen Indikatoren der rezessionsbedingte Rückgang der Unterstützung Anfang der achtziger Jahre aus.

Tabelle 51: Vertrauen in die gesellschaftlichen Institutionen der Bundesrepublik von 1979 bis 1993 (in Prozent)

	1979	1981	1982	1983	1984	1986	1988	1991	1993
Bundeswehr	68	64	71	73	72	73	66	68	68
Bundesverfassungsgericht	83	78	82	82	75	85	79	84	78
Justiz	73	70	74	71	74	76	69	69	67
Städtische Behörden	72	73	68	61	68	66	69	62	60
Zeitungswesen	47	47	57	55	58	51	50	51	47
Fernsehen	69	62	69	64	71	66	62	64	53
Rundfunk	-	-	74	70	75	73	70	67	64
Hochschule/Universität	59	57	69	69	75	83	77	77	77
Gewerkschaften	48	52	53	53	45	42	49	44	44
Unternehmen	50	54	65	56	48	60	48	54	50
Bundestag	67	64	61	76	68	74	60	65	47
Bundesregierung	-	-	59	71	64	66	54	61	44
Parteien	43	40	39	50	47	45	38	37	26

Quelle: EMNID-Informationen

Grundsätzlich bestehen bis Ende der achtziger Jahre keine Anzeichen eines Vertrauensschwunds. Bei allen von der aktuellen Tagespolitik weitgehend unabhängigen Organen wie z.B. der Bundeswehr, dem Bundesverfassungsgericht, den Medien etc. bleibt das Vertrauen auch bis Anfang der neunziger Jahre auf einem konstant hohen Niveau. Nur Institutionen, die direkt mit dem aktuellen politischen Geschehen befaßt sind, was sowohl die Bundesregierung, die Parteien als auch den Bundestag einschließt, haben insbesondere in der jüngsten Umfrage 1993 an Vertrauen verloren. Insgesamt soll in diesem frühen Analysestadium die Entfremdungsthese keineswegs verworfen werden, allerdings muß der Operationalisierungswert verschiedener Indikatoren erheblich angezweifelt werden. Der Vertrauensverlust der Bundesregierung, der Parteien und des Bundestags rechtfertigt zumindest in Ansätzen die Entfremdungsthese. Bis 1991 konnten Bundestag und Bundesregierung aber auf eine gleichbleibende Akzeptanz in der Bevölkerung zurückblicken. Der „Time-lag", der bereits bei den Zufriedenheitsindikatoren auftrat, findet sich auch bezüglich des politischen Vertrauens wieder. Während die Nichtwähleranteile in den Umfragen seit Anfang der achtziger Jahren kontinuierlich ansteigen, ist die politische Entfremdung ein bisher kurzfristiges und in Bezug auf die geringe Wahlbeteiligung 1990 verspätetes Phänomen. Damit steckt die Ursachenanalyse in einem Dilemma. Im Wahljahr selbst gibt es keine Tendenzen zunehmender politischer Entfremdung. Erst im nachhinein läßt sich eine wachsende Unzufriedenheit nachweisen. Dieser Time-lag kann in dreierlei Hinsicht interpretiert werden:

1. Die zunehmende Unzufriedenheit ist auch in Westdeutschland Ausdruck einer veränderten Stimmungslage im Zuge des deutschen Einigungsprozesses. Die Euphorie des Jahres 1990 ist angesichts der vielen bisher nicht bewältigten Probleme einer gewissen Resignation gewichen. Für das bisherige Scheitern werden die politischen Akteure verantwortlich gemacht. Doch gegen den beteiligungshemmenden Einfluß des Wiedervereinigungseffekts spricht, daß in der Zeit bis zur Bundestagswahl 1990 und auch in den folgenden Monaten kaum Anzeichen von Unzufriedenheit auszumachen waren. Demgegenüber ergaben sich sowohl in den Wahlergebnissen als auch anhand der steigenden Nichtwähleranteile in den Umfragen bereits in den achtziger Jahren Hinweise auf eine nachlassende Wahlbereitschaft. Allerdings kann das stabil hohe Niveau der Nichtwählerzahlen nach 1990 durchaus Folge des in den Augen der Bürger unbefriedigenden Vereinigungsprozesses sein.

2. Erst im nachhinein ist vielen Nichtwählern bewußt geworden, warum sie bei der Wahl 1990 nicht teilgenommen haben. Viele Bürger wissen ihr latentes Unbehagen nun besser zu kanalisieren. Die bisher unspezifische Kritik gegenüber der Politik wurde durch den Terminus der Politik- bzw. Parteienverdrossenheit verbalisiert und findet sich folglich erst in den jüngeren Umfragen. Oder anders formuliert: Ein Teil der Westdeutschen zeigte bereits vor 1992 Unzufriedenheitstendenzen, die jedoch mit den Indikatoren Demokratiezufriedenheit und Vertrauen in Institutionen empirisch nicht nachgewiesen werden konnten.

3. Die Unzufriedenheit ist nicht Objekt, sondern Ergebnis der Medienberichterstattung. Die seit 1991 intensive Thematisierung hat beim Bürger erst das Bewußtsein für „Politikverdrossenheit" geschärft. Den oberflächlichen Vorurteilen über die Politiker und die Parteien wurde mit dieser Diskussion ein öffentliches Fundament bereitet. In Anlehnung an Noelle-Neumann (1980) ist eine Art „Meinungsklima" der Politikverdrossenheit entstanden. Verdrossenheit dient dabei als willkommene Rechtfertigung für eine in Wirklichkeit viel undurchsichtigere Motivlage, warum der einzelne nicht zur Wahl geht. Nachdem jedoch in der öffentlichen Diskussion eine Verbindung zwischen Wahlenthaltung und Verdrossenheit hergestellt wurde,

ist nicht mehr auszuschließen, daß die Unzufriedenheit künftig als Motiv der Wahlenthaltung eingesetzt wird.

Die drei Thesen werden im Verlauf der Arbeit weiter verfolgt, ein empirischer Nachweis für die Richtigkeit der einzelnen Thesen kann mit dem vorhandenen Datenmaterial nicht definitiv erbracht werden. Im Mittelpunkt der weiteren Ausführungen steht vor allem der Einfluß politischer Unzufriedenheit auf die individuelle Teilnahmebereitschaft. Bei den Analysen zur Demokratiezufriedenheit war zwar ab 1992 eine wachsende Entfremdung festzustellen, aber auf der individuellen Ebene fiel der Zusammenhang zwischen Unzufriedenheit und Wahlabstinenz nicht sehr stark aus. Welchen Einfluß hat nun das teilweise schwindende Vertrauen auf die Wahlteilnahme? Im Rahmen des ALLBUS und der KAS-Umfragen stehen die Vertrauensindikatoren nur für die Jahre 1984, 1991 und 1993 zur Verfügung, so daß die folgenden Aussagen auf diesen drei Befragungen beruhen. Im Aggregat ergeben sich gleichlautende Befunde zu den EMNID-Umfragen. Ein spürbarer Vertrauensschwund beschränkt sich auf die Institutionen, die unmittelbar mit den aktuellen politischen Entscheidungsinstanzen verknüpft werden. Exemplarisch wurden dafür die Bewertungen des Bundestags und der Bundesregierung ausgewählt. Hingegen ist bei der Justiz wie beim Zeitungswesen, die stellvertretend für parteipolitisch unabhängige Institutionen stehen, kein Vertrauensverlust erkennbar. Die im Zeitverlauf etwas schlechteren Notendurchschnitte für den Bundestag und die Bundesregierung bekräftigen die These, daß von vielen Befragten auch die Vertrauensskalen dazu benutzt werden, eine gewisse Unzufriedenheit mit den realen politischen Verhältnisse auszudrücken. Der Anteil von Personen, die überhaupt kein Vertrauen haben, stieg nur geringfügig von 4,2 auf 6,7 Prozent.

Tabelle 52: Vertrauen in die gesellschaftlichen Institutionen nach Wählertypen (Mittelwerte)

	1984	1991	1993		1984	1991	1993
Justiz	4,59	4,62	4,61	***Bundestag***	4,43	4,17	3,99
davon				davon			
Stammwähler	4,67	4,75	4,83	Stammwähler	4,58	4,30	4,33
Wechselwähler	4,35	4,41	4,42	Wechselwähler	4,13	4,22	3,83
Nichtwähler	4,27	4,32	4,28	Nichtwähler	4,05	3,74	3,33
Unentschlossene	4,55	4,40	4,50	Unentschlossene	4,14	3,98	3,90
Zeitungswesen	3,97	3,96	3,99	***Regierung***	4,33	4,12	3,79
davon				davon			
Stammwähler	4,09	4,04	4,16	Stammwähler	4,46	4,26	4,17
Wechselwähler	3,98	3,93	4,00	Wechselwähler	3,96	3,78	3,51
Nichtwähler	3,88	3,82	3,79	Nichtwähler	3,92	3,57	3,13
Unentschlossene	3,89	3,86	3,95	Unentschlossene	4,24	3,79	3,61

Frage: „Sagen Sie mir anhand dieser Skala, wie groß ihr persönliches Vertrauen in diese Institutionen ist, die ich Ihnen jetzt vorlese!"; zur Antwort stand jeweils eine 7er-Skala zur Verfügung von 1= kein Vertrauen bis 7= großes Vertrauen.

Quelle: ALLBUS 1984; Forschungsinstitut der Konrad-Adenauer-Stiftung, Archiv-Nr. 9105, 9301

Nichtwähler, Wechselwähler und mit Einschränkungen auch die Unentschlossenen nehmen insgesamt eine kritischere Haltung als die Stammwähler ein. Die Differenz zwischen den Wählertypen hat sich jedoch nur beim Bundestag und bei der Bundesregierung vergrößert. Bei den anderen Institutionen blieb sie weitgehend unverändert. Bei parteipolitisch unabhängigen Institutionen, den Gerichten und dem Zeitungswesen, sind die Unterschiede zu den Wechselwählern und zu den Unentschlossenen nicht groß. Nur bei den Indikatoren Bundestag und Bundesregierung sind im Zeitverlauf Anzeichen einer durch Politikverdrossenheit motivierten Wahlenthaltung zu erkennen. Die Nichtwähler bewerten die Institutionen Bundestag und Bundesregierung wesentlich negativer als die verschiedenen Wählertypen und deutlich negativer als noch Mitte der achtziger Jahre.

Insgesamt widersprechen jedoch die bisherigen Befunde der These einer wachsenden politischen Entfremdung. Entfremdungstendenzen waren überwiegend nur bei den politischen Institutionen zu beobachten, die eng mit der Tagespolitik verbunden sind. Dabei ist zum jetzigen Zeitpunkt nicht zu klären, ob es sich um einen temporären Effekt handelt, der teilweise auf wirtschaftlichen Problemen beruht, oder sich der Beginn eines generellen Negativtrends abzeichnet. Die Ergebnisse lassen sich eher in der Hinsicht interpretieren, daß Anfang der neunziger Jahre eine unspezifische und allgemeine Unzufriedenheit mit den aktuellen politischen Verhältnissen besteht. Dies drückt sich in der entsprechend negativeren Bewertung der Regierung, des Parlaments und der Parteien aus. Mit anderen Worten: Die Unzufriedenheit richtet sich weniger gegen das politische System oder die politische Ordnung, sondern in erster Linie gegen die politischen Herrschaftsträger. Diese Entwicklung läßt sich im Sinne von Küchler (1982) und Stöss (1990) als eine wachsende „Politik- und Parteienverdrossenheit" charakterisieren.

Die Mehrheit der Nichtwähler ist jedoch nicht unzufrieden oder politikverdrossen. Unter den unzufriedenen Nichtwählern sind daher zwei Gruppen zu unterscheiden: der harte, aber kleine Kern der entfremdeten Nichtwähler, die die bestehenden politischen Verhältnisse ablehnen sowie allen gesellschaftlichen Institutionen und der politischen Gemeinschaft die Unterstützung versagen. Ihr Anteil innerhalb der Nichtwählerschaft ist jedoch zurückgegangen. Daneben findet sich die große Gruppe der aktuell politikverdrossenen Nichtwähler, deren Unzufriedenheit bisher nur kurzfristige Züge aufweist. Während beim ersten Typ die grundsätzliche Entfremdung Ursache seiner Enthaltung ist, gilt es beim politikverdrossenen Nichtwähler infolge des Time-lag keineswegs als sicher, daß diese kurzfristigen Anzeichen einer unspezifischen Politikverdrossenheit das tatsächliche Motiv seiner Enthaltung darstellen. Dazu müssen weitere Ergebnisse herangezogen werden. Im nächsten Kapitel wird daher der Frage nachgegangen, inwieweit die Bundesbürger in den vergangenen zehn Jahren den politischen Akteuren mehr und mehr die Unterstützung entzogen haben, und welchen Einfluß diese Entwicklung auf die Wahlbeteiligung hat. Dabei steht insbesondere die sogenannte „Parteienverdrossenheit" im Mittelpunkt.

6.3.2 Entfremdung gegenüber den politischen Herrschaftsträgern

6.3.2.1 Bewertung der Politiker

Bei allen querschnittlich und längsschnittlich untersuchten Indikatoren fällt die Einschätzung über die Politiker in der Bevölkerung generell schlecht aus. Mit nur rund 25 Prozent blieb der Anteil der positiven Stimmen aber in den letzten zehn Jahren auf einem konstant niedrigen Niveau. Das hohe Maß negativer Bewertungen ist jedoch mit einer gewissen Skepsis zu betrachten. Die zugrundeliegenden Fragestellungen sind äußerst suggestiv. In die gleiche Richtung argumentiert Schedler (1993). Er bemängelt die „demoskopische Konstruktion" derartiger Indikatoren der Politik- bzw. Parteienverdrossenheit:

> „Ähnlich wie in vergleichbaren Befragungen wurden [...] ausschließlich negativ besetzte Items vorgelegt, die nicht offen-neutral die staatsbürgerliche Sicht von Politik abfragen, sondern von vornherein als Operationalisierungen politischer Verdrossenheit konzipiert sind. Ihnen zuzustimmen, scheint Sache des 'common sense', sie abzulehnen, begründungsbedürftig. Auf diese Weise wird kaum mehr abgefragt als die Zustimmung zu populären Vorurteilen über Politik als einer 'abgehobenen' und 'machtversessenen' Veranstaltung." (Schedler 1993: 422)

Den Längsschnittanalysen liegt das Item zugrunde: „Die meisten Politiker interessieren sich in Wirklichkeit gar nicht für die Probleme der einfachen Leute". Die Kritik gilt jedoch gleichermaßen für ähnliche Aussagesätze, die nur in einzelnen Umfragen zur Verfügung standen. Deshalb wurde auf die Analyse vergleichbarer Items verzichtet - wie z.B. „Die Politiker machen sowieso nur das, was sie wollen"; „Die Parteien wollen sich nur selbst bereichern"; „Die Politiker kümmern sich nicht viel darum, was Leute wie ich denken" etc..

Tabelle 53: Das Bild des Politikers in der Bevölkerung und bei den Nichtwählern

	Politikerimage im Gesamtsample			Nichtwähleranteile nach Politikerimage		
	1982	1987	1991/2	1982	1987	1991/92
negativ	73,3	74,2	75,5	5,9	12,1	16,2
positiv	26,7	25,8	24,4	3,7	6,7	7,7
insgesamt	100	100	100	5,7	8,1	14,1

Als Antworten waren vorgegeben: 1= bin derselben Meinung; 2= bin anderer Meinung. Bei der Umfrage 1987 standen vier Antwortkategorien zur Verfügung, die zu einer negativen und positiven Dimension komprimiert wurden.

Quelle: ALLBUS 1982; 1991/92; Forschungsinstitut der Konrad-Adenauer-Stiftung, Archiv-Nr. 8702

Drei von vier Bundesbürgern sind demnach unzufrieden mit ihren Politikern. Zudem führten negative Bewertungen Anfang der neunziger Jahre zu einer höheren Wahlenthaltung. Der insgesamt hohe Anteil kritischer Stimmen bewirkt jedoch, daß eine allgemeine Unzufriedenheit mit den deutschen Politikern nicht allzu viel zur Erklärung der Wahlbeteiligung beiträgt. 86,7 Prozent der Nichtwähler sind unzufrieden mit den Politikern, bei den Wählern sind es 73,6 Prozent. Ein differenzierteres Bild liefert die Bewertung einzelner Spitzenpolitiker, bei der weniger oberflächliche Einschätzungen abgefragt werden. Wenden wir uns daher dem Indikator Kandidatenpräferenz zu.

In Erweiterung des Michigan-Modells wurde gefolgert, daß Bürger, die alle Spitzenkandidaten negativ bewerten, mit großer Wahrscheinlichkeit auf die Wahlteilnahme verzichten. Sie trauen keinem der Kanzlerkandidaten zu, die anstehenden politischen Probeme zu lösen. Diese Aussage wurde einer empirischen Prüfung unterzogen, indem die Indikatoren Kandidatenpräferenz und Parteiidentifikation untersucht wurden. Die Umkehrthese des Michigan-Modells, daß es bei fehlender Parteibindung und gleichzeitig negativer Bewertung aller Kandidaten kaum ausreichend Gründe für die Stimmabgabe gibt, bestätigt sich in den untersuchten Umfragen. Auf die Frage nach dem gewünschten Bundeskanzler lag der Nichtwähleranteil insbesondere bei den Befragten sehr hoch, die keinen von beiden für geeignet hielten. Mit nur 16,3 Prozent bzw. 23,4 Prozent, wenn zudem keine Parteibindung bestand, fallen die Nichtwähleranteile jedoch nicht sehr hoch aus. Etwas mehr Befragte verzichteten auf die Wahlteilnahme, wenn sie sich zu einer klaren Bewertung nicht imstande sahen. Der in dieser Kategorie mit über 60 Prozent sehr hohe Nichtwähleranteil bei den Parteiungebundenen ist vorwiegend auf die unpolitischen Nichtwähler zurückzuführen, die am Wahlkampf ohnehin nicht interessiert waren. Bei Werten von 2,7 Prozent 1987 und 2,0 Prozent 1990 Pseudo-R^2 ist jedoch der Zusammenhang zwischen Kandidatenpräferenz und Wahlteilnahme im Vergleich zu anderen Indikatoren nicht allzu stark (siehe Anhang IX).

Tabelle 54: Nichtwähleranteile nach Kandidatenpräferenz bei den Bundestagswahlen 1983 bis 1990 (in Prozent)

	1983[1]	1987			1990		
	alle Befragte	alle Befragte	nach Parteibindung ja	nach Parteibindung nein	alle Befragte	nach Parteibindung ja	nach Parteibindung nein
Helmut Kohl	2,9	6,3	4,5	13,0	10,6	6,7	22,3
SPD-Spitzenkandidat	3,6	5,7	3.1	14,1	7,5	5,6	13,9
keiner von beiden	4,6	14,2	9,5	19,2	16,3	7,2	23,4
weiß nicht / keine Angaben	6,4	17,4	[2]	[2]	19,7	7,3	60,0
insgesamt	3,6	8,2	4,1	16,0	11,6	6,5	22,3

1) Eine Auswertung der Nichtwähleranteile nach Parteineigung war 1983 aufgrund zu geringer Nichtwählerzahlen noch nicht möglich. 2) Fallzahlen unter 30

Quelle: Forschungsinstitut der Konrad-Adenauer-Stiftung, Archiv-Nr. 8302, 8702; CNEP 1990

Wie die Tabelle zeigt, ist das Fehlen einer Kandidatenpräferenz ein weiteres wichtiges, kurzfristiges Motiv der Wahlenthaltung. Doch als Begründung der sinkenden Wahlbeteiligung eignet sich der Faktor Kandidatenpräferenz kaum. Erstens ging der Anteil derjenigen, die sich für einen der beiden Spitzenkandidaten ausgesprochen hatten, von 1983 bis 1990 nur geringfügig von 81 auf rund 75 Prozent zurück. Von einem allgemeinen Kompetenzverlust der Kandidaten kann daher kaum ausgegangen werden. Zweitens fiel der Anstieg der Nichtwählerzahlen lediglich bei Nennung des SPD-Kandidaten weit unterdurchschnittlich aus. Befragte, die Helmut Kohl bevorzugen, enthalten sich nicht wesentlich weniger der Stimme als diejenigen, die keine Kandidatenpräferenz haben. Drittens führt bei den Befragten ohne

Parteibindung die Attraktivität eines Kandidaten kaum zu einer höheren Beteiligungsbereitschaft. Die Nichtwähleranteile nehmen bei fehlender Parteiidentifikation sowohl bei Nennung als auch Nicht-Nennung eines Kandidaten 1987 um rund 10 Prozentpunkte und 1990 - mit Ausnahme bei Oskar Lafontaine - um 15 Prozentpunkte zu. Um zu einem endgültigen Urteil über die Entfremdungsthese zu kommen, schließen wir im folgenden Kapitel die Bewertung der Parteien mit ein.

6.3.2.2 Bewertung der Parteien

Von allen gesellschaftlichen Institutionen vertrauen die Bundesbürger am wenigsten den Parteien. Wie der Tabelle 51 auf Seite 163 zu entnehmen war, sank die Vertrauensbasis im Untersuchungszeitraum von rund 40 Prozent auf nur noch 25 Prozent. Analog zum Politikerimage müßten folglich drei von vier Westdeutsche als „parteienverdrossen" bezeichnet werden. Die Parteien genossen bereits Anfang der achtziger Jahre kein sehr großes Ansehen, aber insbesondere nach 1991 hat die Entfremdung nochmals spürbar zugenommen. Im ALLBUS sowie in den verwendeten KAS-Datensätzen wurde der Indikator „Vertrauen in die Parteien" nur Anfang der neunziger Jahre erhoben. Neben dem allgemeinen Vertrauen wurde in der PK-Studie auch nach der Leistungsbewertung der Parteien gefragt. Diese Frage enthält eine kurzfristigere Komponente der Parteienbewertung und wurde daher in die Analysen mitaufgenommen. Im Jahr 1993 bewerten nur rund ein Viertel der Befragten die Leistungen der Parteien als positiv. Analog zu den EMNID-Ergebnissen haben 1993 zudem nur knapp 22,5 Prozent Vertrauen in die Parteien. Zelle (1994b: 16) belegt jedoch, daß das Vertrauen in die Parteien 1989 noch deutlicher höher war als nach 1991. Zieht man diese Befunde hinzu, ist bei der Parteienverdrossenheit ebenfalls nur ein kurzfristiger Schub Anfang der neunziger Jahre zu beobachten. Ferner ist nur in der Umfrage der Konrad-Adenauer-Stiftung von 1993 ein starker Einfluß der Parteienverdrossenheit auf die Teilnahme nachzuweisen.

Tabelle 55: Nichtwähleranteile nach dem Vertrauen und der Leistungsbewertung der Parteien Anfang der neunziger Jahre (in Prozent)

	1991	1993		1993
Vertrauen in die Parteien			*Leistungen der Parteien*	
habe Vertrauen	9,4	10,2	positiv	11,6
teils-teils	12,2	10,3	-	-
wenig Vertrauen	16,0	15,7	etwas schlecht	12,0
sehr wenig Vertrauen	17,4	26,7	ziemlich schlecht	11,3
kein Vertrauen	26,2	35,9	sehr schlecht	20,6
insgesamt	14,4	17,0	insgesamt	13,7
Pseudo-R^2	2,0%	5,6%	Pseudo-R^2	1,1 %

Der Vertrauensfrage lagen die bekannten sieben Antwortkategorien zugrunde. Bei der PK-Umfrage 1993 wurde gefragt: „Wie bewerten Sie momentan die Leistungen der Parteien?". Bei beiden Indikatoren wurden die positiven Antwortkategorien zu einer Kategorie zusammengefaßt, bei den interessanteren negativen Antworten wurde alle Kategorien angegeben. Bei der Leistungsbewertung gab es nur sechs Antwortvorgaben, so daß eine Bewertung auf der Mittelposition (teils-teils) entfällt.

Quelle: Forschungsinstitut der Konrad-Adenauer-Stiftung, Archiv-Nr. 9105, 9301; PK-Studie

Weitaus weniger zur Wahl gehen Bürger, die keinerlei Vertrauen in die Parteien haben oder die Leistungen der Parteien als „sehr schlecht" bewerten. Diese Gruppe stellt jedoch nur eine Minderheit von rund 5 Prozent der Befragten. Die überwiegende Mehrheit der Kritiker unterscheidet sich nur wenig in ihrem Beteiligungsverhalten. Abgesehen von der Kategorie „sehr wenig Vertrauen" in der Umfrage 1993, differieren die Nichtwähleranteile bei den Verdrossenen und der mittleren Kategorie nur zwischen 12 und 17 Prozent. Des weiteren bleiben auch rund 10 Prozent der Befragten mit Vertrauen in die Parteien sowie 11,6 Prozent der Befragten, die die Leistungen des Parteien positiv bewerten, den Wahlurnen fern. Der Erklärungwert der bivariaten logistischen Regression fällt 1991 sogar geringer aus als bei dem Indikator Demokratiezufriedenheit. Nur bei der KAS-Umfrage des Jahres 1993 steigt das Pseudo-R^2 auf 5,6 Prozent. Da drei Viertel der Bundesbürger gemäß diesem Indikator als „parteienverdrossen" gelten, trennt fehlendes Vertrauen in die Parteien allein kaum zwischen Wählern und Nichtwählern. 1993 hatten 75,5 Prozent der Wähler und 86,7 Prozent der Nichtwähler wenig oder kein Vertrauen in die Parteien.

Darüber hinaus stellt sich grundsätzlich die Frage, ob sprachlich der Begriff „Vertrauen" die Beziehung zu den politischen Herrschaftsträgern angemessen operationalisiert. Die Gefahr einer demoskopischen Konstruktion der Parteienverdrossenheit kann in diesem Fall wiederum nicht ausgeschlossen werden. Man kann den Gerichten oder der Polizei vertrauen, in Bezug auf die Politik gilt für viele indes das Motto: Vertrauen ist gut, Kontrolle ist besser. Warum sollte der aufgeschlossene Staatsbürger den Parteien bzw. der Regierung vertrauen? Die große Zahl politischer Skandale und Affären rechtfertigen ein blindes Vertrauen nicht. Geringes Vertrauen kann vielmehr Zeichen einer kritischen Öffentlichkeit sein, die ihre Aufgabe darin sieht, die Arbeit der politischen Herrschaftsträger auf den Prüfstand zu stellen. Bei der geringen Vertrauensbasis zu den politischen Akteuren und der gleichzeitig hohen Systemzufriedenheit und großem Vertrauen in parteipolitisch unabhängige Institutionen beschreibt der Begriff „Distanz" statt Entfremdung die Haltung der westdeutschen Bundesbürger angemessener. Dabei muß es sich keinesfalls um eine aktive, kritische Distanz handeln, denn die Mehrheit der Nichtwähler ist politisch nicht aktiv. Die Bürger können sehr wohl eine passive Distanz im Sinne einer reservierten Haltung einnehmen. Eine Unterstützung der politischen Herrschaftsträger wird nicht mehr als Selbstverständlichkeit angesehen. Im Gegensatz zu vor zehn Jahren erwartet man, daß die Politiker und Parteien überzeugen, und ist unter diesen Umständen auch bereit, sie zu wählen. Andernfalls entzieht man ihnen in bestimmten Situationen die „wählende" Unterstützung, ist jedoch nicht generell entfremdet.

Die Undifferenziertheit sowie die geringe Trennschärfe der bisherigen Indikatoren veranlaßt zur Suche nach besseren Operationalisierungen der Entfremdungsthese. Für eine längsschnittliche Analyse stehen insbesondere die Sympathieeinschätzungen der einzelnen Parteien zur Verfügung. Der großer Vorteil besteht darin, daß dieser Indikator weitgehend frei von suggestiven Interpretationen ist, da die Befragten ausschließlich Noten für die verschiedenen Parteien vergeben mußten. Bei aggregierter Betrachtung entspricht die Entwicklung in etwa den bekannten Ergebnissen. In den achtziger Jahren ist keine wachsende Unzufriedenheit mit den großen politischen Parteien festzustellen. Die Parteiensympathie nimmt erst Anfang der neunziger Jahre deutlich ab. Bei der SPD und der F.D.P. ist sogar erst 1993 ein deutlicher Rückgang zu beobachten. Von der schlechteren Bewertung sind vor allem die sogenannten „etablierten“ Parteien betroffen. Die Grünen sind von der zunehmenden Parteienverdrossenheit ausgenommen. Der zeitlich frühere Rückgang der CDU/CSU-Werte ab 1991 dürfte in erster Linie auf das Nichteinhalten der Wahlversprechen zurückzuführen sein („Steuerlüge“). Zwar wurden den Parteien auch Anfang der achtziger Jahre keine sonderlich guten Noten gegeben, die Bewertungen blieben aber bis 1991 auf einem konstant niedrigen Niveau.

Abbildung 13: Sympathieeinschätzungen der wichtigsten Parteien von 1980 bis 1993

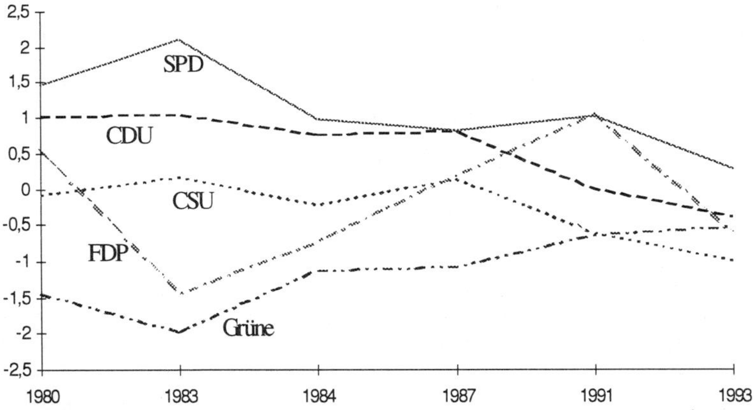

Frage: Ganz allgemein, was halten Sie von einer der folgenden Parteien? Die Befragten konnten zwischen -5= sehr starke Ablehnung bis +5= große Sympathie benoten.

Quelle: ALLBUS 1980; 1984: Forschungsinstitut der Konrad-Adenauer-Stiftung, Archiv-Nr. 8307, 8702, 9105, 9103

Der Sympathie-Indikator hat jedoch den Nachteil, daß durch die Bewertung jeder einzelnen Partei Befragte mit eindeutiger Parteisympathie die Konkurrenzparteien extrem negativ bewerten (siehe Graf 1991: 93f.). Gemäß der Entfremdungsthese müßten aber vor allem die Bürger, die die Parteien generell negativ beurteilen, von ihrem Wahlrecht weniger Gebrauch machen. Zu diesem Zweck wurden die Befragten in zwei Klassen eingeteilt: Bürger, die jede Partei negativ oder neutral benoten, und Bürger, die zumindest eine der Parteien positiv bewerten. Zur Prüfung der Entfremdungsthese erweist sich dieses konstruierte Maß der Parteienverdrossenheit aus zwei Gründen als wesentlich aussagekräftiger:

1. Der Indikator wird dem theoretischen Anspruch einer allgemeinen Unzufriedenheit mit den politischen Herrschaftsträgern besser gerecht.
2. Der Indikator ist frei von semantischen Interpretationsmustern.

Die bisher untersuchten Indikatoren konnten trotz steigender Entfremdungtendenzen seit Anfang der neunziger Jahre nur einen bescheidenen Einfluß auf die Wahlteilnahme ermitteln. Obwohl die Zahl der unzufriedenen bzw. verdrossenen Nichtwähler zunahm, stieg auch die Zahl der unzufriedenen Wähler in gleichem Maße. Wie die folgende Tabelle belegt, hat der Indikator der Parteienbewertung zudem den Vorteil, daß er wesentlich schärfer zwischen Wählern und Nichtwählern trennt. Die bivariaten Zusammenhangsmaße liegen in allen Umfragen vor 1993 deutlich über den Werten anderer Operationalisierungsversuche politischer Entfremdung (siehe Anhang VIII und IX).

Eine negative Bewertung der Parteien begünstigt in hohem Maße die Wahlenthaltung. So gingen 1980 sowie 1987 nicht-parteienverdrossene Bürger nahezu vollständig zur Wahl, während bei den Unzufriedenen der Nichtwähleranteil 20,7 bzw. 38,5 Prozent betrug. Für die Jahre 1991 und 1993 läßt sich diese Aussage allerdings nicht mehr so eindeutig aufrechterhalten. Der Erklärungswert des Indikators nimmt im Zeitverlauf ab, liegt aber zu allen Zeitpunkten über vergleichbaren Indikatoren wie z.B. dem Vertrauen in die Parteien oder den Bundestag, der Demokratiezufriedenheit etc.. Ausschließlich 1993 ergibt sich beim Indikator Vertrauen in die Parteien ein minimal höheres Pseudo-R^2.

Tabelle 56: Nichtwähleranteile nach der allgemeinen Beurteilung der Parteien von 1980 bis 1993 (in Prozent)

	1980	1984	1987	1991	1993
Negativbewertung aller Parteien	20,7	27,8	38,5	28,5	32,1
Mindestens eine Partei positiv bewertet	1,7	7,2	3,4	11,2	11,9
insgesamt	3,2	9,3	8,2	14,4	17,0
Pseudo-R^2	15,5%	5,2%	-	3,9%	5,4%

Quelle: ALLBUS 1980 1984; Forschungsinstitut der Konrad-Adenauer-Stiftung, Archiv-Nr. 8702, 9105, 9301

Die Resultate auf der Aggregatebene widerlegen dennoch die These, daß bereits in den achtziger Jahren eine latente Unzufriedenheit existierte. Denn der Anteil der Parteienverdrossenen sank zunächst von rund 8,2 Prozent 1980 auf 6,3 Prozent 1987, stieg aber ab 1991 auf 18,6 Prozent an. 1993 bewerten 26,2 Prozent der Bundesbürger alle im Bundestag vertretenen Parteien negativ. Im Gegensatz zum Indikator „Vertrauen in die Parteien" sind bei diesem Indikator der Parteibewertung drei von vier Bundesbürgern nicht parteienverdrossen. Damit offenbart sich jedoch ein genereller Schwachpunkt der Entfremdungs- bzw. Verdrossenheitsdebatte: Das Ausmaß politischer Entfremdung läßt sich je nach Indikator beliebig konstruieren. Folglich schwankt auch der Anteil der unzufriedenen Nichtwähler zwischen 30 und 90 Prozent.

Die Konstruktion des Indikators läßt vermuten, daß eine enge Beziehung zwischen Parteienbewertung und Parteiidentifikation besteht, zumal bei beiden Maßen die aggregierten Anteile Anfang der achtziger und Anfang der neunziger Jahre in etwa gleich hoch lagen. Beispielsweise hatten 1991 zwischen 20 und 25 Prozent der Befragten keine Parteipräferenz, ebenso viele bewerteten die Parteien generell negativ. Zwar existiert erwartungsgemäß ein statistischer Zusammenhang zwischen beiden Variablen (Cramer-V= 0,29), aber die Indikatoren messen keineswegs das gleiche. Erstens haben 43,3 Prozent der Verdrossenen eine Parteiidentifikation. Zweitens ist entgegen den Befunden des Dealignment kein Anstieg der Parteienverdrossenheit in den achtziger Jahren festzustellen. Drittens steigen ebenfalls im Gegensatz zu den Ergebnissen des Dealignment die Nichtwähleranteile in beiden Gruppen, ob parteienverdrossen oder nicht, gleich stark an.

Damit sind jedoch beim Indikator Parteienbewertung ebenfalls nur kurzfristige Entfremdungs- bzw. Unzufriedenheitsprozesse zu belegen, die außerdem Wähler und Nichtwähler zugleich erfassen. Angesichts der starken querschnittlichen Effekte bestätigt sich mit Einschränkungen die Richtigkeit der Entfremdungsthese. Sofern man alle Parteien negativ bewertet, ist die Wahrscheinlichkeit, nicht zu wählen, groß. Der parteienverdrossene Nichtwähler ist unzufrieden mit dem bestehenden Angebot des deutschen Parteiensystems. Die sprichwörtliche „Wahl des kleineren Übels“ wird mehr und mehr durch die Aussagelosigkeit der Nichtwahl ersetzt. Der Anteil der parteienverdrossenen Nichtwähler unter der gesamten Nichtwählerschaft hat sich jedoch von 1980 bis 1993 kaum geändert. 1980 waren 51,7 Prozent der Nichtwähler parteienverdrossen, 1993 47,7 Prozent. Im Jahr 1991 waren gar nur 36,8 Prozent der Nichtwähler parteienverdrossen.

Die Resultate des Kompositionseffekts lassen darauf schließen, daß sowohl die Zahl der parteienverdrossenen als auch die Zahl der nicht-parteiverdrossenen Nichtwähler kräftig gestiegen ist. Folglich ist nur bei einem Teil der Nichtwählerschaft Unzufriedenheit Ursache ihrer Wahlabstinenz. Rund die Hälfte der Nichtwähler sind nicht parteienverdrossen. Dieser Befund deutet eher auf einen allgemeinen Periodeneffekt hin. Innerhalb der Parteienverdrossenen gibt es zudem eine auffällig große Gruppe von Befragten, die bei allen Parteien die neutrale Note „Null“ vergeben. Ihr Anteil schwankt je nach Umfrage zwischen 15 und 30 Prozent der Verdrossenen. Ihre Wahlbeteiligung liegt, abgesehen von 1993, sogar niedriger als bei den Befragten, die nur negativ bewerten. Eine solch starkes indifferentes Verhalten spricht weniger für Entfremdung als vielmehr für eine Art Gleichgültigkeit als Motiv der Wahlenthaltung. Wie bereits im theoretischen Teil dargelegt, kann die Wahlenthaltung grundsätzlich in drei Richtungen interpretiert werden. Zustimmung, Protest und Indifferenz. Die Entfremdungsthese, die die Wahlenthaltung als ein aus politischer Unzufriedenheit heraus entstandenes Protestverhalten versteht, erweist sich insgesamt nur für einen sehr eingeschränkten Kreis von Nichtwählern als gültig, so daß auch den beiden anderen Motiven größere Beachtung geschenkt werden muß. Bei anderen Operationalisierungen politischer Entfremdung gelangt man zwar zu einer wesentlich höheren Zahl von unzufriedenen Nichtwählern, diese Variablen differenzieren jedoch nur ungenügend zwischen Wählern und Nichtwählern.

Insgesamt wurde eine Reihe von Indikatoren herangezogen, um die Entfremdungsthese zu prüfen. Einer hohen Zufriedenheit mit der politischen Ordnung steht eine negative Einschätzung der Parteien und Politiker gegenüber, die aber in ähnlich hohem Maße bereits Anfang der achtziger Jahre bestand. Da drei von vier westdeutschen Wahlberechtigten weder von Politikern noch von Parteien allzuviel halten, konnten diese Indikatoren kaum zwischen Wählern und Nichtwählern trennen. Die Befunde bekräftigen die Annahme, daß die Entfremdungsthese zum Teil Resultat oberflächlicher Antworten auf oberflächliche Fragen ist: „*Wie man in den Wald ruft, so tönt es heraus*“ (Schedler 1993: 434). Ferner beträgt auch unter der Minderheit von Bürgern, die den Parteien vertrauen, der Nichtwähleranteil rund 10 Prozent. Nur bei dem kleinen Kreis von Personen, die überhaupt kein Vertrauen haben, ergeben sich sehr deutliche Anhaltspunkte für die Existenz eines entfremdeten und systemkritischen Nichtwählers. Dieser ist jedoch nicht in der Lage, den massiven Rückgang der Wahlbeteiligung zu erklären.

Weder die Begriffe Entfremdung noch Politikverdrossenheit treffen die Haltung der überwiegenden Zahl der Bundesbürger korrekt. Vielmehr müßte von einer größeren „Distanz“ der Bürger gegenüber den Politikern und Parteien gesprochen werden. Die hohe Unterstützung auf der Ebene der politischen Gemeinschaft und der politischen Ordnung stützen diese Argumentation. Die Entfremdungsthese reduziert die Thematik ausschließlich auf Protest bzw. Unzufriedenheit. Angesichts der hohen Zahl nicht-politikverdrossener Nichtwähler dürfen jedoch die beiden Motive Zustimmung und Indifferenz nicht vernachlässigt werden. Deutliche Diskrepanzen bestehen vor allem in den Verhaltenskonsequenzen. Indifferenz bzw. Gleichgültigkeit führt nicht zu aktivem und im Extremfall gewalttätigem Protest, sie bleibt stumm. Die Parteien müssen künftig mehr Überzeugungsarbeit leisten, um die Wahlberechtigten auf ihre Seite zu ziehen. Die Bürger sind reservierter, die Stimmabgabe erfolgt nicht mehr selbstverständlich, sondern muß bei jeder Wahl neu erkämpft werden. Mehr und mehr Bürger brauchen einen Grund, warum sie wählen sollen, und nicht wie in früheren Zeiten einen Grund zum Nichtwählen.

Der geringe Grad politischer Entfremdung sowie ihr seit 1992 bisher nur beschränkter und kurzfristiger Anstieg sprechen bei vielen Nichtwählern eher für eine gewisse Gleichgültigkeit als Motiv ihrer Wahlabstinenz. Für eine Minderheit kommt gar eine Zustimmung zu den politischen Verhältnissen als Ursache in Frage. Diese Problematik läßt sich jedoch nur mit einer differenzierten Typenbetrachtung erörtern, wie sie in Kapitel Sieben vorgenommen wird. Die weiteren Ausführungen zur Entfremdungsthese konzentrieren sich auf die rund 48 Prozent unzufriedenen bzw. verdrossenen Nichtwähler. Ihre Motivstruktur soll im folgenden näher untersucht werden. Zwar haben viele Bundesbürger kein gutes Bild über Politiker und Parteien. Die gefundenen Belege bilden jedoch keine ausreichende Grundlage dafür, daß die gesunkene Wahlbeteiligung allein durch eine wachsende Entfremdung verursacht wurde. Warum gehen viele Unzufriedene zur Wahl, andere wiederum nicht? Neben der Unzufriedenheit müssen zusätzliche Gründe den Ausschlag geben, auf den Gang zu den Wahlurnen zu verzichten.

6.3.3 Die subjektive Einschätzung der eigenen politischen Fähigkeiten

Die höhere Wahlenthaltung unzufriedener Bürger Anfang der neunziger Jahre deutet darauf hin, daß viele mit ihrer Unzufriedenheit anders umgehen als noch vor zehn Jahren. Worin liegen jedoch die Ursachen, daß die Unzufriedenen mehr und mehr für die Enthaltung votieren? Sowohl die Partizipationsforschung (Barnes/Kaase 1979: 48) als auch vor allem Schwartz (1973) betonen, daß neben dem grundsätzlichen Wertekonflikt für das Partizipationsverhalten entscheidend ist, wie das Individuum seine eigene politische Kompetenz („political efficacy") und die Effektivität des politischen Systems („systemic efficacy") beurteilt. Ähnlich wie bei Schwartz (1973: 102) wird in den folgenden Analysen der individuelle Wertekonflikt über die Demokratiezufriedenheit operationalisiert. Aufgrund der beschränkten Datenlage wird als intervenierender Faktor lediglich die persönliche Kompetenz des Befragten zugrunde gelegt. Schwartz unterscheidet zwei Gruppen von Entfremdeten: Diejenigen mit hoher Kompetenz neigen zu Formen des aktiven Protests, ihre Wahlbeteiligung müßte weiterhin hoch sein. Traut man sich keine politische Kompetenz zu, wird man dagegen eher auf die Stimmabgabe verzichten. Statt der politischen Kompetenz heben Falter und Schumann (1994: 195) den Grad des politischen Interesses als intervenierenden Einflußfaktor für die Wahlbeteiligung hervor. In den weiteren Analysen sollen zunächst beide Variablen zu einer differenzierten Beurteilung der Entfremdungsthese herangezogen werden.

6.3.3.1 Der Einfluß der politischen Kompetenz auf die Wahlbeteiligung unzufriedener Bürger

Der hohe Institutionalisierungsgrad des Wahlaktes führt dazu, daß der direkte Zusammenhang zwischen subjektiver Kompetenzeinschätzung und sinkender Wahlbeteiligung nicht sehr stark ist. Bürger, die ihren eigenen Einfluß auf die Politiker als gering einstufen oder die Politik als komplizierte Materie erachten, gehen in etwas geringerem Umfang zur Wahl (siehe Anhang VIII und IX). Der nicht sehr starke Erklärungsbeitrag der subjektiven politischen Kompetenz wird jedoch im Längsschnitt noch dadurch geschmälert, daß es fast keine Anzeichen einer sinkenden politischen Kompetenz der Bundesbürger gibt. 1988 waren 39 Prozent der Überzeugung, auf das politische Geschehen Einfluß nehmen zu können. 1993 waren es 37 Prozent.

Wie die Tabelle auf der nächsten Seite belegt, bestätigen sich bei den unzufriedenen Bürgern die Thesen von Schwartz (1973): Politisch Unzufriedene wählen vor allem dann nicht, wenn sie ihre eigenen politischen Fähigkeiten als gering einschätzen. Sofern Unzufriedenheit gepaart ist mit Kompetenzlosigkeit oder Desinteresse ist die Wahlenthaltung mit 36,2 bzw. 36,5 Prozent 1993 sehr hoch. Bei den zufriedenen Bürgern, die ihre politischen Fähigkeiten positiv beurteilen, beträgt der Nichtwähleranteil nur 8,7 bzw. 7,7 Prozent. Aufgrund des sehr engen Zusammenhangs zwischen Interesse und subjektiver Kompetenz hat die Art der Operationalisierung keine Auswirkungen auf die Ergebnisse. Beide Indikatoren können synonym zur Prüfung des Modells verwendet werden.

Tabelle 57: Politische Fähigkeiten, Systemzufriedenheit und Wahlteilnahme 1988 bis 1993 (Nichtwähleranteile in Prozent)

		nach subjektiver Stärke des politischen Einflusses			*nach Grad des politischen Interesses*		
	insgesamt	stark	wenig	keinen	groß	mittel	gering
1988							
zufrieden	9,6	5,2	10,3	16,2	3,9	8,7	17,9
unzufrieden	16,5	13,8	18,2	18,1	9,1	14,7	31,5
1991							
zufrieden	12,3	9,3	12,2	17,7	7,0	10,6	21,4
unzufrieden	17,8	15,5	10,5	25,0	10,3	17,0	29,0
1993							
zufrieden	13,0	8,7	12,9	20,4	7,7	12,5	21,5
unzufrieden	26,9	18,3	23,8	36,2	19,0	25,7	36,5
Differenz 1993-1988							
zufrieden	+ 3,4	+ 3,5	+ 2,6	+ 4,2	+ 3,8	+ 3,8	+ 3,6
unzufrieden	+ 10,4	+ 4,5	+ 5,6	+ 18,1	+ 9,9	+ 11,0	+ 6,0

Quelle: ALLBUS 1988; Forschungsinstitut der Konrad-Adenauer-Stiftung, Archiv-Nr. 9105, 9301

Aufgrund des engen Zusammenhangs zwischen politischem Interesse und politischer Kompetenz auf der einen Seite und dem Bildungsniveau auf der anderen Seite zeigt sich ferner zumindest ein indirekter Effekt des Bildungsniveaus. Während sich bei den Zufriedenen keine großen Beteiligungsunterschiede in den einzelnen Bildungsgruppen ergeben, neigen mit einem Nichtwähleranteil von rund 20 Prozent vor allem Haupt- und Realschulabsolventen im Falle politischer Unzufriedenheit zum Wahlverzicht. In der Gruppe der Höhergebildeten beträgt der Nichtwähleranteil dagegen lediglich rund 13 Prozent. Allerdings fällt der Einfluß des Bildungsniveaus wesentlich geringer aus als bei den Indikatoren politisches Interesse und politische Kompetenz.

Die längsschnittliche Betrachtung zeigt, daß vor allem unzufriedene Bürger, die an ihren eigenen Einfluß nicht glauben, von ihrem Wahlrecht seltener Gebrauch machen. Dagegen geht die Wahlbeteiligung bei Befragten, die mit den politischen Verhältnissen nicht zufrieden sind, aber von ihrem Einfluß auf die Politiker überzeugt sind, mit 4,5 Prozentpunkten weniger stark zurück. Damit trifft der erste Teil der theoretischen Folgerungen von Schwartz (1973) auf die bundesdeutschen Verhältnisse zu: Entfremdung in Vereinigung mit einer subjektiv empfundenen Machtlosigkeit führt in hohem Maße zur Wahlenthaltung und begünstigt auch den Rückgang der Wahlbeteiligung. Bei dynamischer Betrachtung kommen die Indikatoren politisches Interesse und politische Kompetenz auf den ersten Blick zu abweichenden Ergebnissen. Doch der leicht unterdurchschnittliche Rückgang der Wahlbeteiligung bei den Desinteressierten darf nicht überbewertet werden, da es bereits 1988 mit 31,5 Prozent einen erstaunlich hohen Anteil von Nichtwählern in dieser Gruppe gab.

Im Zeitverlauf müssen, wie die vorangegangenen Kapiteln gezeigt haben, zwei große Gruppen von Nichtwählern unterschieden werden, die aus unterschiedlichen

Motiven nicht wählen: der desinteressierte, unpolitische Nichtwähler und der interessierte, unabhängige Nichtwähler. Die Unzufriedenen sind unter den unpolitischen Nichtwählern überrepräsentiert. Dies wird auch daran ersichtlich, daß vor allem bei den Desinteressierten eine wachsende Unzufriedenheit zu beobachten ist (siehe Anhang XII). Mit einem Anstieg von rund 10 Prozentpunkten nahmen aber auch bei den politisch Interessierten die Nichtwähleranteile kräftig zu. Wenn auch der Anstieg bei den Kompetenten mit nur 4,5 Prozentpunkten geringer ausfiel, muß dennoch auch bei Bürgern mit größeren kognitiven Ressourcen von einem wachsenden Wahlverzicht ausgegangen werden. Im folgenden Kapitel soll das Verhalten dieser unzufriedenen und kompetenten Bürger untersucht werden.

6.3.3.2 Protestwahl vs. Nichtwahl

Im zweiten Teil seiner Theorie unterstellt Schwartz (1973), daß der Teil der Unzufriedenen, die sich politisch für kompetent halten, ihre Stimmabgabe überwiegend als Protest benutzen. Sie müßten folglich für eine der systemkritischeren Parteien votieren. In der Bundesrepublik richtet sich der Blick in erster Linie auf die Grünen und die Republikaner. Zur Prüfung der Protestverhaltens wurden die Jahre 1988, 1991/92 und 1993 untersucht. Bei der Interpretation ist zu berücksichtigen, daß die Anteile für alle Parteien im Vergleich zu den tatsächlichen Stimmverhältnissen auf Bundesebene etwas unterschätzt werden, weil die Nichtwähler explizit in die Ergebnisse mit einbezogen sind.

Tabelle 58: Unzufriedenheit und Protestwahl[1)] (Stimmenanteile in Prozent)

	CDU/CSU	SPD	FDP	Grüne	Reps/NPD	andere	Nichtwahl
kompetente Unzufriedene und Wahlabsicht 1988	14,2	37,8	1,9	34,9	0,9	2,8	7,5
kompetente Unzufriedene und Wahlabsicht 1991/92	13,2	37,2	3,8	20,7	9,0	2,6	13,5
kompetente Unzufriedene und Wahlabsicht 1993	16,2	37,0	6,6	13,2	9,6	3,6	13,7
Unzufriedene und Wahlabsicht 1988	15,9	44,7	2,7	19,7	1,7	2,7	12,5
Unzufriedene und Wahlabsicht 1991/92	13,9	40,1	6,6	15,1	7,5	2,3	14,5
Unzufriedene und Wahlabsicht 1993	16,2	31,9	4,7	14,2	9,9	3,5	19,7
Nichtwahl 1987 und Wahlabsicht 1988	16,9	19,9	3,0	3,6	0,0	0,6	56,0
Nichtwahl 1990 und Wahlabsicht 1991/92	11,3	27,3	3,9	10,6	3,9	1,6	41,5
Nichtwahl 1990 und Wahlabsicht 1993	12,3	18,0	2,5	8,8	7,4	1,8	49,3

1) Antwortkategorien „weiß nicht“ und „verweigert“ ausgeschlossen; Daten politisch nicht gewichtet.
Lesehilfe: Von den Unzufriedenen mit hoher politischer Kompetenz würden 1988 bei einer Bundestagswahl 14,2 Prozent CDU/CSU wählen, 37,8 Prozent SPD etc..

Quelle: ALLBUS 1988, 1991/92, Forschungsinstitut der Konrad-Adenauer-Stiftung, Archiv-Nr. 9305

Unzufriedenheit geht danach vorwiegend zu Lasten der regierenden CDU/CSU, weniger jedoch der F.D.P.. Grüne und Republikaner kommen für einen beträchtlichen Teil der Unzufriedenen als Protestwahl in Frage. Doch auch die SPD erhält einen recht hohen Stimmenanteil. 1988 erhalten SPD und die Grünen von den kompetenten Unzufriedenen noch über 70 Prozent der Stimmen. Im Zeitverlauf verlieren die Grünen jedoch unter den kompetenten Unzufriedenen deutlich an Stimmen, während die Republikaner kräftig zulegen. Hintergrund dieser Entwicklung ist, daß bis Ende der achtziger Jahre die Unzufriedenheit politisch vor allem aus dem linken Lager kam. Noch 1988 ordneten sich 70 Prozent der Unzufriedenen auf der Links-Rechts-Skala links vom Mittelwert ein. Der Indikator der Demokratiezufriedenheit beinhaltete daher neben kurzfristigen Bewertungsaspekten vor allem den Oppositions-Regierungs-Konflikt. Vier Jahre später sind jedoch nur noch rund 50 Prozent der Unzufriedenen politisch links stehend, was in etwa den Verhältnissen in der gesamten Bevölkerung entspricht. Wie auch die Ergebnisse zur Sozialstruktur beweisen (siehe Anhang XII und XIII), bleibt die wachsende politische Unzufriedenheit nicht mehr auf einzelne soziale Gruppen beschränkt. Auch anhand der politischen Einstellungen gibt es kaum noch Unterschiede. Bei Bürgern, die sich politisch in der Mitte sowie rechts von der Mitte einstufen, hat die Unzufriedenheit sogar stärker zugenommen.

Im Längsschnitt stellt auch für die Unzufriedenen, die sich politisch für kompetent erachten, die Wahlenthaltung zunehmend eine akzeptable Verhaltensoption dar. In diesem Punkt kann den theoretischen Folgerungen von Schwartz nur bedingt gefolgt werden. Unzufriedenheit mündet Anfang der neunziger Jahre nicht mehr ausschließlich in die Wahl von Oppositionsparteien, sondern auch verstärkt in die Wahlabstinenz. Wenn auch die Mehrheit der verdrossenen Nichtwähler eher unpolitisch ist, darf die quantitative Bedeutung der unzufriedenen, aber kompetenten Nichtwähler nicht unterschätzt werden. Sie stellen im Jahr 1993 rund 20 Prozent der Nichtwählerschaft. Andererseits wählt ein Teil der Unzufriedenen, ob kompetent oder nicht kompetent, verstärkt rechte Protestparteien. Vor allem der SPD gelingt es Anfang der neunziger Jahre nicht mehr, die überwiegende Zahl der Unzufriedenen auf ihre Seite zu ziehen. Ihr Stimmenanteil geht von 44,7 auf 31,9 Prozent zurück.

Aufgrund des starken Regierungs-Oppositions-Konflikts unter den Unzufriedenen wurde zusätzlich das Wahlverhalten der Nichtwähler analysiert. Bei dynamischer Betrachtung neigen die Nichtwähler überproportional stark dazu, Grüne und Republikaner zu wählen. 7,4 Prozent der Nichtwähler 1990 wollen bei der nächsten Wahl für die Republikaner stimmen. Den Nichtwählern kann jedoch keine allgemeine Rechtslastigkeit unterstellt werden. Mit 7,4 Prozent (ohne Unentschlossene und Verweigerer) liegen sie in der Umfrage 1993 nur 3 Prozent über dem Stimmenanteil der Republikaner im Gesamtsample. Ähnlich wie bei Falter und Schumann (1994: 206) erzielen die Republikaner unter den Nichtwählern bei der Parteienbewertung einen negativen Notendurchschnitt von -3,2, was deutlich schlechter ist als die Bewertung der anderen Parteien, die sich gemäß Abbildung 13 auf Seite 171 bei plusminus Null bewegt. Wie bereits in Kapitel 5.4 dargestellt wurde, gehört die große Mehrheit der Nichtwähler zur politischen Mitte, sie können mit rechtem

Protest nicht viel anfangen. Der hohe Anteil von Befragten, die sich auch bei der kommenden Wahl enthalten wollen, zeigt, daß es diese Gruppe von Nichtwählern mangels eines attraktiven Angebots im bestehenden Parteiensystem vorzieht, keine Stimme abzugeben. Deshalb sind auch unter den politisch kompetenten Wahlberechtigten die Nichtwähleranteile so stark gestiegen.

Auffällig ist, daß bei der Wahlabsichtsfrage die CDU/CSU- und die SPD-Stimmenanteile bei den Nichtwählern deutlich unterrepräsentiert sind. Unter den Nichtwählern besteht insgesamt eine deutliche Tendenz, nicht eine der etablierten Parteien zu wählen. Wie die Wahlabsichtserklärungen beweisen, stellen die Republikaner und die Grünen jedoch nur begrenzt eine Alternative dar. Sowohl die Ergebnisse zur Links-Rechts-Einstufung als auch die Positions-Issues der Nichtwähler sprechen dafür, daß eine ernstzunehmende Partei der Mitte gute Chancen hätte, Stimmen aus dem Nichtwählerlager zu erhalten. Diese Interpretation der Befunde würde den Erfolg der Statt-Partei bei der Bürgerschaftswahl 1993 in Hamburg erklären, die als Partei der Mitte auf Anhieb 5,6 Prozent erreichte. Gleichzeitig stieg die Wahlbeteiligung bei dieser Wahl von 66,1 Prozent bei der Wahl 1991 auf 69,6 Prozent an. Da eine attraktive Partei der Mitte auf Bundesebene aber nicht in Sicht ist, werden viele der unzufriedenen Nichtwähler weiterhin zwischen der „Partei des geringsten Übels“ und der Nichtwahl hin und her pendeln. Für eine fundamentale Entfremdung gibt es keine Anzeichen. Der Stimmenanteil der systemkritischeren Parteien ist bei den Nichtwählern zwar höher als unter den Wählern, aber nur eine kleine Minderheit tendiert zu politisch extremen Einstellungen. Die größer werdende Distanz zu den politischen Akteuren in den letzten Jahren kann mit einem allgemeinen Entzug der Unterstützungsleistungen nicht gleichgesetzt werden. Gemäß dem dreistufigen Modell von Easton muß hier deutlich zwischen den drei Ebenen des politischen Systems, politische Gemeinschaft, politische Ordnung und politische Herrschaftsträger, unterschieden werden.

6.3.4 Wirtschaftliche vs. politische Unzufriedenheit

Die tieferen Gründe der wachsenden Distanz gegenüber Politikern und Parteien sind bei den bisherigen Analysen weitgehend im Dunkeln geblieben. Die kritischen Theorien zum Wohlfahrtsstaat betonen die enge Verbindung zwischen wirtschaftlichem Output des Staates und den Unterstützungsleistungen der Bürger. Der Wohlfahrtsstaat führe zum einen dazu, daß die Legitimität des politischen Systems vorwiegend an dessen Leistungen und Output gemessen wird. Gleichzeitig erhöhen sich die Erwartungshaltungen der Bürger an den Staat. Sobald der Staat diese Ansprüche nicht mehr befriedigen kann, wie zum Beispiel in wirtschaftlichen Problemphasen, versagen die Bürger ihre Unterstützung. Die Befunde zur Entwicklung der Demokratiezufriedenheit ließen offen, ob das seit 1992 gesunkene Unterstützungspotential auf wirtschaftliche Faktoren zurückzuführen ist. Fuchs (1987), Rattinger/Juhász (1990) sowie Hoffmann-Jaberg/Roth (1994) haben auf der Aggregatebene einen engen Zusammenhang zwischen der Entwicklung der wirtschaftlichen und politischen Zufriedenheit festgestellt. Auf der Mikroebene untersuchte Gabriel (1989) die Beziehung zwischen perzipierter Wirtschaftslage und Demokratiezufriedenheit. Er weist zwar einen Zusammenhang für die siebziger Jahre und Anfang der achtziger Jahre nach, doch fällt dieser nicht sehr stark aus.

Sollten jedoch die negativen wirtschaftlichen Einschätzungen letztlich den Ausschlag für die Wahlabstinenz gegeben haben, müßte die Diskussion über Politikverdrossenheit unter einem völlig anderen Blickwinkel betrachtet werden. Auf der Aggregatebene spricht der „Time-lag" zwischen sinkender Wahlbeteiligung und wachsender politischer Entfremdung zwar für die These einer ökonomisch motivierten Unzufriedenheit, aber gegen die These einer aufgrund negativer wirtschaftlicher Einschätzungen steigenden Wahlabstinenz. Denn die wirtschaftliche Talfahrt begann erst im Jahr 1992. Die folgenden Analysen auf der individuellen Ebene gliedern sich in zwei Stufen. Zunächst wird der direkte Einfluß der wirtschaftlichen Lageeinschätzung auf das Wahlverhalten untersucht. Anschließend wird als intervenierende Variable die Demokratiezufriedenheit in das Modell mit aufgenommen. Um eine enge Bindung an die individuelle Betroffenheit zu erreichen, wurde der Indikator „Beurteilung der eigenen wirtschaftlichen Lage heute" ausgewählt. Die Ergebnisse bei dem Indikator „Beurteilung der allgemeinen wirtschaftlichen Lage heute" unterschieden sich jedoch nicht.

Tabelle 59: Nichtwähleranteile nach wirtschaftlicher Zufriedenheit (in Prozent)

	1982	1984	1986	1990	1991	1992
gut bis sehr gut	3,7	6,8	7,7	5,8	9,6	10,5
teils gut/teils schlecht	6,6	11,0	11,8	9,7	19,7	18,9
schlecht bis sehr schlecht	11,2	13,9	17,0	21,2	21,1	31,7
insgesamt	5,7	9,3	9,8	11,8	12,9	14,9

Quelle: ALLBUS

Wirtschaftliche Unzufriedenheit führt gemäß den dargestellten Resultaten zu einer erhöhten Wahlabstinenz. Im bivariaten Modell ergibt sich sogar ein etwas stärkerer Zusammenhang mit der Wahlbeteiligung, wenn man die wirtschaftliche statt die politische Zufriedenheit zugrunde legt. Das Pseudo-R^2 der logistischen Regression beträgt 3,1 Prozent gegenüber 2,5 Prozent bei der Demokratiezufriedenheit (siehe Anhang VIII). Daraus kann jedoch nicht geschlossen werden, daß die gesunkene Wahlbeteiligung in einer wirtschaftlichen Unzufriedenheit begründet liegt. Dagegen sprechen auf der Aggregatebene die in den achtziger Jahren stetig positiveren Einschätzungen der wirtschaftlichen Lage. Erst in der jüngsten Umfrage 1992 hat sich die subjektiven Lagebeurteilung etwas verschlechtert. Zu einer längsschnittlichen Erklärung trägt dieser Indikator daher nichts bei.

Im Gegensatz zum Anfang der achtziger Jahre führt jedoch eine negative Bewertung der wirtschaftlichen Verhältnisse zu einer deutlich höheren Wahlenthaltung. Hat eventuell die wachsende wirtschaftliche Unzufriedenheit nach 1990 Teile der Bundesbürger politisch so entfremdet, daß diese infolgedessen nicht mehr wählen? Zur Prüfung des indirekten Effekts der subjektiven Wirtschaftseinschätzungen wurde ein dreidimensionales log-lineares Modell analysiert, in dem neben der Wahlbeteiligung und den wirtschaftlichen Einschätzungen die Demokratiezufriedenheit enthalten ist.

Tabelle 60: Wirtschaftliche vs. politische Unzufriedenheit als Motive der Nichtwahl (log-lineares Modell)

	CHI-Quadrat	Freiheitsgrade (df)	Siginifikanz (p)
Demokratiezufriedenheit und wirtschaftliche Lageeinschätzung	131,6	2	0,00
Demokratiezufriedenheit und Wahlbeteiligung	30,8	1	0,00
Wirtschaftliche Lageeinschätzung und Wahlbeteiligung	95,8	2	0,00
Demokratiezufriedenheit, wirtschaftliche Lageeinschätzung und Wahlbeteiligung	3,9	2	0,15

Quelle: ALLBUS 1991/92

Wirtschaftliche Unzufriedenheit führt demnach zu einer größeren politischen Unzufriedenheit. Das zweidimensionale log-lineare Modell ist ebenso wie der bereits an anderer Stelle nachgewiesene Zusammenhang zwischen wirtschaftlicher und politischer Unzufriedenheit auf der einen Seite und der Wahlbeteiligung auf der anderen Seite signifikant. Die Ergebnisse entkräften aber den postulierten indirekten Einfluß der wirtschaftlichen Unzufriedenheit auf die Wahlteilnahme. Der Interaktionseffekt im drei-dimensionalen Modells ist nicht signifikant (p= 0,15). Der Nichtwähleranteil bei den politisch Zufriedenen, die aber ihre wirtschaftliche Lage als schlecht einschätzen, beträgt 1991/92 22,4 Prozent. Sofern politische Unzufriedenheit hinzukommt, steigt dieser um 8,2 Prozentpunkte auf 30,6 Prozent an. Doch auch bei den Befragten, die ihre wirtschaftliche Situation als gut oder sehr gut einstufen, steigt der Nichtwähleranteil bei politischer Unzufriedenheit um 6,0 Prozentpunkte auf 14,9 Prozent. Wirtschaftliche und politische Unzufriedenheit sind Anfang der neunziger Jahre zwei voneinander unabhängige Determinanten der Wahlbeteiligung. Die Kausalkette, daß wirtschaftliche Unzufriedenheit zu politischer Entfremdung und diese zum Wahlverzicht führt, läßt sich so nicht aufrechterhalten.

Unter den wirtschaftlich Unzufriedenen finden sich überdurchschnittlich viele Personen mit niedrigem sozio-ökonomischem Status. Die politische Unzufriedenheit beschränkt sich hingegen keineswegs auf diese sozialen Gruppen. Politische Entfremdung - im Sinne einer Demokratieunzufriedenheit oder einer Parteienverdrossenheit - erfaßt alle Teile der Bevölkerung, ob Arbeiter oder Selbständige, konfessionell oder konfessionslos, verheiratet oder ledig. Lediglich Bürger mit hoher Schulbildung wurden von der Unzufriedenheitswelle Anfang der neunziger Jahre nicht so stark berührt. Sowohl bei statischer als auch dynamischer Betrachtung erweist sich die politische Entfremdung im zehnjährigen Vergleichszeitraum jedoch als weitgehend unabhängig von sozialstrukturellen Merkmalen (siehe

Anhang XII und XIII). Diese Befunde decken sich weitgehend mit Zelle (1994b: 18f.), der für die Jahre 1989 bis 1993 ebenfalls keinen Zusammenhang zwischen der wachsenden Unzufriedenheit und dem sozialen Wandel feststellen konnte.

Daraus läßt sich insgesamt die Schlußfolgerung ziehen, daß seit Anfang der neunziger Jahre in weiten Teilen der Bevölkerung ein Unzufriedenheitsschub gegenüber den politischen Herrschaftsträgern stattgefunden hat, der jedoch kaum ausschließlich aus einer wirtschaftlich motivierten Unzufriedenheit mit den Leistungen des Wohlfahrtsstaates resultiert. Die bisher kurzfristigen Unzufriedenheitstendenzen erschweren jedoch die Suche nach den tieferen Ursachen. Bereits zu Beginn der Arbeit wurde darauf hingewiesen, daß auf der Makroebene die Folgeprobleme der Deutschen Einheit eine möglicherweise entscheidende Rolle spielen. Obwohl dieser Zusammenhang mit den vorhandenen Daten nicht geprüft werden kann, erscheint diese Argumentation aus zwei Gründen nicht plausibel. Zum einen beschränkt sich die sinkende Wahlbeteiligung keineswegs auf die Bundesrepublik. Nach Flickinger und Studlar (1992: 2) verzeichneten zehn der achtzehn untersuchten europäischen Staaten im Untersuchungszeitraum 1979 bis 1989 bei der letzten Parlamentswahl die niedrigste Wahlbeteiligung ihrer Geschichte. Zum zweiten hat nicht nur in der Bundesrepublik die Politikverdrossenheit zugenommen. Zwar liegen für Anfang der neunziger Jahre bisher kaum Daten aus anderen europäischen Staaten vor, doch vollzieht sich beispielsweise in Dänemark (Holmberg 1992) und in Österreich (Schedler 1993) eine ähnliche Entwicklung. Erst die kommenden Jahre werden zeigen, inwieweit die zunehmende Entfremdung eine allgemeine Erosion der Bindungen an das demokratische politische System einleitet oder nur einen kurzfristigen Periodeneffekt darstellt. Mit Blick auf die Entwicklung der Wahlbeteiligung deuten die Befunde eher darauf hin, daß es sich nicht um ein kurzfristiges Phänomen handelt. Denn der Anstieg der Nichtwähleranteile beschränkte sich keineswegs auf die Unzufriedenen. Wie bereits die Analysen zum Dealignment und zum sinkenden Wahlpflichtbewußtsein dokumentierten, hat sich in der Bundesrepublik vielmehr ein allgemeiner Distanzierungsprozeß vollzogen, der weite Teile der bundesdeutschen Bevölkerung erfaßt hat.

6.3.5 Zusammenfassung

1. Die politische Entfremdung hat in den achtziger Jahren nicht zugenommen. Erst seit 1992 läßt sich ein begrenzter Entfremdungsprozeß beobachten. Der kontinuierliche Anstieg der Nichtwähleranteile in den Umfragen sowie die zeitliche Diskrepanz zwischen dem Beginn des Entfremdungsprozesses und der sinkenden Wahlbeteiligung lassen jedoch erhebliche Zweifel an der Entfremdungsthese aufkommen. Dieser Time-lag spricht gegen einen aus politischer Unzufriedenheit heraus motivierten Anstieg der Nichtwählerzahlen bis 1990.

2. Die wachsende Unzufriedenheit seit Beginn der neunziger Jahre richtet sich in erster Linie gegen die politischen Herrschaftsträger. Das Vertrauen in die gesellschaftlichen Institutionen, die nicht unmittelbar mit dem aktuellen politischen

Geschehen verknüpft werden, bewegt sich auf einem stabil hohen Niveau. Bundesregierung, Bundestag und Parteien werden dagegen im Zeitverlauf wesentlich schlechter bewertet. Das Ausmaß dieser „Politik- und Parteienverdrossenheit“ hängt jedoch entscheidend von den zugrundeliegenden Indikatoren ab. Eine Reihe von Indikatoren beinhaltet äußerst suggestive Fragestellungen. Je nach Wahl des Indikators läßt sich daher das Ausmaß an Verdrossenheit nahezu beliebig konstruieren. So können drei Viertel der westdeutschen Bundesbürger entweder als „parteienverdrossen“ oder als „nicht-parteienverdrossen“ bezeichnet werden.

3. Die Mehrzahl der untersuchten Indikatoren differenziert zudem nur unzureichend zwischen Wählern und Nichtwählern. Unzufriedene nehmen zwar tendenziell weniger an Wahlen teil, aber auch unter den Zufriedenen beträgt der Nichtwähleranteil rund 10 Prozent. Damit blieb auch auf der Mikroebene der Erklärungsbeitrag der Entfremdungsthese schwach. Als geeignetster Indikator erwies sich die generelle Negativbewertung der Parteien. Danach war seit Beginn der neunziger Jahre eine wachsende Parteienverdrossenheit festzustellen, die auf der individuellen Ebene mit einer hohen Wahlenthaltungsrate verbunden war. Doch auch der Indikator der Parteienbewertung stützte bei dynamischer Betrachtung die Entfremdungsthese nur begrenzt. Die Nichtwähleranteile sind sowohl unter den Parteienverdrossenen als auch Nicht-Parteienverdrossenen in etwa gleichem Umfang gestiegen. Insgesamt ist nur rund die Hälfte der Nichtwähler parteienverdrossen. Unzufriedenheit allein kann folglich die sinkende Wahlbeteiligung nicht erklären.

4. Insbesondere in Verbindung mit weiteren Faktoren bestätigte sich der Zusammenhang zwischen Entfremdung und Wahlenthaltung. Sofern die eigenen politischen Fähigkeiten als gering erachtet werden, ergeben sich sehr hohe Wahlenthaltungsraten. Demgegenüber ist jedoch unter den unzufriedenen, aber kompetenten Bürgern ein erhöhtes Protestwahlverhalten zu beobachten, das sich in einer überdurchnittlichen Wahlabsicht für die Grünen und die Republikaner ausdrückt. Damit erweisen sich die theoretischen Implikationen des Modells politischer Entfremdung von Schwartz (1973) in Teilen als richtig. Im Gegensatz zu den theoretischen Annahmen von Schwartz hat sich jedoch auch eine beträchtliche Zahl von Bürgern trotz hoher kognitiver Ressourcen verstärkt für den Wahlverzicht entschieden.

5. Es ergaben sich keine Belege dafür, daß eine wirtschaftlich motivierte Unzufriedenheit mit den politischen Verhältnissen zu einer geringen Wahlbeteiligung führt, zumal von 1984 bis 1990 die allgemeine und persönliche Wirtschaftslage zunehmend positiver beurteilt wurde. Beide Faktoren tragen unabhängig voneinander zur Erklärung der Wahlbeteiligung bei. Ferner war die politische Unzufriedenheit zu allen untersuchten Zeitpunkten weitgehend unabhängig von sozialstrukturellen Merkmalen. Die sich abzeichnenden Verdrossenheitstendenzen haben vielmehr weite Teile der bundesdeutschen Bevölkerung erfaßt. Dies läßt darauf schließen, daß es sich um einen Periodeneffekt handelt, der sich jedoch bisher über einen nur kurzen Zeitraum erstreckt.

6.4 Individualisierung und Differenzierung von Lebenswelten

Die Befunde zu den vorangegangenen Kapiteln ließen erkennen, daß die Bundesbürger eine größere Distanz zu den politischen Akteuren einnehmen. Dabei handelt sich es jedoch weniger um eine Abkoppelung oder Entfremdung als vielmehr um eine Lösung von traditionellen Bindungen. Die Akzeptanz der Wahlnorm sowie die Parteiidentifikation nehmen ab. Das Vertrauen in die Parteien und Politiker schwindet. Gleichzeitig steht dieser Entwicklung jedoch ein wachsendes politisches Interesse, ein gestiegenes Nationalbewußtsein sowie eine weiterhin hohe Unterstützung gesellschaftlicher Institutionen gegenüber, die nicht mit dem parteipolitischen Geschehen verbunden sind. Ferner haben die traditionellen Integrationskräfte wie Familie, Kirchen und Gewerkschaften an Bedeutung verloren. Alles dies sind Anzeichen einer zunehmenden Individualisierung. Die Individualisierungsthese geht jedoch über die sozialstrukturellen Integrationskriterien hinaus. Nicht die soziale Desintegration im Sinne der Haushaltsgröße oder des Familienstandes ist entscheidend, sondern die Differenzierung von Einstellungsmustern. Leider kann mit Datensätzen aus den achtziger Jahren die Individualisierungsthese nicht untersucht werden. Das längsschnittliche Design der Arbeit bleibt an dieser Stelle unvollständig. Die folgenden Resultate haben daher bedauerlicherweise einen eklektischen Charakter. Dennoch soll auf diesen Erklärungsansatz nicht gänzlich verzichtet werden. Denn die überwiegend querschnittlichen Ergebnisse können durchaus Hinweise geben, ob die Individualisierungsthese zur Erklärung der sinkenden Wahlbeteiligung beitragen kann. Insbesondere läßt sich klären, inwieweit die neueren Ansätze lebensweltlicher Politikforschung sowie die Analyse sozialer Netzwerke Anhaltspunkte zur Analyse der Nichtwähler geben können. Zunächst wird jedoch der viel zitierten Randständigkeitshypothese nachgegangen.

6.4.1 Der Einfluß sozialer Anomie: der randständige Nichtwähler

Schwartz (1973) wie Peterson (1990) heben Persönlichkeitsfaktoren als Ursachen des Beteiligungsverhalten heraus. Die Analyse von Persönlichkeitsmerkmalen ist in der Wahlforschung weitgehend verschwunden. Sofern sich der Individualisierungsprozeß als richtig erweist, wäre eine mögliche Folge darin zu sehen, daß solche Persönlichkeitsfaktoren für das Wahlverhalten an Bedeutung gewinnen. Im folgenden soll deshalb untersucht werden, inwieweit Tendenzen sozialer Anomie die Wahlenthaltung fördern. Zu diesem Zweck wurden nachstehende Items zu einer Anomieskala zusammengeführt:

1) So wie die Zukunft aussieht, kann man es kaum noch verantworten, Kinder auf die Welt zu bringen.
2) Die meisten Leute kümmern sich in Wirklichkeit nicht darum, was mit ihren Mitmenschen geschieht.
3) Die meisten Politiker interessieren sich in Wirklichkeit gar nicht für die Probleme der einfachen Leute.
4) Egal, was manche Leute sagen: Die Situation der einfachen Leute wird nicht besser, sondern schlechter.

Eine starke anomische Haltung zeigen diejenigen, die allen vier Aussagen zustimmen, mittlere Anomie, wenn der Befragte drei von vier Ausagen bejaht. Gemäß der weiteren Abstufung zeigen Befragte, die keiner oder nur einer Aussage zustimmen, keine Anomie. Auch diesen Items gilt der Vorwurf suggestiver Konstruktion. Infolgedessen soll weniger die querschnittliche Betrachtung im Vordergrund stehen, als vielmehr die Entwicklung des anomischen Verhaltens in den letzten zehn Jahren. In der Tabelle ist die Entwicklung des Anomiegrades von 1982 bis 1991/92 sowie die Entwicklung der Nichtwähleranteile in den einzelnen Anomiestufen zusammengefaßt. Insgesamt neigt die Bevölkerung Anfang der neunziger Jahre zu keinem anomischeren Verhalten. Der Anteil von Personen mit sehr starken Tendenzen sozialer Anomie hat von 26,9 auf 23,1 Prozent im Zeitverlauf sogar etwas abgenommen.

Tabelle 61: Soziale Anomie und Wahlbeteiligung 1982 im Vergleich zu 1991/92

	Soziale Anomie in Westdeutschland		Nichtwähleranteile		Zusammensetzung der Nichtwählerschaft	
Anomie	1982	1991/92	1982	1991/92	1982	1991/92
keine	21,6	21,1	3,6	6,7	14,6	9,6
wenig	32,2	22,9	4,1	11,9	18,0	18,5
etwas	28,3	32,9	6,1	16,8	32,4	37,6
stark	26,9	23,1	6,9	21,8	35,0	34,3
insgesamt	100	100	5,3	14,7	100	100

Lesehilfe: Von allen Befragten zeigten 1982 26,9 Prozent starke Züge von Anomie (linke Tabelle). Davon beteiligten sich 6,9 Prozent nicht an Wahlen (mittlere Tabelle). Unter den Nichtwählern betrug der Anteil von Personen mit starker Anomie 35 Prozent (rechte Tabelle).

Quelle: ALLBUS 1982 und 1991/92

Verändert hat sich jedoch der Zusammenhang zwischen Anomie und Wahlbeteiligung. Während 1982 hohe Anomiewerte kaum zu einem stärkeren Wahlverzicht geführt haben, haben 1991/92 die Nichtwähleranteile bei der Personengruppe mit starker Anomie von 7 Prozent auf 22 Prozent deutlich zugenommen. Das Pseudo-R^2 der logistischen Regression stieg von 0,9 auf 2,9 Prozent (siehe Anhang VIII). Sozialer Anomie kommt demnach Anfang der neunziger Jahre durchaus eine gewisse Erklärungskraft zu. Beschränken wir uns im Rahmen der gesellschaftlichen Differenzierung daher auf die Teile der Bevölkerung, die starke Anzeichen sozialer Anomie zeigen. Bereits bei der sozialstrukturellen Analyse wurde deutlich, daß der Erklärungswert dieser Modelle zu einem nicht unwesentlichen Teil auf Randgruppen, wie Arbeitslose, Personen ohne Schulbildung sowie Angehörige anderer Konfessionen, zurückzuführen war. Die anderen sozialen Gruppen unterschieden sich nur wenig in ihrer Wahlbeteiligung.

Der randständige Nichtwähler wurde definiert als Person mit hoher sozialer Anomie, geringem politischen Interesse, niedrigem sozio-ökonomischen Status und einem hohen Maß an gesellschaftlicher Desintegration. Seine Wahlenthaltung ist Anfang der neunziger Jahre im Vergleich zu 1982 deutlich gestiegen. Während 1982 der Nichtwähleranteil 16,7 Prozent betrug, sind es 1991/92 schon 42,2 Prozent. Demnach kommt der Randständigkeitshypothese im Längsschnitt durchaus eine gewisse Bedeutung zu. Anfang der achtziger Jahre zeigt die Gruppe der Randständigen noch eine erstaunlich hohe Beteiligung. Zu Beginn der neunziger Jahre ist das nicht mehr der Fall. Berücksichtigt man jedoch den Kompositionseffekt, stellen sie eine Minderheit unter den Nichtwählern. In den Umfragen beträgt der Anteil der

Randständigen etwa 3 Prozent der Befragten. Die randständigen Nichtwähler stellen Anfang der neunziger Jahre rund 12 Prozent der Nichtwählerschaft. Die Mehrheit der Nichtwähler sind und waren auch zu früheren Zeitpunkten nicht sozial ausgegrenzt. Die Thematik ließ sich in der Bundesrepublik daher nie auf die Randständigkeitshypothese reduzieren. Der randständige Nichtwähler ist ein Teil der Nichtwählerschaft, die weit überwiegende Mehrheit zeigt jedoch keine Tendenzen sozialer Isolation sowie sozialer Anomie. Würde man den randständigen Nichtwählertyp bei der allgemeinen Gegenüberstellung von Wählern und Nichtwählern ausschließen, fielen die ohnehin sehr schwachen sozialstrukturellen Effekte noch unschärfer aus. Wie im Kapitel zum Overreporting deutlich wurde, muß jedoch damit gerechnet werden, daß die Randständigkeitsthese mit Umfragedaten nicht in vollem Umfang zu belegen ist. Denn viele der randständigen Nichtwähler dürften nicht bereit sein, an Umfragen teilzunehmen. Das Ausmaß dieses Effektes erklärt jedoch nicht, warum die Wahlbeteiligung so massiv zurückgegangen ist.

6.4.2 Der Einfluß sozialer Netzwerke und sozialer Kontrolle

Die sozialstrukturellen Befunde belegen die beteiligungsfördernde Bedeutung gesellschaftlicher Integration. Personen, die einem Verein angehören, Mitglied einer Gewerkschaft sind oder regelmäßig in die Kirche gehen, nehmen überdurchschnittlich an Wahlen teil. Detaillierte Merkmale über das soziale Umfeld sowie über die sozialen Alltagsnetzwerke werden, abgesehen von diesen allgemeinen Faktoren, in Umfragen im allgemeinen nicht erhoben. Die international vergleichende Wahlstudie (CNEP) bietet jedoch als einer der wenigen Datensätze in der Bundesrepublik die Möglichkeit, die politischen Einstellungen im persönlichen Umfeld des Befragten zu analysieren. Das Forschungsdesign umfaßt neben einem Panel mit drei Wellen vor allem eine zusätzliche Befragung der Ehepartner. Außerdem wurden die Befragten auch nach politischen Einstellungen und dem Verhalten in ihrem Freundes- und Bekanntenkreis gefragt.

Tabelle 62: Einfluß des näheren persönlichen Umfelds auf die Wahlbeteiligung (Nichtwähleranteile nach Wahlabsicht des Ehepartners und näherer Bekannte)

	Ehepartner	Erstgenannter Bekannter	Zweitgenannter Bekannter
Wahlabsicht			
CDU	6,0	5,8	8,9
SPD	5,9	7,0	4,5
andere [1)]	8,3	11,1	8,2
Nichtwahl	45,5	51,5	33,3
Fallzahl	N= 521	N= 1119	N= 813

1) Eine weitere Untergliederung nach verschiedenen Parteien war aufgrund zu geringer Fallzahlen nicht möglich.
Lesehilfe: Wenn der Ehepartner nicht wählt, nehmen auch die Befragten mit einem Nichtwähleranteil von 45,5 Prozent nicht an der Wahl teil. Wenn der angegebene Bekannte CDU wählt, gehen dagegen nur 5,8 Prozent der Befragten nicht wählen. Sofern er SPD wählt, sind es 7,0 Prozent. Sofern jedoch der Bekannte nicht wählt, machen ebenfalls 51,5 Prozent der Befragten keinen Gebrauch von ihrem Wahlrecht.

Quelle: CNEP 1990

Wie die Ergebnisse verdeutlichen, sind Nichtwähler in ihrem persönlichen Umfeld vorwiegend von anderen Nichtwählern umgeben. Wenn der Ehepartner nicht zur Wahl geht, bleibt mit großer Wahrscheinlichkeit auch der Befragte fern. Der Nichtwähleranteil beträgt in diesem Fall 45,5 Prozent. Sofern sich aber der Partner für eine Partei entscheidet, beträgt der Nichtwähleranteil nur zwischen 5,9 und 8,3 Prozent. Sollte sich eine der Personen im Bekanntenkreis nicht beteiligen, neigt der Befragte ebenfalls in hohem Maße zur Wahlenthaltung. 51,5 Prozent der Befragten gehen nicht wählen, wenn auch der zuerst genannte Bekannte oder Freund nicht teilnimmt. Würde man die potentiellen Nichtwähler zugrunde legen, stiege der Nichtwähleranteil, wenn der Ehepartner oder der Bekannte nicht wählt, jeweils auf über 60 Prozent. Die Ergebnisse deuten im Hinblick auf die Lebensstil-Ansätze und die Differenzierung von Nichtwählertypen darauf hin, daß, ähnlich wie im Cleavage-Modell, nicht nur homogene Milieus existieren, die vorwiegend einer Partei zuzuordnen sind. Darüber hinaus bestehen auch recht homogene Netzwerke, in denen vorwiegend Nichtwähler untereinander sind. Der gegenseitige, bestärkende Einfluß innerhalb dieser Gruppen dürfte die Teilnahmebereitschaft dieser Personen zusätzlich hemmen.

Bei der inzwischen großen Basis bekennender und potentieller Nichtwähler ist insgesamt zu erwarten, daß der soziale Druck der wählenden Mehrheit nachläßt. Nach Eilfort (1994: 194) kommt der sozialen Kontrolle Anfang der neunziger Jahre keine allzu große Bedeutung bei. Rund 85 Prozent der Stuttgarter Befragten gaben an, daß weder Familienangehörige noch Freunde auf die Stimmabgabe eingewirkt haben. Bei gleichzeitig nachlassendem Pflichtbewußtsein in der Bevölkerung dürfte die Wahlenthaltung als Verhaltensoption vom sozialen Umfeld zunehmend weniger in Frage gestellt werden. Damit besteht insgesamt die Gefahr eines dynamischen Effekts: Je höher die Zahl der Nichtwähler, umso mehr wird jeder einzelne in seiner sozialen Umgebung mit der Alternative des Wahlverzichts konfrontiert. Der Gang zu den Wahlurnen verliert an Selbstverständlichkeit mit der Folge, daß sich im „mind set" der Bundesbürger die Wahlenthaltung mehr und mehr zu einer gleichberechtigten Option des Stimmverhaltens entwickelt. Die Aggregatdatenanalysen ergaben, daß in Gemeinden mit ohnehin geringer Wahlbeteiligung der Nichtwähleranteil wesentlich stärker zugenommen hat. Dieses Resultat weist ebenfalls darauf hin, daß das Umfeld die Wahlbeteiligung mitbestimmt. Die Bedeutung sozialer Alltagsnetzwerke muß daher weiter in quantitativen aber vor allem auch qualitativen Studien intensiver untersucht werden. Im Querschnitt ist ihr Einfluß auf die Beteiligung sehr groß.

6.4.3 Der Lebenswelt-Ansatz zur Erklärung der Wahlenthaltung

Eine methodisch andere Vorgehensweise, die gesellschaftlichen Differenzierungsprozesse zu operationalisieren, beinhaltet der Lebenswelt-Ansatz. Die klassischen Sozialmilieus werden teilweise ersetzt bzw. ergänzt durch Lebensstil-Gruppen, die aus Einstellungsmustern zu den verschiedensten Bereichen des Alltagslebens gewonnen werden, von Beruf über Freizeit bis hin zur Familie. Die Analyse der sozialen Alltagsnetzwerke ließ darauf schließen, daß es durchaus recht homogene Milieus mit hoher Wahlenthaltung gibt. Im folgenden soll nun untersucht werden, ob die Lebensstil-Gruppen, wie sie von Gluchowski (1987; 1991) entwickelt wurden, hinreichend zwischen Nichtwählern und Wählern differenzieren. Da die Lebensstile über ein äußerst komplexes Frageinstrumentarium erhoben werden, stehen für die Analyse nur die Querschnittdaten zur Bundestagswahl 1987 zur Verfügung.

Ohne den Wert des Lebenswelt-Ansatzes für die Wahlforschung vollkommen anzuzweifeln, bietet die Querschnittanalyse 1987 wenig Anhaltspunkte zur Erklärung der Wahlbeteiligung. Die Nichtwähleranteile weichen in den einzelnen Lebenswelten kaum ab. Zwar nehmen der „unauffällige Passive", der „isoliert alte Mensch" sowie der „integrierte Ältere" mit einem Nichtwähleranteil von über 10 Prozent unterdurchschnittlich an Wahlen teil. Aber zum einen sind die Unterschiede zu den anderen Typen gering. Zum anderen werden die niedrigeren Beteiligungsraten der drei Typen wesentlich vom Alter bestimmt. Während die „unauffälligen Passiven" zumeist jüngere Menschen sind, kommen bei den beiden anderen Typen die höheren Enthaltungsraten älterer Menschen zum Tragen.

Tabelle 63: Nichtwähleranteile, Akzeptanz der Wahlnorm und Existenz einer Parteiidentifikation nach Lebensstil-Gruppen (in Prozent)

	Wahlnorm	Parteiidentifikation	Nichtwähleranteil
Klassiche milieugeprägte Lebensstile			
Der gehobene Konservative	91,9	80,3	3,2
Der pflichtorientierte, konventionsbestimmte Arbeitnehmer	80,4	68,8	9,9
Der integrierte Ältere	84,6	73,2	11,5
Der isoliert alte Mensch	73,0	81,8	12,2
Lebensstiltypen mit uneinheitlicher Parteibindung			
Der aufgeschlossene Normalbürger	89,7	81,6	6,9
Der unauffällige Passive	67,2	74,7	11,8
Lebensstiltypen geringer Bindung an traditionelle Parteien			
Der linksliberale Postmaterialist	84,8	69,3	4,3
Der zukunftsorientierte Jüngere	79,7	72,1	6,7
Der Linksalternative	57,6	78,0	6,5
insgesamt	80,5	76,0	8,1

Lesehilfe: 91,9 Prozent der gehobenen Konservativen befürworten die Wahlnorm, 80,3 Prozent identifizieren sich mit einer Partei. Der Nichtwähleranteil unter den gehobenen Konservativen beträgt 3,2 Prozent.

Quelle: Forschungsinstitut der Konrad-Adenauer-Stiftung, Archiv-Nr. 8702

Rufen wir uns die psychographische Klassifikation des „unauffälligen Passiven" in Erinnerung, der große Ähnlichkeiten hat mit dem *Hedomaten* von Herbert (1992). Unter den vorwiegend jüngeren Arbeitern und Angestellten mit Hauptschulabschluß besteht eine Dominanz von Konsum- und Freizeitwerten. Die „unaufälligen Passiven" sind politisch nicht sonderlich interessiert, zeigen aber keine Tendenzen von

Entfremdung. Sie verkörpern zum großen Teil den unpolitischen Nichtwähler, wie er in Kapitel 6.2 beschrieben wurde. Der „Linksalternative“ hat zwar infolge des Wertewandels ebenfalls ein geringes Wahlpflichtbewußtsein. Da er aber nicht aus Pflichterfüllung wählt, sondern aus dem Wunsch nach politischer Einflußnahme heraus, liegt seine Wahlbeteiligung sehr hoch. Dies ist beim „unauffälligen Passiven“ nicht gewährleistet. Als dritter jüngerer Typus hat dagegen der „zukunftsorientierte Jüngere“ ein höheres Wahlpflichtbewußtsein und nimmt in gleichem Umfang wie die Bevölkerungsgruppen mit mittlerem Alter an der Wahl teil.

Abgesehen von den angesprochenen geringen Differenzen, weichen die anderen Typen sowohl in ihrer Wahlnorm und Parteiidentifikation als auch in ihrer Wahlbeteiligung kaum ab. Die Wahlnorm beträgt in der Regel zwischen 80 und 92 Prozent, das Vorhandensein einer Parteiidentifikation schwankt lediglich zwischen 69 und 82 Prozent. Der „gehobene Konservative“ und der „linksliberale Postmaterialist“ weisen mit unter 5 Prozent etwas niedrigere Nichtwähleranteile auf. Die insgesamt jedoch geringen Beteiligungsunterschiede in den einzelnen Lebensstil-Gruppen sind ein weiterer Beweis dafür, daß Wahlenthaltung als gesamtgesellschaftliches Phänomen verstanden werden muß, das sozial und politisch sehr verschiedene Bevölkerungssegmente erfaßt. Die neun verschiedenen Lebenswelt-Gruppen unterscheiden sich zudem in den für die Wahlbeteiligung relevanten Einstellungsmerkmalen, Wahlnorm und Parteiidentifkation, nicht sehr stark. In Kapitel Sieben soll daher eine detaillierte Aufteilung der Nichtwählerschaft vorgenommen werden. Diese Vorgehensweise ermöglicht es besser, die gemäß der Analyse der Alltagsnetzwerke durchaus existenten, homogenen Lebenswelten der Nichtwähler zu identifizieren. Denn trotz der differenzierten Perspektive trägt der Lebenswelt-Ansatz der Konrad-Adenauer-Stiftung im Querschnitt kaum zur Erklärung der Wahlabstinenz bei.

6.5 Konkurrenz und Grenzen der untersuchten Erklärungsansätze

6.5.1 Interdependenzen zwischen den sozialpsychologischen Faktoren

Die bisherigen Ergebnisse der Arbeit basieren auf einer getrennten Analyse der längsschnittlichen Kernthesen. Ohne Interaktionseffekte zwischen den Erklärungsansätzen der sinkenden Wahlbeteiligung untersucht zu haben, erwies sich das Dealignment als der bedeutendste Erklärungsansatz. Daneben konnte die Normalisierungsthese und mit Abstrichen die Entfremdungsthese bestätigt werden. Die Individualisierungsthese konnte nicht in erforderlichem Maße geprüft werden. Der Lebenswelt-Ansatz erwies sich als ungeeignet, die Wahlbeteiligung zu analysieren. Dagegen spielen soziale Netzwerke eine sehr große Rolle für die Wahlteilnahme. Längsschnittliche Analysen zu diesem Komplex waren jedoch nicht möglich. Die umfangreichen Ergebnisse zu den vier zentralen Erklärungsansätzen sowie zur Sozialstruktur sind in der nachfolgenden Übersicht nochmals zusammengefaßt. Dabei wurde zwischen den Befunden auf der Individual- und Aggregatebene getrennt sowie der Gesamteffekt bzw. Kompositionseffekt dargestellt.

Abbildung 14: Aussagekraft der Erklärungsansätze im Vergleich

	Mikroeffekt	Aggregateffekt	Kompositionseffekt
Sozialer Wandel / Realignment	+	--	0
Normalisierungsthese			
- Wahlnorm	++	++	++
- politisches Interesse	++	--	--
- Wahlnorm + Interesse	++	+	++
Dealignment			
- Wechselbereitschaft	+	++	+
- Parteiidentifikation	++	++	++
Entfremdungsthese			
- politische Ordnung	+	0	+
- politische Herrschaftsträger	+	+	+
Individualisierungsthese			
- Randständigkeitshypothese	+	0	+
- soziale Netzwerke	++	k. A.	k. A.
- Lebenswelten	0	k. A.	k. A.

Legende: ++ = sehr starker Effekt; + = mäßiger Effekt; 0 = kein Effekt;
-- = gegenläufiger Effekt, k. A. = keine Angaben

Die überwiegend bivariaten Analysen überschneiden sich jedoch erheblich. 1991 hatten mehr als zwei Drittel der Nichtwähler keine Parteibindung. Je die Hälfte zeigte kein Wahlpflichtbewußtsein, kein oder ein nur geringes politisches Interesse. Und zugleich sind bei zurückhaltender Schätzung etwa ein Drittel der Nichtwähler als parteienverdrossen zu bezeichnen. Bei der empirischen Auswertung ergaben sich entsprechende Interdependenzen zwischen den verschiedenen Indikatoren. Beispielhaft sei nur der Zusammenhang zwischen Parteiidentifikation und politischem Interesse angeführt.

Die Interdependenzen der Erklärungsansätze werden im folgenden Abschnitt zunächst querschnittlich und anschließend längsschnittlich untersucht. Ziel ist es, unter den bisher betrachteten Faktoren, die wichtigsten Determinanten der Wahlbeteiligung herauszufiltern. Dazu werden alle relevanten Variablen in ein simultanes Modell integriert. Für die querschnittliche Betrachtung wurde der Datensatz der KAS von 1991 ausgewählt. Um die Fallzahl der Nichtwähler in der multivariaten Analyse zu erhöhen, wurde das Modell sowohl mit den bekennenden als auch den potentiellen Nichtwählern gerechnet. Wie bereits die geringen Differenzen in der Zusammensetzung von bekennenden und potentiellen Nichtwählern in Kapitel 4.4.2 ergaben, bestätigt auch dieses Ergebnis, daß es kaum Erklärungsunterschiede gibt. Lediglich die Variable Kirchgangshäufigkeit hat bei den bekennenden Nichtwählern ein größeres Gewicht als bei den potentiellen Nichtwählern.

Tabelle 64: Stärke der Einflußfaktoren im multivariaten Modell 1991 (Pseudo-R^2)

	Potentielle Nichtwähler		Bekennende Nichtwähler	
	bivariates Ergebnis	partieller Effekt	bivariates Ergebnis	partieller Effekt
Parteiidentifikation	11,2 %	11,2 %	11,8 %	11,8 %
+ Wahlnorm	5,7 %	3,1 %	5,9 %	3,1 %
+ politisches Interesse	6,2 %	2,3 %	3,8 %	1,1 %
+ Alter	1,5 %	1,3 %	2,9 %	2,3 %
+ Politische Entfremdung (Parteienverdrossenheit)	3,5 %	0,8 %	3,7 %	0,9 %
+ Politische Kompetenz	2,0 %	* 0,0 %	1,6 %	* 0,0 %
+ Kirchgang	1,3 %	* 0,0 %	2,8 %	1,4 %
+ Politische Entfremdung (Demokratiezufriedenheit)	1,1 %	* 0,0 %	0,8 %	* 0,0 %
+ Bildungsniveau	*0,0 %	* 0,0 %	*0,0 %	* 0,0 %
Gesamtmodell	-	17,9 %	-	20,5 %

* nicht signifikant auf dem Niveau p= 0,01

Lesehilfe: Die jeweils linken Spalten enthalten das Pseudo-R^2 der Variablen im bivariaten Modell, die jeweils rechten Spalten die partiellen Effekte im multivariaten Modell. Bei bivariater Analyse der bekennenden Nichtwähler erkärt die Wahlnorm 5,9 Prozent Pseudo-R^2; im multivariaten Modell beträgt der Erklärungswert nur 3,2 Prozent.

Quelle: Forschungsinstitut der Konrad-Adenauer-Stiftung, Archiv-Nr. 9105

Wie in der Tabelle ersichtlich, weicht die Erklärungskraft der unabhängigen Variablen gegenüber der bivariaten Betrachtung teilweise ab. Während Parteiidentifikation, Wahlpflicht, Alter und politisches Interesse die Erklärungskraft der Modelle erhöhen, leisten die Indikatoren der politischen Entfremdung kaum noch einen eigenen Beitrag. Lediglich die generelle Negativbewertung der Parteien trägt 1991 mit 0,9 Prozent bzw. 0,8 Prozent zur Modellgüte bei. Gegenüber dem Dealignment und der Normalisierungshypothese hat folglich die Entfremdung den geringsten Erklärungswert. Aber insbesondere die Wahlnorm, das politische Interesse und das Alter liefern einen eigenen Beitrag zur Verbesserung der Gesamterklärungskraft, obwohl diese Faktoren im multivariaten Modell ebenfalls einen Teil ihrer Erklärungskraft verlieren. Der Aussagewert der verschiedenen Ansätze läßt sich am besten mit dem Bild der sich überschneidenden Kreise vergleichen. Es gibt Gemeinsamkeiten, aber jeder dieser Ansätze leistet einen eigenständigen Erklärungsbeitrag. Neben dem Faktor Alter sind als vorgelagerte Einstellungsmerkmale der Wahlenthaltung ein nicht vorhandenes Wahlpflichtbewußtsein, ein geringes politisches Interesse sowie eine fehlende Parteibindung zu nennen. Auf diese vier Determinanten stützt sich im wesentlichen die Erklärungskraft des Modells.

Aufgrund der bestehenden Abhängigkeiten zwischen Parteibindung, Wahlnorm, politischem Interesse und Entfremdung betrachten wir nachfolgend die Zusammenhänge auf individueller Ebene im Zeitverlauf. Beispielhaft wurde dazu die Beziehung zwischen der Entwicklung der Parteiidentifikation und der Wahlnorm untersucht. Bei den anderen Bestimmungsfaktoren ergaben sich vergleichbare Resultate. In der Tabelle zeigt sich, daß zwar ein Zusammenhang besteht, der aber nicht sehr stark ausfällt, im Untersuchungszeitraum jedoch etwas zunimmt. Die Werte des Pseudo-R^2 steigen von 3,0 Prozent auf 4,0 Prozent.

Tabelle 65: Entwicklung der Wahlnorm und Parteiidentifikation 1987 bis 1993 (in Prozent)

	Anteil der Befragten mit Parteibindung (in Prozent)			
Wahlnorm	1987	1991	1993	Differenz 1993-1987
vorhanden	72,6	73,2	65,2	- 7,4
nicht vorhanden	53,6	55,3	42,5	- 11,1
Pseudo-R^2	3,0 %	2,5 %	4,0 %	
Korrelationskoeffizient r	0,17	0,16	0,21	

Lesehilfe: Von den Befragten, die die Wahlnorm befürworteten, hatten 1987 72,6 Prozent eine Parteibindung.

Quelle: Forschungsinstitut der Konrad-Adenauer-Stiftung, Archiv-Nr. 8702, 9105, 9301

Bei längsschnittlicher Perspektive vertiefen sich die Differenzen zwischen Personen mit starken Bindungen und Personen, die sich zum Teil bereits von psychologischen Langfristbindungen gelöst haben. Damit lassen sich auch anhand dieser Befunde deutliche Distanzierungstendenzen nachweisen. Nur die Geschwindigkeit des Prozesses verläuft unterschiedlich. Bei nicht vorhandener Wahlnorm neigen 1987 53,6 Prozent und 1993 42,5 Prozent einer Partei zu, was einem Rückgang von 11,1 Prozentpunkten entspricht. Bei der Gruppe der Wahlnormbefürworter fällt der Rückgang mit 7,4 Prozentpunkten geringer aus. Ähnliche Effekte ergaben sich in den vorangegangenen Kapiteln bereits bezüglich des politischen Interesses. Unter den Desinteressierten ging die Parteineigung stärker zurück, der Entfremdungsprozeß verlief dagegen intensiver. Daraus ist insgesamt der Schluß zu ziehen, daß sich die Lösung von bestehenden Bindungen auf der individuellen Ebene in zwei oder mehr Geschwindigkeiten vollzieht - in Abhängigkeit vom bestehenden Grad der psychologischen Anbindung. Sofern keine starken psychologischen Kräfte entgegenstehen, fällt es leichter, sich auch von anderen Bindungen frei zu machen. Hingegen schreitet bei Personen, die stärkere Bindungen haben, der Prozeß ebenfalls, aber langsamer voran.

6.5.2 Ursachen der nachlassenden Bindungskräfte

Als kleinster gemeinsamer Nenner der vier zentralen Erklärungsansätze sind folglich die nachlassenden Kräfte anzusehen, die für die psychologische Einbindung der Bürger in Politik und Gesellschaft sorgen. Sofern eine Person weder eine Parteipräferenz noch Wahlpflichtbewußtsein noch politisches Interesse hat, ist gemäß den Ergebnissen der logistischen Regression die Wahrscheinlichkeit der Nichtwahl 48 Prozent. Kommt Unzufriedenheit als weiterer beteiligungshemmender Faktor hinzu, würde sich die Wahrscheinlichkeit der Enthaltung auf 62 Prozent erhöhen. Dagegen beträgt bei einem Wahlberechtigten, auf den alle drei Faktoren positiv zutreffen, die Wahrscheinlichkeit der Nichtwahl nur 2 Prozent. Bisher weist jedoch nur eine kleine Minderheit von weit unter 5 Prozent der Befragten überhaupt keine psychologischen Bindungen gegenüber dem politischen System und den Parteien mehr auf. Worin liegen jedoch die Ursachen für die zunehmende Distanz?

Der hohe Erklärungswert der Parteiidentifikation und der Wahlpflicht erfordern eine hierarchische Modellbildung, in der diese Faktoren nicht als unabhängige, sondern als abhängige Variablen betracht werden. Es stellt sich daher die Frage: Welche Faktoren sind für das Aufweichen der Bindungskräfte und damit indirekt für den Rückgang der Wahlbeteiligung verantwortlich? Dabei sollen zwei zentrale Thesen näher untersucht werden:

- Inwieweit ist die wachsende Politikverdrossenheit Ursache nachlassender Bindungskräfte?
- Inwieweit ist ein grundsätzlicher Einstellungswandel der jüngeren Generationen Ursache für die nachlassenden Bindungen und infolgedessen für die sinkende Wahlbeteiligung?

6.5.2.1 Verdrossenheit als Motiv nachlassender Bindungen

In der Politikforschung wird der Entfremdung bzw. Verdrossenheit großer Einfluß auf den Dealignment-Prozeß zugesprochen (Dalton und Rohrschneider 1990). Durch die wachsende Unzufriedenheit mit den Parteien und Politikern verliere der Bürger seine Verbundenheit mit der präferierten Partei. Schließlich gibt es keinen Grund, warum man sich einer Partei verbunden fühlen sollte, wenn man ihr nicht einmal vertrauen kann. Die geringe Erklärungskraft der politischen Entfremdung im Modell läge folglich darin begründet, daß die wachsende politische Entfremdung indirekt zu einem Rückgang der Bindungen beigetragen hat und ihr kein eigenständiger Erklärungsbeitrag zukommt. Die Datenlage beweist jedoch eindrucksvoll, daß der Entfremdungsprozeß zeitlich erst nach dem Dealignment und dem Rückgang der Wahlnorm einsetzte. Auf der Aggregatebene sprechen die Befunde damit zunächst gegen einen solchen kausalen Zusammenhang. Da die Wahlnorm Anfang der achtziger Jahre nicht in Umfragen enthalten war, konzentriert sich die folgende mikroanalytische Untersuchung auf die Parteiidentifikation. Dalton und Rohrschneider (1990) konnten in der Bundesrepublik für den Zeitraum von 1972 bis 1987 keinen Zusammenhang zwischen Politik- bzw. Parteienverdrossenheit und Dealignment feststellen. Der Untersuchungszeitraum wurde auf die Jahre 1983 bis 1993 erweitert, in dem sowohl ein starker Rückgang der Parteineigung als auch ein Ansteigen der politischen Entfremdung zu beobachten war. Die Längsschnittanalyse beschränkt sich auf den Indikator der Demokratiezufriedenheit, den auch Dalton und Rohrschneider (1990: 320) verwendet hatten und der weitgehend frei von suggestiven Einflüssen der Fragestellung ist.

Tabelle 66: Demokratiezufriedenheit und Stärke der Parteibindung (in Prozent)

	1983	1991	1993	Differenz 1993-1983
Demokratiezufriedenheit				
sehr zufrieden	61 / 11	31 / 16	32 / 19	- 29 / + 8
einigermaßen zufrieden	53 / 14	17 / 22	15 / 32	- 38 / +18
nicht zufrieden	53 / 20	17 / 31	13 / 44	- 40 / +24

Lesehilfe: Die linke der beiden Zahlen in einer Zelle umfaßt den Anteil der Befragten mit starker Parteibindung , die rechte Zahl den Anteil der Befragten ohne Parteipräferenz. So hatten von denjenigen, die mit der Demokratie sehr zufrieden waren, 1983 61 Prozent eine starke Parteibindung sowie 11 Prozent keine Parteibindung. 1993 hatten von den sehr Zufriedenen nur noch 32 Prozent eine starke Parteibindung und 19 Prozent keine Parteibindung.

Quelle: Forschungsinstitut der Konrad-Adenauer-Stiftung, Archiv-Nr. 8302, 9105, 9301

Die Ergebnisse lassen auf den ersten Blick durchaus den Schluß zu, daß sich die wachsende Unzufriedenheit auf den Grad der Parteiidentifikation auswirkt. Aber die mit 60 Prozent sehr große Gruppe von Befragten, die mit der bundesdeutschen Demokratie einigermaßen zufrieden sind, unterscheidet sich nur wenig von den Unzufriedenen. Der Anteil der Personen ohne Parteiidentifikation nimmt um 18 Prozentpunkten gegenüber 24 Prozentpunkten bei den Unzufriedenen zu. Nur bei einer hohen Zufriedenheit steigt der Anteil der Parteiungebundenen mit 8 Prozentpunkten weit unterdurchschnittlich. Nimmt man die Stärke der Parteibindung als Maßstab, fällt der Rückgang der Befragten mit starker Parteineigung in allen drei Gruppen nicht sehr unterschiedlich aus. Der These, daß die Politikverdrossenheit für das Dealignment verantwortlich ist, kann daher nicht uneingeschränkt zugestimmt werden. Beide Entwicklungen, Dealignment und Unzufriedenheit, verlaufen vielmehr parallel. Auch in diesem Fall bestätigt sich eher das Modell der unterschiedlichen Geschwindigkeiten. Denn trotz einer sehr hohen Demokratiezufriedenheit sinkt der Anteil der Befragten mit starker Parteibindung innerhalb von zehn Jahren um 29 Prozentpunkte.

Bereits bei den sozialstrukturellen Analysen in Kapitel Fünf wurde festgestellt, daß sich die Wahlabstinenz nicht auf einzelne soziale Gruppen beschränkt, sondern sich je nach Höhe des sozio-ökonomischen Status ebenfalls nur in unterschiedlicher Geschwindigkeit vollzieht. Bei den sozial Schwachen sind die Nichtwähleranteile im Zeitverlauf überdurchschnittlich gestiegen, bei Personen mit hohem sozio-ökonomischem Status dagegen etwas unterdurchschnittlich. Auch das Aufweichen der psychologischen Bindungen verläuft gemäß der dargestellten Ergebnisse in unterschiedlicher Geschwindigkeit. In der Modifikation der Entfremdungsthese wurde der Terminus Distanz eingeführt. Die Bürger sind nicht entfremdet oder verdrossen, sondern sie stehen nicht mehr vorbehaltlos hinter den politischen Akteuren. Angesichts des nachlassenden Wahlpflichtbewußtseins und der abnehmenden

Stärke der Parteibindung beschreibt dieser Begriff die veränderten Einstellungsmuster der Westdeutschen äußerst treffend. Es ist zu vermuten, daß im Hintergrund der beobachten Entwicklungen eine allgemeine Entkoppelung zwischen Bürger und Politik stattgefunden hat. Von dieser Entwicklung sind jedoch große Teil der Bevölkerung betroffen: Arbeiter und Angestellte, Personen mit und ohne Wahlpflichtbewußtsein, Zufriedene wie Unzufriedene etc.. Sie verläuft in den verschiedenen Bevölkerungsgruppen nur mit unterschiedlicher Geschwindigkeit. Dieser allgemeine Entkoppelungsprozeß, der in der Politikwissenschaft bereits im Rahmen der Realignment/Dealignment-Kontroverse diskutiert wurde, ist die gemeinsame Wurzel der beschriebenen Entwicklungen und führt letztlich auch zu einer sinkenden Wahlbeteiligung.

6.5.2.2 Generationenwandel als Ursache des Entkoppelungsprozesses

Die Befunde zur Normalisierungshypothese, zum Dealignment und zur Entfremdungsthese machten jedoch deutlich, daß sozialstrukturelle Faktoren den allgemeinen Entkoppelungsprozeß kaum erklären konnten. Abgesehen von den Merkmalen Alter und Bildung, gab es keine systematischen Zusammenhänge zwischen sozialen Faktoren auf der einen Seite und der Parteiidentifikation, der Wahlnorm und der politischen Entfremdung auf der anderen Seite. Bei den Höhergebildeten verlief der Entkoppelungsprozeß etwas langsamer, was im Einklang zu den obigen Ergebnissen über den Zusammenhang zwischen Sozialstruktur und Nichtwählerzuwachs steht. Dem Bildungsniveau kommt daher indirekt eine größere Bedeutung bei der Erklärung der sinkenden Wahlbeteiligung bei.

Doch vor allem bezüglich des Alters ergeben sich deutliche Differenzen. Jüngere Menschen haben in der Regel eine etwas schwächere Parteibindung, ein geringeres Wahlpflichtbewußtsein und stehen der politischen Ordnung und den politischen Akteuren distanzierter gegenüber. Im Hinblick auf die wesentlich geringere Wahlbeteiligung der jüngeren Altersgruppen stellt sich daher die Frage, ob der Entkoppelungsprozeß auf veränderte Einstellungsprofile der jüngeren Generationen zurückzuführen ist. Bereits bei den Faktoren Bildung und politisches Interesse wurde die These eines generationsbedingten Beteiligungsrückgangs diskutiert. Dabei wurde deutlich, daß sich die junge Generation, die in den siebziger und achtziger Jahren groß geworden ist, tatsächlich etwas abweichend verhält. Trotz hoher Bildung und trotz politisches Interesse nimmt ein beträchtlicher Teil von etwa 15 Prozent nicht an Wahlen teil. Doch während sich das Bildungsniveau und das politische Interesse bei den jüngerern Generationen erhöht hat, haben die psychologischen Bindungskräfte in den vergangenen zehn Jahren nachgelassen. Im folgenden soll daher untersucht werden, inwieweit die nachlassenden Bindungskräfte Einfluß auf das Verhalten dieser Generationen haben.

Wie bereits in den Kapiteln 6.1 bis 6.3 ausgeführt, gaben bei dynamischer Betrachtung Altersstrukturanalysen keine Anhaltspunkte, den Rückgang der Parteiidentifikation und des Wahlpflichtbewußtseins sowie den Anstieg der politischen

Entfremdung zu erklären, da in allen Altersgruppen die Veränderungen gleich stark ausfielen (siehe Anhang X bis XIII). Der kurzfristige Rückgang der Parteibindung und des Wahlpflichtbewußtseins sowie der Anstieg der Parteienverdrossenheit sind nicht auf einen Generationenwandel zurückzuführen, sondern stellen einen bisher kurzfristigen Periodeneffekt dar, der im Untersuchungszeitraum alle Generationen gleichermaßen erfaßt:

Tabelle 67: Entwicklung der Parteiidentifikation, der Wahlnorm und der Parteienverdrossenheit von 1982/84 bis 1993 unterteilt nach Geburtskohorten (in Prozent)

	Parteiidentifikation			Wahlpflichtbewußtsein			Parteienverdrossenheit		
	1982	1993	Differenz 1993-1982	1987	1993	Differenz 1993-1982	1984	1993	Differenz 1993-1982
Jahrgänge									
1903-1911	73,3	65,3	- 8,0	86,1	70,6	- 15,5	11,8	25,5	+ 13,7
1912-1920	71,8	69,2	- 2,6	84,4	76,0	- 7,6	6,2	27,4	+ 21,2
1921-1929	75,3	65,3	- 8,0	84,4	74,9	- 9,5	10,4	22,6	+ 12,2
1930-1938	71,6	69,4	- 2,2	84,5	77,9	- 6,6	7,8	23,4	+ 15,6
1939-1947	69,4	68,9	- 0,5	80,9	75,4	- 5,5	8,5	26,3	+ 17,8
1948-1956	58,5	65,5	+ 7,0	84,0	71,8	- 12,2	9,8	27,5	+ 17,7
1957-1965	51,3	60,8	+ 9,5	73,1	67,1	- 4,0	13,4	25,9	+ 12,5
1966-1975	-	50,4	-	60,9	62,2	+ 1,3	-	29,2	-

Lesehilfe: Im Jahr 1982 betrug der Anteil von Personen mit Parteiidentifikation, die zwischen 1957 und 1965 geboren wurden, 51,3 Prozent. Im Jahr 1993 waren es 60,8 Prozent.

Quelle: ALLBUS 1984; Forschungsinstitut der Konrad-Adenauer-Stiftung, Archiv-Nr. 9301

Zwar haben jüngere Menschen auch weiterhin geringere Bindungskräfte, aber dies konnte bisher durch Lebenszykluseffekte ausgeglichen werden. Auch die jüngste Generation, die in den Jahren 1966 bis 1975 geboren wurde und Ende der achtziger und Anfang der neunziger Jahre erstmals wahlberechtigt war, unterscheidet sich im Ausmaß ihrer Verbundenheit nicht wesentlich von den übrigen Geburtskohorten. Lediglich ihre Parteiidentifikation ist deutlich schwächer ausgeprägt. Der Entkoppelungsprozeß vollzieht sich jedoch in allen Generationen relativ gleich stark, in den jüngeren Generationen fällt er nach den dargestellten Befunden sogar unterdurchschnittlich aus.

Der kurzfristige Schub nachlassender Bindungskräfte, der, abgesehen von Bildungsniveau, in den einzelnen sozialen Gruppen nur geringfügig abweicht, muß daher als gesamtgesellschaftliches Phänomen verstanden werden. Wie bereits bei den vorangegangenen Analysen deutlich wurden, spielen Periodeneffekte eine entscheidende Rolle. Dies wirft die Frage auf, ob die hohe Zahl junger Nichtwähler wenn nicht durch unterschiedliche Einstellungsmuster, dann zumindest durch eine abweichende Verhaltenskonsequenz in den einzelnen Generationen zu erklären ist. Gehen junge Wahlberechtigte, die keine enge Bindung an Politik und Gesellschaft haben, anders mit ihrem Stimmrecht um? Auch diese Frage muß verneint werden. Wie die Tabelle auf der nächsten Seite beweist, stiegen die Nichtwähleranteile in allen Geburtskohorten weitgehend gleich stark an.

Tabelle 68: Entwicklung der Nichtwähleranteile nach Parteiidentifikation und Parteienverdrossenheit von 1982/84 bis 1993 unterteilt nach Geburtskohorten (in Prozent)

	1984		1993		Differenz 1993- 1984	
	nicht parteiverdrossen	parteiverdrossen	nicht parteiverdrossen	parteiverdrossen	nicht parteiverdrossen	parteiverdrossen
Jahrgänge						
1903-1911	6,2	46,2	1)	1)	-	-
1912-1920	4,4	33,3	11,6	29,6	+ 7,2	- 3,7
1921-1929	5,1	20,9	9,6	25,6	+ 4,5	+ 4,7
1930-1938	6,8	16,1	9,3	20,6	+ 2,5	+ 4,5
1939-1947	6,0	27,5	13,3	30,8	+ 7,3	+ 3,3
1948-1956	8,1	22,9	6,7	34,3	- 1,4	+ 11,4
1957-1965	12,2	33,9	12,2	34,7	0,0	+ 0,8
1966-1975	-	-	20,1	39,1	-	-

	1982		1993		Differenz 1993- 1982	
	Parteibindung	keine Parteibindung	Parteibindung	keine Parteibindung	Parteibindung	keine Parteibindung
Jahrgänge						
1903-1911	4,5	23,1	1)	1)	-	-
1912-1920	1,7	17,2	9,4	35,7	+ 7,7	+ 18,5
1921-1929	2,3	9,0	2,8	31,2	+ 0,5	+ 22,2
1930-1938	2,1	6,3	5,6	24,8	+ 3,5	+ 18,5
1939-1947	1,3	9,8	9,4	32,7	+ 8,1	+ 22,9
1948-1956	1,5	12,2	6,6	30,4	+ 5,1	+ 18,2
1957-1965	1,7	12,6	5,7	38,9	+ 4,0	+ 26,3
1966-1975	-	-	15,5	34,8	-	-

1) Fallzahlen unter 30
Lesehilfe: Im Jahr 1984 betrug der Nichtwähleranteil bei den Befragten, die zwischen 1957 und 1965 geboren wurden, 33,9 Prozent, wenn sie parteienverdrossen waren. Sofern die Befragten in dieser Geburtskohorte nicht parteien-verdrossenen waren, lag der Nichtwähleranteil bei 12,2 Prozent.

Quelle: ALLBUS 1984; Forschungsinstitut der Konrad-Adenauer-Stiftung, Archiv-Nr. 9301

Auffälllig ist jedoch, daß - analog zu den Ergebnissen bei den Merkmalen Bildung und politisches Interesse - in der jüngsten Generation der Geburtsjahrgänge 1967 bis 1975 die Nichtwähleranteile auch dann recht hoch liegen, wenn keine Anzeichen von Entkoppelungstendenzen bestehen. Darin unterscheiden sich die jüngeren Wahlberechtigten deutlich von der Alterskohorte, die 1982/84 zwischen 18 und 26 Jahre alt war. Bezüglich der Wahlnorm ergaben sich gleichlautende Befunde, die in der Tabelle nicht abgebildet sind. 17,3 Prozent in der jüngsten Generation enthielten sich trotz Akzeptanz der Wahlnorm der Stimme. Die höhere Wahlabstinenz jüngerer Menschen kann daher mit den distanzierten Einstellungsmustern allein nicht erklärt werden. Auch wer sich mit einer Partei identifiziert oder nicht parteienverdrossen ist, macht zum Teil von seinem Stimmrecht keinen Gebrauch. Die jüngste Generation, die zwischen 15 und 20 Prozent der Wahlberechtigten stellt, hat Anfang der neunziger Jahre eine unabhängigere Einstellung zum Wahlakt. Neben dem psychologischen Entkoppelungsprozeß, der weite Teile der bundesdeutschen Gesellschaft erfaßt, fehlt in der jüngeren Generation auch die Verhaltenskonsequenz bei vorhandenen Bindungen. Aufgrund der sehr frühen Phase dieser Entwicklung läßt sich zum gegenwärtigen Zeitpunkt nicht klären, ob wir am Anfang eines grundsätzlichen Verhaltenswandels stehen. Denn mit Ausnahme der jüngsten Generation rechtfertigen die Ergebnisse die These eines Generationenwandels nicht. Der Entkoppelungsprozeß ist in allen Generationen zu beobachten und führt auch zu keinen auffälligen Beteiligungsdifferenzen zwischen den einzelnen Geburtskohorten.

Des weiteren deuten insbesondere die Ergebnisse zur Parteienverdrossenheit an, daß sich der Rückgang der Wahlbeteiligung nicht nur auf Befragtengruppen mit geringen Bindungen beschränkt. Die Nichtwähleranteile stiegen in den einzelnen Geburtskohorten sowohl unter den Parteienverdrossenen als auch unter den Nicht-Parteienverdrossenen an. Zusammenfassend ist daher festzustellen, daß sowohl die zunehmende Verdrossenheit als auch der Generationenwandel das Aufweichen psychologischer Bindungen kaum erklärt. Ferner reduziert sich das Phänomen sinkender Wahlbeteiligungen nicht ausschließlich auf die nachlassenden Bindungskräfte. Der psychologische Entkoppelungsprozeß erfaßt die sinkende Teilnahmebereitschaft somit nur unvollständig. Denn auch die noch immer große Zahl von Personen, die eine Parteibindung haben bzw. nicht parteiverdrossen sind, bleibt mehr und mehr den Wahlurnen fern. Dieses Ergebnisses unterstreicht die große Bedeutung von Periodeneffekten bei der Erklärung der sinkenden Wahlbeteiligung. Besonders seit Mitte der achtziger Jahre ist eine nachlassende Beteiligungsbereitschaft zu beobachten, die sich in Westdeutschland 1994 auf dem niedrigeren Niveau zunächst stabilisiert hat. Es ist jedoch nicht auszuschließen, daß in den kommenden Jahren die Nichtwählerzahlen nochmals ansteigen werden.

6.5.3 Multivariate Längsschnittanalyse

Die zentrale Frage der Arbeit lautet, welchen Beitrag die verschiedenen Ansätze zur Erklärung der sinkenden Wahlbeteiligung leisten. Abschließend sollen daher die Indikatoren einer multivariaten Längsschnittanalyse unterzogen werden. Aufgrund der Abhängigkeiten zwischen den zentralen Determinanten wurde eine hierarchische Modellkonstruktion gewählt, bei der zum einen die sozialstrukturellen Faktoren Alter, Bildung und Kirchgangshäufigkeit zuerst in das Modell eingeführt wurden und im Anschluß daran die sozialpsychologischen Indikatoren. Zum zweiten wurde die Parteibindung alternativ gleichzeitig mit den anderen Variablen oder als letzte Variable in das Modell aufgenommen. Da sich der Entkoppelungsprozeß keineswegs auf die nachlassenden Parteibindungen beschränkt, ermöglicht diese Vorgehensweise, den Einfluß der einzelnen sozialpsychologischen Merkmale besser zu identifizieren.

Als Verfahren wurde die schrittweise logistische Regression verwendet. Eine ausführliche Darstellung der ß-Koeffizienten und des Chi-Quadrats der einzelnen

Faktoren findet sich im Anhang XV. Leider mußte bei den Analysen für 1982/84 auf zentrale Variablen verzichtet werden, da in den verwendeten Datensätzen nicht alle Indikatoren enthalten sind. Die Ergebnisse lassen sich daher nur eingeschränkt interpretieren. Das Pseudo-R^2 des Gesamtmodells 1982/84 läge vermutlich höher.

Tabelle 69: Erklärungskraft der multivariaten Modelle von 1982/84 bis 1993 (Pseudo-R^2)

	1982/84	1987	1991	1993
sozialstrukturelles Modell	3,6 %	3,8 %	5,6 %	5,5 %
+ Entfremdung (Politiker- bzw. Parteienverdrossenheit)	-	+ 3,2 %	+ 3,3 %	+ 4,3 %
+ Entfremdung (gegenüber der politischen Ordnung)	+ 0,7 %	-	+ 0,3 %	+ 1,7 %
+ Politisches Interesse	+ 5.5 %	[1] + 12,7 %	+ 3,1 %	+ 1,3 %
+ Politische Kompetenz	-	+ 0,3 %	+ 0,6 %	+ 1,0 %
+ Wahlnorm	-	+ 6,3 %	+ 2,7 %	+ 5,2 %
+ Parteiidentifikation (+ nicht-hierarchisches Modell) [2]	+ 3,1 % (+ 9,1 %)	+ 1,9 % (+ 10,8%)	+ 5,6 % (11,2 %)	+ 4,5 % (+ 11,2 %)
-2log-Likelihood (Nullmodell)	1694,3	1019,0	1852,5	2938,0
Freiheitsgrade	25	27	28	32
Fallzahlen	N= 2776	N= 1895	N= 2406	N= 3255
Gesamtmodell (ohne Parteiidentifikation)	9,8 %	26,3 %	15,7 %	19,1 %
Gesamtmodell	12,9 %	28,2 %	21,3 %	23,6 %

1) Der hohe Erklärungswert des politischen Interesses 1987 ist auf eine etwas unterschiedliche Operationalisierung des Interesses zurückzuführen. Läge der Erklärungwert des politischen Interesses auf einem normalen Maß, wie dies beispielsweise im ALLBUS 1988 mit rund 6 Prozent der Fall ist, dürfte die Aussagekraft des Gesamtmodells bei realistischeren 20 Prozent liegen.
2) Die Werte in Klammern geben an, welchen Beitrag der Indikator Parteiidentifikation leistet, wenn die Reihenfolge der Einführung der Variablen nicht festgelegt ist.

Quelle: ALLBUS 1982/84, Forschungsinstitut der Konrad-Adenauer-Stiftung, Archiv-Nr. 8702, 9105, 9301

Im hierarchischen Modell zeigt sich, daß die Parteienverdrossenheit, die Wahlnorm sowie die Parteiidentifikation entscheidend zur Modellgüte beitragen. Der Beitrag der Entfremdung nimmt 1993 etwas zu, fällt jedoch noch immer niedriger aus als der Erklärungswert der Wahlnorm und der Parteibindung. Abgesehen von dem Sonderfall des Jahres 1987, nimmt dagegen die Aussagekraft des politischen Interesses im Zeitverlauf ab. Ursache dafür ist zum einen der zunehmend engere Zusammenhang zwischen Interesse, Entfremdung und Parteibindung und zum anderen die mittlerweile hohe Zahl politisch interessierter Nichtwähler Anfang der neunziger Jahre. So wurde der unabhängige Nichtwähler durchaus als politisch interessiert, aber frei von psychologischen Bindungen definiert. Das Merkmal politisches Interesse differenziert daher nicht mehr so deutlich wie Anfang der achtziger

Jahre. Der gestiegene Erklärungswert der sozialstrukturellen Variablen ist insbesondere auf den höheren Anteil junger Nichtwähler zurückzuführen. Aufgrund des Zusammenhangs zwischen Bildungsniveau und politischem Interesse sowie, in der Umfrage 1993, auch zwischen Bildungsniveau und politischer Entfremdung ist die Bildungsvariable im multivariaten Modell zu keinem Zeitpunkt signifikant.

Die Befunde unterstreichen nochmals, daß allen untersuchten Erklärungsansätzen eine eigenständige Bedeutung zukommt. Insbesondere 1993 tragen sowohl die Normalisierungsthese, das Dealignment als auch die Entfremdungsthese zur Erklärung der Wahlabstinenz bei. Vor 1993 müssen bei der Erklärungskraft der Entfremdungsthese deutliche Abstriche gemacht werden. Aufgrund der eingeschränkten Vergleichbarkeit mit den Jahren 1982/84 und 1987 kann nicht abschließend nachgewiesen werden, ob sich die Aussagekraft des Modells im Längsschnitt verbessert hat. Es ist jedoch eher unwahrscheinlich. Im Jahr 1987 dürfte bei einem realistischeren Wert des politischen Interesses das Modell dennoch über 20 Prozent erklären. Trotz der zunehmenden Entkoppelungstendenzen steigt der Erklärungswert des Modells Anfang der neunziger Jahre nur geringfügig auf 23,6 Prozent Pseudo-R^2 an. Dies bestätigt die insgesamt begrenzte Aussagekraft der vier Erklärungsansätze. Der Rückgang der Wahlbeteiligung läßt sich folglich nicht ausschließlich mit der Normalisierungshypothese, dem Dealignment oder der Entfremdungsthese begründen.

Die Mehrzahl der Nichtwähler vereint zwei beteiligungshemmende Merkmale auf sich. Sofern der Desinteressierte zugleich parteiungebunden ist, oder der Enfremdete kein Wahlpflichtbewußtsein hat, erhöht sich die Wahrscheinlichkeit der Wahlenthaltung deutlich. Beispielsweise wählen Personen ohne Parteibindung und Wahlnorm mit einer Wahrscheinlichkeit von 61 Prozent nicht. Bei Unzufriedenen ohne politisches Interesse beträgt die Wahrscheinlichkeit der Wahlenthaltung 57 Prozent. Je weiter der Entkoppelungsprozeß beim einzelnen vorangeschritten ist, desto größer wird die Wahrscheinlichkeit der Wahlabstinenz. Der Anteil der Befragten, die weder partei- und pflichtgebunden, noch interessiert und zufrieden sind, fällt jedoch 1991 und 1993 mit jeweils 3 Prozent der Nichtwähler verschwindend klein aus. Hingegen weist rund ein Siebtel der Nichtwähler keine beteiligungshemmenden Eigenschaften auf und geht dennoch nicht wählen. Das Gesamtergebnis ist daher unbefriedigend. Gründe dafür sind, wie bereits an anderen Stellen aufgezeigt, die teilweise gegensätzlichen Merkmale der Nichtwählerschaft. Die amerikanische Nichtwählerforschung spricht von einem „Puzzle“ der Ursachen (Brody 1978, Cassel/Luskin 1988; Miller 1992). Aus diesem Grund wird im nachfolgenden Kapitel die Untersuchungsperspektive geändert. Die allgemeine Kausalanalyse wird ergänzt durch eine differenzierte Betrachtung der Nichtwähler. Kapitel Sieben zerlegt das „Puzzle“ in seine Einzelteile und schlüsselt die heterogene Struktur der Nichtwählerschaft auf. Diese Vorgehensweise gestattet es, die vielfältigen Motivbündel der Nichtwähler zu erkennen sowie zentrale Typen von Nichtwählern zu identifizieren.

7. TYPEN VON NICHTWÄHLERN

Die bisherigen Analysen ergaben eine Reihe von Anhaltspunkten, warum viele Bundesbürger zunehmend weniger von ihrem Wahlrecht Gebrauch machen. Die Aussagekraft der untersuchten Erklärungsansätze war jedoch insgesamt nicht sehr befriedigend. Nichtwähler identifizieren sich weniger mit einer Partei als Stamm- oder Wechselwähler, haben einen etwas geringeren sozio-ökonomischen Status, ein schwächeres Wahlpflichtbewußtsein, einen höheren Grad an politischer Entfremdung verbunden mit einem geringeren politischen Interesse. Andererseits treffen auf eine große Gruppe von Nichtwählern diese allgemeinen Beschreibungen nicht zu. Wie in Kapitel Sechs deutlich wurde, gibt es nicht nur desinteressierte Nichtwähler, sondern mehrheitlich auch interessierte Nichtwähler. Ein beträchtlicher Teil befürwortet die Wahlnorm, andere zeigen keinerlei Anzeichen politischer Entfremdung. Die bisher eingesetzten methodischen Verfahren waren nicht geeignet, diese Gegensätzlichkeiten aufzuschlüsseln. Dies wirft die Frage auf: Wer sind die Nichtwähler?

Zu diesem Zweck werden eine Reihe von Clusteranalysen durchgeführt. Clusteranalysen haben den großen Vorteil, daß sie eine Gesamtpopulation in unterschiedliche, homogene Teilgruppen zerlegen. Damit läßt sich die Vielfalt der Einstellungsmuster und die Motivstruktur der Nichtwähler besser erfassen. In der Bundesrepublik beschrieben erstmals Ascheberg und Ueltzhöffer (1991) Motivkreise verschiedener Nichtwählergruppen. Ihre Darstellungen beruhen jedoch auf lediglich 48 qualitativen Interviews, die vorwiegend in der Altersgruppe der 20 bis 30jährigen durchgeführt wurden. Die Ergebnisse sind daher kaum repräsentativ und gehen über ein exploratives Stadium nicht hinaus. Anhand von Umfragedaten unternahmen Ragsdale und Rusk (1993) erstmals eine Typologisierung der amerikanischen Nichtwählerschaft. Sie ermittelten fünf Typen von Nichtwählern, die jedoch auf die bundesdeutschen Verhältnisse nicht übertragbar sind.

Als Modellvariablen der Clusteranalyse werden die aus den Theorien abgeleiteten Indikatoren der Wahlbeteiligung verwendet. Grundlage bilden zum einen die Wählerverhaltensansätze und zum anderen die Partizipationsforschung. Des weiteren werden die Indikatoren der vier längsschnittlichen Erklärungsansätze als zentrale Variablen in das Modell aufgenommen. Wie in Kapitel Sechs beschrieben, konnten die Ansätze durchaus einen mehr oder weniger großen Teil der Nichtwählerschaft identifizieren. Dabei deutete sich mit dem aktiven, dem unpolitischen, dem unabhängigen und dem verdrossenen Nichtwähler sowie dem „nichtwählenden Stammwähler" bereits eine Segmentierung an, die jedoch noch erhebliche Überschneidungen aufweist. Aufgrund der zumeist bivariaten Betrachtung konnten die Profile dieser verschiedenen Nichtwählersegmente nur unvollständig beschrieben werden. Die clusteranalytische Vorgehensweise erlaubt nun, detaillierter die Motivstruktur der Nichtwähler zu beleuchten. Dabei soll der Frage nachgegangen werden, ob sich die aus der Theorie sowie aus den allgemeinen Analysen andeutenden Nichtwählertypen bei multivariater Betrachtung bestätigen. Als Modellvariablen dienen folgende Determinanten der Wahlbeteiligung:

- Sozio-ökonomischer Status
- Politisches Interesse
- Parteiidentifikation
- Entfremdung
- Wertewandel
- Partizipationsverhalten

Das Cluster-Modell wurde zunächst mit unterschiedlicher Anzahl von Nichtwählersegmenten gerechnet, da sich aus der Theorie a priori keine bestimmte Anzahl von Typen ableiten läßt. Die Fallzahlen wurden dadurch erhöht, daß immer zwei aufeinanderfolgende Umfragen verknüpft wurden. Bei der CNEP wurde aufgrund der kleinen Zahl bekennender Nichtwähler das Modell mit den 268 potentiellen Nichtwählern gerechnet. Da keine grundsätzlichen Unterschiede zwischen bekennenden und potentiellen Nichtwählern existieren (siehe Anhang I), erscheint diese Vorgehensweise unproblematisch. In der Regel verlangen Clusteranalysen eine Z-Transformation der Variablen, um zu verhindern, daß Merkmale mit differenzierten Ausprägungen - wie z.B. das Einkommen - das Modell bestimmen und andere Variablen nur einen geringen Einfluß auf die Zuordnung der Fälle haben. Da aber alle Variablen entweder als 4er-Rating oder 5er-Rating-Skala definiert waren, konnte in diesem Fall darauf verzichtet werden. Die Analysen ergaben auch bei einer niedrigeren oder höheren Vorgabe der Clusteranzahl eine große Stabilität der sieben Typen. Dies spricht für eine hohe Validität der Ergebnisse. Die sieben identifizierten Nichtwählertypen sind:

Abbildung 15: Nichtwählertypen und ihre Bedeutung[1)]

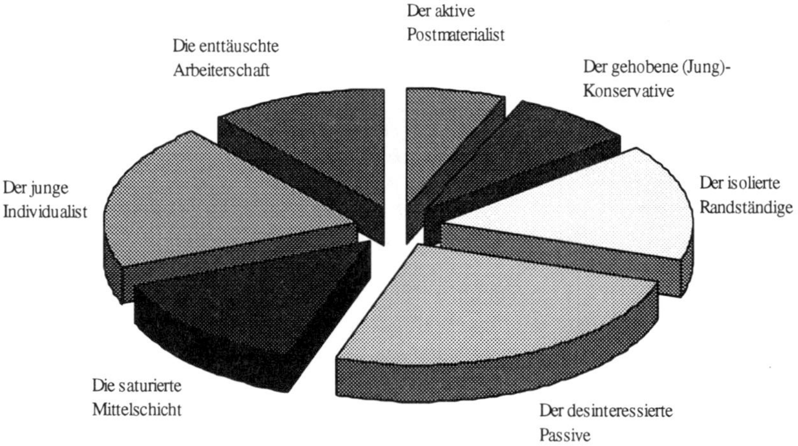

1) Die Stärke der Segmente drückt den Anteil der verschiedenen Typen innerhalb der Nichtwählerschaft Ende der achtziger und Anfang der neunziger Jahre aus.

Quelle: ALLBUS 1988/90 und 1991/92

Im Anhang XVI ist eine Aufstellung der ermittelten Clustermittelwerte für alle drei ALLBUS-Datensätze sowie für die Panelstudie enthalten. Ebenso sind darin die Fallzahlen der einzelnen Segmente aufgeführt, um einen Eindruck zu gewinnen, auf welcher Basis die weitere Argumentation beruht. Ausgehend von diesen sieben Segmenten konnten neben den im Modell enthaltenen Merkmalen die politischen Einstellungsmuster der einzelnen Typen näher untersucht werden. Sie erlauben ein tieferes Verständnis der Enthaltungsgründe, da sozialstrukturelle Unterschiede zwischen verschiedenen Nichtwählersegmenten nur in geringem Maße bestehen. Wie die nachfolgenden Ergebnisse belegen, gibt es aber große Altersunterschiede zwischen den einzelnen Nichtwählertypen, obwohl dieses Merkmal nicht im Modell enthalten ist. Dies beweist erneut, daß sich die Motive der jungen und älteren Nichtwähler deutlich unterscheiden.

In der unten abgebildeten Übersicht sind zunächst die wichtigsten sozio-demographischen und sozialpsychologischen Merkmale der Nichtwählertypen in einem Überblick zusammengefaßt. Im Anschluß werden die sozialstrukturellen Charakteristika sowie die unterschiedlichen Einstellungs- und Verhaltensmuster der einzelnen Nichtwählertypen ausführlich beschrieben. Der rein deskriptiven Betrachtung folgt eine Zeitverlaufanalyse, in der die Größenentwicklung der einzelnen Segmente von 1982 bis 1992 verfolgt wird. Dabei werden die vier zentralen Erklärungsansätze Normalisierung, Dealignment, Entfremdung und Individualisierung auf die Profile der Nichtwählertypen übertragen.

Abbildung 16: Charakteristika der Nichtwählertypen Ende der achtziger und Anfang der neunziger Jahre

	Der aktive Postmaterialist	Der gehobene Jung-Konservative	Der isolierte Randständige	Der desinteressierte Passive	Die saturierte Mittelschicht	Der junge Individualist	Die enttäuschte Arbeiterschaft
Sozio-demographische Merkmale							
Durchschnittsalter	33 Jahre	35 Jahre	48 Jahre	48 Jahre	42 Jahre	34 Jahre	45 Jahre
Bildungsgrad	hoch	hoch	gering	gering	mittel	mittel	gering
Haushaltseinkommen	2.700 DM	3.000 DM	2.200 DM	2.600 DM	3.200 DM	2.800 DM	2.400 DM
Sozio-politische Merkmale							
Politisches Interesse	groß	mittel	gering	gering	mittel	mittel bis gering	groß bis mittel
Parteibindung	keine	keine	keine	ja	teils-teils	keine	teils-teils
Entfremdung	stark	keine	stark	schwach	keine	schwach	stark
Politische Kompetenz	hoch	hoch	gering	gering	mittel	gering	gering
Ingelhart-Index	Postmaterialisten	postmat. Mischtyp	mat. Mischtyp	Materialisten	mat. Mischtyp	postmat. Mischtyp	mat. Mischtyp
Partizipationsverhalten	aktiv	passiv	sehr passiv	sehr passiv	passiv	passiv	passiv
Links-Rechts-Skala	4,2	5,3	5,8	5,7	5,6	5,3	5,1

Quelle: ALLBUS 1988/90, 1991/92; CNEP 1990

7.1 Charakteristika der Nichtwählertypen

7.1.1 Der aktive Postmaterialist

Der aktive Postmaterialist vereinigt alle Elemente des Ingelhardt'schen Wertewandels. Über 90 Prozent dieser Gruppe sind gemäß der Ingelhart-Skala als Postmaterialisten zu bezeichnen. 85 Prozent sind jünger als 35 Jahre und leben überwiegend in Ballungsgebieten. Das Bildungsniveau ist sehr hoch, über 90 Prozent haben Abitur oder Fachhochschulreife. Etwa die Hälfte ist berufstätig, darunter befindet sich mit rund 20 Prozent eine sehr große Zahl von Beamten, vorwiegend des gehobenen und höheren Dienstes. 40 Prozent arbeiten in leitender Funktion in der privaten Wirtschaft oder im freien Wissenschaftsbetrieb. Jeder vierte aktive Postmaterialist ist Student. Der Beruf spielt eine wichtige Rolle, Freizeit und ein angenehmes Leben werden jedoch nicht vernachlässigt. Die Bindungen an Familie und Verwandtschaft sind nicht eng, die Kirche spielt überhaupt keine Rolle im Leben des aktiven Postmaterialisten. Politisch unterscheidet er sich sehr deutlich von den übrigen Nichtwählersegmenten. Der aktive Postmaterialist ist politisch hochsensibilisiert, im gleichgesinnten Freundes- und Bekanntenkreis wird häufig über politische Probleme diskutiert. Es ist das einzige Segment, das sich auf der Links-Rechts-Skala deutlich von der üblichen Tendenz des Nichtwählers als „Bürger der Mitte“ abhebt. Mit einem Mittelwert von 4,2 auf der üblichen 11er Skala vereinigt er sowohl linksalternative als auch linksliberale Kräfte. Seine politische Heimat liegt zu großen Teilen bei den Grünen und der SPD. Von denjenigen, die 1990 nicht zur Wahl gingen, beabsichtigten 28 Prozent Grüne zu wählen, 17 Prozent waren noch unentschlossen, weitere 17 Prozent wollten der SPD ihre Stimme geben. Entsprechend findet sich auch eine äußerst negative Haltung gegenüber der christlich-liberalen Bundesregierung. Das bestehende politische System wird nicht grundsätzlich abgelehnt, aber der Wunsch nach Änderungen ist groß. Entsprechend besteht auch eine hohe Erwartungshaltung gegenüber der Politik. Ganz oben stehen die Bereiche Umwelt und Atomkraft, Verteidigung und das Abtreibungsrecht. Die Unzufriedenheit mit den bestehenden Verhältnissen mündet jedoch nicht in Resignation. Der aktive Postmaterialist hält sich politisch für sehr kompetent, traut sich zu, die bestehenden Verhältnisse beeinflussen zu können, und nimmt aktiv am politischen Geschehen teil. Dieses Segment verkörpert im Gegensatz zu den anderen Typen eine hohe Partizipationsbereitschaft. Wahlenthaltung ist gekoppelt mit einem sehr hohen politischen Interesse sowie mit einem hohen Engagement bei unverfaßten Partizipationsformen - von Unterschriftensammlungen bis hin zu zivilem Ungehorsam. Wählen wird keineswegs grundsätzlich abgelehnt, alle Befragten sind bereit, gegebenenfalls zur Wahl zu gehen. Trotz der recht hohen Fluktuation zwischen Wahl und Nichtwahl erweist sich das Segment über die letzten zehn Jahre als äußerst stabil. In diesem Sinne treffen für diese kleine Gruppe von Nichtwählern die Ingelhart'schen Annahmen zu. Die Wahlteilnahme wird möglicherweise als ineffektives Mittel zur Durchsetzung der politischen Ziele angesehen. Des weiteren können jedoch auch kurzfristige Motive gegen die Teilnahme sprechen. Obwohl der aktive Postmaterialist vorwiegend zu den Grünen und der SPD tendiert, bestehen demgegenüber in wirtschaftlichen Fragen liberalere Vorstellungen als von SPD oder Grünen vertreten. Ebenso gab es bei der Bundestagswahl 1990 unter den aktiven Nichtwählern keine allzu große Zustimmung zu Oskar Lafontaine als Kanzlerkandidaten. Der aktive Postmaterialist war im Zuge der Deutschen Einheit weder mit den Grünen noch mit der Politik von Lafontaine zufrieden.

7.1.2 Der gehobene Jung-Konservative

In ihren sozialstrukturellen Merkmalen unterscheiden sich die beiden ersten Typen kaum voneinander. Das Durchschnittsalter des gehobenen Jung-Konservativen beträgt ebenfalls rund 33 bis 35 Jahre. Etwas weniger als die Hälfte ist berufstätig, 30 Prozent sind Studenten. Unter den Berufstätigen befinden sich 38 Prozent in Führungspositionen des Staates, der Wirtschaft oder der Wissenschaft. Die zweite Gruppe von Nichtwählern mit höherer Bildung bildet in ihren politischen Einstellungen jedoch einen Gegenpart zum aktiven Postmaterialisten. Sie zeichnen sich zum einen durch ein eher mittleres politisches Interesse aus, allerdings verfolgt der gehobene Jung-Konservative gemäß seines hohen Bildungsniveaus die politische Berichterstattung sowohl in der Zeitung als auch im Fernsehen aufmerksam. Gleichzeitig traut man sich eine hohe politische Kompetenz zu, ohne jedoch aktiv werden zu wollen. Nur eine Minderheit engagiert sich in Bürgerinitiativen oder anderen Formen unverfaßter Partizipation. Politik spielt nicht annähernd die Rolle wie im Leben des aktiven Postmaterialisten. Politische Diskussionen im Freundeskreis sind selten, politische Aktivitäten, die über eine Beteiligung an Unterschriftensammlungen hinausgehen, bleiben die Ausnahme, werden aber nicht vollkommen abgelehnt. Zum zweiten zeigt der gehobene Jung-Konservative hohe Zufriedenheitsniveaus sowohl gegenüber dem politischen System als auch gegenüber der Bundesregierung. Er gehört zu den wenigen Nichtwählertypen, die keine Anzeichen sozialer oder politischer Entfremdung aufweisen. Die Ansprüche gegenüber dem Staat sind weitaus geringer als beim aktiven Postmaterialisten oder anderen Nichtwählertypen. Es überwiegen politisch liberale Vorstellungen, ohne daß der gehobene Jung-Konservative einem bestimmten politischen Lager zuzuordnen ist. Die politische Unabhängigkeit steht im Einklang mit den persönlichen Wertvorstellungen des gehobenen Jung-Konservativen. Im politischen wie privaten Bereich dominiert das Leistungsdenken, gleichzeitig fühlt sich der gehobene Jung-Konservative jedoch wenig an Verpflichtungen gebunden. Parteibindungen und Wahlnorm exisitieren kaum. Karriere- aber auch Freizeitorientierung stehen im Vordergrund, das Familienleben ist noch nicht von überragender Bedeutung. Zur Religion hat der gehobene Jung-Konservative wenig Bezug. Dennoch gibt es keine Anzeichen sozialer Desintegration. Das Engagement in Vereinen ist überdurchschnittlich. Beruf und Arbeit werden eine sehr hohe Bedeutung beigemessen. Tugenden wie Ehrgeiz und „hart Arbeiten“ werden stärker akzentuiert als beim aktiven Postmaterialisten. In den Lebenswelt-Ansätzen findet sich mit dem gehobenen Konservativen ein ähnliches Segment (Gluchowski 1991; Becker 1992). Wie in Kapitel 6.4.3 dargestellt wurde, war die Wahlbeteiligung des gehobenen Konservativen jedoch überdurchschnittlich. Auffällig ist, daß es unter den gehobenen, konservativen Nichtwählern kaum Personen mittleren oder höheren Alters gibt. Für die jüngere Generation der gehobenen Konsumenten ist die Wahlbeteiligung nicht mehr so selbstverständlich wie bei den älteren Jahrgängen.

7.1.3 Der isolierte Randständige

Der Typus des isolierten Randständigen vereint alle Merkmale sozialer Randerscheinungen, verbunden mit einer extrem ablehnenden Haltung gegenüber dem politischen System sowie den gesellschaftlichen Institutionen. Der isolierte Randständige weist den geringsten Bildungsgrad auf, das Durchschnittseinkommen der Befragten lag Anfang der neunziger Jahre mit 970 DM deutlich unter dem der anderen Nichtwählersegmente. Knapp 10 Prozent haben keinen Schulabschluß, 75 Prozent haben die Hauptschule absolviert. Mehr als die Hälfte der Erwerbstätigen waren oder sind Arbeiter, drei von vier davon ungelernte oder angelernte Arbeiter. Unter den Angestellten sind ebenfalls einfache Tätigkeiten in Büro und Handel deutlich überrepräsentiert. Der hohe Anteil Nichterwerbstätiger (64 Prozent) resultiert aus der überdurchschnittlichen Zahl von Rentern und Hausfrauen. Insbesondere Frauen sind stark überrepräsentiert. Politik spielt praktisch keine Rolle im Leben dieser Menschen. Nahezu alle haben ein geringes oder überhaupt kein politisches Interesse. Der isolierte Randständige hält sich selbst politisch für wenig kompetent, er identifiziert sich nicht mit einer Partei und ist kaum bereit, sich politisch zu engagieren. Die Parteien und die Spitzenkandidaten werden von der Mehrheit als nicht kompetent eingeschätzt. Bei der Bundestagswahl 1990 hatten 80 Prozent keine Kandidatenpräferenz, die Hälfte davon hielt beide Bundeskanzlerkandidaten für gleichermaßen ungeeignet, die andere Hälfte sah keinen Unterschied zwischen Helmut Kohl und Oskar Lafontaine. Das undifferenzierte Bild der Politikwahrnehmung vervollständigt sich noch, wenn man das Medienverhalten des Randständigen betrachtet. Nur rund 38 Prozent lesen eine Tageszeitung, politische Berichte jedoch ohne große Aufmerksamkeit. Auch Nachrichtensendungen im Fernsehen werden im Vergleich zu anderen Gruppen weitaus seltener gesehen. Rund ein Viertel der Befragten gab an, niemals Tagesschau oder Heute-Nachrichten im Fernsehen zu verfolgen. Die bundesdeutsche Demokratie, das politische System als auch die Bundesregierung erhalten regelmäßig sehr schlechte Noten. Die Entfremdung geht jedoch weit über den Politikbereich hinaus. 80 Prozent sind nicht Vereinen organisiert, gehen selten oder nie in die Kirche. Die starke soziale Anomie führte zudem im Vereinigungsjahr zu einer extrem kritischen Haltung gegenüber Ostdeutschland. Die hohen Unzufriedenheitswerte sowie die ausgeprägte Anomie sind jedoch weniger Ausdruck einer aktuellen Politikverdrossenheit, sondern ein unspezifisches Gemisch aus Entfremdung, politischer Kompetenzlosigkeit und sozialem Desinteresse. Diese These erhärtet sich bei Fragen, wie beispielsweise den Erwartungen über den Wahlausgang. Drei von vier Randständigen konnten sich vier Wochen vor der Bundestagswahl 1990 kein Bild davon machen, wer gewinnen wird, während in allen anderen Nichtwählersegmenten durchaus die Mehrheit einen

Wahlsieg der christlich-liberalen-Koalition voraussah. Die große Distanz zur Politik mündet in einer hohen Zahl von Dauer-Nichtwählern. 75 Prozent der Wahlberechtigten haben nicht gewählt und beabsichtigen auch nicht, bei der kommenden Wahl ihre Stimme abzugeben.

7.1.4 Der desinteressierte Passive

Trotz eines sehr ähnlichen Bildungsniveaus hat der desinteressierte Passive nur wenig mit dem isolierten Randständigen gemein. Sozialstrukturell hebt er sich vor allem durch seine wesentlich bessere Einkommenssituation ab. Das Haushaltsnettoeinkommen liegt zwischen 2.500 und 2.700 DM, das Einkommen des Befragten bei rund 1.500 DM, obwohl der Anteil der Rentner mit rund 30 Prozent etwas größer ist. Das Durchschnittsalter liegt bei rund 48 Jahren, die Jüngeren (bis 35 Jahre) sind mit 35 Prozent leicht unterrepräsentiert. Der Arbeiteranteil ist überdurchschnittlich, wobei es sich bei der überwiegenden Mehrheit um Facharbeiter handelt. 60 Prozent der Erwerbstätigen sind Angestellte, vor allem Sachbearbeiter und Schreibkräfte. Im Gegensatz zum isolierten Randständigen nimmt dieser Typus keine ablehnende Haltung gegenüber dem politischen System ein. Vielmehr ist er mit den politischen Verhältnissen recht zufrieden. Zudem neigt die überwiegende Mehrheit der desinteressierten Passiven einer Partei zu. Trotzdem wird der Politik kein besonderes Gewicht beigemessen, das politische Interesse ist gering. Der Anteil der überhaupt nicht Interessierten beträgt 20 Prozent. Nur die Randständigen haben ein noch etwas geringeres Interesse. Politik spielt im Alltag keine Rolle, es wird selten über politische Probleme gesprochen. Der politischen Berichterstattung in den Printmedien und im Fernsehen wird keine allzu große Beachtung geschenkt. Obwohl der desinteressierte Passive auch Anfang der neunziger Jahre eine hohe Zufriedenheit mit dem politischen System aufweist, haben sich die Urteile über die politischen Akteure sowie über das aktuelle politische Geschehen verschlechtert. Es finden sich Ansätze einer Politik- und Parteienverdrossenheit, die jedoch gekoppelt sind mit einer geringen politischen Kompetenz und einem hohen Maß an Passivität. Trotz eines recht hohen Pflichtbewußtseins ist er aber nicht immer bereit, an Wahlen teilzunehmen. Der desinteressierte Passive beteiligt sich politisch kaum. Weniger als 10 Prozent haben jemals an einer Unterschriftensammlung teilgenommen. Knapp drei Viertel der desinteressierten Passiven lehnen eine Beteiligung an Bürgerinitiativen oder Demonstrationen unter allen Umständen ab. Die ablehnende Haltung gegenüber unverfaßten Partizipationsformen ist Ausdruck einer extremen „law and order"-Einstellung. 65 bis 75 Prozent sehen Ruhe und Ordnung als wichtigstes politisches Ziel an. Der desinteressierte Passive wünscht sich ein wesentlich härteres Durchgreifen bei der Verbrechensbekämpfung. Er vertritt zu den Themen Asylrecht, Abtreibung, Homosexualität und Drogenkonsum rechtspopulistische Einstellungen, obwohl er sich in allen untersuchten Umfragen in der Regel politisch in der Mitte einordnet. Der überwiegende Teil der desinteressierten Passiven ist gemäß seinem früheren Wahlverhalten politisch zwischen Regierungs- und Oppositionslager einzuordnen, wobei er etwas stärker zur SPD neigt. Obwohl es Präferenzen für die beiden großen Parteien gibt, fällt es SPD und CDU schwer, den desinteressierten Passiven zur Stimmabgabe zu mobilisieren. Der Anteil der konstanten Nichtwähler beträgt über die Jahre rund 60 Prozent, obwohl in dieser Gruppe Pflichtbewußtsein weit verbreitet ist. Unter den übrigen dürfte sich ein großer Teil von Stammwählern befinden, die sich jedoch nicht regelmäßig an jeder Wahl beteiligen.

7.1.5 Die saturierte Mittelschicht

Von allen Nichtwählergruppen zeigt die saturierte Mittelschicht die stärkste Integration ins gesellschaftliche Leben. Der Anteil Verheirateter ist hoch, insgesamt haben zwei von drei Befragten einen festen Lebenspartner. Haushaltsgröße und Kinderzahl sind höher als in allen anderen Nichtwählersegmenten. Nur rund 10 Prozent sind konfessionslos, der Saturierte geht außerdem wesentlich häufiger zur Kirche. Zusammen mit den beiden höhergebildeten Typen ist er überdurchschnittlich stark in Vereinen, Verbänden und Gewerkschaften eingebunden. Auch der Anteil der Erwerbstätigen liegt im Vergleich deutlich höher. Je die Hälfte haben einen Haupt- oder einen Realschlußabschluß. Das mittlere Bildungsniveau ist damit stark überrepräsentiert. Das monatliche Haushaltnettoeinkommen liegt jedoch mit über 3.000 DM höher als bei allen anderen Typen, ebenso das persönliche Einkommen mit durchschnittlich rund 1.900 DM. Rund 70 Prozent der saturierten Mittelschicht stuft sich gesellschaftlich in der Mitte oder oberen Mitte ein. Die gute ökonomische Situation ist gepaart mit einer sehr hohen politischen Zufriedenheit und Zustimmung zu den bestehenden Verhältnissen sowie einem sehr geringen wohlfahrtsstaatlichen Anspruchsdenken. Politisch extreme Positionen werden kaum bezogen. Parteipolitisch ist die saturierte Mittelschicht nicht eindeutig einzuordnen. Ihr Wahlverhalten in der Vergangenheit entspricht in etwa dem Parteienproporz in der Bundesrepublik. Die hohe Zustimmung zu den politischen Verhältnissen, verbunden mit einem mittleren politischen Interesse sowie einer ihres Erachtens eher geringen Wichtigkeit von Politik, gab diesem Typ den Namen der Saturiertheit. Familie und Kinder spielen ein herausragende Rolle im Leben dieser Menschen. Die generell große Wichtigkeit von Familie und Kindern liegt mit 6,5 auf einer 7er Skala weitaus höher als bei den anderen Nichtwählertypen. Die Saturiertheit ist jedoch kein Ausdruck von Hedonismus. Der Saturierte weist alle Eigenschaften des „idealen“ Wählers auf. Neben einer starken sozialen Integration und einem hohen sozio-ökonomischen Status haben mehr als die Hälfte der Befragten eine Parteipräferenz und rund zwei Drittel befürworten die Wahlnorm. Die Einstellungen gegenüber Parteien und Politikern sind im Verhältnis zu den anderen Nichtwählertypen deutlich positiver. Man traut sich eine recht hohe Kompetenz in politischen Fragen zu, die durchaus vergleichbar ist mit der des aktiven Postmaterialisten. Allerdings besteht zur aktiven Partizipation kaum Bereitschaft. Zudem stufen rund 60 Prozent ihr politisches Interesse als durchschnittlich ein. Der saturierte Nichtwähler bleibt Wahlen keineswegs grundsätzlich fern. Nur jeder Vierte, der bei der letzten Bundestagswahl nicht gewählt hatte, beabsichtigt, bei der kommenden Wahl wiederum keine Stimme abzugeben. Dieser hohe Anteil konjunktureller Nichtwähler spiegelt die ebenfalls eher wohlwollende, aber gleichgültige Haltung in dieser Frage wider. Der Wahlverzicht dürfte überwiegend von kurzfristigen Motiven geleitet sein.

7.1.6 Der junge Individualist

Zu diesem Segment gehören in erster Linie jüngere Menschen mit einem hohen Grad an Selbstentfaltungswerten. In der Mehrzahl handelt es sich um junge Paare oder Ledige. Über 60 Prozent haben einen Lebenspartner, Single-Haushalte sind unterrepräsentiert. Bisher haben jedoch nur wenige Kinder. In der Regel verfügt der junge Individualist über einen Hauptschul- oder, überdurchschnittlich viele, über einen Realschulabschluß. Die Berufstätigen arbeiten vor allem als Angestellte auf Sachbearbeiterebene oder als Fach- bzw. Vorarbeiter. Sozialstrukturell ähnelt der junge Individualist dem desinteressierten Passiven. Im Gegensatz zu diesem stehen beim jungen Individualisten vor allem Selbstentfaltungswerte im Vordergrund, staatsbürgerliche und gesellschaftliche Pflichten werden abgelehnt. Rund 10 Prozent der jungen Individualisten zeigen ausgeprägte hedonistische Züge. Für die überwiegende Mehrheit ist berufliches Vorwärtskommen jedoch sehr wichtig, ebenso wünscht man sich aber ein ausgeprägtes Freizeit- und Familienleben. Traditionelle Bindungen wie die Kirche existieren nicht mehr, aber einem aktiven Engagement in Vereinen oder im Freundeskreis mißt man große Bedeutung bei. Der Politik steht der junge Individualist sehr distanziert gegenüber und hält sie für nicht für sonderlich wichtig. Andererseits hat man sehr hohe Ansprüche gegenüber dem Staat, insbesondere bezüglich der Arbeitsplatzsicherheit und der Einkommenssicherung. Aber auch postmaterialistische Themen wie Umweltschutz sind von zentraler Bedeutung. Die politischen Leistungen werden sehr stark output-orientiert bewertet. Junge Individualisten haben keine Präferenz für eine bestimmte Partei, sie sind aber keineswegs Dauer-Nichtwähler oder vollkommen unpolitisch wie der isolierte Randständige. Wenn man zur Wahl geht, geben überdurchschnittlich viele der SPD die Stimme. Insgesamt besteht, zumindest Anfang der neunziger Jahre, ein gewisser Grad an Politik- und Parteienverdrossenheit. Der junge Individualist vertraut Parteien und Politikern wenig. Bei der Bundestagswahl 1990 wurden Helmut Kohl und Oskar Lafontaine gleichermaßen negativ bewertet. Die Hälfte sah entweder keinen Unterschied oder hielt keinen der beiden Kandidaten für geeignet. Abgesehen von den isolierten Randständigen, fiel in keinem der Nichtwählersegmente die Bewertung der Spitzenkandidaten so schlecht aus. Ähnlich negativ beurteilten die Menschen die Kompetenz der Parteien. Auch gegenüber parteipolitisch unabhängigen Institutionen besteht ein recht geringes Vertrauen. Der junge Individualist zeigt ein mittleres bis geringes politisches Interesse. Zeitungslektüre und Fernsehnachrichten sind bei der Mehrzahl obligatorisch, die politische Berichterstattung in den Medien wird aber nicht besonders aufmerksam wahrgenommen. Im privaten Alltagsleben spielt Politik keine Rolle. Der eigene politische Einfluß und die eigene Kompetenz wird als niedrig eingeschätzt. In diesem Punkt unterscheiden sie sich kaum vom desinteressierten Passiven. Allerdings ist der junge Individualist nicht ganz so zufrieden mit den politischen Verhältnissen. Diese latente Unzufriedenheit bezieht sich jedoch keineswegs auf die allgemeinen Lebensumstände. Der junge Individualist ist recht zufrieden mit den Lebensverhältnissen in der Bundesrepublik. Er genießt die Freiheit und die soziale Sicherheit, die ihm geboten werden. Es sieht keine Veranlassung dazu, politisch irgendwelche Aktivitäten zu entfalten. Man koppelt sich zwar nicht ab, überläßt aber die aktive Mitsprache anderen.

7.1.7 Die enttäuschte Arbeiterschaft

Der sehr hohe Arbeiteranteil gab diesem Nichtwählertyp den Namen. Rund 60 Prozent verrichtet oder verrichtete produzierende Tätigkeiten. Darunter befinden sich sowohl ungelernte Arbeiter als auch Vorarbeiter. Männer sind unter der enttäuschten Arbeiterschaft deutlich überrepräsentiert. Der sozio-ökonomische Status dieser Menschen ist vergleichbar mit dem des desinteressierten Passiven. Über 70 Prozent haben einen Hauptschulabschluß, das durchschnittliche Haushaltseinkommen betrug Anfang der neunziger Jahre 2.600 DM. Bei der Mehrheit sind keine Tendenzen sozialer Desintegration festzustellen. 60 Prozent sind verheiratet, Ein-Personen-Haushalte sind unterrepräsentiert. Als zweites Merkmal für die Namensgebung diente der hohe Grad politischer Unzufriedenheit. Nur unter dem isolierten Randständigen findet sich ein vergleichbar hohes Potential politischer Entfremdung. Im Gegensatz zum desinteressierten Passiven und zum jungen Individualisten, die Anzeichen einer unspezifischen Parteienverdrossenheit zeigen, ist die Unzufriedenheit der enttäuschten Arbeiterschaft verbunden mit einem überdurchschnittlichen politischen Interesse, einer hohen Aufmerksamkeit für die politische Berichterstattung in den Medien und einer verhältnismäßig starken Parteibindung. Rund 40 Prozent der Befragten präferieren eine bestimmte Partei. Die politische Heimat der enttäuschten Arbeiterschaft ist in erster Linie die SPD, aber eine starke Minderheit neigt auch der CDU/CSU zu. In diesem Segment gibt es allerdings mit rund 60 Prozent eine recht hohe Zahl von Dauer-Nichtwählern. Die enttäuschte Arbeiterschaft ist geprägt von konservativen Einstellungsmustern und hat zugleich eine recht hohe Anspruchshaltung gegenüber dem Staat. Ruhe und Ordnung werden als äußerst wichtig angesehen. Zum Thema Asylrecht werden deutlich rechtere Positionen vertreten als die SPD und auch die CDU einnehmen. Zwischen 40 und 50 Prozent der enttäuschten Arbeiterschaft wollen den Zuzug von Asylanten und von Nicht-EG-Arbeitnehmern völlig unterbinden. Das Meinungsspektrum bei den Themen Verbrechensbekämpfung, Drogenkonsum und Homosexualität zeigt stark rechts-populistische Züge. Dennoch ordnet man sich auf der Links-Rechts-Skala in der Mitte oder im Durchschnitt sogar etwas mehr links ein als andere Nichtwählersegmente - mit Ausnahme des aktiven Postmaterialisten. Obwohl eine Mehrheit die SPD präferiert, wurde Helmut Kohl als Kanzlerkandidat eindeutig bevorzugt. Nur 6 Prozent wünschten sich bei der Wahl 1990 Oskar Lafontaine als Kanzler. Aufgrund der seit Beginn der achtziger Jahre stärkeren linksliberalen Orientierung der SPD fühlt sich diese Gruppe bei Wahlen von keiner Partei mehr adäquat vertreten. Das etwas überdurchschnittliche Politikinteresse der enttäuschten Arbeiterschaft ist jedoch verbunden mit einer geringen subjektiven Kompetenz. Man fühlt sich von den Politikern alleine gelassen, traut sich aber selbst nicht zu, politisch eine aktive Rolle übernehmen zu können. Die SPD vertritt in vielen Fragen nicht die Interessen und Positionen dieser Menschen. Der CDU wird zwar etwas mehr Kompetenz zugetraut, insgesamt hat die enttäuschte Arbeiterschaft jedoch wenig Vertrauen in die Parteien und ihre Lösungskompetenz. Die Unzufriedenheit mit den politischen Verhältnissen und den politischen Akteuren dürfte, wie in keinem der anderen Segmente, das entscheidende Motiv der Wahlenthaltung sein.

7.2 Entwicklung der Nichtwählertypen im Zeitverlauf

Ausgangspunkt der längsschnittlichen Ursachenanalyse waren die vier zentralen Erklärungsansätze Normalisierung, Dealignment, Entfremdung und Individualisierung. Anhand der Typologie kann der Aussagewert dieser Thesen nun differenzierter betrachtet werden. Trotz der insgesamt hohen Erklärungskraft des Dealignment und der Normalisierungshypothese lassen sich diese Erklärungen nicht auf alle Nichtwählertypen übertragen. Der aktive Postmaterialist ist politisch stark interessiert, seine Wahlenthaltung kann daher nicht als Normalisierung gekennzeichnet werden. Der gehobene Jung-Konservative ist dagegen mit den politischen Verhältnissen sehr zufrieden. Verdrossenheit entfällt als Motiv der Wahlenthaltung sowie als Motiv einer fehlenden Parteipräferenz. Aufgrund des überdurchschnittlichen Politikinteresses fällt es schwer, sein Fernbleiben als „normal" zu interpretieren. Vielmehr dürften Zustimmung oder Gleichgültigkeit Ursache seines Verhaltens gewesen sein.

Der dritte Nichtwählertyp jüngeren Alters, der junge Individualist, neigt keiner Partei zu und nimmt eine distanzierte Haltung gegenüber Politik ein. Alle drei Nichtwählertypen verkörpern die jüngere Generation von Nichtwählern: geringes Wahlpflichtbewußtsein verbunden mit einer gleichgültigen bis kritischen Distanz zum politischen System und den etablierten Parteien. Mit dem Eintritt neuer Wählerschichten in das Elektorat ist damit eine politisch unabhängigere Gruppe von Wahlberechtigten hinzugekommen, die möglicherweise stellvertretend für den Beginn eines Generationenwandels steht. Während jedoch der junge Individualist mehr den Vorstellungen des unpolitischen Nichtwählers entspricht, zeigt der aktive Postmaterialist ein hohes politisches Engagement. Der gehobene Jung-Konservative verkörpert hingegen eher den unabhängigen Nichtwähler.

Entfremdung als Ursache der Wahlenthaltung findet sich insbesondere beim isolierten Randständigen und bei der enttäuschten Arbeiterschaft. Der Randständige vereinigt gar alle vier Erklärungsanätze in seiner Person. Er ist desinteressiert, unzufrieden, hat keine Parteibindung und ist sozial ausgegrenzt. Dagegen fällt es bei der saturierten Mittelschicht schwer, überhaupt eines der zentralen Motive auf sie zu übertragen. Verhältnismäßig starken Parteibindungen, mittlerem aber keineswegs geringem politischem Interesse sowie einer starken gesellschaftlichen Integration steht eine hohen Zufriedenheit mit den politischen Verhältnissen gegenüber. Entgegen den Theorien politischer Entfremdung dürfte die Wahlenthaltung, wie beim gehobenen Jung-Konservativen, eher als Zustimmung oder wohlwollende Gleichgültigkeit zu deuten sein. Denn im Unterschied zum jungen Individualisten und zum desinteressierten Passiven läßt sich die Wahlenthaltung der saturierten Mittelschicht keineswegs als eine grundsätzliche Distanz zu Politik verstehen. Die saturierte Mittelschicht sind keine unpolitischen Nichtwähler. Für sie besteht aber trotz vorhandenem politischem Interesse keine Notwendigkeit, an jeder Wahl teilzunehmen. Ähnlich wie der gehobene Jung-Konservative verkörpert die saturierte Mittelschicht den ungebundenen bzw. unabhängigen Teil der Nichtwählerschaft. Dagegen ist der desinteressierte Passive zwar ebenfalls relativ zufrieden, diese Zufriedenheit ist jedoch in erster Linie Resultat seiner unpolitischen und passiven Staatsbürgerrolle. Der junge Individualist und in Ansätzen auch der desinteressierte Passive zeigen im Zeitverlauf zwar beide Anzeichen einer Politik- und Parteienverdrossenheit, sind aber gleichzeitig mit den Lebensverhältnissen in der Bundesrepublik sehr zufrieden. Die folgende Übersicht veranschaulicht die Relevanz der Erklärungsansätze für jeden der sieben Nichtwählersegmente:

Abbildung 17: Bedeutung der Erklärungsansätze für die einzelnen Nichtwählertypen

	Normalisierung	Dealignment	Entfremdung	Individualisierung
Der aktive Postmaterialist	-	+	++	++
Der gehobene Jung-Konservative	+	+	-	++
Der isolierte Randständige	++	++	++	++
Der desinteressierte Passive	++	-	+	-
Die saturierte Mittelschicht	-	-	-	-
Der junge Individualist	+	++	+	++
Die enttäuschte Arbeiterschaft	-	-	++	-

Legende: ++ = große Bedeutung; + = geringere Bedeutung; - = keine Bedeutung

Die Charakterisierung der Nichtwählertypen über sozialstrukturelle Merkmale erlaubt es, die quantitative Entwicklung der einzelnen Nichtwählertypen über einen Zeitraum von rund zehn Jahren zu verfolgen. Dazu bietet insbesondere der ALLBUS mit seinen seit 1980 rund 20.000 Befragten eine hervorragende Datengrundlage. Dabei erwiesen sich die Nichtwählersegmente im Zeitverlauf als äußerst stabil. Die nachstehende Tabelle gibt die Bedeutung der einzelnen Nichtwählertypen von 1982 bis 1992 wieder. In der rechten Hälfte der Tabelle ist der proportionale Veränderungsindex enthalten. Dieser Index beschreibt, inwieweit sich die einzelnen Typen im Verhältnis zum Gesamtanstieg der Nichtwählerzahlen über-

oder unterdurchschnittlich entwickelt haben. Dazu wurden die Veränderungsraten der einzelnen Nichtwählertypen durch den Gesamtanstieg der Nichtwähleranteile dividiert. Sofern der Index Werte kleiner als eins annimmt, ist dieses Nichtwählersegment unterdurchschnittlich gestiegen. Umgekehrt dokumentiert ein Wert größer als eins einen überdurchschnittlichen Bedeutungszuwachs dieses Nichtwählertyps.

Tabelle 70: Entwicklung der einzelnen Nichtwählertypen von 1982 bis 1992 (in Prozent)

	Anteile der Typen in Prozent der gesamten Nichtwählerschaft			Veränderungsindex	
	1982/84	1988/90	1991/92	1982/84-1988/90	1982/84-1991/92
Nichtwähleranteil/ -veränderung insgesamt	7,5	11,2	14,1	1,49	1,88
davon					
Der aktive Postmaterialist	10,0	6,2	6,3	0,62	0,64
Der gehobene Jung-Konservative	8,8	7,3	8,7	0,83	0,99
Der isolierte Randständige	18,9	16,3	14,8	0,86	0,78
Der desinteressierte Passive	24,3	29,7	20,8	1,23	0,86
Die saturierte Mittelschicht	10,7	11,4	15,8	1,07	1,48
Der junge Individualist	16,9	17,6	22,1	1,04	1,31
Die enttäuschte Arbeiterschaft	10,3	11,4	11,5	1,12	1,12
insgesamt	100	100	100		

Lesehilfe: Die Nichtwähleranteile sind insgesamt von 7,5 auf 14,1 Prozent gestiegen. In Prozent entspricht dies einem Anstieg gegenüber dem Basisjahr 1982/84 von 49 Prozent 1988/90 (1,49) und 88 Prozent 1991/92 (1,88). Der Anstieg bei den aktiven Postmaterialisten war mit 0,62 von 1982/84 zu 1988/90 unterdurchschnittlich, ebenso von 1982/84 auf 1991/92. D.h. dieser Nichtwählertyp hat an Bedeutung verloren.

Quelle: ALLBUS 1982/84, 1988/90, 1991/92

Von allen Nichtwählertypen haben in den vergangenen zehn Jahren die saturierte Mittelschicht und der junge Individualist am deutlichsten zugenommen. Dagegen haben die vier zuerst genannten Nichtwählertypen Anfang der neunziger Jahre an Bedeutung verloren. Beim gehobenen Jung-Konservativen entsprach der Bedeutungsanstieg ziemlich genau dem durchschnittlichen Nichtwählerzuwachs. In absoluten Zahlen ist der junge Individualist inzwischen das größte Nichtwählersegment. Betrachten wir die Entwicklung der Typen im einzelnen:

A) Der aktive Postmaterialist

Das Nichtwählersegment ist von 1983 auf 1987 nicht gewachsen. Mit dem Einzug der Grünen in den Bundestag und in die Landtage gelang es, den aktiven Postmaterialisten in das bundesdeutsche Parteiensystem zu integrieren. Allerdings nahm die absolute Zahl dieser Nichtwähler bei der Bundestagwahl 1990 wieder zu. Dieser Anstieg dürfte entscheidend dafür verantwortlich sein, daß die Grünen in Westdeutschland die Fünf-Prozent-Hürde nicht mehr schafften. Für diese aktiven Nichtwähler trifft möglicherweise die These von Feist (1994) zu, daß der aktive Postmaterialist deshalb nicht wählt, weil er sich eine andere Qualität der Mitbestimmung wünscht. Entgegen der Argumentation von Feist ist dieses Segment für den starken Rückgang der Wahlbeteiligung kaum verantwortlich. Seine Bedeutung ging im Zeitverlauf zurück.

B) Der gehobene Jung-Konservative
Während seine Bedeutung von 1983 auf 1987 noch leicht sank, ist dieses Segment vor allem Anfang der neunziger Jahre kräftig gewachsen. Der gehobene Jung-Konservative verhält sich jedoch gegen alle Regeln der Nichtwählerforschung. Hoher sozio-ökonomischer Status, ein überdurchschnittliches Interesse sowie eine hohe Zufriedenheit mit den politischen Verhältnissen kennzeichnen diesen Nichtwählertyp. Nur sein geringes Pflichtbewußtsein unterscheidet ihn von der saturierten Mittelschicht, die zwar keine höhere Schulbildung absolvierte, aber dennoch einen hohen sozio-ökonomischen Status aufweist. Die zunehmende Wahlenthaltung ist Ausdruck einer „neuen" Generation von Nichtwählern. Die Teilnahme an Wahlen ist keine Selbstverständlichkeit, auch wenn man über ein überdurchschnittliches politisches Interesse verfügt.

C) Der isolierte Randständige
Der Anstieg dieses Segments ist vor allem damit zu erklären, daß politisch Desinteressierte inzwischen sehr stark auf ihr Wahlrecht verzichten, was Anfang der achtziger Jahre nur eine Minderheit getan hat. Ebenso sind im Zuge der gestiegenen sozialen Armut in Teilen der bundesdeutschen Gesellschaft die Voraussetzungen für Randständigkeit gestiegen. Da Anfang der neuziger Jahre nur noch rund 6 Prozent überhaupt kein politisches Interesse haben, dürfte dieses Segment langfristig gesehen an Bedeutung verlieren. Der Wegfall der psychologischen Bindungen hat dazu geführt, daß der isolierte Randständige sich von seinem staatsbürgerlichen Wahlpflichtbewußtsein gelöst hat.

D) Der desinteressierte Passive
Die Bedeutung des desinteressierten Passiven hat zunächst stark zugenommen, aber Anfang der neunziger Jahre wieder abgenommen. Insgesamt stellt dieses Segment jedoch eine relativ konstante Zahl von Nichtwählern im Zeitverlauf dar. Für den Rückgang der Wahlbeteiligung sind sie jedoch nur teilweise verantwortlich. Der desinteressierte Passive wird auch weiterhin in großem Maße nicht wählen, aber aufgrund des steigenden politischen Interesses bleibt seine Bedeutung begrenzt. Zusammen mit dem Randständigen verkörpert der desinteressierte Passive die „klassischen" Nichtwählertypen. Auf beide Typen trifft vor allem die Normalisierungshypothese zu. Die Politikverdrossenheit hat beim desinteressierten Passiven Anfang der neunziger Jahre leicht zugenommen, ohne jedoch die generelle Zustimmung zum politischen System in Frage zu stellen, zumal der Zuwachs dieses Segments bis Ende der achtziger Jahre unabhängig von diesen Unzufriedenheitstendenzen erfolgte.

E) Die saturierte Mittelschicht
Der starke Zuwachs dieses Nichtwählertyps macht deutlich, daß die üblichen Faktoren der Wahlenthaltung an Aussagekraft verlieren. Keine der zugrundeliegenden Theorien ist in der Lage, die Wahlenthaltung der saturierten Mittelschicht zu erklä-

ren. Damit soll jedoch der Wert der Theorieansätze nicht generell in Abrede gestellt werden. Bei anderen Nichtwählertypen erweisen sich die Erklärungsansätze durchaus als brauchbar. Die zunehmende Bedeutung der saturierten Nichtwähler unterstreicht jedoch die Wichtigkeit differenzierter Analysemethoden. Die saturierte Mittelschicht hält es nicht für notwendig, ihre Zustimmung über den Stimmzettel auszudrücken.

F) Der junge Individualist
Der junge Individualist repräsentiert am eindrucksvollsten die „neue“ Generation von Nichtwählern. Seine Bedeutung ist in den letzten zehn Jahren stark gestiegen. Die sinkende Wahlbeteiligung der Jüngeren sowie die hohe Erklärungskraft des Dealignment bestätigen diese Befunde. Ebenso wie beim gehobenen Jung-Konservativen dokumentiert dieser Nichtwählertyp die zunehmende Unabhängigkeit von psychologischen Bindungen und Pflichten. Gleichzeitig zeigt der junge Individualist im Untersuchungszeitraum eine wachsende Politik- und Parteienverdrossenheit. Im bestehenden Parteiensystem findet er Anfang der neunziger Jahre keine wählbare Alternative. Der junge Individualist verkörpert aber zugleich den Teil des jüngeren Elektorats, der mit Politik nicht allzu viel im Sinn hat. Seine distanzierte Haltung ist daher zugleich Ergebnis einer seltenen und oberflächlichen Auseinandersetzung mit Politik. Aufgrund ihrer ungebundenen und unabhängigen Lebenseinstellung gibt es für diese Gruppe jedoch keinen zwingenden Grund, sich an Wahlen zu beteiligen.

G) Die enttäuschte Arbeiterschaft
Die zunehmende Zahl dieser Nichtwähler bestätigt für einen Teil der Nichtwählerschaft die Richtigkeit der Entfremdungthese. Die enttäuschte Arbeiterschaft fühlt sich von der SPD aber auch von anderen Parteien nicht mehr vertreten. Aufgrund ihrer politisch rechts-populistischen Einstellungen dürfte dieser Nichtwählertyp am ehesten Sympathien für die Republikaner zeigen. Sein Anteil hat von 1983 bis 1990 kontinuierlich zugenommen. Der hohe Anteil von konstanten Nichtwählern spricht dafür, daß dieser Nichtwählertyp für die etablierten Parteien als Wähler nur schwer wiedergewonnen werden kann.

7.3 Gleichgültigkeit als Motiv der Wahlenthaltung

Die Größenentwicklung der einzelnen Nichtwählertypen liefert deutliche Hinweise auf die Ursachen der sinkenden Wahlbeteiligung. Für eine detaillierte Kausalanalyse müßten jedoch den einzelnen Nichtwählersegmenten vergleichbare Wählertypen gegenübergestellt werden. Ein allgemeiner Vergleich zwischen Wählern und Nichtwählern fällt zu oberflächlich aus, da die Motive der Wahlenthaltung sehr unterschiedlich sind. So lassen sich die Ursachen beim aktiven Postmaterialisten nur sinnvoll erklären, wenn man seine psychographischen Merkmale mit aktiven Postmaterialisten vergleicht, die zur Wahl gehen. Eine solche Vorgehensweise ist jedoch aufgrund der geringen Nichtwähleranteile in Umfragen nicht möglich. Andererseits können an eine solche differenzierte Kausalanalyse keine allzu großen Erwartungen gerichtet werden. In den untersuchten Umfragen rekrutiert sich der durchschnittliche

Wähler der Grünen ebenfalls aus jüngeren Bevölkerungsgruppen, ist mit den bestehenden politischen Verhältnissen unzufrieden und weist eine sehr kritische Haltung gegenüber den etablierten Parteien auf. Noch deutlicher werden die Schwierigkeiten einer solchen Analyse am Beispiel der saturierten Mittelschicht. Sie weisen keine der aus der Theorie ableitbaren Motive der Wahlenthaltung auf. Die dieser Arbeit zugrundeliegende Theorien des Wählerverhaltens und der Partizipationsforschung können folglich für einen beträchtlichen Teil der Nichtwählerschaft das Verhalten nicht erklären.

Der junge Individualist und der desinteressierte Passive stellen Anfang der neunziger Jahre 43 Prozent aller Nichtwähler. In absoluten Zahlen gemessen ist die Größe beider Segmente im Verlauf der letzten zehn Jahre am stärksten gewachsen. Ihnen kommt damit eine Schlüsselrolle bei der Erklärung der sinkenden Wahlbeteiligung zu. Während die Bedeutung des desinteressierten Passiven bis Ende der achtziger Jahre stark anstieg, ging sie Anfang der neunziger Jahre etwas zurück. Das Segment des jungen Individualisten vergrößerte sich indes kontinuierlich von 17 auf 22 Prozent. Beide Typen zeichnen sich dadurch aus, daß sie der Politik sehr distanziert gegenüberstehen, insbesondere beim jungen Individualisten sind im Zeitverlauf Anzeichen einer Politik- und Parteienverdrossenheit hinzugekommen. Ihre Antworten auf die teilweise suggestiven Fragestellungen zur Politikverdrossenheit fallen im Unterschied zu der saturierten Mittelschicht und dem gehobenen Jung-Konservativen deutlich negativer aus. Bis Ende der achtziger Jahre nahm allerdings der Anteil beider Nichtwählertypen zu, obwohl zu dieser Zeit keine Unzufriedenheitstendenzen beim desinteressierten Passiven und beim jungen Individualisten festzustellen waren. Zugleich sind beide Typen auch Anfang der neunziger Jahre mit den allgemeinen Lebensverhältnissen in der Bundesrepublik sehr zufrieden. Dieser scheinbare Widerspruch löst sich durch die ohnehin starke Distanz zur Politik auf. Wie bereits in Kapitel Sechs nachgewiesen wurde, nahm die Verdrossenheit vor allem bei Befragten mit geringem oder keinem politischem Interesse zu. Der desinteressierte Passive sowie der junge Individualist verkörpern den unpolitischen Nichtwähler, bei dem zwar Anfang der neunziger Jahre eine latente Unzufriedenheit zu beobachten ist, der aber ohnehin keinen Bezug zur Politik hat. Ihre Wahlenthaltung läßt sich daher eher als eine Art Gleichgültigkeit interpretieren: Man will mit Politik nicht viel zu tun haben.

Beim gehobenen Jung-Konservativen und bei der saturierten Mittelschicht sind ebenfalls Tendenzen einer allerdings „wohlwollenden“ Gleichgültigkeit zu erkennen. Denn beide Typen sind mit den allgemeinen und politischen Verhältnissen sehr zufrieden und zeigen ein durchschnittliches bis überdurchschnittliches politisches Interesse. Des weiteren finden sich bei diesen beiden Typen keine Anzeichen von Politik- und Parteienverdrossenheit. Sie sehen aber ebenfalls wenig Veranlassung, sich politisch aktiv zu beteiligen. In der Mehrzahl bleiben sie jedoch nur gelegentlich der Wahl fern. Für diese Typen dürften situative Faktoren wie z.B. die Wichtigkeit der Wahl, das politische Meinungsklima im Vorfeld der Wahl für ihre Entscheidung große Bedeutung haben.

Die wahren Motive dieser Personen lassen sich jedoch auch mit Clusteranalysen nicht endgültig auseinanderdividieren. Das Standardinstrumentarium der Umfrageforschung ist nur bedingt geeignet, die verhaltensprägenden Einstellungen zu erkennen. So neigt beispielsweise eine wachsende Zahl von Bundesbürgern dazu, trotz Befürwortung der Wahlnorm nicht zu wählen. Ebenso nahm die Politik- und Parteienverdrossenheit sowohl unter den Nichtwählern als auch unter den Wählern zu. Für eine detaillierte Analyse der Motiv- und Verhaltensmuster müßte auf der Grundlage der sieben Nichtwählertypen das methodische Instrumentarium durch qualitative Interviews ergänzt werden. Eine solche qualitative Forschung wäre in der Lage, die wahren Motive der verschiedenen Nichtwählertypen besser zu verstehen. Bereits die Grundlagenstudien von Lazarsfeld et al. aus dem Jahr 1944 sowie von Campbell et al. (1960) enthielten ergänzend ausführliche Interviews mit Nichtwählern. Für die Bundesrepublik haben nur Ascheberg und Ueltzhöffer (1991) Tiefeninterviews mit Nichtwählern durchgeführt, die jedoch bedauerlicherweise für weitere Auswertungen nicht zur Verfügung standen.

Angesichts der geringen Wahlbeteiligung in der Schweiz, die ein hohes Wohlstandsniveau und eine lange demokratische Tradition aufweist, erscheint (wohlwollende) Gleichgültigkeit durchaus ein plausibles Motiv der Wahlenthaltung. Eine solche Verhaltensannahme, die ohnehin nur auf Teile der Nichtwählerschaft zutrifft, läßt sich jedoch mit den theoretischen Modellen der Wahl- und Partizipationsforschung kaum fassen. Der sozialpsychologische Wählerverhaltensansatz als auch die Partizipationsforschung sind durchaus in der Lage, das Verhalten einzelner Nichtwählertypen zu erklären. Doch die Motive sind vielfältiger geworden. Unterteilt man die Nichtwählertypen anhand ihrer politischen Verbundenheit, lassen sich drei Gruppen unterscheiden:

- Bei drei Typen tritt Entfremdung und Ablehnung der gegenwärtigen Politik als Leitmotiv ihres Handelns in den Vordergrund. Dabei handelt es sich um den aktiven Postmaterialisten, den isolierten Randständigen und die enttäuschte Arbeiterschaft. Sie stellen rund ein Drittel der Nichtwählerschaft.
- Bei zwei Nichtwählersegmenten erscheint der Wahlverzicht Ausdruck wohlwollender Gleichgültigkeit, die verbunden ist mit einer breiten Zustimmung zum politischen System, einem mittleren politischen Interesse sowie einem hohen Maß an politischer Unabhängigkeit. Darunter sind der gehobene Jung-Konservative und die saturierte Mittelschicht zu fassen.
- Bei zwei Nichtwählertypen deutet das Verhalten auf eine distanzierte und desinteressierte Haltung, die als unpolitische Gleichgültigkeit interpretiert werden kann. Der desinteressierte Passive und der junge Individualist zeigen kaum politisches Interesse, halten sich für politisch nicht kompetent, zeigen Anfang der neunziger Jahre Tendenzen einer Parteien- und Politikverdrossenheit, sind aber mit den Lebensverhältnissen im Grunde recht zufrieden.

Die distanzierte Haltung des desinteressierten Passiven sowie des jungen Individualisten läßt jedoch Zweifel aufkommen, ob die latente Unzufriedenheit Ursache der Wahlenthaltung ist. Es erscheint eher plausibel, daß man auch ohne diese kurzfristigen Anzeichen von Verdrossenheit nicht gewählt hätte. Denn der allgemeine Entkoppelungsprozeß bei beiden Typen deutet sich bereits im Verlauf der achtziger Jahre an, ohne Anzeichen von Unzufriedenheitstendenzen. Unabhängigkeit, Distanz und Indifferenz kennzeichen die Einstellungen des desinteressierten Passiven, des jungen Individualisten sowie des gehobenen Jung-Konservativen und der saturierten Mittelschicht. Die Entkoppelung in Form fehlender Parteibindungen sowie einer zunehmenden Politikverdrossenheit bedeutet jedoch nicht, daß man aufbegehren oder protestieren möchte. Vielmehr sieht man keine zwingende Notwendigkeit mehr, sich an Wahlen zu beteiligen. Ohne dies empirisch lückenlos nachweisen zu können, spricht diese unabhängigere Haltung für die Richtigkeit der Individualisierungsthese.

Die eingeengte Sichtweise der Nichtwählerforschung, die sich bisher stark auf den Aspekt der politischen Unzufriedenheit konzentierte (Falter/Schumann 1993; Feist 1994; Hoffmann-Jaberg 1994), bedarf einer grundsätzlichen Erweiterung. Roth (1992) hat in seiner früheren Darstellung der Normalisierungshypothese die zunehmend unabhängigere Haltung vieler Bürger bereits explizit angesprochen, ohne diese Annahme empirisch zu untermauern. *„Für viele Wähler heißt das: Nicht bei jeder Wahl steht das politische System zur Abstimmung, ich werde nicht jedesmal gebraucht. Ich kann mich dann meinen eigenen Interessen widmen, und dieser schöne Sonntag muß nicht unbedingt dem Staat und dem demokratischen System gewidmet werden*“ (Roth 1992: 66). Der Terminus „Normalisierung“ beschreibt dieses Phänomen jedoch ungenau. Die Gleichgültigkeitsthese faßt diese neue Form politischer Unabhängigkeit und Distanz, die vor allem in jüngeren Bevölkerungsgruppen zu beobachten ist, wesentlich treffender. Wie die Ergebnisse dieser Arbeit bestätigen, ergibt sich für die Wahlforschung daraus ein grundsätzliches Problem: Einstellungen und Verhalten der Befragten entwickeln sich auseinander. Der Gang zu den Wahlurnen verliert auch für die Bevölkerungsgruppen an Selbstverständlichkeit, die gemäß den theoretischen Annahmen und ihrem bisherigen Verhalten bis Mitte der achtziger Jahre als „zuverlässige“ Wähler anzusehen waren.

7.4 Nichtwähler in Ostdeutschland

Die bisherigen Darstellungen beschränkten sich auf die westdeutsche Situation. In Ostdeutschland sind aufgrund des kurzen Zeitraums und der sozialen Umwälzungen Längsschnittuntersuchungen kaum möglich. Sozialstrukturelle Analysen sind zudem mit den westdeutschen Verhältnissen nicht vergleichbar. Exemplarisch dafür stehen die über 60 Prozent Konfessionslosen und Nicht-Kirchgänger. Durch den wirtschaftlichen Transformationsprozeß unterscheiden sich Erwerbsstruktur und Einkommensverhältnisse grundlegend von den Strukturen im Westen. Die Konsequenz ist, daß abgesehen vom Alter auf soziale Merkmale im Rahmen der Analysen verzichtet wird. Bezugnehmend auf die Studie von Falter und Schumann (1994: 181) ergeben sich bei den sozialstrukturellen Indikatoren ähnliche Tendenzen wie in Westdeutschland. Höhergebildete, Angestellte und Selbständige sowie Personen mit höheren Einkommen nehmen überdurchschnittlich an Wahlen teil. Die prozentualen Abweichungen der Nichtwähleranteile zu anderen sozialen Gruppen sind jedoch nicht sehr groß. Ähnliche Resultate ergaben sich auch mit den ALLBUS-Daten, die jedoch an dieser Stelle nicht explizit aufgeführt werden sollen.

Tabelle 71: Nichtwähleranteile[1] in Ostdeutschland nach Altersklassen

	Nichtwähleranteile	Zusammensetzung der Nichtwählerschaft
Altersgruppen		
18 - 24 Jahre	44,7	20,7
25 - 34 Jahre	35,6	27,6
35 - 44 Jahre	24,1	15,5
45 - 59 Jahre	17,4	17,6
60 Jahre und älter	19,5	18,6
insgesamt	26,0	100

1) Ohne Personen mit Wahlschein

Quelle: Statistisches Bundesamt

Das Verhalten in den einzelnen Altersklassen weist große Parallelen zu den westdeutschen Befunden auf. Vor allem jüngere Wahlberechtigte machen von ihrem Wahlrecht seltener Gebrauch. Anhand der Repräsentativstatistik des Statistischen Bundesamtes neigen besonders die unter 35jährigen zu einer im Vergleich zu Westdeutschland noch schwächeren Beteiligung. Mit zunehmenden Alter gleicht sich die Beteiligung zwischen Ost und West jedoch an. Fast jeder zweite Nichtwähler in Ostdeutschland ist jünger als 35 Jahre. Dies kann zum einen auf den Sozialisationsprozeß in der ehemaligen DDR zurückzuführen sein, oder zum anderen in abweichenden Einstellungen der jüngeren Generationen begründet liegen. Im folgenden soll der Schwerpunkt deshalb auf die Analyse sozialpsychologischer Faktoren gelegt werden. Denn anhand der Einstellungmuster lassen sich Gemeinsamkeiten und Unterschiede zwischen west- und ostdeutschen Nichtwählern am besten verdeutlichen.

Große Übereinstimmungen zwischen West- und Ostdeutschland ergeben sich bezüglich des politischen Interesses. Der Anteil politisch Desinteressierter ist laut ALLBUS in Ostdeutschland nur unwesentlich größer als im Westen. Das Beteiligungsverhalten in den einzelnen Einstufungskategorien unterscheidet sich ebenfalls kaum von den westdeutschen Befunden. 40,2 Prozent der Befragten, die überhaupt kein politisches Interesse haben, gehen nicht zur Wahl. Damit erweist sich auch in Ostdeutschland bei bivariaten Analysen das politische Interesse im Querschnitt als einer der aussgekräftigsten Indikatoren der Wahlbeteiligung.

Tabelle 72: Politisches Interesse und Wahlbeteiligung in Ost- und Westdeutschland 1991/92

	Politsches Interesse in der Bevölkerung		Nichtwähleranteile		Zusammensetzung der Nichtwählerschaft	
Politisches Interesse	Ost	West	Ost	West	Ost	West
sehr groß	9,9	11,2	14,1	7,8	7,1	6,2
groß	17,7	21,9	12,1	8,3	11,1	12,8
mittel	43,1	44,0	16,2	10,8	35,9	33,8
wenig	15,8	17,3	26,2	23,9	27,4	29,3
überhaupt nicht	9,0	5,7	40,2	44,2	18,5	17,9
insgesamt	100	100	19,5	14,1	100	100

Quelle: ALLBUS 1991/92

Allerdings neigen Personen mit politischem Interesse zu höheren Enthaltungsraten als im Westen. Mit 12,1 bzw. 14,1 Prozent liegt der Nichtwähleranteil bei Personen mit großem oder sehr großem Interesse um rund 5 Prozentpunkte über den Werten der westdeutschen Befragten. Betrachtet man die Zusammensetzung der Nichtwählerschaft, ist mehr als die Hälfte der ostdeutschen Nichtwähler politisch interessiert, geht aber dennoch nicht wählen. Bei den Analysen der Konrad-Adenauer-Stiftung fällt dieser Anteil sogar noch höher aus. 64 Prozent der ostdeutschen Nichtwähler zeigen danach ein starkes oder zumindest ein mittleres politisches Interesse (Klingemann et al. 1994: 175). Die geringe Wahlbeteiligung mit Desinteresse oder einer unpolitschen Haltung zu begründen, greift folglich auch in den neuen Bundesländern zu kurz.

Deutlichere Abweichungen zwischen Ostdeutschen und Westdeutschen ergeben sich bei den Entfremdungsindikatoren. 1992 und 1993 war etwas mehr als die Hälfte der Ostdeutschen mit der Demokratie unzufrieden. Im Westen dagegen nur rund 30 Prozent. Die geringe Wahlbeteiligung von unter 60 Prozent bei den Landtagswahlen in Sachsen-Anhalt, Sachsen und Brandenburg sowie der weitere Rückgang der Beteiligungsrate von 74,5 auf 72,5 Prozent bei der Bundestagswahl 1994 rechtfertigen die Richtigkeit der Entfremdungsthese. Im Zeitraum von 1990 bis 1993 nahm der Anteil der unzufriedenen Bürger von 47,1 auf 54,4 Prozent weiter zu. Deutlich höher als in Westdeutschland ist der Anteil der Personen, die mit der Demokratie sehr unzufrieden sind.

Tabelle 73: Demokratiezufriedenheit in Ostdeutschland von 1990 bis 1993 (in Prozent)

	Grad der Demokratiezufriedenheit in der ostdeutschen Bevölkerung				
Demokratiezufriedenheit	1990	1991	1992	1993	Differenz 1993-1990
sehr zufrieden	2,5	2,8	1,8	2,0	- 0,5
zufrieden	17,7	30,3	17,6	18,1	+ 0,4
etwas zufrieden	32,7	28,7	28,4	25,5	- 7,2
etwas unzufrieden	20,4	20,1	24,9	25,2	+ 4,8
unzufrieden	18,3	13,8	19,1	22,2	+ 3,9
sehr unzufrieden	8,4	4,3	8,2	7,0	- 1,4
insgesamt	100	100	100	100	0
Fallzahlen	N= 690	N= 1539	N= 1132	N= 885	-

Quelle: CNEP 1990, ALLBUS 1991/92, PK-Studie 1993

Doch auch in Ostdeutschland darf die geringe Wahlbeteiligung nicht auf das Schlagwort Politikverdrossenheit reduziert werden. Zwar ist aufgrund des hohen Niveaus politischer Unzufriedenheit in den neuen Bundesländern ein wesentlich größerer Teil der ostdeutschen Nichtwähler politik- bzw. parteienverdrossen. Die Nichtwähleranteile zwischen Befragten, die zufrieden sind, und Befragten, die Unzufriedenheit äußern, differieren jedoch nicht in dem Maße, wie dies gemäß der Entfremdungsthese zu erwarten wäre. Im Jahr 1992 beispielsweise beträgt der Nichtwähleranteil in der Kategorie „sehr zufrieden" 10,0 Prozent und in der Kategorie „sehr unzufrieden" 21,1 Prozent. In der Umfrage 1993, in der jedoch ein sehr starkes Overreporting zu beachten ist, beträgt die Differenz zwischen den beiden Extrempositionen ebenfalls nur rund 10 Prozentpunkte. Der Indikator trennt lange nicht so gut zwischen Wählern und Nichtwählern wie das politische Interesse.

Tabelle 74: Politische Unzufriedenheit und Wahlbeteiligung in Ostdeutschland von 1990 bis 1993 (Nichtwähleranteile in Prozent)

	Nichtwähleranteile nach Grad der Demokratiezufriedenheit				Zusammensetzung der Nichtwählerschaft nach Demokratiezufriedenheit			
	1990[1]	1991	1992	1993	1990	1991	1992	1993
sehr zufrieden	5,9	7,3	10,0	0,0	1,4	1,0	1,0	0,0
zufrieden	4,2	14,9	9,3	9,4	6,9	22,5	9,2	16,0
etwas zufrieden	9,9	18,9	17,7	12,4	30,6	27,0	28,4	29,8
etwas unzufrieden	11,6	22,1	16,5	9,9	22,2	22,1	23,2	23,4
unzufrieden	12,1	31,2	26,3	11,2	20,8	21,5	28,4	23,4
sehr unzufrieden	18,1	27,4	21,1	11,2	18,1	5,9	9,8	7,4
insgesamt	10,9	20,9	17,5	11,9	100	100	100	100

1) Die Umfrage des CNEP fand etwa vier Wochen vor der Wahl statt, so daß nur die Frage nach der Wahlbeteiligungsabsicht zur Verfügung stand. Die Angaben basieren daher auf den potentiellen Nichtwählern.

Quelle: CNEP 1990, ALLBUS 1991/92, PK-Studie 1993

1992 waren aufgrund der wachsenden Verdrossenheit 61 Prozent der ostdeutschen Nichtwähler, aber auch 50 Prozent der ostdeutschen Wähler mit den politischen Verhältnissen nicht einverstanden. 1993 betrug der Anteil der unzufriedenen Nichtwähler lediglich 54,2 Prozent. Auch bei den ostdeutschen Befunden läßt sich mit suggestiven Items über die Beurteilung von Politikern und Parteien eine entsprechend negativere bzw. entfremdetere Haltung der Bürger konstruieren. Aber diese Indikatoren trennen keineswegs schärfer zwischen Wählern und Nichtwählern. Die hohe Unzufriedenheit in der ostdeutschen Bevölkerung soll keineswegs vernachlässigt werden, aber man macht es sich zu einfach, wenn man politische Entfremdung als monokausale Erklärung der niedrigen Wahlteilnahme in den neuen Bundesländern ansieht. Unzufriedenheit führt insbesondere in Verbindung mit politischem Desinteresse in hohem Maße zur Wahlabstinenz. 36,7 Prozent der Befragten in dieser Gruppe machen von ihrem Wahlrecht keinen Gebrauch.

Tabelle 75: Demokratiezufriedenheit, politisches Interesse und Wahlbeteiligung in Ostdeutschland (Nichtwähleranteile in Prozent)

	Nichtwähleranteile	Nichtwähleranteile			Zusammensetzung der Nichtwählerschaft		
	insgesamt	politisches Interesse			politisches Interesse		
		groß	mittel	gering	groß	mittel	gering
Demokratiezufriedenheit							
zufrieden	15,7	9,5	13,5	25,9	7,6	18,0	20,2
nicht zufrieden	23,3	15,5	19,9	36,7	10,8	19,3	24,1
Fallzahlen	N= 2528	N= 725	N=1112	N= 691	N= 89	N= 180	N= 213

Quelle: ALLBUS 1991/92

Analog zu den Befunden in Westdeutschland auf Seite 176 müssen zwei Gruppen von Nichtwählern unterschieden werden: der desinteressierte, unpolitische Nichtwähler und der interessierte, unabhängige Nichtwähler. Denn rund ein Viertel der ostdeutschen Nichtwähler war 1991/92 politisch interessiert und zugleich mit den politischen Verhältnissen zufrieden.

Äußerst problematisch ist die Verwendung von Indikatoren langfristiger psychologischer Bindungskräfte, wie die Parteiidentifikation und das Wahlpflichtbewußtsein. Beide sind aufgrund fehlender Systemintegration der Ostdeutschen nicht nur schwächer ausgeprägt, sondern dürften auch in ihrer inhaltlichen Konzeption eine andere Bedeutung haben. Denn gerade bei der Parteibindung als längerfristiges Bindungsmaß gilt der Vorwurf, daß eher das tatsächliche Wählerverhalten gemessen wird. Auf eine Analyse dieses Indikators wird deshalb verzichtet. Die folgenden Daten zum Wahlpflichtbewußtsein sind aus den genannten Gründen mit Vorsicht zu betrachten. Für das Item „Wählen ist eine Bürgerpflicht" standen in der Studie zur politischen Kultur im geeinten Deutschland (PK-Studie) sieben Antwortkategorien zur Verfügung, von „sehr wichtig" bis „überhaupt nicht wichtig". Wie bereits in Kapitel 6.1.2.1 bei den westdeutschen Analysen erörtert, wurden die drei ersten und die drei letzten Kategorien jeweils zusammengefaßt und damit die Antworten auf insgesamt drei Kategorien reduziert. Die Wahlnorm ist danach in Ostdeutschland zwar nicht so stark ausgeprägt, aber mit 60,8 Prozent empfindet eine beachtlich große Zahl die Stimmabgabe als bürgerliche Pflicht. Doch auch in Ostdeutschland bleiben 41,6 Prozent der Bürger, die die Wahlnorm bejahen, den Wahlurnen fern.

Tabelle 76: Wahlpflichtbewußtsein und Wahlbeteiligung in Ostdeutschland 1993

	Wahlpflichtbewußtsein in der Bevölkerung		Nichtwähleranteile nach Wahlpflichtbewußtsein		Zusammensetzung der Nichtwählerschaft	
Wahlpflicht	Ost	West	Ost	West	Ost	West
wichtig	60,8	74,7	7,6	9,9	41,6	53,2
mittel	17,0	12,4	14,3	25,5	21,8	22,6
unwichtig	22,2	12,9	18,5	26,1	36,6	24,2
insgesamt	100	100	12,6	13,9	100	100

Quelle: CNEP; PK-Studie

Die beteiligungsrelevanten Einstellungsmuster in West und Ost unterscheiden sich nicht so gravierend. Da in den neuen Bundesländern die psychologischen Bindungskräfte gegenüber dem politischen System lange nicht so stark ausgeprägt sind, fallen diese als beteiligungsfördernde Faktoren aus. Doch auch in Ostdeutschland gibt es eine große Gruppe von Nichtwählern, die keine Anzeichen eines Entkoppelungsprozesses zeigen. 25 Prozent der ostdeutschen Nichtwähler sind mit den politischen Verhältnissen zufrieden und zeigen durchaus politisches Interesse. Angesichts der sehr schwachen Beteiligung bei den Landtagswahlen 1994 dürfte Gleichgültigkeit gerade im Osten noch eine wesentlich stärkere Rolle gespielt haben. Im Gegensatz zu den westdeutschen Befunden handelt es sich dabei jedoch weniger um eine „wohlwollende" Gleichgültigkeit, sondern mit Blick auf die hohe Zahl politisch Unzufriedener eher um eine „resignative" Gleichgültigkeit.

8. SCHLUßFOLGERUNGEN

In der vorliegenden Arbeit gelang es, das bisher unspezifische Bild über die Nichtwähler zu konkretisieren. Die umfangreichen Analysen gaben Aufschluß über die zum Teil vielfältigen Motive der Nichtwähler. Die Heterogenitätsannahme erwies sich somit als zutreffend. Andererseits sind einige Fragen offen geblieben. Die Befunde offenbarten, daß in theoretischer wie methodischer Hinsicht neben den klassischen Ansätzen zusätzlich neue Wege beschritten werden müssen.

8.1 Theoretische Implikationen

Der querschnittlichen Betrachtung lagen die drei Wählerverhaltenstheorien sowie die Modelle der Partizipationsforschung zugrunde. Die Analyse sozialstruktureller Determinanten der Wahlbeteiligung unterstrich, daß der soziologische Wählerverhaltensansatz mehr und mehr an Bedeutung verliert. Die Wahlbeteiligung ist weitgehend unabhängig von sozialstrukturellen Faktoren. Nur das Alter hat einen hohen Erklärungswert sowohl bei statischer als auch bei dynamischer Perspektive. Dagegen erweist sich die sozialpsychologische Wählerverhaltenstheorie durchaus als geeignetes Modell, das Verhalten eines Teils der Nichtwählerschaft zu erklären. Insbesondere bei fehlender Parteibindung ist die Wahrscheinlichkeit des Wahlverzichts hoch. Sofern man den Rational-Choice-Ansatz auf die Abwesenheit langfristiger Bindungskräfte reduziert, kann dieser durchaus einen Beitrag zur Erklärung der Wahlbeteiligung liefern. Allerdings bestehen bezüglich der empirischen Umsetzung keinerlei Unterschiede zum Michigan-Modell. Der Rational-Choice-Ansatz überzeugt jedoch bei seinen Kernaussagen wie z.B. dem Einfluß eines knappen Wahlausgangs nicht. Obwohl viele SPD-Anhänger nicht an den Sieg ihrer Partei glaubten, gingen sie dennoch bei der Bundestagswahl 1990 nahezu vollständig zur Wahl.

Aufgrund ihres sehr breiten theoretischen Modellansatzes erfaßt die Partizipationsforschung am ehesten die Vielfalt der Enthaltungsmotive. Da die Partizipationsforschung neben der grundsätzlichen Inaktivität einzelner Bevölkerungsgruppen vor allem politische Unzufriedenheit und Entfremdung als Gründe hervorhebt, bleibt aber auch ihr Erklärungsbeitrag begrenzt. Doch insbesondere die Interdependenzen zwischen dem Grad der politischen Entfremdung und der eigenen politischen Kompetenz spielen eine zentrale Rolle. Die Resultate konnten für einen Teil der Nichtwählerschaft die Theorie der politischen Entfremdung von Schwartz bestätigen. Sofern Verdrossenheit mit einer subjektiven Kompetenzlosigkeit verbunden ist, bleibt eine große Zahl von Befragten den Wahlurnen fern. Dagegen wählen kompetente, aber unzufriedene Bürger überdurchschnittlich häufig Oppositionsparteien oder gar systemkritische Parteien. Allerdings findet sich auch in dieser Gruppe eine wachsende Bereitschaft zum Wahlverzicht.

Die bundesdeutsche Politikforschung muß sich erst seit Anfang der neunziger Jahre mit dem Problem der Wahlenthaltung auseinandersetzen. Die amerikanische Nichtwählerforschung blickt hingegen auf eine rund 40jährige Tradition zurück. Dennoch sind die Resultate nach Aussage vieler amerikanischer Autoren bescheiden. Die klassischen Indikatoren Demokratiezufriedenheit, Parteibindung, politisches Interesse etc. erhellen die tatsächliche Motivlage nur unzureichend. Zurecht kann man von einem „Puzzle“ sprechen, was jedoch zwangsläufig die Aussagekraft einzelner Theorien einschränkt. Die Modellannahmen der verschiedenen Ansätze treffen jeweils auf Teilgruppen der Nichtwählerschaft zu. Aufgrund der Aussagelosigkeit der Nichtwahl sind daher multikausale Erklärungen erforderlich.

Bei der dynamischen Betrachtung standen die vier zentralen Erklärungsansätze - Wertewandel, Re-/Dealignment, Entfremdung und Individualisierung - im Mittelpunkt. Während das Realignment-Modell an den soziologischen Wählerverhaltensansatz, das Dealignment-Modell an den sozialpsychologischen Wählerverhaltensansatz anknüpft, integriert die Partizipationsforschung neben wichtigen Elementen der Wählerverhaltenstheorien vor allem auch den Wertewandel sowie die Entfremdung in ihren theoretischen Rahmen.

Trotz erheblicher Überschneidungen konnten die vier untersuchten dynamischen Ansätze einen Teil der sinkenden Wahlbeteiligung erklären. Als bedeutendster Erklärungsansatz ist das Dealignment-Modell zu nennen. Da ein beträchtlicher Teil der Nichtwähler trotz Akzeptanz der Wahlnorm nicht von seinem Stimmrecht Gebrauch macht, muß auch bei Berücksichtigung des tatsächlichen Teilnahmeverhaltens der Normalisierungshypothese eine große Bedeutung beigemessen werden. Die kurzfristigen Anzeichen wachsender Politik- und Parteienverdrossenheit sind dagegen nur bedingt für den Anstieg der Nichtwählerzahlen verantwortlich. Der Rückgang der Parteiidentifikation, der Wahlpflicht, sowie umgekehrt der Anstieg der politischen Verdrossenheit signalisieren, daß die Bundesbürger insgesamt eine zunehmend distanziertere Haltung gegenüber den politischen Akteuren einnehmen. Exemplarisch dafür steht insbesondere der junge Individualist. Der bisher eher kontinuierliche Entkoppelungsprozeß erfuhr seit Ende der achtziger und Anfang der neunziger Jahre zusätzlich einen kurzfristigen Schub, der weite Teile der westdeutschen Bevölkerung erfaßt hat und sicherlich durch die Probleme der Wiedervereinigung beschleunigt wurde. Selbst wenn die aktuelle, zum Teil wirtschaftlich motivierte Unzufriedenheit wieder nachlassen würde, ist kaum anzunehmen, daß sich der generelle Distanzierungsprozeß gegenüber dem politischen System und der Gesellschaft umkehren würde. Es ist außerdem zu bezweifeln, daß in den Folgeproblemen der Deutschen Einheit die tieferen Ursachen liegen, da der Entkoppelungsprozeß auch in anderen europäischen Staaten zu beobachten ist und bereits vor der Wiedervereinigung einsetzte. Aufschluß darüber kann nur eine international vergleichende Studie liefern, die jedoch im Gegensatz zu den bisherigen Analysen, die Individualebene viel stärker in ihre Betrachtung miteinbeziehen muß.

Die eingeengte Sichtweise der verschiedenen Ansätze offenbart ein grundsätzliches theoretisches Problem. Alle Ansätze gehen davon aus, daß es bei einer engen Verbundenheit mit dem politischen System in Form einer Parteibindung, eines Wahlpflichtbewußtseins, politischer Zufriedenheit etc., keinen Grund gibt, nicht zu wählen. Die Ergebnisse der Arbeit haben jedoch verdeutlicht, daß Verbundenheit Anfang der neunziger Jahre keineswegs mehr hohe Beteiligungsraten garantiert. Die theoretische Fragestellung darf daher nicht lauten, warum die Bürger nicht zur Wahl gehen, sondern vielmehr, warum sie wählen. Der Rational-Choice-Ansatz geht letztlich von dieser umgekehrten Fragestellung aus, er bleibt die Antworten jedoch schuldig. Denn rational läßt sich die hohe Wahlbeteiligung nicht verstehen. Diese veränderte theoretische Sichtweise stellt die bisherigen Vorstellungen über die Wahlteilnahme auf den Kopf. Die Typologisierung bestätigt, daß Zustimmung, aber vor allem Gleichgültigkeit, ebenfalls Motive für den Wahlverzicht sein können. In der Vergangenheit konnten diese Gruppen vernachlässigt werden, weil sie quantitativ von geringer Bedeutung waren. Mit der saturierten Mittelschicht und dem gehobenen Jung-Konservativen haben jedoch Nichtwählertypen an Bedeutung gewonnen, die für einen Einstellungswandel gegenüber dem Wahlakt stehen, ohne sich vom politischen System zu distanzieren. Wählen ist für viele keine Selbstverständlichkeit mehr.

Spätestens die Bundestagswahl 1994 hat zudem das Argument entkräftet, die geringen Beteiligungsraten 1987 und 1990 seien vor allem auf situative Effekte zurückzuführen. Die Wahlen wären aufgrund der Chancenlosigkeit der SPD schon frühzeitig entschieden gewesen, ein starker Anreiz zu wählen war daher nicht gegeben. Schon Monate vor dem Wahltag sah die überwiegende Mehrheit der Bundesbürger 1987 und 1990 die christlich-liberale Koalition als eindeutigen Wahlsieger. Der SPD gaben nur wenige eine Chance. 1994 war die Wahl dagegen vollkommen offen und ging schließlich äußerst knapp aus. Dennoch lag der Nichtwähleranteil bei 21 Prozent, im Westen bei 19,5 Prozent. Es ist unbestritten, daß die allgemeine Stimmungslage im Vorfeld der Wahl Einfluß auf die Höhe der Wahlbeteiligung hat, aber die Wirkung solcher Faktoren vollzieht sich nur in engen Bandbreiten. Gegenüber dem strukturellen Rückgang sind die Nichtwähleranteile 1987 und 1990 aufgrund wahlspezifischer Faktoren möglicherweise um 1 bis 3 Prozent zu hoch ausgefallen. Die Befunde dieser Arbeit belegen übereinstimmend, daß die Existenz eines generellen Abwärtstrends außer Frage steht. Dieser längerfristige Trend wird allenfalls von situativen Faktoren überlagert. Der Anstieg der Nichtwähleranteile in allen sozialen Gruppen - wenn auch mit unterschiedlicher Geschwindigkeit - spricht aber dafür, daß Periodeneffekte eine nicht unerhebliche Rolle spielten.

8.2 Methodische Implikationen

Hauptproblem der Nichtwählerforschung ist und bleibt das starke Overreporting. In Zeiten sinkender Wahlbeteiligung hat sich die Differenz zwischen den Nichtwähleranteilen der amtlichen Wahlstatistik und den Nichtwähleranteilen in Umfragen noch weiter vergrößert. Da die Wahlbeteiligung sowohl bei statischer als auch dynamischer Betrachtung kaum mit sozio-demographischen Determinanten zu erklären ist, helfen Aggregatdatenanalysen nicht, dieses Problem zu lösen. Aufgrund der Ergebnisse dieser Arbeit ist dringend eine Trennung der „Sonntagsfrage" in die

Fragen nach der Beteiligungsabsicht und dem voraussichtlichen Stimmverhalten zu empfehlen. Damit ließe sich die immer größer werdende Gruppe der Unentschlossenen unterteilen, in diejenigen, die sich sicher sind, daß sie teilnehmen, aber noch nicht wissen, wen sie wählen werden, und die Personen, die auch ihre Beteiligung zur Disposition stellen. Zwei Argumente sprechen für diese mit einfachen Mitteln durchführbare Änderung des Frageinstrumentariums. Zum einen unterscheiden sich potentielle und bekennende Nichtwähler kaum voneinander, so daß die höhere Zahl der potentiellen Nichtwähler das Problem der geringen Fallzahlen lösen würde. Zum zweiten entsprechen die Anteile der potentiellen Nichtwähler in etwa den tatsächlichen Nichtwähleranteilen. Einige der sozio-politischen Charakteristika der potentiellen Nichtwähler weisen darauf hin, daß ein Teil der Overreporter über diese Frage als Nichtwähler zu identifizieren ist.

Als weiteres wichtiges Fazit bleibt festzuhalten, daß viele der verwendeten Indikatoren im Zeitverlauf unschärfer werden. So wählte trotz der Zustimmung zur Wahlnorm Anfang der neunziger Jahre ein beträchtlicher Teil der Bundesbürger nicht. Dies gilt auch für das politische Interesse. Während das politische Interesse in der Vergangenheit ein sehr guter Indikator der Beteiligung war, verzichten verstärkt Personen mit politischem Interesse auf die Teilnahme. Aufgrund fehlender Informationen über das Ausmaß des Overreporting ist zu vermuten, daß auch bei den Personen mit Parteiidentifikation die Nichtwähleranteile faktisch höher sind. Diese auffällige Entwicklung unterstreicht die Vielfältigkeit der Motive, stellt aber die klassischen Indikatoren der Umfrageforschung mehr und mehr in Zweifel. Obwohl das politische Interesse weiter angestiegen ist, die Wahlnorm noch immer weit verbreitet ist, und bei den Befunden zur Politikverdrossenheit keine negativen Tendenzen zu beobachten waren, hat sich in dem kurzen Zeitraum von 1983 bis 1990 die Wahlbeteiligung um über 10 Prozentpunkte ermäßigt. Des weiteren kann bei den Ergebnissen zur Politikverdrossenheit methodisch die Gefahr demoskopischer Artefakte nicht ausgeschlossen werden. Das Ausmaß politischer Unzufriedenheit läßt sich nahezu beliebig konstruieren. Die empirischen Analysen zur politischen Entfremdung müssen daher dringlichst auf eine einheitliche Grundlage gestellt werden, die frei von suggestiven Fragestellungen ist. Der Indikator „Negativbewertung aller Parteien“ bietet, ähnlich wie die recht unproblematische Frage nach der Demokratiezufriedenheit, ein zuverlässigeres Bild über das tatsächliche Ausmaß politischer Unzufriedenheit. Allerdings hat der Indikator der Demokratiezufriedenheit den Nachteil, daß er zu einem großen Teil den Regierungs-Oppositions-Konflikt abbildet. Unzufrieden waren vor allem die SPD- und Grünen-Anhänger.

Im Zusammenhang mit der Nichtwählerforschung ergab sich jedoch insgesamt bei allen Indikatoren politischer Entfremdung als auch bei der Frage nach dem Wahlpflichtbewußtsein, daß die Einstellungsmuster nur noch bedingt für das Verhalten ausschlaggebend sind. Dies spricht dafür, daß die Instabilität des Wählerverhaltens und insbesondere des Beteiligungsverhaltens weit größer sein dürfte, als in Umfragen zum Dealignment ermittelt wurde. Bei der Nichtwählerproblematik muß in künftigen Umtersuchungsdesigns insbesondere das Motiv der Gleichgültigkeit stärker betont werden. Es ist höchst verwunderlich, daß trotz der sehr hohen

Wahlenthaltung in den USA bisher ausschließlich an den gängigen Fragen zum politischen Interesse, der Parteiidentifikation etc. festgehalten wurde. Diese Vorgehensweise hat in den vergangenen zwanzig Jahren nicht zu einem tieferen Verständnis der amerikanischen Nichtwähler beigetragen. Deshalb ist es für die bundesdeutsche Nichtwählerforschung erforderlich, auch methodisch andere Wege zu gehen. Dies beinhaltet in erster Linie, die Verhaltenskonsequenzen eingehender als bisher in die Befragungen mit einzubeziehen. Methodisch müßte die Umfrageforschung durch qualitative Interviews unterstützt werden, um die individuellen Zusammenhänge zwischen Einstellungsmustern und Verhalten besser zu verstehen. Dies gestattet, die Motivstrukturen des Einzelnen näher zu beleuchten. Die sieben Nichtwählertypen bieten dazu einen guten Rahmen. Denn insbesondere bei den jungen Nichtwählern lag die Enthaltung auch bei vorhandener Wahlnorm, Parteibindung und politischer Zufriedenheit im Gegensatz zu den jüngeren Alterskohorten der siebziger und achtziger Jahre recht hoch. Bisher läßt sich nicht abschließend sagen, ob es sich dabei um Periodeneffekte handelt oder ob sich ein genereller Generationenwandel andeutet.

8.3 Politische Implikationen

Der fortschreitende Entkoppelungsprozeß dürfte langfristig gesehen zu einem weiteren Rückgang der Beteiligung führen. Dies gilt insbesondere dann, wenn das Wahlpflichtbewußtsein und die Parteibindungen weiter nachlassen. Bei der Bundestagswahl 1994 haben sich die Nichtwähleranteile mit 21,0 Prozent bzw. 19,5 Prozent im Westen auf dem ermäßigten Niveau zunächst stabilisiert. Noch ist die Mehrheit der Bundesdeutschen aufgrund ihrer engen Bindungen, insbesondere durch die noch immer recht ausgeprägte Wahlnorm, zu mobilisieren. Außerdem ist die Mehrzahl der Nichtwähler nicht aus dem politischen Leben ausgeschieden, sondern nimmt nur nicht mehr regelmäßig an Wahlen teil. Anfang der neunziger Jahre sind höchstens 20 Prozent in der Nichtwählerschaft als sogenannte „Dauer-Nichtwähler" zu bezeichnen. Da die überwiegende Mehrheit nur gelegentlich auf die Stimmabgabe verzichtet, nehmen diese Nichtwählertypen bei wichtigen Wahlen eher teil. Sofern sich jedoch die kurzfristige Dynamik des Entkoppelungsprozesses fortsetzt, dürfte bereits im Verlauf der neunziger Jahre mit weiter sinkenden Beteiligungsraten zu rechnen sein.

Für die These eines langfristigen Beteiligungsrückgangs gibt es eine Reihe weiterer Anhaltspunkte. Erstens hat sich die Nichtwahl in den vergangenen Jahren zu einer gleichberechtigten Verhaltensoption der Bundesbürger entwickelt. In den siebziger Jahren und Anfang der achtziger Jahre nahm man „in jedem Fall" an der Wahl teil. Sofern keine Präferenzen für eine Partei bestanden, entschied man sich für die „Wahl des geringsten Übels". Heute brauchen mehr und mehr Bundesbürger einen Grund zu wählen, keinen Grund, nicht zu wählen. Damit rückt jedoch für die Parteien die Wählermobilisierung noch viel stärker in den Vordergrund als bisher. Ob die klassischen Wahlkampfinstrumente dafür ausreichen, erscheint aufgrund der distanzierteren Haltung der Bundesbürger allerdings zweifelhaft. Die Einführung zusätzlicher Mitbestimmungselemente wie Volksentscheide, die Direktwahl des Bundespräsidenten etc. dürfte nicht zu höheren Beteiligungsraten beitragen, da die Mehrzahl der Nichtwähler ohnehin politisch passiv ist. Wie die geringen Beteiligungsraten bei kommunalen Volksbegehren, aber auch bei Kommunal-, Landtags- und Europawahlen zeigen, sind große Teil der Bevölkerung nur bei wichtigen Entscheidungen zu mobilisieren.

Zweites Argument für die These langfristig steigender Nichtwählerzahlen ist, daß die beteiligungsfördernde Funktion sozialer Kontrolle zunehmend entfällt. Die hohe Zahl der Nichtwähler weicht den früheren bevölkerungsumfassenden Konsens der perzipierten Wahlpflicht auf. Diese Entwicklung kann nur zum Teil durch ein weiter steigendes politisches Interesse aufgefangen werden, da auch die politisch Interessierten verstärkt auf die Teilnahme verzichten. Zusätzlich müßte es gelingen, die Stimmabgabe als gesellschaftlichen Wert wieder stärker in den Vordergrund zu stellen. Die Einführung einer Wahlpflicht wäre dazu sicherlich kein adäquates Mittel, weil sie von den Bürgern überwiegend als Bevormundung und Einengung ihrer gesellschaftlichen Freiheiten verstanden würde. In einer demokratischen und freiheitlichen Gesellschaft, deren Bürger ein hohes Maß an Selbstentfaltungswerten entwickelt haben, dürfte eine solche Änderung des Wahlrechts nicht durchzusetzen sein. Es wäre ferner zu befürchten, daß, ähnlich wie in Belgien und in der Vergangenheit in Italien, eine beträchtliche Zahl der Bürger diesen Zwang durch die Abgabe ungültiger Stimmzettel umgehen würde. Die Rückkehr zu einem allgemeinen Wahlpflichtbewußtsein kann nur mittel- bis langfristig über die Medien und das Bildungssystem vermittelt werden.

In dieser Arbeit wurden Fragen über die Auswirkungen der sinkenden Wahlbeteiligung weitgehend ausgeklammert. Welche Folgen hat die sinkende Wahlbeteiligung für die Stabilität des politischen Systems? Welche Parteien trifft die Wahlenthaltung stärker? Nach den bisherigen Einschätzungen ist zu erwarten, daß sich in den kommenden Jahren die Wahlbeteiligung auf dem niedrigeren Niveau weiter einpendelt. Die Zeiten, in denen nahezu alle Bundesbürger an Wahlen teilnahmen, dürften der Vergangenheit angehören. Man sollte jedoch die hohen Beteiligungsraten der siebziger Jahre nicht als Maßstab für eine systemstabile Wahlbeteiligung nehmen. Stabile Demokratien wie die USA und die Schweiz haben Beteiligungsraten von unter 60 Prozent. Die Einstellungsmuster der überwiegenden Mehrheit lassen nicht den Schluß zu, daß die Stabilität des politischen Systems gefährdet sei. Gegenüber der politischen Gemeinschaft sowie gegenüber der politischen Ordnung hat die Entfremdung keineswegs zugenommen. Dagegen ist seit Anfang der neunziger Jahre eine wachsende Politik- und Parteienverdrossenheit zu registrieren, die jedoch Wähler wie Nichtwähler ergriffen hat. Zum gegenwärtigen Zeitpunkt bleibt jedoch offen, ob diese Entwicklung nur einen kurzfristigen Periodeneffekt darstellt oder den Beginn einer tiefergehenden Abkehr vom politischen System der Bundesrepublik einleitet. Es wäre interessant zu verfolgen, ob mit dem wirtschaftlichen Aufschwung seit Mitte 1994 bzw. Anfang 1995 die Unzufriedenheitsindikatoren im Verlauf der neunziger Jahre wieder einen positiveren Trend verzeichnen.

Ferner sind die Nichtwähler zum größten Teil als „Bürger der Mitte“ einzuordnen. Bei der saturierten Mittelschicht und beim gehobenen Jung-Konservativen stehen nicht die Ablehnung, sondern eine wohlwollende Gleichgültigkeit als Motiv ihrer Wahlenthaltung im Vordergrund. Auch beim desinteressierten Passiven und beim jungen Individualisten dürfte Gleichgültigkeit ein zentraler Grund für ihre Wahlabstinenz sein, wenn auch Anfang der neunziger Jahre Anzeichen von Politikverdrossenheit zu beobachten sind. Sofern die bisher kurzfristigen Unzufriedenheitstendenzen wieder nachlassen, spricht die Entwicklung der Wahlbeteiligung vielmehr für eine neue politische Kultur in Westdeutschland, die gemäß Almond und Verba (1963) ein ausgewogenes Gleichgewicht aktiver und passiver Bürger beinhaltet. Nicht mehr alle nehmen aktiv am politischen Geschehen teil, ohne daß sich daraus grundsätzliche Gefahren für die Stabilität der bundesdeutschen Demokratie ergeben. Andererseits gibt es eine wachsende Zahl von politisch aktiven Bürgern, die verstärkt unverfaßte Partizipationsformen bevorzugen. Partizipatorische Revolution und ein wachsender Wahlverzicht schließen sich in der Bundesrepublik nicht gegenseitig aus, da sie das Verhalten weitgehend unterschiedlicher gesellschaftlicher Gruppen beschreiben.

Einschränkend muß jedoch gesagt werden, daß sich die Befunde auf Westdeutschland begrenzen. In der ostdeutschen Bevölkerung ist politische Entfremdung eine wesentlich wichtigere Ursache ihrer Wahlabstinenz. Die ostdeutschen Wahlergebnisse nach der Bundestagswahl 1990 deuten an, daß die politischen Kulturen beider Teile Deutschlands noch immer unterschiedlich sind. Die wenigen Analysen zur ostdeutschen Situation haben gezeigt, daß aber auch rund ein Viertel der ostdeutschen Nichtwähler keine Desintegrationsmerkmale aufweist und dennoch nicht wählt. In den neuen Bundesländern dürfte daher Gleichgültigkeit ebenfalls eines der Hauptmotive der Enthaltung sein. Im Unterschied zum Westen ist diese Gleichgültigkeit mit einem momentan hohen Niveau politischer Unzufriedenheit verbunden. Gefahren für die Systemstabilität gehen eher von einem Scheitern der politischen Einheit aus als von einer 70- oder 80-prozentigen Wahlbeteiligung. Deshalb müssen insbesondere die Wahlen in Ostdeutschland künftig intensiver verfolgt werden. Inwieweit beeinflußt die zunehmende Distanzierung der Ostdeutschen ihre grundsätzliche Einstellung zum politischen System?

Während die Frage nach Systemstabilität nicht abschließend zu beantworten ist, gab es bezüglich der Auswirkungen der sinkenden Wahlbeteiligung auf die einzelnen Parteien deutlichere Indizien. Nimmt man zunächst die Wahlbeteiligung von Personen mit Parteiidentifikation als Maßstab, ergaben sich keine Unterschiede zwischen den etablierten Parteien. Nur die Grünen hatten danach unter der geringeren Wahlteilnahme ihrer Anhänger stärker zu leiden. Allerdings besitzt nur rund ein Viertel der Nichtwähler eine Parteibindung. Die überwiegende Mehrheit neigt keiner Partei zu. Es stellt sich daher die Frage, aus welchem Wählerpotential die parteiungebundenen Nichtwähler stammen. Zieht man das Wahlverhalten der konjunkturellen Nichtwählertypen zu Rate, trifft dies in erster Linie die beiden großen Parteien, aber insbesondere bei der Bundestagswahl 1990 auch die Grünen. Die gegenüber der Bundestagswahl 1987 hohe Wahlenthaltung der aktiven Postmaterialisten dürfte mit für das Scheitern der Grünen bei der Bundestagswahl 1990 verantwortlich sein. Da diese Nichtwähler jedoch nicht generell von ihrem Stimmrecht keinen Gebrauch machen, sind die Ursachen eher bei den Grünen selbst zu suchen. Der Partei gelang es nicht, ihre Wählerklientel für die Wahl 1990 zu mobilisieren. Dies dürfte zum großen Teil mit dem unklaren politischen Erscheinungsbild der Grünen im Vereinigungsprozeß zusammenhängen. Ferner war psychologischer Cross-Pressure insbesondere unter den Grünen- und SPD-Wählern zu beobachten. Die von Oskar Lafontaine geführte SPD war auch für einen Großteil der Grünen-Anhänger keine wählbare Alternative. Auch bei den Grünen dürften Mobilisierungswahlkämpfe künftig wichtiger werden, weil ein Teil ihrer Wählerschaft zwischen Stimmabgabe und Enthaltung schwankt.

Unter den konjunkturellen Nichtwählern, die bei der vergangenen Bundestagswahl auf ihre Teilnahme verzichteten, aber beabsichtigen, an der kommenden Wahl teilzunehmen, besteht eine sehr deutliche Tendenz, keine der beiden großen Parteien zu wählen. CDU/CSU und SPD dürften daher insgesamt zu den Verlierern gehören, zumal die Stimmenanteile kleiner Parteien, wie der F.D.P., der Grünen, der PDS und der Republikaner, bei geringeren Wahlbeteiligungsraten stärker ins Gewicht fallen. Vor allem unzufriedene Nichtwähler, die sehr stark dazu neigen, Oppositionsparteien zu wählen, kann die SPD in weit geringerem Maße als Mitte der achtziger Jahre an sich binden. Trotz einer wachsenden Unzufriedenheit Anfang der neunziger Jahre haben sich die Stimmenverhältnisse nur wenig zuungunsten der CDU/CSU entwickelt, weil die Unzufriedenheit verstärkt in die Wahlenthaltung mündete. Unter den Nichtwählertypen tendieren die gemäß ihrer zahlenmäßigen Bedeutung wichtigsten Typen, der junge Individualist und der desinteressierte Passive, stärker zur SPD, sofern sie zur Wahl gehen. Dagegen entspricht beim gehobenen Jung-Konservativen und bei der saturierten Mittelschicht das Wahlverhalten in etwa dem gegenwärtigen Parteienproporz. Aufgrund der Überrepräsentation von SPD-Wählern in allen untersuchten Umfragen kann über die Folgen der Wahlenthaltung für die Parteien keine definitiven Aussagen gemacht werden.

Das Aufkommen neuer Parteien bei Nebenwahlen deutet jedoch darauf hin, daß die Bereitschaft, andere als die etablierten Parteien zu wählen, wächst. Da die überwiegende Mehrzahl der Nichtwähler politisch der Mitte zuzuordnen ist, profitieren systemkritische Parteien wie z.B. die Republikaner nur wenig von dieser Entwicklung. Solche Parteien bilden keine attraktive, wählbare Alternative. Parteien der politischen Mitte hätten hingegen sehr gute Chancen. Beispielhaft dafür sei der Erfolg der Statt-Partei bei der Bürgerschaftswahl in Hamburg genannt, die den zu erwartenden Rückgang der Wahlbeteiligung in Hamburg verhinderte. Abschließend ist daher festzustellen, daß gerade die Nichtwählerschaft eine große und nicht leicht einzuschätzende Gruppe darstellt, die die zunehmende Instabilität der Stimmenverhältnisse bei Wahlen in der Bundesrepublik erhöht. Da sie nicht grundsätzlich den Wahlen fernbleibt, stellt sie für die Parteien, ob CDU/CSU, SPD, F.D.P., Grüne und in Ostdeutschland die PDS, einen wichtigen aber unkalkulierbaren Faktor dar, der entscheidend den Wahlausgang beeinflußt. Aus diesem Grund muß den Nichtwählern künftig weit mehr Beachtung geschenkt werden.

ANHANG

Verzeichnis der Anhänge:

Anhang I: Struktur der potentiellen und bekennenden Nichtwähler nach sozio-demographischen und sozialpsychologischen Merkmalen (in Prozent)

	1990		1991	
	potentielle Nichtwähler	bekennende Nichtwähler	potentielle Nichtwähler	bekennende Nichtwähler
Geschlecht				
männlich	39,2	41,7	41,3	40,5
weiblich	60,8	58,3	58,7	59,5
Alter				
18-24 Jahre	14,9	14,1	17,8	21,2
25-35 Jahre	28,7	30,8	24,9	25,7
36-45 Jahre	14,2	14,7	15,3	13,4
46-55 Jahre	12,3	10,3	14,8	13,9
56-65 Jahre	8,6	9,6	12,4	11,7
66 Jahre und älter	21,3	20,5	14,8	14,1
Bildung				
Hauptschule ohne Lehre	[1] 3,0	[1] 4,5	21,8	21,2
Hauptschule mit Lehre	61,4	62,2	41,5	40,2
Mittlere Reife	19,9	16,0	18,3	18,0
Höherer Schulabschluß	15,7	17,3	18,4	20,6
Erwerbsstruktur				
Selbständige	8,4	9,0	-	-
Beamte	2,8	2,8	-	-
Angestellte	36,6	35,1	-	-
Arbeiter	40,6	43,4	-	-
nie berufstätig gewesen	11,6	9,7	-	-
Konfession				
katholisch	41,0	43,6	40,2	38,4
protestantisch	41,4	35,3	49,1	48,9
andere	5,6	7,0	1,6	2,1
konfessionslos	12,0	14,1	9,1	10,6
Kirchgang				
regelmäßig	11,0	10,4	18,8	15,9
manchmal	31,2	26,0	19,9	21,0
selten	23,6	22,1	31,6	28,4
nie	34,2	41,5	29,7	34,7
Familienstand				
verheiratet	47,9	49,4	48,8	45,4
verwitwet, geschieden	25,1	24,4	22,3	21,9
ledig	27,0	26,3	28,9	32,7
Haushaltsgröße				
1-Person	35,8	34,6	32,8	33,7
2-Personen	36,6	34,0	23,6	23,0
3-Personen	10,4	12,2	20,1	20,1
4-Personen und mehr	17,2	19,2	23,2	23,2
Bundeskanzler				
Helmut Kohl	36,8	40,3	-	-
Oskar Lafontaine	19,2	18,2	-	-
keiner von beiden	25,6	26,6	-	-
weiß nicht	18,4	14,9	-	-
Demokratiezufriedenheit				
zufrieden	83,5	81,4	82,2	82,6
unzufrieden	16,5	18,6	17,8	17,4
Parteienverdrossenheit				
ja	-	-	34,2	36,8
nein	-	-	66,8	63,2
Politisches Interesse				
sehr stark	3,0	3,9	2,1	2,6
stark	9,7	12,2	11,2	11,5
mittel	32,8	28,2	39,7	39,2
wenig	30,6	34,6	26,4	26,9
überhaupt keines	23,9	21,5	20,6	19,8
Parteiidentifikation				
ja	37,3	35,1	37,7	33,3
keine	34,0	42,2	42,9	49,9
Antwort verweigert	28,7	22,7	19,4	16,8

Lesehilfe: Von den bekennenden Nichtwählern waren 1990 39,2 Prozent Männern. Unter den potentiellen Nichtwählern betrug der Anteil der Männer 41,7 Prozent. 1) ohne Schulabschluß

Quelle: CNEP 1990; Forschungsinstitut der Konrad-Adenauer-Stiftung Archiv Nr. 9105

Anhang II: Sozialstruktur der westdeutschen Staatsangehörigen von 1980 bis Anfang der neunziger Jahre nach Angaben des Statistischen Bundesamtes (in Prozent)

	1980	[1] 1.Hälfte achtziger Jahre	[2] 2. Hälfte achtziger Jahre	1991/92
Schulbildung				
Volksschule	74,7	68,6	67,2	61,5
Realschule	15,2	18,7	19,2	22,1
Fachhochschulreife / Abitur	10,1	12,7	13,6	16,4
Erwerbstätige				
Selbständige (inkl. mithelfende Familienangehörige)	12,6	11,7	11,7	11,0
Beamte	8,8	8,9	9,5	8,7
Angestellte	36,6	39,6	42,5	46,7
Arbeiter	42,0	39,8	36,3	33,6
Altersstruktur [3]				
18-24 Jahre	13,7	13,2	12,9	12,6
25-34 Jahre	16,7	17,4	18,4	20,0
35-44 Jahre	18,6	16,9	15,2	15,7
45-59 Jahre	24,2	24,7	25,5	24,4
60-69 Jahre	12,2	12,1	13,1	13,6
70 Jahre und älter	14,6	15,7	14,9	13,7
Familienstand				
verheiratet	50,2	50,7	49,4	49,8
verwitwet, geschieden	11,9	11,3	13,2	12,9
ledig	37,9	38,0	37,4	37,3
Haushaltsgröße				
1-Person	-	30,2	34,6	33,7
2-Personen	-	28,7	29,7	31,3
3-Personen	-	17,7	17,1	16,8
4-Personen und mehr	-	23,4	18,6	18,2
Konfession [4]				
katholisch	43,4	43,1	43,1	43,1
protestantisch	42,4	41,5	41,6	40,5
andere/ konfessionslos	4,2	5,4	5,3	6,4
Einkommen				
bis 600 DM	17,2	14,5	12,8	11,0
600-1000 DM	16,3	13,3	11,8	10,7
1000-1400 DM	20,7	15,4	12,4	10,7
1400-1800 DM	19,2	17,2	14,2	12,4
1800-2200 DM	12,0	16,3	16,9	14,7
2200-3000 DM	8,6	12,8	16,9	21,4
3000-4000 DM	3,8	5,9	8,1	10,5
4000 DM und mehr	2,2	4,6	6,9	8,8

1) Aufgrund unterschiedlicher Erhebungszeitpunkte stammen die Kennzahlen aus den Jahren 1983, 1984 oder 1985
2) Aufgrund unterschiedlicher Erhebungszeitpunkte stammen die Kennzahlen aus den Jahren 1986, 1987 oder 1988
3) Bei der Alterstruktur wurden die Daten der repräsentativen Wahlstatistik zu den Bundestagswahlen 1980, 1983, 1987 und die westdeutsche Altersstruktur der Wahlberechtigten bei der Bundestagswahl 1990 zugrunde gelegt.
4) Nach Angaben der Evangelischen und Katholischen Kirche

Quelle: Statistisches Bundesamt

Anhang III: Definition der verwendeten Variablen in der Aggregatdatenanalyse

Unabhängige Variablen:

Nichtwähleranteil BTW 1983	=	(Wahlberechtigte 1983 - Wähler 1983) / Wahlberechtigte 1983
Nichtwähleranteil BTW 1987	=	(Wahlberechtigte 1987 - Wähler 1987) / Wahlberechtigte 1987
Nichtwähleranteil BTW 1990	=	(Wahlberechtigte 1990 - Wähler 1990) / Wahlberechtigte 1990
Nichtwählerzuwachs (1983-1990)	=	Wahlbeteiligung 1983 - Wahlbeteiligung 1990
Nichtwählerzuwachs (1983-1987)	=	Wahlbeteiligung 1983 - Wahlbeteiligung 1987
Nichtwählerzuwachs (1987-1990)	=	Wahlbeteiligung 1987 - Wahlbeteiligung 1990

Abhängige Variablen:

Ausländeranteil [AUSL]	=	Zahl der Ausländer / Hauptwohnbevölkerung
Angestelltenanteil [ANG]	=	Zahl derAngestellten / Erwerbstätige insgesamt
Anteil Volksschulabgänger [VHQ]	=	Volks- bzw. Hauptschulabgänger / Gesamtzahl der Personen mit Schulabschluß
Anteil Abiturienten [ABI]	=	Abiturienten / Gesamtzahl der Personen mit Schulabschluß
Arbeiteranteil [ARB]	=	Zahl der Arbeiter / Erwerbstätige insgesamt
Beamtenanteil [BEA]	=	Zahl derBeamten / Erwerbstätige insgesamt
Bevölkerungsdichte [BEVD]	=	Hauptwohnbevölkerung / Fläche in ha
Dienstleistungssektor [DLS]	=	Zahl der Erwerbstätigen im Dienstleistungssektor / Erwerbstätige insgesamt
Einwohnerzahl [BEV]	=	Hauptwohnbevölkerung einer Gemeinde
Katholikenanteil [KAT]	=	Zahl der Katholiken / Hauptwohnbevölkerung
Konfessionslosenanteil [KONF]	=	Zahl der Konfessionslosen / Hauptwohnbevölkerung
Landwirtschaftssektor [QLW]	=	Zahl der Erwerbstätigen in der Landwirtschaft / Erwerbstätige insgesamt
Nichterwerbstätigenanteil [NERW]	=	Zahl der Nichterwerbstätigen / Hauptwohnbevölkerung
Produzierender Sektor [QPG]	=	Zahl der Erwerbstätigen im Produzierenden Gewerbe / Erwerbstätige insgesamt

CDU/CSU-Stimmenanteil	=	CDU/CSU-Stimmen bei einer Bundestagswahl / Gültige Stimmen insgesamt
SPD-Stimmenanteil	=	SPD-Stimmen bei einer Bundestagswahl / Gültige Stimmen insgesamt
Unumstrittenheit	=	absolute Differenz zwischen CDU/CSU- und SPD-Stimmenanteil bei der jeweiligen Bundestagswahl
Verluste CDU/CSU	=	CDU/CSU-Stimmenanteil bei der Wahl 1983 abzüglich dem CDU/CSU-Stimmenanteil bei der Wahl 1990
Verluste SPD	=	SPD-Stimmenanteil bei der Wahl 1983 abzüglich dem SPD-Stimmenanteil bei der Wahl 1990

Anhang IV: Korrelationsmatrix und Faktorladungen der sozio-geographischen Variablen bei der Aggregatdatenanalyse

Korrelationsmatrix:

	ARB	AUSL	BEVD	BEV	VHQ	BEA	KAT	ABI	KONF	ANG	DLS	QPG	QLW
ARB	*1,00*	-0,15	-0,28	-0,26	0,87	-0,50	0,18	-0,79	-0,46	-0,83	-0,80	0,79	0,22
AUSL	-0,15	*1,00*	0,49	0,57	-0,35	-0,29	-0,10	0,44	0,63	0,47	0,23	0,00	-0,49
BEVD	-0,28	0,49	*1,00*	0,47	-0,35	-0,02	-0,21	0,41	0,68	0,47	0,33	-0,30	-0,35
BEV	-0,26	0,57	0,47	*1,00*	-0,30	-0,02	-0,01	0,41	0,42	0,40	0,35	-0,24	-0,29
VHQ	0,87	-0,35	-0,35	-0,30	*1,00*	-0,41	0,29	-0,92	-0,61	-0,85	-0,77	0,64	0,42
BEA	-0,50	-0,23	-0,02	-0,02	-0,41	*1,00*	-0,06	0,35	0,00	0,20	0,60	-0,62	-0,18
KAT	0,18	-0,10	-0,21	-0,01	0,29	-0,06	*1,00*	-0,14	-0,55	-0,26	-0,15	0,22	0,14
ABI	-0,79	0,44	0,41	0,41	-0,92	0,35	-0,14	*1,00*	0,56	0,80	0,75	-0,57	-0,43
KONF	-0,46	0,63	0,68	0,42	-0,61	0,00	-0,55	0,56	*1,00*	0,68	0,43	-0,37	-0,46
ANG	-0,83	0,47	0,47	0,40	-0,85	0,20	-0,26	0,80	0,68	*1,00*	0,66	-0,51	-0,60
DLS	-0,80	0,23	0,33	0,35	-0,77	0,60	-0,15	0,75	0,43	0,66	*1,00*	-0,83	-0,32
QPG	0,79	0,00	-0,30	-0,24	0,64	-0,62	0,22	-0,57	-0,37	-0,51	-0,83	*1,00*	0,02
QLW	0,22	0,49	-0,35	-0,29	0,42	-0,18	0,14	-0,43	-0,46	-0,60	-0,32	0,02	*1,00*

Quelle: Gemeindedatensatz des Forschungsinstituts der Konrad-Adenauer-Stiftung

Faktorladungen (Varimax-Rotation; orthogonal):

	Faktor 1: Dienstleistungs-zentren	Faktor 2: Großstädtische Strukturen	Faktor 3: Ländliche Gebiete	Faktor 4: Katholische Hochburgen
Arbeiteranteil (ARB)	- 0,91			
Ausländeranteil (AUSL)		0,80	- 0,29	
Bevölkerungsdichte (BEVD)		0,57		- 0,27
Einwohnerzahl (BEV)		0,61		
Anteil Hauptschulabgänger (VHQ)	- 0,80	- 0,34		
Beamtenanteil (BEA)	0,68	- 0,35		
Katholikenanteil (KAT)				0,73
Anteil Abiturienten (ABI)	0,73	0,47		
Konfessionslosenanteil (KONF)	0,27	0,64		- 0,67
Angestelltenanteil (ANG)	0,62	0,49	- 0,37	
Dienstleistungssektor (DLS)	0,87			
Produzierender Sektor (QPG)	- 0,86			
Landwirtschaftssektor (QLW)			0,95	

Quelle: Gemeindedatensatz des Forschungsinstituts der Konrad-Adenauer-Stiftung

Anhang V: Korrelationen zwischen dem Nichtwähleranteil bei der Bundestagswahl 1990 und sozio-demographischen sowie sozio-politischen Merkmalen nach Bundesländern (Pearson r)

	Baden-Württemb.	Bayern	Bremen	Hamburg	Hessen	Nieder-sachsen	Nordrhein-Westfalen	Rheinland-Pfalz	Saarland	Schleswig-Holstein
Sozio-ökonomische Faktoren										
Arbeiteranteil	-0.28	0.14	0.74	0.46	-0.13	-0.03	0.23	-0.33	-0.40	0.11
Angestelltenanteil	0.26	-0.15	-0.70	-0.46	0.23	-0.08	0.06	0.47	0.59	-0.04
Beamtenanteil	0.15	0.03	-0.52	-0.55	-0.13	0.21	-0.31	0.17	-0.45	0.30
Nichterwerbstätigenquote	0.43	0.18	0.41	0.24	0.06	0.33	0.25	0.22	0.37	0.44
Landwirtschaftssektor	-0.24	0.01	-0.10	-0.23	-0.39	-0.02	-0.51	-0.40	-0.42	-0.37
Produzierender Sektor	-0.48	-0.09	0.34	-0.08	-0.27	-0.23	0.10	-0.25	-0.47	-0.25
Dienstleistungssektor	0.51	0.05	-0.36	0.17	0.33	0.23	-0.12	0.41	0.51	0.46
Anteil Volksschulabgänger	-0.35	0.11	0.68	0.22	-0.19	0.09	0.25	-0.47	-0.46	0.06
Anteil Abiturienten	0.40	-0.07	-0.58	0.02	0.27	0.01	-0.14	0.50	0.60	0.00
Konfessionelle und sonstige Faktoren										
Katholikenanteil	-0.05	0.10	0.18	0.51	-0.09	-0.19	-0.28	-0.19	-0.67	0.37
Konfessionslosenanteil	0.36	0.08	0.27	0.74	0.57	0.12	0.53	0.54	0.85	-0.06
Bevölkerungsdichte	0.44	0.14	0.31	0.42	0.56	0.17	0.66	0.55	0.67	0.44
Einwohnerzahl	0.53	0.18	0.24	-0.05	0.54	0.14	0.57	0.55	0.69	0.50
Ausländeranteil	0.30	0.18	0.69	0.85	0.60	0.15	0.61	0.54	0.86	0.45
Nichtwähleranteil 1983	0.89	0.83	0.91	0.79	0.92	0.88	0.91	0.85	0.94	0.79
Nichtwähleranteil 1987	0.92	0.89	0.97	0.95	0.95	0.91	0.92	0.90	0.97	0.89
Politische Faktoren										
Umstrittenheit bei der Bundestagswahl 1987	0.33	0.06	-0.49	-0.24	0.48	0.16	0.06	0.53	-0.20	0.05
Umstrittenheit bei der der Bundestagswahl 1990	0.34	0.06	-0.35	-0.37	0.44	0.20	0.10	0.52	-0.62	0.21
SPD-Hochburg bei der Bundestagswahl 1987	0.27	0.07	0.57	0.21	-0.14	0.20	0.53	0.23	0.49	0.42
SPD-Hochburg bei der Bundestagawahl 1990	0.32	0.04	0.61	0.35	-0.17	0.19	0.51	0.16	0.50	0.39
CDU/CSU-Hochburg bei der Bundestagswahl 1987	-0.36	-0.04	-0.59	-0.59	-0.03	-0.27	-0.53	-0.32	-0.76	-0.33
CDU/CSU-Hochburg bei der Bundestagswahl 1990	-0.34	-0.06	-0.43	-0.62	-0.03	-0.24	-0.53	-0.26	-0.73	-0.33
Verluste der CDU/CSU von 1983 bis 1990	-0.24	0.12	0.51	0.07	0.50	0.15	0.60	-0.43	0.58	0.31
Verluste der SPD von 1983 bis 1990	0.28	0.08	-0.47	0.16	-0.28	-0.18	-0.42	0.51	-0.44	-0.27

Quelle: Gemeindedatensatz des Forschungsinstituts der Konrad-Adenauer-Stiftung

Anhang VI: Korrelationen zwischen dem prozentualen Nichtwählerzuwachs von 1983 bis 1990 und sozio-demographischen sowie sozio-politischen Merkmalen nach Bundesländern (Pearson r)

	Baden-Württemb.	Bayern	Bremen	Hamburg	Hessen	Nieder-sachsen	Nordrhein-Westfalen	Rheinland-Pfalz	Saarland	Schleswig-Holstein
Sozio-ökonomische Faktoren										
Arbeiteranteil	0.06	0.31	0.81	0.89	0.15	0.11	0.49	-0.07	-0.05	0.35
Angestelltenanteil	-0.06	-0.39	-0.73	-0.76	-0.06	-0.22	-0.22	0.18	0.25	-0.19
Beamtenanteil	0.03	-0.09	-0.60	-0.55	-0.08	0.07	-0.43	0.01	-0.53	0.18
Nichterwertstätigenquote	0.17	0.15	0.43	0.28	0.17	0.30	0.40	0.06	0.40	0.32
Landwirtschaftssektor	-0.10	0.27	-0.09	-0.01	-0.19	0.08	-0.34	-0.22	-0.29	-0.13
Produzierender Sektor	-0.15	0.08	0.50	0.50	-0.04	-0.07	0.34	-0.05	-0.14	0.11
Dienstleistungssektor	0.16	-0.19	-0.56	-0.51	0.08	0.03	-0.38	0.12	0.26	0.03
Anteil Volksschulabgänger	0.01	0.38	0.78	0.81	0.10	0.27	0.53	-0.13	-0.15	0.30
Anteil Abiturienten	0.06	-0.37	-0.71	-0.64	-0.04	-0.22	-0.44	0.16	0.29	-0.23
Konfessionelle und sonstige Faktoren										
Katholikenanteil	0.16	0.30	0.26	0.54	-0.07	-0.03	-0.22	-0.11	-0.53	0.13
Konfessionslosenanteil	0.09	-0.27	0.12	0.37	0.23	-0.12	0.26	0.23	0.58	-0.12
Bevölkerungsdichte	0.24	-0.20	0.17	0.24	0.29	-0.04	0.48	0.23	0.41	0.28
Einwohnerzahl	0.37	-0.16	0.28	0.16	0.22	-0.08	0.29	0.23	0.31	0.42
Ausländeranteil	0.13	-0.17	0.65	0.72	0.32	-0.03	0.36	0.24	0.69	0.34
Nichtwähleranteil 1983	0.26	0.30	0.64	0.07	0.43	0.47	0.57	0.21	0.62	0.02
Nichtwähleranteil 1987	0.45	0.53	0.81	0.46	0.58	0.60	0.65	0.47	0.72	0.31
Politische Faktoren										
Umstrittenheit bei der Bundestagswahl 1987	0.03	-0.26	-0.59	-0.29	0.29	-0.06	-0.16	0.28	-0.19	0.00
Umstrittenheit bei der Bundestagawahl 1990	0.05	-0.28	-0.36	-0.27	0.28	0.02	-0.11	0.30	-0.57	0.14
SPD-Hochburg bei der Bundestagswahl 1987	0.07	-0.16	0.72	0.75	0.04	0.15	0.56	0.16	0.58	0.38
SPD-Hochburg bei der Bundestagawahl 1990	0.08	-0.23	0.71	0.76	0.00	0.14	0.52	0.12	0.53	0.33
CDU/CSU-Hochburg bei der Bundestagswahl 1987	-0.02	0.31	-0.56	-0.62	-0.02	-0.12	-0.42	-0.17	-0.66	-0.21
CDU/CSU-Hochburg bei der Bundestagswahl 1990	-0.04	0.29	-0.37	-0.55	-0.03	-0.10	-0.40	-0.15	-0.61	-0.19
Verluste der CDU/CSU von 1983 bis 1990	0.03	0.28	-0.52	-0.45	-0.11	-0.17	-0.42	-0.19	-0.50	-0.28
Verluste der SPD von 1983 bis 1990	0.06	-0.19	0.60	0.65	0.28	0.14	0.44	0.23	0.51	0.34

Quelle: Gemeindedatensatz des Forschungsinstituts der Konrad-Adenauer-Stiftung

Anhang VII: Bivariate logistische Regressionen: Wahl/Nichtwahl mit sozio-demographischen Merkmalen von 1982/84 bis 1991/92

	1982/84		1986/88		1991/92	
	Pseudo-R^2		*Pseudo-R^2*		*Pseudo-R^2*	
	B-Koeff.	Chi-Square	B-Koeff.	Chi-Square	B-Koeff.	Chi-Square
Alter	*0,7 %*		*1,6 %*		*2,0 %*	
18-24 Jahre	*0,78	10,2	*0,93	26,2	*1,05	25,6
25-35 Jahre	0,44	4,2	*0,58	11,3	*0,75	16,3
36-45 Jahre	0,16	0,5	0,03	0,0	0,26	1,6
46-55 Jahre	0,06	0,1	0,05	0,0	0,13	0,4
56-65 Jahre	ref.	ref.	ref.	ref.	ref.	ref.
66 Jahre und älter	0,21	0,8	0,26	1,8	0,12	0,3
Bildung	*0,2 %*		*1,5 %*		*1,6 %*	
ohne Schulabschluß	0,97	3,5	*1,75	39,3	*1,74	31,5
Hauptschule	0,15	0,6	*0,68	18,7	*0,68	21,6
Mittlere Reife	0,01	0,0	0,40	5,0	*0,53	10,1
Höherer Schulabschluß	ref.	ref.	ref.	ref.	ref.	ref.
Erwerbsstruktur	*0,9 %*		*1,2 %*		*1,4 %*	
Selbständige	0,13	0,1	*0,85	6,8	0,49	2,3
Beamte	ref.	ref.	ref.	ref.	ref.	ref.
Angestellte	0,36	1,7	*0,76	7,7	*0,81	10,0
Arbeiter	*0,76	7,7	*1,21	19,5	*1,19	21,1
nie berufstätig gewesen	0,78	6,4	*1,09	13,5	*1,19	16,9
Pro-Kopf-Einkommen	*0,9 %*		*0,3 %*		*1,0 %*	
unter 800 DM	*0,64	8,8	0,43	2,9	*0,74	23,6
800-1200 DM	0,31	2,0	0,15	0,4	0,24	2,7
1200-2000 DM	0,02	0,0	0,08	0,1	0,13	0,8
über 2000 DM	ref.	ref.	ref.	ref.	ref.	ref.
Konfession	*1,7 %*		*0,6 %*		*0,4 %*	
katholisch	ref.	ref.	ref.	ref.	ref.	ref.
protestantisch	0,11	0,6	0,09	0,7	0,24	4,4
andere	*1,29	37,0	*0,80	14,3	*0,65	5,4
konfessionslos	0,43	3,7	0,20	1,3	0,40	5,9
Kirchgang	*1,5 %*		*1,4 %*		*3,5 %*	
regelmäßig	ref.	ref.	ref.	ref.	ref.	ref.
manchmal	0,21	0,9	0,03	0,0	0,38	3,0
selten	0,48	5,0	*0,49	8,8	*0,70	11,3
nie	*0,94	19,9	*0,75	19,3	*1,45	48,2
Familienstand	*2,1 %*		*1,2 %*		*2,3 %*	
verheiratet	ref.	ref.	ref.	ref.	ref.	ref.
verwitwet	*0,53	9,1	0,38	6,3	0,40	5,3
geschieden	*1,02	25,2	*0,65	12,1	*1,06	39,7
ledig	*0,82	28,5	*0,62	29,2	*0,73	37,1
Haushaltsgröße	*0,9 %*		*0,6 %*		*0,9 %*	
1-Person	ref.	ref.	*-0,53	15,9	*0,63	22,0
2-Personen	0,34	4,9	ref.	ref.	ref.	ref.
3-Personen	*0,52	7,9	-0,31	4,7	0,28	3,5
4-Personen und mehr	*0,68	14,0	-0,12	0,7	0,19	1,7
Vereinszugehörigkeit	*1,1 %*		*1,0 %*		*1,6 %*	
ja	ref.	ref.	ref.	ref.	ref.	ref.
nein	*0,64	29,4	*0,56	37,6	*0,68	46,0
Gewerkschaftsmitglied	*0,2 %*		*0,5 %*		*0,1 %*	
ja	ref.	ref.	ref.	ref.	ref.	ref.
nein	0,34	4,7	*0,61	16,3	0,17	1,6

*= signifikant auf dem Niveau p= 0.01
ref.= Referenzkategorie

Quelle: ALLBUS 1982/84, 1986/88, 1991/92

Anhang VIII: Bivariate logistische Regressionen: Wahl/Nichtwahl mit sozialpsychologischen Merkmalen von 1982/84 bis 1991/92

	1982/84		1986/88		1991/92	
	Pseudo-R^2		*Pseudo-R^2*		*Pseudo-R^2*	
	B-Koeff.	Chi-Square	B-Koeff.	Chi-Square	B-Koeff.	Chi-Square
Wertetyp	*0,2 %*		*0,3 %*		*0,6 %*	
Postmaterialisten	ref.	ref.	ref.	ref.	ref.	ref.
postmat. Mischtyp	0,06	0,1	0,19	2,2	0,32	5,4
mat. Mischtyp	0,32	4,5	0,13	1,1	0,30	5,0
Materialisten	0,20	2,0	*0,43	10,9	*0,60	17,6
Wirtschaftslage BRD	*0,5 %*		*1,7 %*		*0,5 %*	
sehr gut	ref.	ref.	ref.	ref.	ref.	ref.
gut	0,07	0,0	0,55	0,3	0,21	0,3
teils-teils	0,11	0,0	0,28	0,1	0,39	1,2
schlecht	0,44	0,4	0,63	0,4	0,57	2,5
sehr schlecht	0,61	0,6	1,13	1,0	0,99	6,0
Wirtschaftslage, Befragter	*1,7 %*		*1,8 %*		*3,2 %*	
sehr gut	ref.	ref.	ref.	ref.	ref.	ref.
gut	0,23	0,5	0,96	2,6	0,49	2,8
teil, teils	0,31	0,9	1,40	5,6	*1,20	16,2
schlecht	0,64	3,5	*1,72	7,9	*1,64	25,9
sehr schlecht	*1,11	7,9	*2,19	10,9	*1,86	23,2
Politisches Interesse	*4,9 %*		*6,6 %*		*7,0 %*	
sehr stark	ref.	ref.	ref.	ref.	ref.	ref.
stark	0,33	1,8	0,58	5,4	0,06	0,1
mittel	0,10	0,2	*0,10	18,9	0,35	3,2
wenig	*0,60	7,7	*1,61	48,7	*1,30	41,1
überhaupt keines	*1,48	44,1	*2,64	119,3	*2,23	96,2
Parteiidentifikation	*9,1 %*					
ja	ref.	ref.	-	-	-	-
nein	*1,86	92,2	-	-	-	-
Antwort verweigert	*1,65	31,7	-	-	-	-
Soziale Anomie	*0,9 %*				*2,9 %*	
stark	0,14	0,2	-	-	*0,73	22,9
etwas	0,42	2,2	-	-	*0,41	7,5
wenig	0,55	4,0	-	-	*0,63	9,8
keine	ref.	ref.	-	-	ref.	ref.
Demokratiezufriedenheit			*1,2 %*		*2,5 %*	
sehr zufrieden	-	-	ref.	ref.	ref.	ref.
zufrieden	-	-	0,17	0,8	0,50	5,2
etwas zufrieden	-	-	0,50	5,2	*1,05	20,6
etwas unzufrieden	-	-	*0,73	8,8	*0,88	13,8
unzufrieden	-	-	*0,86	8,5	*-1,46	35,1
sehr unzufrieden	-	-	*1,34	8,3	*-1,65	28,9
Systemzufriedenheit			*0,6 %*		*2,2 %*	
hoch	-	-	ref.	ref.	ref.	ref.
im großen und ganzen	-	-	0,17	1,0	0,48	4,9
mit Einschränkungen	-	-	*0,63	9,0	*1,04	21,0
sehr unzufrieden	-	-	0,82	2,6	*1,78	38,1
Parteienverdrossenheit	*5,2 %*					
ja	*1,59	108,0	-	-	-	-
nein	ref.	ref.	-	-	-	-
Vertrauen Bundestag	*1,3 %*					
1= kein Vertrauen	*1,48	15,4	-	-	-	-
2	*0,97	6,9	-	-	-	-
3	0,61	3,2	-	-	-	-
4	0,68	4,5	-	-	-	-
5	0,54	2,8	-	-	-	-
6	0,33	0,9	-	-	-	-
7= großes Vertrauen	ref.	ref.	-	-	-	-

*= signifikant auf dem Niveau p= 0.01
ref.= Referenzkategorie

Quelle: ALLBUS 1982/84, 1986/88, 1991/92

Anhang IX: Bivariate logistische Regressionen: Wahl/Nichtwahl mit sozialpsychologischen Merkmalen von 1987 bis 1993

	1987		1991		1993	
	Pseudo-R^2		*Pseudo-R^2*		*Pseudo-R^2*	
	B-Koeff.	Chi-Square	B-Koeff.	Chi-Square	B-Koeff.	Chi-Square
Politisches Interesse	*17,1 %*		*4,7 %*		*3,3 %*	
sehr stark	0,16	0,2	ref.	ref.	ref.	ref.
stark	ref.	ref.	0,11	0,1	0,01	0,0
mittel	*1,10	15,5	0,63	3,5	0,46	4,8
wenig	*2,19	52,9	*1,32	14,5	*0,98	19,9
überhaupt keines	*3,84	132,9	*1,85	27,1	*1,42	38,8
Parteiidentifikation	*7,7 %*		*11,4 %*		*11,6 %*	
stark	ref.	ref.	ref.	ref.	ref.	ref.
mäßig	0,05	0,0	0,59	5,5	0,59	6,4
schwach	*1,07	7,2	*0,98	10,3	*1,25	20,7
keine	*1,62	38,6	*2,35	96,5	*2,38	124,3
Antwort verweigert	*1,54	25,6	*2,09	61,7	*1,62	36,3
Politische Kompetenz	*2,6 %*		*1,5 %*		*2,7 %*	
hoch	ref.	ref.	0,25	1,2	ref.	ref.
etwas	0,10	0,0	ref.	ref.	0,01	0,0
wenig	0,58	1,8	0,20	1,8	0,43	5,0
keine	*1,21	7,7	*0,79	27,7	*1,05	30,5
Wahlpflicht	*13,5 %*		*5,9 %*		*10,8 %*	
voll und ganz	*3,20	115,8	*2,04	100,9	*2,43	239,4
überwiegend	*2,10	64,5	*1,28	59,9	*1,76	170,6
etwas	*0,95	14,1	*0,54	11,7	*0,73	28,0
überhaupt keine	ref.	ref.	ref.	ref.	ref.	ref.
Demokratiezufriedenheit			*0,7 %*		*3,3 %*	
sehr zufrieden	-	-	ref.	ref.	ref.	ref.
etwas zufrieden	-	-	0,44	6,2	*0,80	16,9
unzufrieden	-	-	*0,79	13,2	*1,57	62,3
Parteienverdrossenheit			*3,9 %*		*5,4 %*	
ja	-	-	*1,15	91,0	*1,25	173,7
nein	-	-	ref.	ref.	ref.	ref.
Bundeskanzler	*2,7 %*					
Helmut Kohl	0,1	0,2	-	-	-	-
Johannes Rau	ref.	ref.	-	-	-	-
keiner von beiden	*1,0	22,5	-	-	-	-
Vertrauen Gerichte [1]			*1,4 %*		*1,1 %*	
1= kein Vertrauen	-	-	*1,48	21,0	*1,13	23,1
2	-	-	0,44	1,8	0,49	4,1
3	-	-	0,58	4,7	*0,61	9,3
4	-	-	*0,67	7,2	*0,50	7,2
5	-	-	0,29	1,3	0,24	1,6
6	-	-	0,28	1,2	0,18	0,9
7= sehr großes Vertrauen	-	-	ref.	ref.	ref.	ref.
Vertrauen Bundestag [1]					*4,8 %*	
1= kein Vertrauen	-	-	-	-	*2,08	39,7
2	-	-	-	-	*1,37	17,9
3	-	-	-	-	*0,89	7,8
4	-	-	-	-	0,67	4,5
5	-	-	-	-	0,27	0,7
6	-	-	-	-	0,28	0,7
7= sehr großes Vertrauen	-	-	-	-	ref.	ref.
Vertrauen Parteien [1]			*2,0 %*		*5,6 %*	
1= kein Vertrauen	-	-	1,16	3,5	*1,87	15,3
2	-	-	0,64	1,0	*1,44	9,2
3	-	-	0,54	0,8	0,77	2,6
4	-	-	0,23	0,1	0,28	0,3
5	-	-	0,00	0,0	0,22	0,2
6	-	-	0,24	0,1	0,44	0,7
7= sehr großes Vertrauen	-	-	ref.	ref.	ref.	ref.

1) Vertraueskategorien wurden als Dummy-Variablen umkodiert. Bei ordinaler Interpretation der Variablen ergeben sich bezüglich des Pseudo-R^2 etwas geringere Werte. Beispielsweise beim Vertrauen in den Bundestag in der Umfrage 1993 beträgt der Wert der ordinalen, nicht kategorisierten Variablen 4,4 Prozent statt 4,8 Prozent.
*= signifikant auf dem Niveau p= 0.01; ref.= Referenzkategorie

Quelle: Forschungsinstitut der Konrad-Adenauer-Stiftung Archiv Nr. 8702, 9105, 9301

Anhang X: Entwicklung des Wahlpflichtbewußtseins von 1987 bis 1993 nach soziodemographischen und sozialpsychologischen Merkmalen (in Prozent)

	1987	1991	1993	Differenz 1993-1987
Sozio-demographische Merkmale				
Alter				
18-24 Jahre	70	67	64	- 6
25-35 Jahre	75	69	65	- 10
36-45 Jahre	83	71	71	- 12
46-55 Jahre	84	81	76	- 8
56-65 Jahre	84	76	77	- 7
66 Jahre und älter	85	77	75	- 10
Bildung				
Hauptschule ohne Lehre	78	71	68	- 10
Hauptschule mit Lehre	81	73	71	- 10
Mittlere Reife	84	74	72	- 12
Höherer Schulabschluß	77	77	74	- 3
Konfession				
katholisch	81	73	71	- 10
protestantisch	82	76	74	- 8
andere	62	74	69	7
konfessionslos	70	59	63	-7
Kirchgang				
regelmäßig	86	82	76	- 10
manchmal	82	78	76	- 6
selten	80	72	71	- 9
nie	70	62	65	- 5
Familienstand				
verheiratet	84	76	75	- 11
verwitwet, geschieden	82	71	69	- 13
ledig	72	69	65	- 7
Haushaltsgröße				
1-Person	80	72	68	- 12
2-Personen	82	76	72	- 10
3-Personen	79	75	73	- 6
4-Personen und mehr	80	71	72	- 8
Gewerkschaftsmitglied				
ja	-	75	77	2
nein	-	74	70	- 4
Sozialpsychologische Merkmale				
Politisches Interesse				
sehr stark	88	82	80	- 8
stark	87	78	80	- 7
mittel	81	76	71	- 10
wenig	64	66	65	1
überhaupt keines	43	63	58	15
Stärke der Parteiidentifikation				
sehr stark	88	80	83	- 5
mäßig	84	79	79	- 5
schwach	78	77	70	- 8
keine	72	62	59	- 13
Antwort verweigert	73	65	63	- 10
Politische Kompetenz				
hoch	81	80	75	- 6
etwas	81	80	79	- 2
wenig	84	72	72	- 12
keine	76	67	60	- 16
insgesamt	*80*	*74*	*71*	*- 9*

Lesehilfe: Bei den 18-24jährigen befürworteten im Jahr 1987 70 Prozent die Wahlnorm.

Quelle: Forschungsinstitut der Konrad-Adenauer-Stiftung Archiv Nr. 8702, 9105, 9301

Anhang XI: Entwicklung der Parteiidentifikation von 1982 bis 1993 nach sozio-demographischen und sozialpsychologischen Merkmalen (in Prozent)

	1982	1990	1993	Differenz 1993 - 1982
Sozio-demographische Merkmale				
Alter				
18-24 Jahre	51	51	48	-3
25-35 Jahre	57	64	59	2
36-45 Jahre	70	71	64	- 6
46-55 Jahre	72	75	69	- 3
56-65 Jahre	76	71	68	- 8
66 Jahre und älter	74	81	67	- 7
Bildung				
ohne Schulabschluß	57	58	1) 57	0
Hauptschule	68	74	65	- 3
Mittlere Reife	65	65	60	- 5
Höherer Schulabschluß	68	72	68	0
Erwerbsstruktur				
Selbständige	70	74	-	-
Beamte	70	72	-	-
Angestellte	68	70	-	-
Arbeiter	68	70	-	-
nie berufstätig gewesen	60	64	-	-
Konfession				
katholisch	71	71	64	- 7
protestantisch	65	71	64	- 1
andere	57	63	64	7
konfessionslos	64	67	60	- 4
Kirchgang				
regelmäßig	77	77	68	- 9
manchmal	68	74	63	- 5
selten	64	67	62	- 2
nie	61	66	61	0
Haushaltsgröße				
1-Person	67	70	64	- 3
2-Personen	69	72	66	- 3
3-Personen	66	72	59	- 7
4-Personen und mehr	66	66	61	-5
Gewerkschaftsmitglied				
ja	70	76	70	0
nein	67	69	61	- 6
Sozialpsychologische Merkmale				
Politisches Interesse				
sehr stark	72	78	81	9
stark	73	76	73	0
mittel	69	72	62	- 7
wenig	59	59	53	- 6
überhaupt keines	51	41	45	- 6
Wertetyp				
Postmaterialisten	62	70	-	-
postmat. Mischtyp	68	65	-	-
mat. Mischtyp	68	74	-	-
Materialisten	69	71	-	-
Wahlpflicht				
überhaupt nicht	-	-	37	-
eher nicht	-	-	51	-
überwiegend	-	-	64	-
voll und ganz	-	-	74	-
insgesamt	*67*	*70*	*63*	*- 4*

Lesehilfe: Von den 18-24jährigen identifizierten sich 1982 47 Prozent mit einer Partei. 1) Hauptschule ohne Lehre

Quelle: ALLBUS 1982, 1990; Forschungsinstitut der Konrad-Adenauer-Stiftung Archiv Nr. 9301

Anhang XII: Entwicklung der Unterstützungsleistungen auf der Ebene der politischen Ordnung 1984 bis 1993 nach sozio-demographischen und sozialpsychologischen Merkmalen (Mittelwerte)

	Vertrauen Bundestag [1]			Demokratiezufriedenheit [2]		
	1984	1993	Differenz 1993-1984	1988	1992	Differenz 1992-1988
Sozio-demographische Merkmale						
Alter						
18-24 Jahre	4,0	3,7	- 0,3	4,4	4,1	- 0,3
25-35 Jahre	4,1	3,8	- 0,3	4,5	3,9	- 0,6
36-45 Jahre	4,6	4,0	- 0,6	4,7	4,1	- 0,6
46-55 Jahre	4,6	4,1	- 0,5	4,7	4,1	- 0,6
56-65 Jahre	4,4	4,1	- 0,3	4,9	4,1	- 0,8
66 Jahre und älter	4,8	4,2	- 0,6	4,9	4,1	- 0,8
Bildung						
ohne Schulabschluß	4,6	[3] 3,7	-	4,4	4,5	- 0,9
Hauptschule	4,5	4,0	- 0,5	4,7	4,0	- 0,7
Mittlere Reife	4,5	4,1	- 0,4	4,7	4,1	- 0,6
Höherer Schulabschluß	4,3	4,2	- 0,1	4,5	4,2	- 0,3
Erwerbsstruktur						
Selbständige	4,5	-	-	4,7	4,1	- 0,6
Beamte	4,6	-	-	4,9	4,3	- 0,6
Angestellte	4,4	-	-	4,7	4,1	- 0,6
Arbeiter	4,4	-	-	4,6	3,9	- 0,7
nie berufstätig gewesen	4,3	-	-	4,6	4,1	- 0,5
Kirchgang						
regelmäßig	4,9	4,4	- 0,5	4,9	4,4	- 0,5
manchmal	4,6	4,1	- 0,5	4,8	4,2	- 0,6
selten	4,4	3,7	- 0,7	4,6	4,0	- 0,6
nie	3,9	3,7	- 0,2	4,3	3,8	- 0,5
Familienstand						
verheiratet	4,5	4,1	- 0,4	4,7	4,1	- 0,6
verwitwet, geschieden	4,5	3,9	- 0,6	4,7	4,0	- 0,7
ledig	4,2	3,8	- 0,4	4,5	4,0	- 0,5
Haushaltsgröße						
1-Person	4,3	3,8	- 0,5	4,7	4,0	- 0,7
2-Personen	4,5	4,1	- 0,4	4,7	4,1	- 0,6
3-Personen	4,4	4,0	- 0,4	4,6	4,1	- 0,5
4-Personen und mehr	4,5	4,0	- 0,5	4,6	4,2	- 0,4
Sozialpsychologische Merkmale						
Politisches Interesse						
sehr stark	4,1	4,3	+ 0,2	4,4	4,1	- 0,3
stark	4,5	4,1	- 0,4	4,7	4,1	- 0,6
mittel	4,4	4,0	- 0,4	4,7	4,1	- 0,6
wenig	4,6	3,9	- 0,7	4,8	4,0	- 0,8
überhaupt keines	4,5	3,6	- 0,9	4,7	3,6	- 0,9
Parteiidentifikation						
ja	4,6	4,2	- 0,4	-	-	-
nein	4,1	3,6	- 0,5	-	-	-
Wertetyp						
Postmaterialist	3,8	-	-	4,3	4,0	- 0,3
postmat. Mischtyp	4,4	-	-	4,6	4,0	- 0,6
mat. Mischtyp	4,7	-	-	4,9	4,1	- 0,8
Materialist	4,7	-	-	4,9	4,1	- 0,8
Wahlpflicht						
überhaupt nicht	-	3,1	-	-	-	-
eher nicht	-	3,6	-	-	-	-
überwiegend	-	4,1	-	-	-	-
voll und ganz	-	4,3	-	-	-	-

1) Vertrauen Bundestag: 1= kein Vertrauen bis 7= sehr großes Vertrauen 2) Demokratiezufriedenheit: 1=sehr zufrieden bis 6= sehr unzufrieden 3) Hauptschule ohne Lehre

Lesehilfe: Die 18-24jährigen hatten im Jahr 1984 ein durchschnittliches Vertrauen von 4,0; 1993 von nur 3,7. Das Vertrauen ist im Untersuchungszeitraum um 0,3 zurückgegangen.

Quelle: ALLBUS 1984, 1988, 1992; Forschungsinstitut der Konrad-Adenauer-Stiftung Archiv Nr. 9301

Anhang XIII: Entwicklung der Parteienverdrossenheit von 1980 bis 1993 nach sozio-demographischen und sozialpsychologischen Merkmalen (in Prozent)

	1980	1984	1991	1993	Differenz 1993-1980
Sozio-demographische Merkmale					
Alter					
18-24 Jahre	10	14	18	29	+ 19
25-35 Jahre	9	10	22	26	+ 17
36-45 Jahre	6	9	19	28	+ 22
46-55 Jahre	7	8	16	27	+ 20
56-65 Jahre	8	10	18	22	+ 14
66 Jahre und älter	10	9	18	25	+ 15
Bildung					
ohne Schulabschluß	17	21	[1] 22	[1] 31	-
Hauptschule	8	10	19	28	+ 20
Mittlere Reife	7	10	17	25	+ 18
Höherer Schulabschluß	8	10	15	20	+ 12
Erwerbsstruktur					
Selbständige	8	10	-	-	-
Beamte	8	11	-	-	-
Angestellte	7	9	-	-	-
Arbeiter	10	10	-	-	-
nie berufstätig gewesen	9	11	-	-	-
Konfession					
katholisch	8	8	19	26	+ 18
protestantisch	8	11	16	23	+ 15
andere	14	10	20	25	+ 11
konfessionslos	12	10	27	38	+ 16
Kirchgang					
regelmäßig	9	8	17	20	+ 11
manchmal	7	10	15	25	+ 18
selten	8	9	19	27	+ 19
nie	12	13	24	32	+ 20
Haushaltsgröße					
1-Person	10	10	20	25	+ 15
2-Personen	7	11	17	25	+ 18
3-Personen	8	10	21	28	+ 20
4-Personen und mehr	8	8	16	28	+ 20
Sozialpsychologische Merkmale					
Politisches Interesse					
sehr stark	5	4	13	21	+ 16
stark	5	6	15	21	+ 16
mittel	5	8	16	26	+ 21
wenig	10	11	23	29	+ 19
überhaupt keines	24	23	34	37	+ 13
Stärke der Parteibindung					
sehr stark	-	-	12	12	-
mäßig	-	-	11	15	-
schwach	-	-	16	26	-
keine	-	-	32	41	-
Antwort verweigert	-	-	36	41	-
Wertetyp					
Postmaterialist	6	12	-	-	-
postmat. Mischtyp	7	9	-	-	-
mat. Mischtyp	8	7	-	-	-
Materialist	9	10	-	-	-
Wahlpflicht					
überhaupt nicht	-	-	40	45	-
eher nicht	-	-	23	33	-
überwiegend	-	-	18	25	-
voll und ganz	-	-	14	19	-
insgesamt	*8*	*10*	*19*	*26*	*+ 18*

Lesehilfe: Von den 18-24jährigen waren im Jahr 1980 10 Prozent parteienverdrossen. 1) Hauptschule ohne Lehre

Quelle: ALLBUS 1980, 1984; Forschungsinstitut der Konrad-Adenauer-Stiftung Archiv Nr. 9105, 9301

Anhang XIV: Multivariate Logistische Regressionen mit ausschließlich sozio-demographischen Variablen von 1982/84 bis 1991/92 (schrittweise Einführung und Ausschluß der Variablen)

	1982/84		1986/88		1991/92	
	ß-Koeff.	Chi-Square	ß-Koeff.	Chi-Square	ß-Koeff.	Chi-Square
Alter		n.s.		57.20		53,24
18-24 Jahre	n.s.	n.s.	*1.12	31,12	*1.06	17,17
25-35 Jahre	n.s.	n.s.	*0.72	14,54	*0,89	17,74
36-45 Jahre	n.s.	n.s.	0.15	0,48	*0.65	4,10
46-55 Jahre	n.s.	n.s.	0.11	0,28	0.38	1,32
56-65 Jahre	ref.	ref.	ref.	ref.	ref.	ref.
66 Jahre und älter	n.s.	n.s.	0.03	0,02	-0.18	0,38
Bildung		n.s.		74.70		51.96
ohne Schulabschluß	n.s.	n.s.	*2.07	49,06	*1.83	27,99
Hauptschule	n.s.	n.s.	*1.20	50,01	*1.10	44,18
Mittlere Reife	n.s.	n.s.	*0.63	11,43	*0.72	16,60
Höherer Schulabschluß	ref.	ref.	ref.	ref.	ref.	ref.
Erwerbsstruktur		14.53		n.s.		n.s.
Selbständig	0.06	0,02	n.s.	n.s.	n.s.	n.s.
Beamte	ref	ref.	ref.	ref.	ref.	ref.
Angestellte	0.20	0,48	n.s.	n.s.	n.s.	n.s.
Arbeiter	*0.67	5,75	n.s.	n.s.	n.s.	n.s.
nie berufstätig gewesen	0.51	2,52	n.s.	n.s.	n.s.	n.s.
Pro-Kopf-Einkommen		n.s.		n.s.		18.23
unter 800 DM	n.s.	n.s.	n.s.	n.s.	*-0.58	11,52
800-1200 DM	n.s.	n.s.	n.s.	n.s.	*-0.68	4,59
1200-2000 DM	n.s.	n.s.	n.s.	n.s.	-0.16	2,98
über 2000 DM	ref.	ref.	ref.	ref.	ref.	ref.
Konfession		33.64		21.25		10.12
katholisch	ref.	ref.	ref.	ref.	ref.	ref.
protestantisch	0.10	0,49	0.18	2,46	0.10	0,74
andere	*1.12	25,78	*0.86	14,81	*0.79	6,75
konfessionslos	-0.14	0,28	0.07	0,11	0.23	1,34
Kirchgang		22.52		30.61		55.93
regelmäßig	ref.	ref.	ref.	ref.	ref.	ref.
manchmal	0.37	2,73	0.09	0,25	*0.54	5,89
selten	*0.69	8,60	*0.59	10,34	*0.70	10,32
nie	*1.05	18,79	*0.85	17,37	*1.47	40,68
Familienstand		29.87		n.s.		14.01
verheiratet	ref.	ref.	ref.	ref.	ref.	ref.
verwitwet	*0.48	6,61	n.s.	n.s.	0.52	13,56
geschieden	*0.92	19,43	n.s.	n.s.	*0.64	22,17
ledig	*0.69	18,24	n.s.	n.s.	0.21	11,25
Haushaltsgröße		n.s.		12.86		n.s.
1-Person	n.s.	n.s.	*0.48	11,60	n.s.	n.s.
2-Personen	n.s.	n.s.	ref.	ref.	ref.	ref.
3-Personen	n.s.	n.s.	0.21	1,74	n.s.	n.s.
4-Personen und mehr	ref.	ref.	0.08	0,27	n.s.	n.s.
Vereinszugehörigkeit		12.43		9.34		13.28
ja	ref.	ref.	ref.	ref.	ref.	ref.
nein	*0.53	12,43	*0.34	9,34	*0.43	15,87
Gewerkschaftsmitglied		7.15		12.56		4.81
ja	ref.	ref.	ref.	ref.	ref.	ref.
nein	*0.53	7,15	*0.61	12,56	*0.35	4,31
Constant	-4,24		-4,80		-5,09	
2log-Likelihood (Nullmodell)	2007,8		2978,2		2569,9	
Modell-Chi-Square	134,5		221,5		269,8	
Freiheitsgrade (df)	15		19		18	
Fallzahlen	N= 3757		N= 4541		N= 3072	
Pseudo-R^2	6,7 %		7,44 %		10,5 %	

*= signifikant auf dem Niveau p= 0.01; ref.= Referenzkategorie; n.s.= nicht signifikant auf dem Niveau p= 0.01

Quelle: ALLBUS 1982/84, 1986/88, 1991/92

Anhang XV: Multivariate Logistische Regressionen von 1982/84 bis 1993 (schrittweise Einführung der Variablen)

	1982/84		1987		1991		1993	
	ß-Koeff.	Chi-Square	ß-Koeff.	Chi-Square	ß-Koeff.	Chi-Square	ß-Koeff.	Chi-Square
Alter		3,6		6,1		40,5		17,7
18-24 Jahre	0,16	0,3	0,14	0,1	*1,25	21,5	*0,67	8,1
25-35 Jahre	0,39	2,5	0,81	4,4	0,29	1,3	0,36	3,1
36-45 Jahre	0,22	0,7	0,54	1,8	-0,11	0,2	0,12	0,3
46-55 Jahre	0,21	0,6	0,52	1,7	0,11	0,2	*0,62	8,5
56-65 Jahre	ref.	ref.	ref.	ref.	ref.	ref.	ref.	ref.
66 Jahre und älter	-0,05	0,0	0,63	2,5	0,05	0,0	0,10	0,2
Bildung		0,5		5,2		5,6		31,7
ohne Schulabschluß	0,20	0,1	0,61	3,2	-0,25	1,0	*1,03	27,2
Hauptschule	-0,10	0,2	0,14	0,2	-0,07	0,1	0,43	6,0
Mittlere Reife	-0,11	0,2	-0,10	0,1	-0,45	4,0	*0,65	14,0
Höherer Schulabschl.	ref.	ref.	ref.	ref.	ref.	ref.	ref.	ref.
Kirchgang		14,5		0,2		25,4		14,0
regelmäßig	ref.	ref.	ref.	ref.	ref.	ref.	ref.	ref.
manchmal	0,08	0,1	0,13	0,2	0,41	3,5	0,03	0,0
selten	0,16	0,4	0,09	0,1	0,25	1,3	0,18	1,2
nie	*0,70	8,1	0,07	0,1	*0,97	20,1	*0,52	9,6
Politisches Interesse		81,9		63,3		16,9		5,3
sehr stark	ref.	ref.	ref.	ref.	ref.	ref.	ref.	ref.
stark	0,18	0,2	-0,01	0,0	-0,18	0,2	-0,18	0,5
mittel	0,16	0,4	*0,83	7,2	0,10	0,1	-0,10	0,2
wenig	*1,13	18,1	*1,47	17,4	0,50	1,5	0,04	0,0
überhaupt keines	*1,83	42,6	*2,89	52,7	0,82	3,5	0,23	0,7
Parteiidentifikation		51,7		18,2		99,1		124,9
sehr stark	ref.	ref.	ref.	ref.	ref.	ref.	ref.	ref.
mäßig	-	-	0,52	2,4	0,54	3,4	0,48	3,7
schwach	-	-	0,46	1,1	0,65	3,3	*0,84	7,9
keine	*1,02	51,7	*1,18	16,7	*1,91	43,6	*1,74	55,2
Antwort verweigert	-	-	*0,96	7,6	*1,81	28,9	*0,84	6,7
Poltische Kompetenz				1,8		7,0		11,4
hoch	-	-	ref.	ref.	ref.	ref.	ref.	ref.
etwas	-	-	0,08	0,0	0,54	3,8	0,05	0,0
wenig	-	-	0,43	0,7	0,23	1,5	0,08	0,3
keine	-	-	0,32	0,4	0,46	5,4	*0,45	8,3
Wahlpflicht				60,0		29,8		112,7
überhaupt nicht	-	-	*2,5	48,9	*1,17	20,7	*1,64	79,3
eher nicht	-	-	*1,5	25,3	*0,83	16,8	*1,26	68,8
überwiegend	-	-	0,6	5,1	0,31	2,7	*0,47	9,5
voll und ganz	-	-	ref.	ref.	ref.	ref.	ref.	ref.
Parteienverdrossenheit						13,9		19,5
ja	-	-	-	-	ref.	ref	ref.	ref.
nein	-	-	-	-	*0,60	13,9	*0,53	19,5
Vertrauen Bundestag		8,0						15,7
1 = kein Vertrauen	0,91	4,9	-	-	-	-	0,46	1,6
2	0,80	4,1	-	-	-	-	0,27	0,6
3	0,36	1,0	-	-	-	–	-0,07	0,0
4	0,49	2,1	-	-	-	-	-0,11	0,1
5	0,51	2,2	-	-	-	-	-0,27	0,6
6	0,29	0,7	-	-	-	-	-0,04	0,0
7 = großes Vertrauen	ref.	ref.	-	-	-	-	ref.	ref.
Demokratiezufriedenheit						3,2		
sehr zufrieden	-	-	-	-	ref.	ref.	-	-
etwas zufrieden	-	-	-	-	0,19	0,9	-	-
nicht zufrieden	-	-	-	-	0,14	0,3	-	-
Bundeskanzler				3,0				
Helmut Kohl	-	-	0,26	1,0	-	-	-	-
Johannes Rau	-	-	ref.	ref.	-	-	-	-
keiner von beiden	-	-	0,46	3,0	-	-	-	-
Constant	-4,48		-6,1		-4,65		-4,69	
2log-Likelihood	1694,3		1019,0		1852,5		2938,0	
Modell-Chi-Square	219,1		287,3		395,0		692,2	
Freiheitsgrade (df)	25		27		28		32	
Fallzahlen	N= 2776		N= 1895		N= 2406		N= 3255	
Pseudo-R^2	12,9 %		28,2 %		21,3 %		23,6 %	

1) Hauptschule ohne Lehre; *= signifikant auf dem Niveau p= 0.01; ref.= Referenzkategorie

Quelle: ALLBUS 1982/84; Forschungsinstitut der Konrad-Adenauer-Stiftung Archiv Nr. 8702, 9105, 9301

Anhang XVI: Clusteranalysen 1982/84 bis 1991/92

Modellvariablen:

Bildung:	von	1= ohne Schulbildung	bis	5= Abitur
Schicht:	von	1= Unterschicht	bis	5= Oberschicht
Interess:	von	1= sehr starkes	bis	5= überhaupt kein politisches Interesse
Entfrem:	von	1= hohe Systemloyalität	bis	4= starke Systemgegner
Identifi:	von	1= sehr starke	bis	5= keine Parteiidentifikation/verweigert
Vertrau:	von	1= großes Vertrauen	bis	5= kein Vertrauen in den Bundestag
Demok:	von	1= sehr zufrieden	bis	6= sehr unzufrieden mit der Demokratie
Anomia:	von	1= keine Anomie	bis	5= sehr starke Anomie
Efficacy:	von	1= hohe Kompetenz	bis	5= keine Kompetenz
Sozial:	von	1= mehr Sozialstaat	bis	4= weniger Sozialstaat
Partizipa:	von	1= Teilnahme an	bis	4= Ablehnung unverfaßter Partizipation
Werte:	von	1= Postmaterialist	bis	4= Materialist

Clustersegmente:	kumulierte Fallzahlen
1 = Der aktive Postmaterialist	116
2 = Der gehobene Jung-Konservative	139
3 = Der isolierte Randständige	284
4 = Der desinteressierte Passive	400
5 = Die saturierte Mittelschicht	217
6 = Der junge Individualist	340
7 = Die enttäuschte Arbeiterschaft	190

Clustermittelwerte 1982/84:

	Bildung	Schicht	Interess	Entfrem	Identifi	Vertrau	Anomia	Sozial	Partizi	Werte	*Fallzahl*
1	4,43	3,18	1,95	-	4,18	3,95	4,64	2,21	-	1,31	*42*
2	4,08	3,33	2,89	-	4,42	2,36	2,44	2,69	-	1,95	*37*
3	2,08	2,35	4,32	-	4,50	3,66	4,70	2,14	-	3,71	*79*
4	2,06	2,23	4,47	-	3,82	1,98	3,11	2,90	-	3,47	*102*
5	2,34	2,83	2,67	-	3,84	2,48	2,10	4,19	-	3,07	*45*
6	2,28	2,66	3,80	-	4,55	3,70	4,30	2,43	-	1,55	*71*
7	2,23	2,50	2,65	-	2,88	3,70	4,17	2,33	-	2,84	*43*

Quelle: ALLBUS 1982, 1984

Clustermittelwerte 1988/90:

	Bildung	Schicht	Interess	Entfrem	Identifi	Demok	Efficacy	Sozial	Partizi	Werte	*Fallzahl*
1	4,34	3,00	1,93	2,40	3,65	3,33	2,72	1,92	1,41	1,07	*29*
2	4,85	3,12	3,62	1,89	4,07	1,95	3,04	3,36	2,09	2,00	*34*
3	2,07	2,41	4,32	2,80	4,46	4,09	4,32	2,19	3,58	2,94	*76*
4	2,10	2,43	3,98	1,75	1,65	1,94	4,52	2,63	3,12	3,34	*138*
5	2,37	2,82	2,89	1,89	3,27	2,09	2,46	4,24	2,14	2,55	*53*
6	2,23	2,54	3,56	2,11	4,25	2,36	4,12	2,09	1,96	1,58	*82*
7	2,08	2,35	2,58	2,88	3,50	4,35	4,56	1,40	1,73	2,57	*53*

Quelle: ALLBUS 1988, 1990

Clustermittelwerte 1990:

	Bildung	Schicht	Interess	Entfrem	Identifi	Demok	Efficacy	Sozial	Partizi	Werte	*Fallzahl*
1	4,41	3,58	1,08	-	4,33	4,25	2,33	-	-	1,10	*12*
2	4,36	3,86	3,39	-	3,44	2,09	3,65	-	-	2,15	*23*
3	2,06	1,77	4,73	-	4,62	4,53	4,78	-	-	2,50	*34*
4	1,96	2,48	4,12	-	2,55	1,91	4,66	-	-	3,58	*52*
5	2,70	3,43	2,65	-	2,54	1,88	3,25	-	-	2,28	*37*
6	2,29	2,74	3,78	-	5,00	2,40	3,72	-	-	2,62	*72*
7	2,24	1,94	3,26	-	3,67	2,55	3,79	-	-	3,39	*34*

Quelle: CNEP 1990

Clustermittelwerte 1991/92:

	Bildung	Schicht	Interess	System	Identifi	Demok	Anomia	Sozial	Partizi	Werte	*Fallzahl*
1	4,34	3,04	2,42	2,58	-	4,45	4,03	2,06	1,15	1,15	*33*
2	4,84	3,17	2,98	2,02	-	2,22	3,32	3,00	1,75	1,91	*45*
3	2,07	2,47	4,61	3,13	-	4,79	4,58	1,69	2,51	3,13	*77*
4	2,18	2,44	3,82	2,12	-	2,45	4,14	2,19	3,33	3,21	*108*
5	2,48	2,65	3,06	1,96	-	2,20	2,81	3,60	1,61	2,87	*82*
6	2,34	2,60	3,53	2,34	-	2,61	4,17	1,72	1,50	1,92	*115*
7	2,18	2,48	2,28	2,95	-	4,78	4,38	1,78	1,89	2,83	*60*

Quelle: ALLBUS 1991, 1992

Literaturverzeichnis

Abramson, Paul R. [1983] Political Attitudes in America. Formation and Change, San Francisco: W.H.Freeman.

Abramson, Paul R. / John H. Aldrich [1982] The Decline of Electoral Participation in America, in: American Political Science Review, 76. Jg., Heft 3 , S. 502-521

Abramson, Paul R. / Wiliam Claggett [1984] Race-Related Differences in Self-Reported and Validated Turnout, in: Journal of Politics, 46. Jg., Heft 3 , S. 719-738

Ajzen, Icek [1989] Attidute Structure and Behavior, in: Pratkanis, Anthony R. / Steven J. Breckler / Anthony G. Greenwald (Hrsg.), Attitude Structure and Function, Hilsdale (New Jersey): Lawrence Erlbaum, S. 241-274

Aldrich, John H. [1993] Rational Choice and Turnout, in: American Journal of Political Science, 37. Jg., Heft 1, S. 246-278

Aldrich, John H. / Charles F. Cnudde [1975] Probing the Bounds of Conventional Wisdom: A Comparison of Regression, Probit, and Discriminant Analysis, American Journal of Political Science, 19. Jg., Heft 3 ,S. 571-609

Aldrich, John H. / Forrest D. Nelson [1984] Linear Probability, Logit and Probit Models, Series: Quantitative Applications in the Social Science No. 45, Beverly Hills: Sage

Allerbeck, Klaus R./ Max Kaase/ Hans Dieter Klingemann [1979] Politische Ideologie, politische Beteiligung und politische Sozialisation (I), Politische Vierteljahresschrift 1979, 20. Jg., Heft 4, S. 357-378

Almond, Gabriel / Sydney Verba [1963] The Civic Culture. Political Attitudes and Democracy in five Nations, New York: Princeton

Anderson, Barbara A. / Brian D. Silver [1986] Measurement and Mismeasurement of the Validitiy of the Self-reported Vote, in: American Journal of Political Science, 30. Jg., Heft 4, S. 771-785

Arminger, Gerhard / Nelleke Lijphart / Walter Müller [1981] Die Verwendung log-linearer Modelle zur Disaggregierung aggregierter Daten, Allgemeines Statistisches Archiv, Band 65, Heft 3, 1981, S. 273-291

Armingeon, Klaus [1994] Gründe und Folgen geringer Wahlbeteiligung, in: Kölner Zeitschrift für Soziologie und Sozialpsychologie, 46. Jg., Heft 1, S. 43-64

Ascheberg, Carsten / Ueltzhöffer, Jörg [1991] Bestimmungsgründe der Wahlenthaltung, Qualitative Pilotstudie zum Rückgang der Wahlbeteiligung in der Bundesrepublik Deutschland am Beispiel der Bundestagswahl 1990 (Wahlgebiet West), unveröffentlichtes Manuskript

Balch, George I. [1974] Multiple Indicators in Survey Research: The Concept of „Sense of Political Efficacy“, in: Political Methodology, 1. Jg., Heft 2, S. 1-43

Barnes, Samuel H. / Max Kaase [1979] Political Action. Mass Participation in Five Western Democracies, Beverly Hills: Sage

Barnes, Samuel H. [1989] Participation and Electoral Behavior, in: Jennings, M. Kent / Jan W. van Deth (Hrsg.), Continuities in Political Action, de Gruyter Studies on North America 5, Berlin: Walter de Gruyter, S. 235-272

Bartolini, Stefano / Peter Mair [1990] Identity, Competition, and Electoral Availability, Cambridge: Cambridge University

Beck, Ulrich [1983] Jenseits von Stand und Klasse?, in: Soziale Welt, Sonderband 2: Soziale Ungleichheit, Göttingen: Schwartz & Co., S. 35-74

Becker, Ulrich [1992] Zwischen Angst und Aufbruch: das Lebensgefühl der Deutschen in Ost und West nach der Wiedervereinigung, Düsseldorf: Econ

Bennett, Stephen E. [1986] Apathy in America, 1960-1984: Causes and Consequences of Citizien Political Indifference New York: Transnational Publishers Inc.

Bennett, Stephen E. [1991] Left behind: Exploring Declining Turnout among Noncollege Young Whites, 1964-1988, in: Social Science Quarterly, 72. Jg. , Heft 2, S. 314-333

Bennett, Stephen E. / David Resnick [1990] The Implications of Nonvoting for Democracy in the United States, in: American Journal of Political Science, 34. Jg., Heft 3, S. 771-802

Berglund, Sten / Sören R. Thomsen [1990] Modern Political Ecological Analysis, Äbo: Äbo Akademis

Betz, Hans-Georg [1992] Wahlenthaltung und Wählerprotest im westeuropäischen Zeitvergleich, in: Aus Politik und Zeitgeschichte, B 19 vom 1. Mai 1992, S.31-41

Borg, Sami [1993] Electoral Participation, unveröffentlichtes Manuskript für die Tagung „Beliefs in Government", Budapest, März 1993

Born, Richard [1990] Surge and Decline, Negative Voting, and the Midterm Loss Phenomenon: A Silmutaneous Choice Analysis, in: American Journal of Political Science, 34. Jg., Heft 3, S. 615-645

Brody, Richard A. [1978] The Puzzle of Political Participation in America, in: King, Anthony (Hrsg.), The new American Political System, Washington D.C.: American Enterprise Institute, S. 260

Brettschneider, Frank [1992] Der taktische und rationale Wähler. Über den Einfluß von Wahlumfragen auf das Wählerverhalten bei den Bundestagswahlen 1983 bis 1990, Politische Vierteljahreschrift, 33. Jg., Heft 1, S. 55-72

Budge, Ian / Dennis Farlie [1976] A Comparative Analysis of Factors Correlated with Turnout and Voting Choice, in: Buge, Ian / Ivor Crewe / Dennis Farlie (Hrsg.), Party Identification and Beyond, London: John Wiley & Sons, S. 103-126

Bürklin, Wilhelm [1992] Gesellschaftlicher Wandel, Wertewandel und politische Beteiligung, in: Starzacher, Karl / Konrad Schacht / Bernd Friedrich / Thomas Leif (Hrsg.), Protestwähler und Wahlverweigerer, Köln: Bund, S. 18-39

Campbell, Angus / Gerald Gurin, / Warren E. Miller [1954] The Voter decides, Evanston (Illinois): Row, Peterson and Company

Campbell, Angus / Philip E. Converse / Warren E. Miller / Donald E. Stokes [1960] The American Voter, New York: John Wiley & Sons

Campbell, Angus / Philip E. Converse / Warren E. Miller / Donald E. Stokes [1966] Elections and the Political Order, New York: John Wiley & Sons

Cassel, Carol A. / Robert C. Luskin [1988] Simple Explanations of Turnout Decline, American Political Science Review, 82. Jg., Heft 4, S. 1321-1330

Chaffee, Steven H. (Hrsg.) [1975] Political Communication, Beverly Hills/London: Sage

Clausen, Aage [1968] Response Validity: Vote report, in: Public Opinion Quarterly, 32. Jg., Heft 4, S. 588-606

Conradt, David [1989] The German Polity, 4. Auflage, New York/London: Longman

Converse, Philip E. [1975] Public Opinion and Voting Behavior, in: Greenstein, Fred I. / Nelson W. Polsby (Hrsg.), Nongovernmental Politics, Handbook of Political Science Volume 4, Reading (Mass.): Addison-Wesley, S. 75-169

Crewe, Ivor [1981] Electoral Participation, in: Butler, David / Howard R. Penniman / Austin Ranney (Hrsg.), Democracy at the Polls, Beverly Hills: Sage, S. 216-263

Crewe, Ivor / Tony Fox / Jim Alt [1977] Non-Voting in British General Elections 1966 - October 1974 in: Crouch, Colin (Hrsg.), British Political Sociology Yearbook, Vol. 3, Participation in Politics, London: Croom Helm, S. 38-109

Crozier, Michael J. / Samuel P. Huntington / Joji Watanuki [1975] The Crisis of Democracy, New York: New York University

Dalton, Russel J. [1984] Cognitive Mobilization and Partisan Dealignment in Advanced Industrial, in: Journal of Politics, 46. Jg., Heft 1, S.264-284

Dalton, Russel J. [1989] The German Voter, in: Smith, Gordon / William E. Paterson / Peter H. Merkl (Hrsg.), Developments in West German Politics, Durham: Duke University, S. 99-121

Dalton, Russell J. / Scott C. Flanagan / Paul Allen Beck [1984] Electoral Change in Advanced Industrial Democracies, Princeton: Princeton University

Dalton, Russell J. / Robert Rohrschneider [1990] Wählerwandel und die Abschwächung der Parteineigungen von 1972 bis 1987, in: Kaase, Max / Hans-Dieter Klingemann (Hrsg.), Wahlen und Wähler. Analysen aus Anlaß der Bundestagswahl 1987, Opladen: Westdeutscher Verlag, S. 297-324

Davies, James A. [1962] Towards a Theory of Revolution, in: American Sociological Review, 27. Jg., Heft 1, S. 5-19

Dittrich, Karl-Heinz [1991] Sozialstrukturelle Bestimmungsgründe der Wahlentscheidung, in: Veen, Hans-Joachim / Elisabeth Noelle-Neumann (Hrsg.), Wählerverhalten im Wandel. Bestimmungsgründe und politisch-kulturelle Trends am Beispiel der Bundestagswahl 1987, Paderborn: Ferdinand Schönigh, S. 129-162

Dittrich, Karl-Heinz [1992] Wertorientierungen und Parteiwechsel: Zur wertbezogenen Flexibliiserung des Wahlverhaltens am Beispiel der Bundestagswahl 1987, in: Klages, Helmut / Hans-Jürgen Hippler / Willi Herbert (Hrsg.), Werte und Wandel. Ergebnisse und Methoden einer Forschungstradition, Frankfurt: Campus, S. 252-268

Dittrich, Karl / Lars Norby Johansen [1983] Voting Turnout in Europe, 1945-1978: Myths and Realities, in: Daalder, Hans / Peter Mair (Hrsg.), Western European Party Systems - Continuity & Change, London: Sage, S. 95-114

Downs, Anthony [1957] An Economic Theory of Democracy, New York: Harper and Row

Easton, David [1965] A Systems Analysis of Political Life, New York/London/Sydney, John Wiley & Sons

Eckstein, Gabriele / Franz Urban Pappi [1994] Die politischen Wahrnehmungen und die Präferenz der Wählerschaft in Ost- und Westdeutschland: Ein Vergleich, in: Klingemann, Hans-Dieter / Max Kaase (Hrsg.), Wahlen und Wähler. Analysen aus Anlaß der Bundestagswahl 1990, Opladen, Westdeutscher Verlag, S. 397-421

Eilfort, Michael [1990] Die Nichtwähler. Bedeutung, Erfassung und Analyse eines andersartigen Wahlverhaltens, in: Der Bürger im Staat, 40. Jg., Heft 3, S. 186-191

Eilfort, Michael [1992] Nichtwählen als Form des Wahlverhaltens, unveröffentlichtes Manuskript für die Expertentagung „Keine Wahl auch eine Wahl“ am 4. Februar 1992 im Landtag von Baden-Württemberg

Eilfort, Michael [1994] Die Nichtwähler - Wahlenthaltung als Form des Wahlverhaltens, Paderborn: Schöningh

Elkins, David J. / Simeon, Richard E.B. [1979] A Cause in Search of its Effect, or What Does Political Culture Explain?, in: Comparative Politics, 11. Jg., Heft 2, S. 127-145

EMNID-Institut, Bielefeld [1980-1993] EMNID-Informationen, Politische Indikatoren; zum Teil unveröffentlichte Auszüge aus den Umfrageergebnissen des EMNID-Instituts

Enelow, James H. / Melvin J. Hinich [1984] The Spatial Theory of Voting. An Introduction, Cambridge: Cambridge University

Esser, Hartmut [1991] Alltagshandeln und Verstehen, Tübingen: J.C.B. Mohr

Falter, Jürgen W. [1977] Einmal mehr: Läßt sich das Konzept der Parteiidentifikation auf deutsche Verhältnisse übertragen, in: Kaase, Max (Hrsg.), Wahlsoziologie heute. Analysen aus Anlaß der Bundestagswahl 1976, Politische Vierteljahresschrift 18. Jg. Heft 2/3, Opladen: Westdeutscher Verlag, S. 476-500

Falter, Jürgen W. / Siegfried Schumann [1989] Methodische Probleme von Wahlforschung und Wahlprognose, in: Aus Politik und Zeitgeschichte, B 43 vom 1989, S. 3-14

Falter, Jürgen W. / Siegfried Schumann [1990] Vive la [très] petite différence! Über das unterschiedliche Wahlverhalten von Männern und Frauen bei der Bundestagswahl 1987, in: Kaase, Max / Hans-Dieter Klingemann (Hrsg.), Wahlen und Wähler. Analysen aus Anlaß der Bundestagswahl 1987, Opladen: Westdeutscher Verlag, S. 109-142

Falter, Jürgen W. / Siegfried Schumann [1993] Nichtwahl und Protestwahl: Zwei Seiten einer Medallie, in: Aus Politik und Zeitgeschichte, B 11 vom 14. März 1993, S. 36-49

Falter, Jürgen W. / Siegfried Schumann [1994] Der Nichtwähler - das unbekannte Wesen, in: Klingemann, Hans-Dieter / Max Kaase (Hrsg.), Wahlen und Wähler. Analysen aus Anlaß der Bundestagswahl 1990, Opladen, Westdeutscher Verlag, S. 161-213

Falter, Jürgen W. / Siegfried Schumann / Jürgen Winkler [1990] Erklärungsmodelle von Wählerverhalten, in: Aus Politik und Zeitgeschichte, B 37-38 vom 14. September 1990, S. 3-13

Falter, Jürgen W. / Reinhard Zintl [1989] Weltwirtschaftskrise und NSDAP-Wahlerfolge. Ein Erklärungsversuch mit Hilfe eines rationalistischen Ansatzes und ökologischer Regressionsanalysen, in: Falter, Jürgen W. / Hans Rattinger / Klaus G. Troitzsch (Hrsg.), Wahlen und politische Einstellungen in der Bundesrepublik Deutschland, Frankfurt/Main: Peter Lang, S. 122-173

Faul, Erwin [1965] Sozialstruktur und Wahlbeteiligung, in: Sänger, Fritz / Klaus Liepelt (Hrsg.), Wahlhandbuch 1965. Teil 3: Wahlergebnisse, Kapitel 3.23, S. 8-18

Feist, Ursula [1992] Niedrige Wahlbeteiligung - Normalisierung oder Krisensymptom der Demokratie in Deutschland, in: Starzacher, Karl / Konrad Schacht / Bernd Friedrich / Thomas Leif (Hrsg.), Protestwähler und Wahlverweigerer, Köln: Bund, S. 40-57

Feist, Ursula [1994] Die Macht der Nichtwähler - Wie die Wähler den Volksparteien davonlaufen, München: Knaur

Ferejohn, John A. / Morris Fiorina [1974] The paradox of not voting: A decision theory analysis, in: American Political Science Review, 68. Jg. , Heft 2, S. 525-536

Ferejohn, John A. / Morris Fiorina [1975] Closeness counts only in horseshoes and dancing, in: American Political Science Review, 69 Jg. , Heft 3, S. 920-925

*Finifter, Ada W. [*1970] Dimensions of Political Alienation, in: American Political Science Review, 64. Jg., Heft 2, S. 389-410

Flanagan, Scott C. [1984] Patterns of Realignment, in: Dalton, Russell J. / Scott C. Flanagan / Paul Allen Beck (Hrsg.), Electoral Change in Advanced Industrial Democracies, Princeton: Princeton University, S. 95-103

Flickinger, Richard S. / Donley T. Studlar [1992] The disappearing Voters? Exploring Declining Turnout in Western European Elections, in: West European Politics, 15. Jg. Heft 2, S. 1-16

Forschungsgruppe Wahlen [1987] Die Konsolidierung der Wende. Eine Analyse der Bundestagswahl 1987, in: Zeitschrift für Parlamentsfragen, 18. Jg., Heft 2, S. 253-284

Franz, Gerhard / Willi Herbert [1986] Werte, Bedürfnisse, Handeln: Ansatzpunkte politischer Verhaltenssteuerung, Frankfurt/Main: Campus

Franz, Gerhard / Willi Herbert [1987a] Werttypen in der Bundesrepublik: Konventionalisten, Resignierte, Idealisten und Realisten, in: Klages, Helmut / Gerhard Franz / Willi Herbert (Hrsg.), Sozialpsychologie der Wohlfahrtsgesellschaft, Frankfurt/Main: Campus, S. 40-54

Franz, Gerhard / Willi Herbert [1987b] Werte zwischen Stabilität und Veränderung: Die Bedeutung von Schichtzugehörigkeit und Lebenszyklus, in: Klages, Helmut / Gerhard Franz / Willi Herbert (Hrsg.), Sozialpsychologie der Wohlfahrtsgesellschaft, Frankfurt/Main: Campus, S. 55-104

Friedrichs, Jürgen / Martin Stolle / Gudrun Engelbrecht [1993] Rational-Choice-Theorie: Probleme der Operationalisierung, in: Zeitschrift für Soziologie, 22. Jg., Heft 1, S. 2-15

Fuchs, Dieter [1987] Trends politischer Unterstützung in der Bundesrepublik, in: Berg-Schlosser, Dirk / Jakob Schissler (Hrsg.), Politische Kultur in Deutschland, Sonderheft 18 der Politischen Vierteljahresschrift, 28. Jg., S. 357-377

Fuchs, Dieter / Steffen Kühnel [1994] Wählen als rationales Handeln: Anmerkungen zum Nutzen des Rational-Choice-Ansatzes in der empirischen Wahlforschung, in: Klingemann, Hans-Dieter / Max Kaase (Hrsg.), Wahlen und Wähler. Analysen aus Anlaß der Bundestagswahl 1990, Opladen, Westdeutscher Verlag, S. 305-364

Gabriel, Oscar W. [1988] Zerfall der Parteiidentifikation - Krise der Volksparteien, in: Jugendforum, Heft 6, S. 161-172

Gabriel, Oscar W. [1989] Systemakzeptanz und Wirtschaftslage in der Bundesrepublik, in: Falter, Jürgen W. / Hans Rattinger / Klaus G. Troitzsch (Hrsg.), Wahlen und politische Einstellungen in der Bundesrepublik Deutschland, Frankfurt/Main: Peter Lang, S. 196-252

Gibowski, Wolfgang G. / Max Kaase [1991] Auf dem Weg zum politischen Alltag, in: Aus Politik und Zeitgeschichte, B 11-12 vom 8. März 1991, S. 3-20

Gluchowski, Peter [1983] Wahlerfahrung und Parteiidentifikation. Zur Einbindung von Wählern in das Parteiensystem der Bundesrepublik, in: Kaase, Max / Hans-Dieter Klingemann (Hrsg.), Wahlen und politisches System. Analysen aus Anlaß der Bundestagswahl 1980, Opladen: Westdeutscher Verlag, S. 442-477

Gluchowski, Peter [1987] Lebensstile und Wandel der Wählerschaft in der Bundesrepublik Deutschland, in: Aus Politik und Zeitgeschichte, B 12 vom 21. März 1987, S. 18-32

Gluchowski, Peter [1991] Lebensstile und Wahlverhalten, in: Veen, Hans-Joachim / Elisabeth Noelle-Neumann (Hrsg.), Wählerverhalten im Wandel. Bestimmungsgründe und politisch-kulturelle Trends am Beispiel der Bundestagswahl 1987, Paderborn: Ferdinand Schönigh, S. 209-244

Golzem, Friederike / Klaus Liepelt [1976] Wahlenthaltung als Regulativ: Die sporadischen Nichtwähler, in: Transfer 2, Wahlforschung: Sonden im politischen Alltag, Opladen: Westdeutscher Verlag

Graf, Jutta [1991] Die Formierung der Wählerschaft zur Bundestagswahl 1987, in: Veen, Hans-Joachim / Elisabeth Noelle-Neumann (Hrsg.), Wählerverhalten im Wandel. Bestimmungsgründe und politisch-kulturelle Trends am Beispiel der Bundestagswahl 1987, Paderborn: Ferdinand Schönigh, S. 85-127

Granberg, Donald / Sören Holmberg [1991] Self-Reported Turnout and Voter Validation, American Journal of Political Science, 35. Jg., Heft 2, S. 448-459

Guggenberger, Bernd [1981] Das Legitimitätsdilemma des Leistungsstaates, in: Bürger und Staat, 31. Jg., Heft 4, S. 299-304

Gunzert, Rudolf [1965] Gründe der Stimmenthaltung, in: Sänger, Fritz / Klaus Liepelt (Hrsg.), Wahlhandbuch 1965. Teil 3: Wahlergebnisse, Kapitel 3.23, S. 2-7

Gurr, Ted R. [1970] Why Men Rebel, Princeton: Princeton University

Habermas, Jürgen [1973] Legitimationsprobleme im Spätkapitalismus Frankfurt: Suhrkamp

Hamerle, Alfred / Peter Kemény / Gerhard Tutz [1984] Kategoriale Regression, in: Fahrmeier, Ludwig / Alfred Hamerle (Hrsg.), Multivariate Statistische Verfahren, Berlin/New York: Walter de Gruyter, S. 211-256

Hartenstein, Wolfgang / Günter Schubert [1965] Stimmabgabe: Recht oder Pflicht?, in: Sänger, Fritz / Klaus Liepelt (Hrsg.), Wahlhandbuch 1965. Teil 3: Wahlergebnisse, Kapitel 3.23, S. 19-25

Herbert, Willi [1992] Wertstrukturen 1979-1987: Ein Vergleich ihrer politischen Implikationen, in: Klages, Helmut / Hans-Jürgen Hippler / Willi Herbert (Hrsg.), Werte und Wandel. Ergebnisse und Methoden einer Forschungstradition, Frankfurt: Campus, S. 69-99

Herring, Cedric [1989] Acquiesence or Activism? Political Behavior among the Politically Alienated, in: Political Psychology, 10. Jg., Heft 1, S.135-153

Hill, Kim Quale / Patricia A. Hurley [1984] Nonvoters in Voters' Clothing: The Impact of Voting Behavior Misreporting on Voting Behavior Research, in: Social Science Quarterly, 65. Jg. , Heft 1, S. 199-206

Hirschman, Albert O. [1974] Abwanderung und Widerspruch Tübingen: J.C.B. Mohr

Hoffman-Jaberg, Birgit / Dieter Roth [1994] Die Nichtwähler. Politische Normalität oder wachsende Distanz zu den Parteien, in: Bürklin, Wilhelm / Dieter Roth (Hrsg.) Das Superwahljahr. Deutschland vor unkalkulierbaren Regierungsmehrheiten, Köln: Bund, S. 132-159

Holmberg, Sören [1992] The Undermining of a Stable Party System, in: Gundelach, Peter / Karen Siune (Hrsg.), From Voters to Participants, Aarhus: Politica, S. 22-35

Holtz-Bacha, Christa [1989] Verleidet uns das Fernsehen die Politik?, in: Kaase, Max / Winfried Schulz (Hrsg.), Massenkommunikation, Sonderheft 30 der Kölner Zeitschrift für Soziologie und Sozialpsychologie, Opladen: Westdeutscher Verlag, S. 239-252

Hoschka, Peter / Hermann Schunck [1975] Schätzung von Wählerwanderungen - Puzzlespiel oder gesicherte Ergebnisse?, in: Politische Vierteljahresschrift, 16. Jg., Heft 4, S. 491-539

Inglehart, Ronald [1971] The Silent Revolution in Europe: Intergenerational Change in Post-Industrial Societies, American Political Science Review, 65. Jg., Heft 4, S. 991-1017

Inglehart, Ronald [1977] The Silent Revolution. Changing Values and Political Styles Among Western Publics, New Jersey: Princeton University

Inglehart, Ronald [1979] Political Action: The Impact of Values, Cognitive Level and Social Background, in Barnes, Samuel H. / Max Kaase (Hrsg.), Political Action, Beverly Hills: Sage, S. 343-380

Inglehart, Ronald [1989] Kultureller Umbruch: Wertewandel in der westlichen Welt, Frankfurt/New York: Campus

Inglehart, Ronald [1990] Cultural Shift in Advanced Industrial Society, New Jersey: Princeton University

Irvine, William A. [1976] Testing Explanations of Voting Turnout in Canada, in: Buge, Ian / Ivor Crewe / Dennis Farlie (Hrsg.), Party Identification and Beyond, London: John Wiley & Sons, S. 335-351

Jackman, Robert W. [1993] Rationality and Political Participation, in: American Journal of Political Science, 37. Jg., Heft 1, S. 279-290

Jagodzinski, Wolfgang / Steffen M. Kühnel [1990] Zur Schätzung der relativen Effekte von Issue-orientierungen, Kandidatenpräferenz und langfristiger Parteibindung auf die Wahlabsicht, in: Schmitt, Karl (Hrsg.), Wahlen, Parteieliten, politische Einstellungen, Frankfurt am Main: Peter Lang, S. 5-63

Jagodzinski, Wolfgang / Steffen M. Kühnel / Michael Terwey [1989] Teilnehmen oder Boykottieren: Ein Anwendungsbeispiel der binären logistischen Regression mit SPSSx, in: ZA-Informationen, Nr 25, S. 44-75

Jesse, Eckhard [1975] Die Bundestagswahlen von 1953 bis 1972 im Spiegel der repräsentativen Wahl-statistik. Zur Bedeutung eines Schlüsselinstruments der Wahlforschung, in: Zeitschrift für Parlaments-fragen, 6. Jg., Heft 3, S. 310-322

Jesse, Eckhard [1987] Die Bundestagswahlen von 1972 bis 1987 im Spiegel der repräsentativen Wahl-statistik, in: Zeitschrift für Parlamentsfragen, 18. Jg., Heft 2, S. 232-242

Jesse, Eckhard [1988] Wahlen. Bundesrepublik Deutschland im Vergleich, Berlin: Colloquium

Jennings, M. Kent, Jan W. van Deth [1989] Continuities in Political Action, de Gruyter Studies on North America 5, Berlin: Walter de Gruyter

Jung, Matthias [1990] Der Wechselwähler - das unbekannte Wesen, in: Der Bürger im Staat, 40. Jg., Heft 3, S. 181-185

Kaack, Heino [1971] Geschichte und Struktur des deutschen Parteiensystems, Opladen: Westdeutscher Verlag

Kaase, Max [1970] Determinanten des Wahlverhaltens bei der Bundestagswahl 1969, in: Politische Vierteljahresschrift, 11. Jg., Heft 1, S. 46-110

Kaase, Max [1982] Partizipatorische Revolution - Ende der Parteien?, in: Raschke, Joachim (Hrsg.), Bürger und Parteien. Ansichten und Analysen einer schwierigen Beziehung, Opladen: Westdeutscher Verlag, S. 173-189

Kaase, Max [1986] Das Mikro-Makro-Puzzle der empirischen Sozialforschung, in: Kölner Zeitschrift für Soziologie und Sozialpsychologie, 38. Jg., Heft 2, S. 209-222

Kaase, Max [1987] Vergleichende Politische Partizipationsforschung, in: Berg-Schlosser, Dirk / Ferdinand Müller-Rommel (Hrsg.), Vergleichende Politikforschung, Opladen: Leske und Budrich, S. 135-150

Kaase, Max [1989a] Politische Einstellungen der Jugend, in: Markefka, Manfred / Rosemarie Nave-Herz (Hrsg.), Handbuch der Familien- und Jugendforschung, Band 2: Jugendforschung, Neuwied: Luchterhand, S. 607-624

Kaase, Max [1989b] Mass Participation, in: Jennings, M. Kent, Jan W. van Deth (Hrsg.) Continuities in Political Action, de Gruyter Studies on North America 5, Berlin: Walter de Gruyter, S. 23-64

Kaase, Max / Wolfgang G. Gibowski [1990] Deutschland im Übergang: Parteien und Wähler vor der Bundestagswahl 1990, Aus Politik und Zeitgeschichte, B 37-38 vom 14. September 1990, S. 14-26

Kaase, Max / Hans-Dieter Klingemann [1994] Der mühsame Weg zur Entwicklung von Parteiorientierungen in einer „neuen" Demokratie: Das Beispiel der früheren DDR, in: Klingemann, Hans-Dieter / Max Kaase (Hrsg.), Wahlen und Wähler. Analysen aus Anlaß der Bundestagswahl 1990, Opladen: Westdeutscher Verlag, S. 365-396

Katosh, John P. / Michael W. Traugott [1981] The Consequences of Validated and Self-Reported Voting Measures, in: Public Opinion Quarterly, 45. Jg., Heft 4, S. 519-535

Key, V.O. jr. [1952] Politics, Parties and Pressure Groups, 3. Auflage, New York: Thomas Y. Crowell

Kim, Jae-On / John R. Petrocik / Stephen N. Enokson [1975] Voter Turnout Among the American States: Systemic and Individual Components, American Political Science Review, 69. Jg., Heft 1, S. 107-131

Kirchgässner, Gebhard [1980] Können Ökonomie und Soziologie voneinander lernen?, in: Kyklos, 33. Jg., Heft 3, S. 420-448

Kirchgässner, Gebhard [1990] Hebt ein knapper Wahlausgang die Wahlbeteiligung? Eine Überprüfung der ökonomischen Theorie der Wahlbeteiligung anhand der Bundestagswahl 1987, in: Kaase, Max / Hans-Dieter Klingemann (Hrsg.), Wahlen und Wähler. Analysen aus Anlaß der Bundestagswahl 1987, Opladen: Westdeutscher Verlag, S. 445-477

Klages, Helmut [1985] Wertorientierungen im Wandel. Rückblick, Gegenwartsanalyse, Prognose, Frankfurt/New York: Campus

Klages, Helmut [1987] Sozialpsychologie der Wohlfahrtsgesellschaft: Konturen eines Wissenschaftsprogramms, in: Klages, Helmut / Gerhard Franz / Willi Herbert (Hrsg.), Sozialpsychologie der Wohlfahrtsgesellschaft, Frankfurt/Main: Campus, S. 9-39

Klages, Helmut [1992] Die gegenwärtige Situation der Wert- und Wertwandelforschung - Probleme und Perspektiven, in: Klages, Helmut / Hans-Jürgen Hippler / Willi Herbert (Hrsg.), Werte und Wandel. Ergebnisse und Methoden einer Forschungstradition, Frankfurt: Campus, S. 5-39

Kleppner, Paul [1982] Who voted? The Dynamics of Electoral Turnout 1870 - 1980, New York: Praeger

Klingemann, Hans-Dieter [1985] West Germany, in: Crewe, Ivor / David Denver (Hrsg.), Electoral Change in Western Democracies. Patterns and Sources of Electoral Volatility, London/Sydney: Croom Helm, S. 230-263

Klingemann, Hans-Dieter [1986] Der vorsichtig abwägende Wähler, in: Klingemann, Hans-Dieter / Max Kaase (Hrsg.), Wahlen und politischer Prozeß. Analysen aus Anlaß der Bundestagswahl 1983, Opladen: Westdeutscher Verlag, S. 385-426

Klingemann, Hans-Dieter / Jacob Steinwede [1993] Traditionelle Kerngruppenbindung der Wähler in der Bundesrepublik, in: Klingemann, Hans-Dieter / Wolfgang Luthardt (Hrsg.), Wohlfahrtsstaat, Sozialstruktur und Verfassungsanalyse, Opladen: Westdeutscher Verlag, S. 49-65

Klingemann, Hans-Dieter / Hans-Joachim Veen / Peter Gluchowski / Bernhard Weßels / Carsten Zelle [1994] Nichtwähler - Wechselwähler - Parteibindungen, München: Beck [im Druck]

Klingemann, Hans-Dieter / Martin P. Wattenberg [1990] Zerfall und Entwicklung von Parteiensystemen, in: Kaase, Max / Hans-Dieter Klingemann (Hrsg.), Wahlen und Wähler. Analysen aus Anlaß der Bundestagswahl 1987, Opladen: Westdeutscher Verlag, S. 325-344

Kohlsche, Andreas [1991] Schätzungen von Wählerwanderungen, unveröffentlichtes Manuskript

Kraut, Robert E. / John B. McConahay [1973] How being interviewed affects voting: an experiment, in: Public Opinion Quarterly, 37. Jg., Heft 3, S. 398-406

Küchler, Manfred [1982] Staats-, Parteien- oder Politikverdrossenheit?, in: Raschke, Joachim (Hrsg.), Bürger und Parteien. Ansichten und Analysen einer schwierigen Beziehung, Opladen: Westdeutscher Verlag, S. 39-54

Kühnel, Steffen / Wolfgang Jagodzinski / Michael Terwey [1989] Teilnehmen oder Boykottieren: Ein Anwendungsbeispiel der binären logistischen Regression mit SPSSx, in: ZA-Informationen, Heft 25, S. 44-75

Laemmerhold, Claus [1983] Auf Biegen oder Brechen: Die Nichtwähler im Prokrustesbett der Wanderungsbilanzen, in: Kaase, Max / Hans-Dieter Klingemann (Hrsg.), Wahlen und politisches System. Analysen aus Anlaß der Bundestagswahl 1980, Opladen: Westdeutscher Verlag, S. 624-631

Lane, Robert E. [1959] Political Life - Why People Get Involved In Politics, Glencoe: Free Press

Lane, Jan-Erik / Svante Ersson [1990] Macro- and micro understanding in political science: What explains electoral participation?, in: European Journal of Political Research, 18. Jg., Heft 4, S. 457-465

Lang, Kurt / Lang, Gladys E. [1968] Voting and Nonvoting, Waltham (Mass.): Blaisdell

Lavies, Ralf-Rainer [1973] Nichtwählen als Kategorie des Wahlverhaltens, Düsseldorf: Droste

Lazarsfeld, Paul F. / Bernard Berelson / Hazel Gaudet [1968] The People's Choice, 3. Auflage, New York: Columbia Unversity [Erstauflage publiziert 1944]

Leighley, Jan E. / Jonathan Nagler [1992a] Individual and Systemic Influences on Turnout: Who Votes? 1984, Journal of Politics, 54. Jg., Heft 3, S. 718-740

Leighley, Jan E. / Jonathan Nagler [1992b] Socioeconomic Class Bias in Turnout, 1964-1988: The Voters remain the same, American Political Science Review, 86. Jg., Heft 3, S. 725-736

Liepelt, Klaus / Alexander Mitscherlich [1968] Thesen zur Wählerfluktuation, Frankfurt/Main: Europäische Verlagsanstalt

Lipset, Seymour M. [1960] Political Man, New York: Doubleday

Lipset, Seymour M. / Stein Rokkan [1967] Cleavage structures, party systems and voter alignments: an introduction, in: Lipset, Seymour M. / Stein Rokkan (Hrsg.), Party Systems and Voter Alignments, New York: Free Press, S. 1-64

Löhmöller, Jan-Bernd / Jürgen W. Falter [1986] Some Further Aspects of Ecological Regressions Analysis, Quality and Quantity, 20. Jg., Heft 1, S. 109-125

Ludz, Peter Christian [1975] „Alienation" als Konzept der Sozialwissenschaften, in: Kölner Zeitschrift für Soziologie und Sozialpsychologie, 27. Jg., Heft 1, S. 1-32

Luttberg, Norman R. [1984] Differential Voting Turnout, Decline in the American States, 1960-82, in: Social Science Quarterly, 65. Jg. , Heft 1, S. 60-73

Maag, Gisela [1991] Gesellschaftliche Werte Opladen: Westdeutscher Verlag

Maguire, Maria [1983] Is There Still Persistence? Electoral Change in Western Europe 1948-1979, in: Daalder, Hans / Peter Mair (Hrsg.), Western European Party Systems. Continuity & Change, London: Sage

Marciniak, Friedhelm [1978] Wahlverhalten in Nordrhein-Westfalen 1948-1970. Eine statistisch-ökologische Analyse Köln/Wien: Böhlau

Matsusaka, John G. / Filip Palda [1993] The Downsian Voter meets ecological fallacy; in: Public Choice, 77. Jg., Heft 4, S. 855-878

Mayer, Hans-Ludwig [1991] , Wählerverhalten bei der Bundestagswahl 1990 nach Geschlecht und Alter, in: Statistisches Bundesamt (Hrsg.), Wirtschaft und Statistik, Heft 4, S. 248-260

Merrifield, John [1993] The institutional and political factors that influence voter turnout, in: Public Choice, 77. Jg., Heft 3, S. 657-667

Merton, Rober K. [1968] Social Theory and Social Structure, 3. erweiterte Auflage, New York: The Free Press [Erstauflage publiziert 1949]

Mielke, Gerd [1990] Des Kirchtums langer Schatten, in: Der Bürger im Staat, 40. Jg., Heft 3, S. 157-165

Milbraith, Lester W. / M.L. Goel [1977] Political Participation, 2. erweiterte Auflage, Chicago: Rand McNally College [Erstauflage publiziert 1965]

Miller, Warren E. [1991] Party Identification, Realignment, and Party Voting: Back to the Basics, in: American Political Science Review, 85. Jg., Heft 2, S. 557-568

Miller, Warren E. [1992] The Puzzle Transformed: Explaining Declining Turnout, in: Political Behavior, 14. Jg., Heft 1, S. 1-43

Mooser, Josef [1983] Auflösung der proletarischen Milieus, in: Soziale Welt, 34. Jg., Heft 3, S. 270-306

Molitor, Ute [1992] Wählen Frauen anders? Zur Soziologie eines frauenspezifischen politischen Verhaltens in der Bundesrepublik Deutschland, Baden-Baden: Nomos

Mueller, Dennis C. [1989] Public Choice II, Cambridge: Cambridge University

Müller-Rommel, Ferdinand / Thomas Poguntke [1990] Lebensstile und Wahlverhalten. „Alte" und „Neue" Milieus in der Wahlforschung, in: Der Bürger im Staat, 40. Jg., Heft 3, S. 171-175

Narr, Wolf-Dieter / Frieder Naschold [1971] Theorie der Demokratie, Stuttgart: Kohlhammer

Nielsen, Hans Jörgen [1992] A Basic Question and an Utopian Goal, in: Gundelach, Peter / Karen Siune (Hrsg.), From Voters to Participants, Aarhus: Politica, S. 37-60

Noelle-Neumann, Elisabeth [1980] Die Schweigespirale, München/Zürich: R.Riper & Co.

Noelle-Neumann, Elisabeth / Renate Köcher [1993] Allensbacher Jahrbuch der Demoskopie 1984-1992, München: K.G.Saur

Noelle-Neumann, Elisabeth / Matthias Reitzle [1991] Was man aus der Bundestagswahl von 1987 lernen kann - Wahlforschung und Anwendung, in: Veen, Hans-Joachim / Elisabeth Noelle-Neumann (Hrsg.), Wählerverhalten im Wandel. Bestimmungsgründe und politisch-kulturelle Trends am Beispiel der Bundestagswahl 1987, Paderborn: Ferdinand Schönigh, S. 245-301

Offe, Claus [1984] The Cultural Contradictions of Capitalism, Cambridge: MIT Press

Ohr, Dieter / Hans Rattinger [1993] Zur Beziehung zwischen in der Vorwahlzeit erhobenen Wahlabsichten und Wahlergebnissen, in: Gabriel, W. Oscar / Klaus G. Troitzsch (Hrsg.), Wahlen in Zeiten des Umbruchs, Franfurt/Main: Peter Lang, S. 3-25

Padgett, Stephen [1989] The Party System, in: Smith, Gordon / William E. Paterson / Peter H. Merkl (Hrsg.), Developments in West German Politics, Durham: Duke University, S. 122-146

Pappi, Franz Urban [1977] Sozialstruktur und politische Konflikte in der Bundesrepublik, Habilitationsschrift an der Universität Köln

Pappi, Franz Urban [1989] Räumliche Modelle der Parteienkonkurrenz: Die Bedeutung ideologischer Dimensionen, in: Falter, Jürgen W. / Hans Rattinger / Klaus G. Troitzsch (Hrsg.), Wahlen und politische Einstellungen in der Bundesrepublik Deutschland, Frankfurt/Main: Peter Lang, S. 5-28

Pappi, Franz Urban [1990] Die Republikaner im Parteiensystem der Bundesrepublik: Protesterscheinung oder politische Alternative?, in: Aus Politik und Zeitgeschichte, B 21 vom 18.Mai 1990, S. 37-44

Pappi, Franz Urban [1991] Wahrgenommenes Parteiensystem und Wahlentscheidung in Ost- und Westdeutschland, in: Aus Politik und Zeitgeschichte, B 44 vom 25.10.91, S. 15-26

Peterson, Steven A. [1990] Political Behavior. Patterns in Everyday Life, Newbury Park/London: Sage

Plasser, Fritz [1989] Parteienwettbewerb und Medienlogik, in: Böckelmann, Frank (Hrsg.), Medienmacht und Politik, Berlin: Volker Spiess, S. 207-218

Powell, G.Bingham jr. [1980] Voting Turnout in Thirty Democracies: Partisan, Legal, and Socio-Economic Influences, in: Rose, Richard (Hrsg.), Electoral Participation: A comparative Analysis, London: Sage, S. 5-34

Powell, G.Bingham jr. [1986] American Voter Turnout in Comparative Perspective, American Political Science Review, 80. Jg., Heft 1, S. 17-43

Preiser, Siegried / Wolfgang Wannemacher [1981] Sozialisations-, Situations- und Kognitionsbedingungen sozialen und politischen Handelns, in: Klingemann, Hans-Dieter / Max Kaase (Hrsg.), Politische Psychologie, Sonderheft Nr.12 der Politischen Vierteljahresschrift, S. 56-73

Radcliff, Benjamin [1992] The Welfare State, Turnout, and the Economy: a comparative Analysis, American Political Science Review, 86. Jg., Heft 2, S. 444-454

Radtke, Günter D. [1972] Stimmenthaltung bei politischen Wahlen in der Bundesrepublik Deutschland, Meisenheim am Glan: Verlag Anton Hain, 1972

Ragsdale, Lyn / Jerrold G. Rusk [1993] Who are Nonvoters? Profiles from the 1990 Senate Elections, in: American Journal of Political Science, 37. Jg., Heft 3, S.712-746

Rattinger, Hans / Zoltán Juhász [1990] Wirtschaftslage und Zufriedenheit mit dem politischen System in der Bundesrepublik Deutschland 1972-1987, in: Schmitt, Karl (Hrsg.), Wahlen, Parteieliten, politische Einstellungen, Frankfurt am Main: Peter Lang, S. 275-315

Rattinger, Hans [1993] Abkehr von Parteien? Dimensionen der Parteienverdrossenheit, in: Aus Politik und Zeitgeschichte, B 11 vom 14. März 1993, S. 24-35

Rattinger, Hans [1994] Demographie und Politik in Deutschland: Befunde der repräsentativen Wahlstatistik 1953-1980, in: Klingemann, Hans-Dieter / Max Kaase (Hrsg.), Wahlen und Wähler. Analysen aus Anlaß der Bundestagswahl 1990, Opladen: Westdeutscher Verlag, S. 73-122

Reigrotzki, Erich [1956] Soziale Verflechtungen in der Bundesrepublik, Tübingen: J.C.B. Mohr

Reiter, Howard L. [1979] Why is Turnout down?, Public Opinion Quarterly, 43. Jg., Heft 3, S. 297-311

Riesman, David [1954] Individualism Reconsidered, Glencoe (Illinois): Free Press

Riker, Wiliam H. / Peter C. Ordeshook [1968] A Theory of the Calculus of Voting, in: American Political Science Review, 62. Jg., Heft 1, S. 25-42

Ritter, Gerhard A. / Merith Niehuss [1991] Wahlen in Deutschland 1946 - 1991, München: C.H.Beck

Roberts, Geoffrey K. [1990] Party System Change in West Germany: Land-Federal Linkages, in: Mair, Peter / Gordon Smith (Hrsg.), Understanding Party System Change in Western Europe, London: Frank Cass & Co., S. 98-113

Robinson, W.S. [1950] Ecological Correlation and the Behavoir of Individuals, American Sociological Review, 13. Jg., Heft 3, S. 351-357

Robinson, Michael J. [1976] Public Affairs Television and the Growth of Political Malaise: The Case of „The Selling of the Pentagon“, in: American Political Science Review, 70. Jg., Heft 2, S.409-432

Roller, Edeltraud [1992] Einstellungen zum Wohlfahrtsstaat der Bundesrepublik Deutschland, Opladen: Westdeutscher Verlag

Rosch, Marita / Peter Schmidt [1981] Kognitive Veränderungen vor einer Wahl: Anwendung der Theorie der kognitiven Dissonanz auf Wählerverhalten und emprirsche Prüfung ausgewählter Hypothesen mittels zweier alternativer statistischer Verfahren, in: Klingemann, Hans-Dieter / Max Kaase (Hrsg.), Politische Psychologie, Sonderheft Nr.12 der Politischen Vierteljahresschrift, S. 240-262

Rose, Richard / Ian McAllister [1986] Voters Begin to Choose, London: Sage

Roth, Dieter [1992] Sinkende Wahlbeteiligung - eher Normalisierung oder Krisensymptom, in: Starzacher, Karl / Konrad Schacht / Bernd Friedrich / Thomas Leif (Hrsg.), Protestwähler und Wahlverweigerer, Köln: Bund, S. 58-68

Schedler, Andreas [1993] Die demoskopische Konstruktion von Politikverdrossenheit; in: Politische Vierteljahresschrift 1993, 34. Jg., Heft 3, S. 414-435

Schmidtchen, Gerhard [1983] Jugend und Staat, in: Matz, Ulrich / Gerhard Schmidtchen (Hrsg.), Gewalt und Legitimität. Analysen zum Terrorismus Band 4/1, Opladen: Westdeutscher Verlag

Schmitt, Hermann [1994] Parteibindungen und Issuekompetenz der Parteien als Determinanten der Wahlent-scheidung: Eine vergleichende Analyse von Wahlverhalten in zehn Ländern der EG, in: Niedermeyer, Oskar / Hermann Schmitt (Hrsg.), Wahlen und europäische Einigung, Opladen: Westdeutscher Verlag, S. 161-196

Schmitt-Beck, Rüdiger / Peter Schrott [1994] Dealignment durch Massenmedien? Zur These der Abschwächung von Parteibindungen als Folge der Medienexpansion, in: Klingemann, Hans-Dieter / Max Kaase (Hrsg.), Wahlen und Wähler. Analysen aus Anlaß der Bundestagswahl 1990, Opladen, Westdeutscher Verlag, S. 543-572

Schoof, Peter [1980] Wahlbeteiligung und Sozialstruktur in der Bundesrepublik, Frankfurt/Main: Haag und Herchen

Schoof, Peter [1981] Wahlbeteiligung und Sozialstruktur in der Bundesrepublik. Ein Aggregatdatenanalyse für den Zeitraum von 1972 bis 1980, Politische Vierteljahresschrift, 22. Jg., Heft 1, S. 287-304

Schultze, Rainer-Olaf [1987] Die Bundestagswahl 1987 - eine Bestätigung des Wandels, in: Aus Politik und Zeitgeschichte, B 12 vom 21. März 1987, S. 3-17

Schultze, Rainer-Olaf [1990] Wählerverhalten und Parteiensystem. Erklärungsansätze und Entwicklungsperspektiven, in: Der Bürger im Staat, 40. Jg., Heft 3, S. 135-144

Schumann, Siegfried [1990] Die Entbehrlichkeit des Postmaterialismus. Empirische Prüfungen, in: Schmitt, Karl (Hrsg.), Wahlen, Parteieliten, politische Einstellungen, Frankfurt am Main: Peter Lang, S. 317-346

Schütz, Alfred / Thomas Luckmann [1979] Strukturen der Lebenswelt: Band 1, Frankfurt/Main: Suhrkamp

Schwartz, David C. [1973] Political Alienation and Political Behavior, Chicago: Aldine Publishing

Seeman, Melvin [1991] Alienation and Anomie, in: Robinson, John P. / Phillip R. Shaver / Lawrence S. Wrightsman (Hrsg.), Measures of Personality and Social Pychological Attitudes, San Diego: Academic Press, S. 291-371

Shaffer, Stephen D. [1981] A Multivariate Explanation of Decreasing Turnout in Presidential Elections 1960-1976, in: American Journal of Political Science, 25. Jg., Heft 1, S. 68-95

Sigelman, Lee [1982] The Nonvoting Voter in Voting Research, in: American Journal of Political Science, 26. Jg., Heft 1, S.47-56

Silver, Brian D. / Barbara A. Anderson / Paul R. Abramson [1986] Who Overreports Voting?, American Political Science Review, 80. Jg., Heft 2, S. 613-624

Sniderman, Paul M. [1975] Personality and Democratic Politics, Berkeley/Los Angeles: University of California

Sniderman, Paul M. / Philip E. Tetlock [1986] Interrelationsship of Political Ideology and Public Opinion, in: Hermann, Margaret G. (Hrsg.), Political Psychology, San Francisco/London: Jossey-Bass

Statistisches Bundesamt [1991] Wahlbeteiligung und Stimmabgabe der Männer und Frauen nach dem Alter, Fachserie 1: Bevölkerung und Erwerbstätigkeit, Wahl zum 12. Deutschen Bundestag am 2. Dezember 1990, Stuttgart: Metzler-Poeschel

Steiner, Jürgen [1969] , Bürger und Politik, Meisenheim am Glan: Anton Hain

Stinchcombe, Arthur L. [1975] Social Structure and Politics, in: Greenstein, Fred I. / Nelson W. Polsby (Hrsg.) Macropolitical Theory, Handbook of Political Science, Volume 3, Reading (Mass.): Addison-Wesley, S. 557-622

Stöss, Richard [1990] Parteikritik und Parteiverdrossenheit, in: Aus Politik und Zeitgeschichte, B 21 vom 18.Mai 1990, S. 15-24

Stöss, Richard [1993] Rechtsextremismus und Wahlen in der Bundesrepublik, in: Aus Politik und Zeitgeschichte, B 11 vom 14. März 1993, S. 50-61

Strate, John M. / Charles J. Parrish / Charles D. Elder / Coit Ford III [1989] Life Span Civic Development and Voting Participation, American Political Science Review, 83. Jg., Heft 2, S. 443-464

Teixeira, Ruy A. [1987] Turnout Decline in the United States 1960 -1984, New York: Greenwood

Thomsen, Sören R. [1987] Danish Elections 1920-79. A Logit Approach to Ecological Analysis and Inference, Aarhus: politica

Topf, Richard [1993a] Citizens and the State, Part 1: Electoral Participation, unveröffentlichtes Manuskript für die Tagung „Beliefs in Government", Budapest, März 1993

Topf, Richard [1993b] Citizens and the State, Part 2: Beyond Electoral Participation, unveröffentlichtes Manuskript für die Tagung „Beliefs in Government", Budapest, März 1993

Traugott, Michael W. / John P. Katosh [1979] Response Validity in Surveys of Voting Behavoir, in: Public Opinion Quarterly, 43. Jg., Heft 3, S. 359-377

Tullock, Gordon [1967] Towards Mathematics of Politics, Ann Arbor: University of Michigan

Uehlinger, Hans-Martin [1988] Politische Partizipation in der Bundesrepublik, Beiträge zur sozialwissenschaftlichen Forschung Band 96, Opladen: Westdeutscher Verlag

Veen, Hans-Joachim [1991] Wählergesellschaft im Umbruch, in: Veen, Hans-Joachim / Elisabeth Noelle-Neumann (Hrsg.), Wählerverhalten im Wandel. Bestimmungsgründe und politisch-kulturelle Trends am Beispiel der Bundestagswahl 1987, Paderborn: Ferdinand Schönigh, S. 9-19

Veen, Hans-Joachim / Peter Gluchowski [1988] Sozialstrukturelle Nivellierung bei politischer Polarisierung - Wandlungen und Konstanten in den Wählerstrukturen der Parteien 1953-1987, in: Zeitschrift für Parlamentsfragen, 19. Jg., Heft 2, S. 225-248

Verba, Sidney / Norman H. Nie [1972] Participation in America. Political Democracy and Social Equality, New York: Harper & Row

Verba, Sidney / Norman H. Nie / Jae-on Kim [1978] Participation and Political Equality. A Seven-Nation-Comparison, Cambridge: Cambridge University

Wernicke, Immo H. [1976] Die Bedingungen politischer Partizaption, Meisenheim am Glan: Anton Hain

Westle, Bettina [1989] Politische Legitimität - Theorien, Konzepte, empirische Befunde -, Schriftenreihe zur gesellschaftlichen Entwicklung Band 3, Baden-Baden: Nomos

Westle, Bettina [1990] Zur Akzeptanz der politischen Parteien und der Demokratie in der Bundesrepublik Deutschland, in: Kaase, Max / Hans-Dieter Klingemann (Hrsg.), Wahlen und Wähler. Analysen aus Anlaß der Bundestagswahl 1987, Opladen: Westdeutscher Verlag, S. 253-295

Westle, Bettina [1994] Politische Partizipation, in: Gabriel, Oskar W. / Frank Brettschneider (Hrsg.), Die EU-Staaten im Vergleich: Strukturen, Prozesse und Politikinhalte, 2. überarbeitete Auflage, Opladen: Westdeutscher Verlag, S. 137-173

Wolfinger, Raymond E. / Steven J. Rosenstone [1980] Who Votes? New Haven: Yale University

Wolfinger, Raymond E. [1994] The Rational Citizen Faces Election Day or What Your Rational Choice Theorist Won't Tell You About American Election, in: Jennings, M. Kent / Mann (Hrsg.), Elections at home and abroad, Ann Arbor: University of Michigan, [in Druck]

Yalch, Richard F. [1976] Pre-election interview effects on voter turnout, in: Public Opinion Quarterly, 40. Jg., Heft 3, S. 331-336

Zapf, Wolfgang / Sigrid Breuer / Jürgen Hampel / Peter Krause / Hans-Michael-Mohr / Erich Wiegand [1987] Individualisierung und Sicherheit. Untersuchungen zur Lebensqualität in der Bundesrepublik Deutschland, München: C.H.Beck

Zelle, Carsten [1994a] Steigt die Zahl der Wechselwähler? - Trends des Wahlverhaltens und der Parteiidentifikation, in: Rattinger, Hans / Wolfgang Jagodzinski / Oscar W. Gabriel (Hrsg.), Wahlen und politische Einstellungen im vereinigten Deutschland, Frankfurt: Lang [im Druck]

Zelle, Carsten [1994b] Social Modernization, Political Frustration and the Floating Voter: The Case of Germany; unveröffentlichtes Manuskript zum Vortrag bei den Arbeitsgruppen „Wahlen und politische Einstellungen“ und „Parteienforschung“ des DVPW, Bad Urach, 21.-22.März 1994